中国人民大学校史文库

总主编　张东刚　林尚立

吴玉章全集

第四卷

顾　问　吴本立　吴本渊
　　　　吴本浔　吴本蓉
总主编　张东刚　林尚立
主　编　王学军　周　石

中国人民大学出版社
·北京·

本书为中国人民大学科学研究基金项目成果
（项目批准号：23XNLG07）

《吴玉章全集》
编纂学术委员会

主　任：戴　逸　高铭暄　张立文
副主任：张建明　杨慧林　贺耀敏
委　员：（以姓氏笔画为序）
　　　　王　萍　邓寿明　吕远红　乔　健　刘复兴
　　　　李　蓉　李新卫　杨凤城　张立波　张晓京
　　　　张雪梅　阚红柳

《吴玉章全集》
编纂课题工作组

（以姓氏笔画为序）

于　波　马秀芹　王　丹　王宏霞　王学军　吕鹏军
刘春荣　李　珣　李贞实　李家福　杨　默　张立波
陈　卓　周　石　蒋利华　楚艳红

"中国人民大学校史文库"总序
致敬这所以"中国人民"命名的大学

2022年4月25日,习近平总书记在中国人民大学考察调研时强调,中国人民大学在抗日烽火中诞生,在党的关怀下发展壮大,具有光荣的革命传统和鲜明的红色基因。一定要把这一光荣传统和红色基因传承好,守好党的这块重要阵地。要加强校史资料的挖掘、整理和研究,讲好中国共产党的故事,讲好党创办人民大学的故事,激励广大师生继承优良传统,赓续红色血脉。

为深入贯彻落实习近平总书记在学校考察调研时重要讲话精神,学校全面实施"'走出一条建设中国特色、世界一流大学的新路'十大工程"。其中,编写出版"中国人民大学校史文库"项目作为高等教育红色基因传承和精神品格弘扬工程的重要组成部分,包括校史编研专题、校史人物专题、学科史和院史专题等,将以正史、口述史、文集等形式,全方位、多角度展现中国共产党创办的第一所新型正规大学的艰辛与辉煌,生动再现几代人大人为中国革命、建设和改革开放事业,为中国新型高等教育的建立和发展,为新时代探索走出一条建设中国特色、世界一流大学新路所作出的独特贡献。

这是一所具有光荣革命传统和鲜明红色基因,与党和国家同呼吸、共命运的大学。中国人民大学的前身是1937年诞生于抗日战争烽火中的陕北公学，以及后来的华北联合大学和北方大学、华北大学。学校自陕北公学创办之始就探索建立了党团领导下的校长负责制，全面加强党的领导，履行"为党育人、为国育才"的初心使命。毛泽东曾深情地说："中国不会亡，因为有陕公。"爱国人士李公朴称赞华北联合大学是"插在敌人心脏上的一把剑"。很多校友用青春和热血诠释了"为有牺牲多壮志，敢教日月换新天"的凌云壮志。从陕北公学学员孔迈一句"妈，把我献给祖国吧"，到众多踊跃参军、南下或去西北奔赴解放战场的华北大学毕业生，这所来自战火中的大学所独有的革命传统和牺牲精神，已成为日后"万千建国干部"和"国民表率、社会栋梁"的鲜亮底色，化作全面建设社会主义现代化国家新征程中"勇当开路先锋、争当事业闯将"的勇气与信念。

这是一所在党的几代领导集体的关怀下发展壮大，担负着特殊使命的大学。毛泽东同志曾先后十次到陕北公学授课，先后六次为陕北公学题词，要求造就"革命的先锋队"。刘少奇同志出席中国人民大学开学典礼并发表讲话，指出中国人民大学"是我们中国第一个办起来的新式的大学……中国将来的许多大学都要学习我们中国人民大学的经验"。1977年秋，在人民大学复校的关键时刻，邓小平同志给予了特别关怀，并强调了中国人民大学的定位："主要培养财贸、经济管理干部和马列主义理论工作者"。江泽民同志于2002年来校考察调研，强调发展繁荣哲学社会科学与自然科学同样重要，勉励学校努力成为以人文社会科学为主的世界知名的一流大学。胡锦涛同志于2008年、2010年来校出席活动、考察学校，要求学校弘扬光荣传统，"办出特色、办出水平"，努力创建"人民满意、世界一流"大学。习近平同志曾于2005年、2006年、2009年、2012年、2022年先后五次到学校出席活动、考察工作。2017年，习近平总书记致信祝贺学校建校80周年，充分肯定学校的办学成绩，明确指出中国人民大学在"我国人文社会科学领域独树一帜"，并殷切希望学校"围绕解决好为谁培养人、培养什么样的人、怎样培养人这个根本问题，坚持立德树人，遵循教育规律，弘扬优良传统，扎根中国大地办大学，努力建设世界一流大学和一流学科"。2022年4月25日，习近平总书记专程到学校考察调研并发表重要讲话，充分肯定学校85年的办学成绩，对学校未来发展提出了重要的政治嘱托，要求学校坚持党的领导，坚持马克思主义指导地位，坚持为党和人民事业服务，落实立德树人根本任务，传承红色基因，扎根中国大地办大学，走出一条建设中国特色、世界一流大学的新路。

这是一所为中国革命、建设和改革开放事业作出突出贡献，在我国人文社会科学领域"独树一帜"的大学。中国人民大学在长期的办学实践中形成了"人民共和国建设者"的摇篮、人文社会科学高等教育的重镇、马克思主义教学与研究的高地的办学特色，为我国人文社会科学繁荣发展作出了奠基性、引领性贡献，新中国的经济学、法学、新闻学、马克思主义理论等诸多学科由中国人民大学首先创立并走向全国。从1950年至今，国家历次确立重点大学，中国人民大学始终位居其中；在国家历次重点学科和一级学科评估中，学校都取得了骄人的成绩。学校是国家"985工程""211工程"重点建设大学，2017年入选国家"双一流"建设高校，14个学科入选"双一流"建设学科。从陕北公学时期至今，学校共培养了37万余名高水平建设者和各行各业优秀人才，成为中国共产党探索创办新型高等教育、扎根中国大地办大学的典范和缩影。

这是一所一代代革命教育家、红色教育家、人民教育家筚路蓝缕、接续奋斗，"人师""经师"云集的大学。吴玉章、成仿吾、郭影秋等老一辈无产阶级革命家为学校的创立、发展殚精竭虑、夙兴夜寐，范文澜、李景汉、何思敬、吴景超、尚钺、许孟雄、何干之、戴世光、艾思奇、缪朗山、庞景仁、何洛、陈余年、宋涛、袁宝华、甘惜分、石峻、吴大琨、苗力田、吴宝康、佟柔、高鸿业、胡华、刘佩弦、王传纶、邬沧萍、萨师煊、孟氧、塞风、萧前、彭明、徐禾、黄达、孙国华、查瑞传、黄顺基、方生、卫兴华、钟契夫、刘再兴、彦奇、钟宇人、戴逸、方汉奇、高放、陈共、阎金锷、许征帆、周诚、何沁、罗国杰、李占祥、周升业、高铭暄、王作富、胡钧、阎达五、许崇德、庄福龄、蓝鸿文、赵中孚、严瑞珍、林茂生、王思治、刘铮、赵履宽、林文益、陈先达、李秀林、夏甄陶、李文海、吴易风、方立天、胡乃武、周新城、张立文、曾宪义、郑杭生等一大批"经师"与"人师"相统一的"大先生"为党和人民的教育事业，为学校的学科发展、学术繁荣和人才培养作出了重大贡献。他们无论是在革命的战壕中，还是在教育战线上，所有的牺牲与奋斗的出发点与最终目标，都是为了祖国和人民，这是中国人民大学的鲜明特色和优良治学传统。进入新时代，全国高等教育领域仅有的两位"人民教育家"国家荣誉称号获得者卫兴华教授和高铭暄教授均出自中国人民大学。

"党办的大学让党放心、人民的大学不负人民"。如果不了解中国人民大学独特的办学历史与光荣传统，就不会理解人大人的忠诚、艰苦奋斗与实事求是的价值取向和精神追求。如果不了解中国人民大学在中国高等教育史上的独特地位和开创性贡献，就不会理解今天学校培养"复兴栋梁、强国先锋"、走出"一条建设中国特色、世界一流大学的新路"的底气与担当。

翻开人大校史，迎面而来的不单单是一所学校的发展历史和一段段感人至深的文字，还有在中国历史发生翻天覆地变化的百年间，感应时代之变、回应时代之问的一个特殊群体的贡献和一所学校所铸就的功勋。在这里，珍藏着不同时代的鲜活印记，矗立着一座座须仰视的丰碑，引人思考，催人奋进，带给我们坚定前行的力量。

校党委书记 张东刚　　　校长 林尚立

2023 年 6 月 1 日

《吴玉章全集》序言
"一辈子做好事"

高山仰止，景行行止。

在中国近现代史上，有一位立德、立功、立言"三不朽"，近乎完人的人，即"延安五老"之一的吴玉章。1940年1月15日，毛泽东同志在中共中央为吴玉章补办的六十寿辰庆祝会上有感而发讲了这样一段话，对吴玉章作了高度评价："一个人做点好事并不难，难的是一辈子做好事，不做坏事，一贯的有益于广大群众，一贯的有益于青年，一贯的有益于革命，艰苦奋斗几十年如一日，这才是最难最难的啊！""我们的吴玉章老同志就是这样一个几十年如一日的人。"

吴玉章，原名永珊，字树人，1878年12月30日出生，四川荣县人，我国杰出的无产阶级革命家、教育家、历史学家和语言文字学家。他一生追求真理、献身革命，为中国人民的解放事业、为共产主义伟大理想，始终不渝、奋斗不止，贡献了自己的全部精力。从早年追随孙中山先生开展旧民主主义革命，到后来加入中国共产党，投身于伟大的新民主主义革命和社会主义革命与建设，吴玉章在中国近现代史上每一个转折关头，都站在革命的进步的一面，始终奋进在时代的最前列，被誉为"一部活的中国革命史的缩影"。

吴玉章是民主革命的伟大"先驱者"。生于外忧内患的年代，吴玉章从小对国家前途、民族命运忧心如焚，积极寻找救亡图存的道路。1903年东渡日本，1905年加入孙中山领导的中国同盟会，积极组织反抗清政府的武装起义。1911年，他奉命回四川领导四川人民的保路运动，发动了荣县独立和内江起义，建立了中国第一个县级革命政权，这也是同盟会真正组织和领导的第一次成功的起义，比武昌起义还早15天。

吴玉章是共产主义事业的忠诚"奋斗者"。他于1925年加入中国共产党，在中国共产党领导下，为争取民主主义和社会主义革命的胜利、为实现共产主义而不懈斗争。他参加过南昌起义并担任革命委员会委员兼前敌委员会秘书厅秘书长，起义失败后被派往苏联、法国等欧洲国家工作，参加过共产国际第七次代表大会等。1938年回国后，担任陕甘宁边区文化工作委员会主任、鲁迅艺术学院院长等职。1945年12月，随周恩来去重庆，参加政治协商会议，为新民主主义革命作出了卓越的贡献。1938年底在一次与蒋介石的会面中，蒋介石对他说：你是老同盟会、国民党的老前辈，还是回到国民党来吧。吴玉章明确表示："我加入共产党是相信马克思列宁主义的科学真理，深知只有共产主义才是社会发展的唯一正确道路，对于这一点，我是不动摇的，决不会二三其德，毫无气节的！"

吴玉章是新型文教事业的坚定"开拓者"。他笃信教育振兴中华的理念，曾表示"我一生都乐于办学校，愿为国家培养人才作贡献"。他早年倡导并组织留法俭学会，后在法国发起创办勤工俭学会和华法教育会。吴玉章青年时代就立志于文字改革，在苏联期间认真研究中国文字拼音化方案，在延安时期积极研究和推行新文字运动，新中国成立后，他领导全国的文字改革工作，制定并实施了《汉字简化方案》《汉语拼音方案》，推广普通话，成为我国文字改革的先驱，为新中国文字改革作出了开创性贡献。

吴玉章是中国人民大学的卓越"缔造者"。1937年，党中央决定创办陕北公学，专门培养抗战人才，吴玉章深以为然并积极为其奔走筹备，是陕北公学筹备委员会的重要成员，对如何办好陕北公学提了许多宝贵意见。1948年，华北大学组建成立，周恩来致信商请吴玉章担任校长。新中国成立后，中央人民政府以华北大学为基础创办中国人民大学，毛泽东同志签发任命书请吴玉章担任校长。吴玉章担任中国人民大学首任校长达17年之久，为中国人民大学奠定的坚实基础、留下的光荣传统、形成的优良校风、塑造的办学风格，始终激励着一代又一代的人大师生不断砥砺奋进。1960年5月他以80多岁的高龄，写下一首"自励诗"："春蚕到死丝方尽，人至期颐亦不休。一息尚存须努力，留作青年好范畴。"他是这样说的，也是这样做的。88岁高龄的他还时常登上讲台给中国人民大学师生讲党史。

2022年4月25日，习近平总书记在中国人民大学考察调研并发表重要讲话，强调"要加强校史资料的挖掘、整理和研究，讲好中国共产党的故事，讲好党创办人民大学的故事，激励广大师生继承优良传统，赓续红色血脉"。今年是吴玉章同志诞辰145周年，我们特组织力量，以时为序，分类编排，广泛搜集，辑为《吴玉章全集》。所收资料起自吴玉章留学日本时期，迄止1966年去世，包括吴玉章所撰写的著述，以及由别人代笔而经他或修改、或寓目、或署名之文，乃至别人记录的演说词和谈话等，分为论著、往来函电、诗词歌赋、对联题词挽幛等。对存在不同版本的论著，予以辨析。出版《吴玉章全集》，全面反映吴玉章老校长一生追求革命、追求光明、追求真理的奋斗实践，建设新型高等教育的探索实践，领导新中国语言文字改革的创新实践，对于推进党史和校史研究，传承红色基因、赓续红色血脉，走好建设中国特色世界一流大学新路具有重要的意义。

《吴玉章全集》分6卷，分期和专题如下：第1卷，从1904年至1938年完成《救国时报》工作任务回国前（1904年5月14日—1938年）；第2卷，从1938年到武汉新华日报社工作至1946年底（1939年8月

23日—1946年）；第3卷，从1947年初至1954年出席党的七届四中全会（1947年1月1日—1954年2月6日）；第4卷，从纪念《中苏友好同盟互助条约》四周年至撰文回忆"五四"前后（1954年2月14日—1959年4月3日）；第5卷，从出席中国人民大学第七次科学讨论会至去世前的谈话（1959年5月4日—1966年10月底）；第6卷，往来函电、诗词歌赋、对联题词挽幛卷。

吴玉章的文稿，很多是在他的革命实践和教育实践中创作的。战争年代，吴玉章为革命事业而辗转各地，文稿亦随之散落于各处，由于漫长的时间和各种历史原因，许多已经散佚。此次中国人民大学启动编纂《吴玉章全集》后，编纂组尽最大可能广泛搜集了各个时期的材料，并充分参考前人整理研究成果，但是仍有待进一步发掘，尤其是吴玉章早期在苏联期间的文稿，不免还有遗漏。目前，学校正在通过多种方式积极征集，如吴玉章老校长亲友、战友、同事、学生等相关人士手中仍保存有吴玉章文稿，恳请赐赠原件或复印件，以便后续补充修订。

"文章合为时而著，歌诗合为事而作"，《全集》所收内容，突出表现了吴玉章"一贯的有益于广大群众，一贯的有益于青年，一贯的有益于革命"，"始终是站在时代的前面奋斗着"，代表了老一辈无产阶级革命家心系百姓、关注现实、服务国家社会的优良传统，具有其独特的史料研究价值。

吴玉章曾说，"能够献身于自己祖国的事业，为实现理想而斗争，这是最光荣不过的事情了"。让我们重温吴玉章的光辉思想，传承发扬红色教育家、人民教育家精神，"树雄心，立大志"，为强国建设、民族复兴而努力奋斗。

《吴玉章全集》编纂课题工作组

2023年5月

代序
一辈子做好事　一贯的有益于革命[*]
——缅怀吴玉章同志

吴玉章同志在我们党的历史以至中国近百年的历史上，是一位重要人物，他对祖国对人民有突出的功劳和卓越的贡献。他革命一生的光辉榜样，他的革命精神和高尚品德，永远是我们建设精神文明的师表。

毛泽东同志在吴玉章同志六十寿辰的祝词中说："一个人做点好事并不难，难的是一辈子做好事，不做坏事，一贯的有益于广大群众，一贯的有益于青年，一贯的有益于革命，艰苦奋斗几十年如一日，……我们的吴玉章老同志就是这样一个几十年如一日的人。"吴老一辈子做好事，一贯的有益于革命，是我们党的光荣、革命的光荣！我有幸从少年时代起，就受到他的亲切教导。几十年来，他的身传言教，他的崇高形象，我目染耳濡，深深印在脑海里。他热爱人民，热爱青年，广大人民和青年将永远纪念他。

吴老从真诚的爱国主义者，发展成为坚定的革命民主主义者，进而转变成为忠诚的共产主义者，这是我国许多杰出的老一辈无产阶级革命家所走过的共同道路。

吴老是革命的先驱者，又是著名的马克思主义教育家、历史学家和

---

[*] 录自《人民日报》1984年4月4日，第5版。

中国文字改革的倡导者。

吴老从青少年时代起，就是一位深切关心祖国兴亡的爱国主义者。吴老少年时代在四川自贡市读书时，出于强烈的爱国心，曾热烈拥护和宣传康、梁维新变法运动，被称为"时务大家"。吴老是孙中山领导的民主革命的积极参与者和领导骨干之一。在日本留学时，他结识了孙中山先生，成为真诚的革命民主主义者，被选为中国革命同盟会的评议员。他奋不顾身地参与了谋炸两江总督端方、谋炸珠江口水师提督李准和谋刺清朝摄政王载沣的活动，并策划和参与了1911年3月29日[①]的广州起义（黄花岗之役）。起义失败后，他潜回四川，参与领导了四川人民保路同志会的斗争。在武昌起义前两个月，他领导了四川荣县起义，宣布荣县独立。在10月10日武昌起义后，他领导了四川内江起义，成立内江军政府，任行政部长。随后到重庆，参与创建了蜀军政府。

1912年，孙中山在南京成立中华民国临时政府，就任临时大总统，吴老受孙中山邀请，在总统府秘书处工作。

南北议和后，他拒绝了袁世凯许诺给他的高官厚禄，1913年参加了孙中山领导的倒袁的二次革命。失败后，袁世凯下令通缉，他被迫流亡法国。1914年，他进巴黎法科大学学习。同时，他同蔡元培、李石曾等发起组织华法教育会，积极倡导和推动留法勤工俭学运动，组织华工教育，争取华工权利，并继续进行反袁斗争。

袁世凯倒台后，吴老于1916年回国，随后参加孙中山组织的护法运动。1918年受孙中山委派，作为孙中山的代表，到广州参加护法军政府的工作，同军政府中的南方地方军阀作不懈的斗争。

1920年底，为了反对北洋军阀的"武力统一"的狂妄野心，他回四川组织和领导了四川"自治运动"。

---

① 此日期为农历。

从 1922 年开始，吴老从革命民主主义者开始转变为共产主义者。

1922 年，吴老担任成都高等师范学校校长。这时，他先后受到王维舟、恽代英的影响，拥护俄国的十月革命，开始信仰马克思主义，与杨闇公等二十多人，秘密创建"中国青年共产党"（即 YC 团），并创办了《赤心评论》，宣传革命思想。

那时，我在成都高师附中读书。当时高师是四川的高等学府，高师的校长有很高的社会地位，吴老也已经是一位德高望重的革命家和教育家了。但吴老却平易近人，积极支持进步师生的革命活动，把高师变成为一个革命中心。吴老经常到我家中找杨闇公商量工作。那时，他和杨闇公、王右木领导着成都地区的革命活动。我很尊敬他，称他"吴老伯"。他常常很和蔼亲切地给我讲一些革命道理，介绍一些革命书刊给我读，并让我为他们传书送信，当一个革命交通员。他是我的老师和革命的启蒙者。

1925 年初，中国共产党和国民党发动促成国民会议运动，孙中山为此北上。吴老和刘伯承同志也于 2 月间从四川到了北京，经赵世炎介绍正式加入了中国共产党。从此，他完成了由彻底的革命民主主义者向坚定的共产主义者的转变，成为老一辈的无产阶级革命家，对争取中国新民主主义革命的胜利，对社会主义革命和建设都作出了重要贡献。吴老入党后，成为中国共产党四川党组织的一位创建人，同时也是国共合作的中国国民党四川省党部的创建人，在第一次大革命中，他作为中国国民党中央的一位负责人，发挥了重大作用。

1925 年五卅运动后，党中央派他回四川重庆，创建、扩大四川党组织，并着手整顿四川国民党组织。他在重庆创办中法大学，作为我党的活动基地，又在莲花池组建了国民党四川省党部。这时，杨闇公和我也到了重庆，吴老和重庆的党团组织也常在我家开会，他们让我作会议的记录员，并参加文件的刻蜡版和油印等工作。吴老主持的中法大学，聘请杨闇公、漆树芬（南薰）、萧华清、杨伯恺等同志担任教职员，在师生中发展和培养了一批党团员。在四川我党的创建中，吴老、杨闇公、王右木都是创始人，杨闇公担任了第一任省委书记。吴老以他的声望和社会地位，对四川党的创建，功绩卓著。

1925年秋，吴老和杨闇公等被选为四川省出席中国国民党第二次全国代表大会的代表，11月到广州。1926年1月，在国民党二大上，他被选为大会秘书长和中央执行委员，同国民党右派作了尖锐的斗争。吴老在延安时，曾对我讲起这段往事：国民党二大前夕，来广州开会的各省代表，稀稀拉拉到的不全，大会有开不成的样子。苏联顾问鲍罗廷同陈独秀商量，决定发挥我党的力量，把大会开起来，以发展国共合作。他们决定派吴老去筹办。吴老到国民党中央党部主持筹备工作后，依靠各省、市的共产党和国民党左派组织积极活动，很快选出了出席国民党二大的代表，大会得以胜利召开。这次大会，国民党左派占优势，战胜了西山会议派及戴季陶等右派，国共合作得到加强。

国民党二大后，他回四川。为准备北伐战争，他策动争取了川军两个旅、黔军两个师，后来编为国民革命军第九、十两军，攻下宜昌。

北伐出师后，吴老于1926年7月从四川经上海去广州。在上海逗留期间，他经常抽空到我党领导的上海大学看望师生们，对正在上海大学社会科学系学习的我和同志们多所鼓励，并带来闇公的嘱咐。吴老8月到广州，联合何香凝等左派同蒋介石的独裁倾向作斗争。他旋即随军到武汉。在武汉国民政府时期，他在国民党中央处于中枢地位，继续领导国共合作的北伐战争。他先是担任了国民党中央代替孙中山总理制的五人行动委员会成员。1927年3月，在中国国民党二届三中全会上，他被选为中国国民党中央常委兼中央党部秘书长。在这次会议上，吴老执行我党中央意图，使这次会议通过决议，剥夺了蒋介石的中央执行委员会主席和军事委员会主席的职权。以后，他曾到宜昌为武汉国民政府筹款 400 万元，并保护贺龙部队开到武汉。他协助朱德、刘伯承同志发动了四川泸顺起义。这次起义是我党较早地由自己掌握一批军队的重要尝试。他在武汉截获在重庆制造"三三一"惨案同蒋介石勾结的凶手杨引之，交付革命法院处死。他在国民党中央党部，紧密联合国民党左派，为反对蒋介石和汪精卫的反动倾向和反动活动，作了坚持不懈的斗争。

在第二次国内革命战争时期，吴老参加了英雄的八一南昌起义，致力于国际共产主义运动和国际反法西斯斗争的宣传。

"七一五"汪精卫"分共"后，吴老奉党中央之命，赴九江，转南昌，参加八一南昌起义，在周恩来同志领导下，担任革命委员会委员兼秘书长。溽暑之中，千里转战，备极辛苦。起义军在潮、汕失利后，吴老等出走流沙，驾一叶之扁舟，渡浩渺之大海，漂流到香港，辗转到上海找党中央。

到上海后，党中央派吴老到苏联学习。他和林老、徐老等在莫斯科中山大学特别班学习。吴老勤奋攻读马列著作，进一步从思想上理论上武装自己。我那时也正在莫斯科中山大学学习，同吴老经常见面，继续得到他的教益。这时，他开始用马列主义观点研究中国历史，同托派展开关于中国社会性质和革命性质的论战。

1930 年 10 月，吴老从特别班毕业，与林老等分配到海参崴远东工人列宁主义学校任教。他开始从事汉语拉丁化新文字的研究，与瞿秋白等同志对创制新文字方案作出了重要贡献。1933 年夏，他调任莫斯科东方大学中国部主任，并参加驻共产国际中国代表团的工作。他在中国部讲授中国历史，编写《中国历史教程》等讲义，对中国史有许多独到的见解，对中国历史科学作出了许多贡献。

1935年8月，共产国际举行第七次代表大会，吴老是中国代表团成员。在这期间，他参与起草了"八一宣言"，并在大会上作了长篇发言，报告了毛泽东同志领导的中国红军长征的英雄业绩和党的抗日民族统一战线政策。

共产国际第七次大会之后，他到巴黎创办中文的《救国时报》，宣传党的抗日民族统一战线政策。这个报纸利用国内《新生》周刊订户名单和地址，广泛寄到国内，推动了抗日统一战线，扩大了党的影响。当时上海和许多地方地下党的同志，同党中央失去联系，就是通过《救国时报》看到了我党抗日民族统一战线的纲领，才开始宣传的。

在抗日战争和解放战争时期，吴老在重庆、在武汉、在延安，为中国的民主革命事业同国民党反动派斗争，并在延安、在华北，从事党的培养干部的教育事业，积极从事文字改革工作。

七七事变爆发、国共第二次合作后，他与国民党政府代表张冲，作为中国政府代表在欧洲的巴黎、布鲁塞尔、伦敦等地，进行抗日反法西斯的国际宣传，使西欧各国支援中国抗战的运动有明显的发展。中国的抗日运动之所以能在国际上取得重大影响和热情支持，是与吴老的积极宣传分不开的。他在欧洲的演讲词，1938年在武汉广为印行，书名是《吴玉章抗战言论选集》。

1938年4月，他回到武汉，在周恩来同志领导下，先后在武汉、重庆、成都，从事抗日统一战线工作。同年7月，他是国民参政会的我党七名参政员之一。在1938和1939年，他先后在武汉和重庆与董必武同志等一起，同蒋介石的片面抗战路线和反共反人民的阴谋作斗争，同汪精卫的投降妥协阴谋作斗争。

1938年10月，他参加了在延安召开的党的六届六中全会，被选为中央委员。

1939年11月，吴老任延安宪政促进会会长。1940年1月，党中央为他的六十寿辰补行盛大的庆祝会，上面讲过毛泽东同志在祝词中称赞他"一辈子做好事，不做坏事"，指出"特别要学习他对于革命的坚持性"。就在这时，我同吴老在延安再次相见，杨闇公等早已牺牲，中国革命历尽艰险，终于在毛泽东同志领导下胜利前进。在延安，我常去吴老住的窑洞里长谈，倍增亲切。

1940年11月，他被选为陕甘宁边区新文字协会会长。

在延安期间，他还先后担任了鲁迅艺术学院院长、延安大学校长，为党的教育事业尽力，培养了大批干部。

延安整风期间，康生干了许多坏事。康生在莫斯科拥戴王明最积极，到延安后又摇身一变，把自己打扮成反王明的英雄。康生为了掩盖自己而恶意中伤吴老。吴老为人忠厚朴实，因在莫斯科时曾在王明领导下工作，感到说不清楚，背了黑锅，内心痛苦。在整风中，他还对这件事作过检查。建国后，1958年中国人民大学反教条主义，也是康生挑起的，其目的还是为了打击吴老。

1945年4月，吴老参加了党的第七次全国代表大会，被选为中央委员。

日本投降后，1945年12月，吴老去重庆，与周恩来等同志参加政治协商会议，参与党的南方局的领导工作。以后，又担任了中共四川省委书记，在国民党反动派的心脏地区进行战斗，领导川、康、滇、黔人民的解放斗争。

1947年2月28日，国民党反动派派兵包围了曾家岩中共四川省委驻地和红岩村新华日报社，吴老临危不惧，团结全体同志同反动派坚决斗争。他大义凛然地痛斥国民党反动派卖国内战的罪行，表现了无产阶级的浩然正气和英勇不屈的崇高气节。他的严正斗争，迫使反动派不得不有所收敛。他终于率中共驻渝全体同志胜利返回延安。

吴老撤回延安后，旋即到山西临县组织领导了四川干部训练班的工作，为解放大西南培养了大批骨干队伍。

1948年，吴老到了党中央所在地河北平山西柏坡。1949年3月，参加了党的七届二中全会。这时，吴老已是七十高龄，他还写信给毛主席"请缨杀敌"，要求中央军委允许他带一支队伍参加解放大西南的战斗！

1948年5月，吴老担任了华北大学校长。12月30日，当他七十寿辰时，党中央发来贺信，说："中国人民都敬爱你……这是你的光荣，也是中国人民的光荣。"华北大学召开了盛大的庆祝会。北平解放后，他参加了人民政治协商会议，参与创建新中国。以后他是历届政协的常委。

建国以后，1949年底，吴老担任中国人民大学校长，直到1966年12月12日他88岁逝世。吴老作为人民教育家，是留法勤工俭学运动的倡导者和组织者，从中培养了一大批党的干部，蔡和森、赵世炎、邓小平、陈毅、聂荣臻等老一辈革命家都是留法勤工俭学的学生。这以后，吴老在成都高师、重庆中法大学、海参崴远东工人学校和莫斯科东方大学、延安鲁迅艺术学院、延安大学，到华北大学和中国人民大学，又为革命培养了数以万计的学生，为党输送了好几代干部，真是桃李满天下。吴老确实是当代中国文化教育事业的杰出代表。吴老作为老一辈革命家、教育家、语言文字学家、历史学家，他的著述甚丰。建国以后，吴老在党的第八次全国代表大会上当选为中央委员，一、二、三届全国人民代表大会代表和常务委员。他又是全国文字改革委员会主任。他在二十年代末，就在苏联远东地区，试用北方话拉丁化新文字为中国华侨扫盲。四十年代，他在延安又主持并亲自用拼音文字在农村进行扫盲试验。建国后，他到各省积极试验，推行文字改革工作，不遗余力。

吴老为革命立下那么大的功劳，但却始终那样谦逊谨慎，艰苦朴素。

吴老是一个勤于思索而又慎于言行的人。在延安和北京参加中央各种会议时，他都是经过深思熟虑才发表意见。他爱同刘伯承等同志谈心。有时也同我谈一些，交流思想。他在生活上艰苦俭朴，进北京后依然保持着艰苦奋斗的作风。他对人民大学的师生无比关心，不顾自己高龄，还亲自去听课、讲课、查铺。我觉得他自奉太薄，过于辛劳，曾劝他说："您年岁太高，身体又不好，有些事可以少管些。"可是，他说："不去不行啊！心里放不下！"这是一位多么好的长者、师长啊！

吴老从参加辛亥革命起，一生坚持革命，总是站在革命斗争的最前列，不断跟着时代前进。他一生勤奋工作和学习，孜孜不倦，从不松懈。他作风民主，和蔼可亲，十分关心爱护干部。他全心全意为人民服务，一贯有益于革命，是我们的光辉榜样，是建设社会主义精神文明的楷模。他的名字将与人民同在。

杨尚昆

1984 年 4 月 4 日

凡　例

一、本全集所收，起吴玉章留学日本时期，迄 1966 年吴玉章去世，涵括迄今所见的吴玉章所撰写的著述，以及由别人代笔而经他或修改、或寓目、或署名之文，乃至别人记录的演说词和谈话等。

二、本全集包括论著、往来函电、诗词歌赋、对联题词挽幛等内容。

三、本全集所收，或录自手稿（含复印、影印件），或录自吴玉章手订、手校的较早出版品，或录自最早刊载其著作的书籍报刊，亦有录自后人所编结集。

四、本全集所收，一般依所据底本的标题，底本无标题的，则由编者根据内容酌加。

五、本全集所收，按时排序。首为撰写时间，凡有撰写时日可稽，或经查考大体可以确定的，以撰写时间为序。次为出版时间，发表在报刊上、公开出版的，按照出版时间编次。不能确定撰写、出版时间的，列于各部分之末。

六、本全集所收，一般不做他校；引文明显舛误影响句意的，校勘注明；无法辨认或缺字，以□标出。

七、本全集所收，均分段、标点。原文的繁体、古体和异体字，除有特殊含义者保留外，皆依通用规范汉字处理。

八、本全集内的外国国名、地名、人名及其他外来语的翻译，皆依所据底本照录。

目 录

纪念《中苏友好同盟互助条约》四周年（1954年2月14日） （1）

关于加强教学经验讨论会准备工作的指示（1954年2月23日） （6）

中国人民沿着过渡到社会主义的道路前进（1954年3月5日） （9）

中捷两国人民的友谊日益巩固（1954年3月14日） （15）

斯大林的旗帜引导中国人民向社会主义前进（1954年3月20日） （20）

在全国高等财经教育工作会议上的讲话（1954年4月） （26）

英勇劳动，艰苦奋斗，争取新的胜利（1954年5月3日） （36）

伟大的共产主义者——季米特洛夫永远活在人民心里

  （1954年7月2日） （43）

为和平民主和社会主义而斗争的杰出战士（1954年8月10日） （49）

在首都各界人民庆祝保加利亚解放十周年大会上的讲话

  （1954年9月9日） （55）

在第一届全国人民代表大会第一次会议上的发言

  （1954年9月19日） （59）

中国同苏联和各人民民主国家的团结（1954年10月2日） （62）

培养学生独立工作的能力（1954年10月20日） （72）

苏联——全世界人民的榜样（1954年11月6日） （77）

中国人民大学第五次科学讨论会闭幕词（1954年12月26日） （80）

反对使用原子武器（1955年2月20日） （85）

关于汉字简化问题（1955年4月7日） （87）

列宁主义是全世界劳动人民在争取和平、民主和社会主义斗争中的
　　旗帜（1955年4月28日） （93）

庆祝莫斯科大学成立二百周年（1955年5月7日） （114）

纪念列宁，为反对美国殖民主义而斗争！（1955年5月） （117）

同毕业生们的谈话（1955年7月28日） （122）

《人民大学周报》复刊（1955年9月10日） （124）

在劳动生产和阶级斗争中锻炼成社会主义建设积极分子
　　（1955年9月16日） （126）

开展群众性职工体育运动，是保证完成第一个五年计划的
　　重要条件（1955年9月22日） （132）

"文字必须在一定条件下加以改革"（1955年10月15日） （135）

全面规划，加强领导，努力宣传，动员群众（1955年10月24日） （144）

发展中日两国教师间的友谊（1955年10月25日） （147）

汉字必须改革的原因和我们的任务（1955年11月1日） （150）

在中苏友协总会庆祝十月革命三十八周年大会上的讲话
　　（1955年11月7日） （163）

为贯彻执行提高教育质量的方针而斗争（1955年11月18日） （171）

为促进文字改革而努力（1955年11月） （179）

元旦献辞（1956年1月1日） （183）

中国文字改革的道路（1956年1月1日） （185）

为大力推行简化汉字和推广普通话而努力（1956年1月4日） （190）

中苏友好是保证世界和平、建设社会主义的强大力量
　　（1956年2月14日） （194）

就日本政府拒发中国教育工会代表团入境签证事发表谈话（摘要）

    （1956年2月17日）　　　　　　　　　　　　　　　　　（197）

关于《汉语拼音方案（草案）》（1956年3月7日）　　　　　　（198）

中国文字改革问题（1956年3月）　　　　　　　　　　　　　（207）

推广普通话，普及拼音知识（1956年5月8日）　　　　　　　（211）

在蒙古语族语言科学讨论会上的讲话（1956年5月22日）　　（214）

大家办报！（1956年5月）　　　　　　　　　　　　　　　　（220）

为迅速赶上世界科学先进水平而奋斗（1956年5月）　　　　　（222）

青年们，要向哲学社会科学进军（1956年6月6日）　　　　　（225）

对毕业生的五点希望（1956年7月11日）　　　　　　　　　　（228）

充分动员和发挥教育工作者、科学工作者的力量，为伟大的

    社会主义建设服务！（1956年8月6日）　　　　　　　　（230）

用科学知识武装劳动人民（1956年8月26日）　　　　　　　（239）

让青年发挥更多的独立精神（1956年8月）　　　　　　　　　（243）

关于中国文字改革的问题（1956年9月26日）　　　　　　　（247）

为中小学教师说几句话（1956年9月）　　　　　　　　　　　（252）

纪念辛亥革命四十五周年（1956年10月9日）　　　　　　　（254）

《新闻与出版》发刊辞（1956年10月15日）　　　　　　　　（259）

在社会主义学院开学典礼大会上的讲话（1956年10月16日）（262）

孙中山先生伟大的革命精神（1956年11月10日）　　　　　（268）

对孙中山先生的一段回忆（1956年11月11日）　　　　　　（275）

和外国友人谈中国文字改革问题（1956年11月25日）　　　（278）

视察京包沿线的大同等地的情况反映（1956年12月5日）　（285）

欢迎苏联最高苏维埃主席团主席克·叶·伏罗希洛夫同志

    （1957年4月）　　　　　　　　　　　　　　　　　　　（287）

在新学年开学典礼会上的讲话（1957年9月19日） （289）
接受批评，改正缺点，改进工作（1957年10月26日） （298）
为维护世界和平而奋斗的四十年（1957年11月1日） （299）
学习苏联，改造思想，全心全意为建设社会主义服务
　　（1957年11月1日） （304）
工会对教师和科学工作者的工作（1957年12月5日） （311）
六十年来中国人民创造汉语拼音字母的总结
　　（1957年12月11日） （317）
关于当前文字改革工作和汉语拼音方案的报告
　　（1958年2月3日） （322）
永恒的牢不可破的友谊和团结（1958年2月14日） （337）
谈勤工俭学（摘要）（1958年3月25日） （340）
革命长辈谈勤工俭学（1958年3月） （342）
吴玉章感言（1958年4月7日） （345）
在四川省第一届党代表大会第二次会议上的发言
　　（1958年4月19日） （346）
向《河北日报》发表的书面谈话（1958年6月3日） （352）
在中国人民大学庆祝中国共产党成立三十七周年大会上的讲话
　　（1958年6月28日） （354）
大力宣传文字改革，努力推行拼音字母（1958年6月） （363）
悼念柳亚子先生（1958年6月） （367）
在第一次全国普通话教学成绩观摩会上的讲话
　　（1958年7月25日） （369）
青年们要积极地促进文化革命（1958年7月） （372）
坚决贯彻执行党的教育方针（1958年9月14日） （374）

艾森豪威尔的丑相毕露（1958年9月16日）	（383）
戊戌变法的历史教训（1958年9月20日）	（385）
全面深入推广普通话，大力宣传文字改革工作（1958年10月15日）	（390）
在群众中普遍推行拼音字母和推广普通话（1958年10月20日）	（396）
在庆祝十月革命节大会上的讲话（1958年11月5日）	（399）
挤出时间，学会拼音字母和普通话（1958年11月19日）	（400）
文字改革工作必须积极地进行（1959年1月13日）	（403）
积极地进行汉字的改革（1959年1月18日）	（409）
积极进行文字改革工作（1959年2月3日）	（415）
在社会主义学院第一期学员结业式上的讲话（摘要）（1959年2月7日）	（424）
伟大的友好 伟大的合作（1959年2月14日）	（426）
向全校师生员工作报告（摘要）（1959年2月25日）	（430）
利用拼音字母帮助扫盲和推广普通话（1959年3月20日）	（434）
回忆"五四"前后我的思想转变（1959年4月3日）	（443）
编后记	（461）

纪念《中苏友好同盟互助条约》四周年 *

——为苏联《真理报》而作

（1954年2月14日）

伟大的《中苏友好同盟互助条约》的签订，到今天已经四周年了。值此中国第一个五年计划已经进入第二年，朝鲜停战已经实现，保卫和平运动已有巨大发展之际，我们来庆祝这个节日，是有重大意义的。

四年来，中苏两国忠实地履行着同盟互助的义务。中苏两国的经济和文化关系有了空前的发展，特别是苏联给予了我国以兄弟般的慷慨无私的援助。中国人民在伟大苏联的援助下，以英勇的劳动进行恢复工作的结果，到一九五二年，已使我国工农业主要产品的产量超过中国历史上的最高年产量，工业生产比重显著上升，社会主义的经济成分在全部国民经济中有保证地得到逐步扩大。在苏联的援助下，我国已从一九五三年开始了第一个五年建设计划，并已胜利完成了第一个年度的计划，进行了一百三十项重要基本建设，其中包括去年底开工生产的鞍山大型轧钢厂、无缝钢管厂和七号炼铁炉，这三项工程被人们恰当地称誉为"中苏友谊的结晶"。在文化交流和其他方面，中苏两国的关系也有了广泛的发展。达到了今日全世界文化最高峰的苏维埃社会主义文化，是中国人民建设自己新文化的榜样。显然，我国国民经济之所以能够迅

---

* 录自《人民日报》1954年2月14日，第3版。

速完成恢复阶段，我国整个建设事业之所以能够顺利发展，都是与苏联的援助分不开的。

中国人民正在中国共产党和毛泽东同志的领导之下，循着国家过渡时期的总路线，为建设社会主义而斗争。

为了在我国建设社会主义，苏联的援助具有极其重要的意义。苏联政府和苏联人民对于我国的建设事业的国际主义关怀，在马林科夫同志等苏联党政领袖去年秋季写给我国工农业展览会的题词中充分地表达出来了。题词中说："在人民中国社会主义改造的伟大事业中，会永远得到苏联各族人民、苏联共产党和苏联政府的友好和积极支援的保证。"正是这样，在我国经济建设开始之时，苏联热诚地给予了我国多方面的援助。根据去年夏天我国政府代表团和苏联政府商谈的结果，连同过去三年来帮助我国设计的企业在内，至一九五九年末，苏联政府将帮助我国新建与改建一百四十一项规模巨大的工程，给以系统的经济的和技术的援助，这就将使我国人民能够在学习苏联的先进经验和最新技术成就的努力之下，逐步地建立起自己强大的重工业，使我国的工业化奠定一个稳固的基础。中国人民衷心感谢苏联伟大的、全面的、长期的、无私的援助。正如毛泽东同志致马林科夫同志祝贺十月革命三十六周年的贺电中所说："当目前中华人民共和国正在苏联的慷慨援助下，沿着苏联所胜利地走过的社会主义工业化和国民经济的社会主义改造的光荣道路上前进的时候，我国人民比以往任何时候都更感觉到中苏两国之间的亲密无间和两国友好的无上珍贵。"

为了在我国建设社会主义，学习苏联是尤其重要的。关于学习苏联，毛泽东同志曾经作了重要的指示，他在中国人民政治协商会议第一届全国委员会第四次会议的讲话中说："我们要进行伟大的国家建设，我们面前的工作是艰苦的，我们的经验是不够的，因此，要认真学习苏联的先进经验。无论共产党内、共产党外、老干部、新干部、技术人员、知识分子以及工人群众和农民群众，都必须诚心诚意地向苏联学习。我们不仅要学习马克思、恩格斯、列宁、斯大林的理论，而且要学习苏联先进的科学技术，我们要在全国范围内掀起学习苏联的高潮，来建设我们的国家。"苏联是中国人民的良师益友，苏联所走过的道路也就是我国现在和将来所要走的道路。苏联社会主义建设的丰富经验已经完全证实了马克思列宁主义关于过渡时期的理论的正确性，为我国的社会主义建设提供了卓越的榜样。中国共产党正是根据马克思列宁主义关于从资本主义过渡到社会主义的理论，学习苏联经验，依据中国的具体情况来确定中国逐步过渡到社会主义的路线、方法和步骤的。因此，学习苏联就显得更加具有迫切的实践意义。在中国共产党中央和毛泽东同志的号召之下，中国人民正在进一步地认真学习马克思列宁主义，学习苏联执行新经济政策、实现国家工业化、农业集体化和完成社会主义建设的历史经验，学习苏联先进的科学技术以及苏联人民在国家工业化时期艰苦奋斗的精神。全国各地的建设部门正在进一步努力贯彻苏联专家的建议，四年来的许多事实都表明了：凡是认真学习苏联并切实运用苏联经验的地方，工作就能顺利进展，避免许多错误。今后，苏联经验在我国建设工作中将更加显示出巨大的推动力量。

为了在我国建设社会主义，中国人民需要和平的国际环境。中国人民深知：保卫世界和平斗争的胜利发展乃是自己建设事业胜利的必不可少的条件，而中国建设事业的成就又是增加和平民主阵营力量的强大因素。中国人民从苏联反对帝国主义武装干涉的历史和自己反对帝国主义的斗争中学到了宝贵的经验：帝国主义侵略者是不会甘心于他们的失败的，他们总是执迷不悟地企图挑拨新战争。因此，热爱和平并正在建设自己的幸福生活的中国人民，和伟大的苏联人民一样，一贯地以保卫世界和平为自己的责任。在《中苏友好同盟互助条约》中就鲜明地贯串着为持久和平与国际安全而奋斗的崇高精神，并且着重规定了"共同防止日本帝国主义之再起及日本或其他用任何形式在侵略行为上与日本相勾结的国家之重新侵略"的重要条款。四年来，中苏两国信守条约的规定，团结一致，忠诚合作，彼此协商有关两国共同利益的重大国际问题，为保卫世界和平与安全进行了坚持不懈的斗争。在这个斗争中，中苏友好同盟已经是并将继续是反对新侵略的可靠保证，是远东及全世界和平的坚强堡垒。目前的国际形势表明：以苏联为首的和平民主阵营在为了缓和国际紧张局势、为了争取和平和制止新战争而作的努力中，已经获得了巨大的成就。朝鲜停战已经胜利实现。美国帝国主义复活日本军国主义的野心诡计正遭到重重困难，帝国主义侵略阵营的战争阴谋受到日益严重的打击。现在，中国人民必定继续加强与苏联的兄弟同盟，使之巩固得像钢铁长城一样，成为世界和平的前卫，并继续加强和整个和平民主社会主义阵营各国以及全世界爱好和平的人民的团结，努力发展各国人民间的友好合作和经济文化关系，反对帝国主义侵略者的"冷战"和挑衅政策，为争取迅速召开政治会议及和平解决朝鲜问题，为争取召开五大国会议并以和平协商的方式解决国际争端、缓和国际紧张局势而斗争。

在欢欣鼓舞地庆祝中苏友好同盟四周年之际，中国人民兴奋地看到：苏联人民正在苏联共产党的领导下，满怀信心地沿着共产主义建设的道路前进。在苏联人民创造性的劳动之下，苏联发展国民经济的第五个五年计划正在胜利地实现。去年苏联最高苏维埃第五次会议和苏联共产党中央九月全会所通过的著名决议，苏联部长会议和苏共中央关于农业、日用品生产和扩大苏联贸易的各项决议，将进一步加强苏联社会主义国家的力量，增进苏联人民的福利。苏联人民在共产主义建设事业中所获得的辉煌成就和伟大力量，引起了中国人民和全体进步人类的欢呼。苏联始终不渝地执行着和平外交政策，正如马林科夫同志所说："苏联政府，它过去、现在和将来都竭尽一切力量，以使各国人民和平相处，促使国际紧张局势缓和，并建立正常的国际关系"。苏联本着这种方针在保卫和平事业中所作的努力，引起了中国人民和全世界绝大多数人民的深刻响应。全世界一切民族的善良公正的人们都拥护苏联，团结到苏联的周围，并把希望寄托给苏联，这乃是当代历史的一个最重要的特征。

包括着七万万以上的人口和相连的占世界四分之一土地的中苏两国的兄弟同盟是不可战胜的力量。尽管帝国主义者费尽心机来挑拨诽谤，阴谋破坏我们中苏两国的友好团结，他们丧尽天良的恶行已经遭受了并将彻底遭受到可耻的失败。中苏友好同盟以不可抗拒的力量日益巩固与发展着，它是中国人民社会主义建设事业胜利的重要保证，它对于中苏两大国的繁荣和对于全世界和平与正义的胜利，都将继续发生巨大的作用。

伟大的牢不可破的中苏友好同盟万岁！

关于加强教学经验讨论会准备工作的指示＊

（1954年2月23日）

中央人民政府高等教育部一九五四年二月廿日通知：高等教育部准备于四月一日与四月廿三日分别召开全国财经教育会议与政法教育会议，同时"为总结、传播中国人民大学学习苏联教学的经验，进一步推动其他高等学校更好地学习苏联，提高教学质量，订于四月十二日至二十日召开中国人民大学教学经验讨论会"。校部除于昨日（廿二日）召开各系主任、政治理论教研室主任会议加强准备工作外，兹将中央人民政府高等教育部关于此次讨论会的计划附发一份，供你们参考，并通知如下事项，希你们即为认真传达执行。

一、我校聘请专家工作、学习苏联经验较早，目前虽已粗具规模，有了良好基础，但已往系统全面地总结工作甚为不够。此次中央高等教育部决定召开这一会议，其政治意义是十分重大的。为了传播经验，推动其他高等学校的前进，与通过此次会议进一步提高我们的工作，保持我校荣誉，要求全体工作人员，特别是教研室人员全力以赴，保证充分准备迎接此次会议的召开与各项参观、座谈、访问活动，务求取得良好效果。

二、校部根据高教部规定内容，对各报告题目进行了分工，各有专

＊ 录自中国人民大学档案馆档案，原文为手稿。

人负责准备。经研究确定，由胡锡奎、邹鲁风副校长，李新、张腾霄、何戊双、齐一等同志作大会报告，并分别组织有关同志作补充发言。补充发言人由报告人同有关人员商定。

三、各系、教研室应准备几年来工作情况的介绍，以备座谈会上报告之用，如系的教学计划编制情况、专业设置、生产实习组织、系代会、系的领导，教研室主要课程讲授计划、学习苏联先进科学及与中国情况结合问题，教员质量提高与科学研究工作、教研室工作、集体教学活动情况，工作优缺点等等。各系一般地可选择一二较好的有代表性的教研室重点准备。理论教研室应全部准备。此项工作应于三月十五日前基本上初步准备完结。

四、各教研室、资料室应进行充分准备，如对教研室工作计划、教学大纲、讲授计划、课堂讨论与实习计划，教材（包括实物教材）、讲义、参考资料、科学研究计划及成果、若干统计图表等，均应完整无缺，进行布置展览（就已有材料整理，一般不拟另拨经费），以便接待参观。

五、本校校庆展览应再予充实、整理，并将全部出版物、教学计划、教学大纲等等有关材料专辟陈列室陈列之。此项工作由李新同志负责组织与计划。

六、各教研室经过审查，凡无错误的教材、教学大纲、参考资料等，均可外赠、交换或供选购。于三月五日前分别报告教务、研究两部，以备审送或供交换、选购。

七、结合春季卫生运动澈底整顿校容，一切场所均必须保持清洁整齐。除由行政事务部负责具体布置检查外，各单位负责人亦须负责督促每一成员，为保持校容的整洁而努力。

八、为使此次会议准备工作能以保证圆满完成，校部由胡锡奎、邹鲁风副校长，崔耀先、李新、张腾霄、张崇山、何戊双、齐一、王嘉谟、胡沙、俞圣祺、戈平等十二人组成筹备工作组；并由胡副校长为总负责人。小组任务为督促检查与指导各项准备工作之进行。

九、我校全体人员应深刻体会此次会议的重要性，积极展开各项准备工作，各级党、团应予组织保证，各有专家教研室应争取专家有力帮助。这一期间，应以此工作为全校中心工作，因之，除教学外，其他工作可适当推延，予以调整。希全体教职员工动员起来，为完成这一光荣任务而努力。

中国人民沿着过渡到社会主义的道路前进*

——纪念斯大林逝世一周年

（1954年3月5日）

伟大的斯大林逝世已一周年了。中国人民和一切进步人民在一起，悼念这位全世界劳动人民伟大的领袖、中国人民敬爱的朋友和导师——斯大林同志。

马克思、恩格斯、列宁、斯大林的不朽学说，苏联人民在列宁、斯大林及其教养起来的苏联共产党领导下所取得的伟大胜利，鼓舞着全世界工人阶级和被压迫人民为自身的解放，为民族独立、和平、民主和社会主义而斗争。

中国人民是在列宁、斯大林学说的照耀下，在苏联共产党和苏联人民的帮助下获得民主革命的胜利的。斯大林对中国革命问题的英明指示在思想上、策略上武装了中国共产党。

斯大林早在一九一八年就发表《不要忘记东方》这篇著名的论文，这一论文给东方的共产党人，其中也包括中国共产党人，在领导他们国家的革命运动方面以巨大的帮助。

由于列宁、斯大林的帮助，中国共产党在一九二一年成立，随即制定了正确的民主革命纲领，并规定了其基本任务是反帝反封建的斗

---

* 录自《人民日报》1954年3月5日，第2版。

争。中国共产党遵循着列宁、斯大林的意见，执行了与国民党合作的政策，以便建立全民族的革命统一战线。在一九二四年，帮助孙中山先生将国民党改组成为工人、农民、城市小资产阶级和民族资产阶级革命联盟的党。这样，中国共产党也就为顺利进行第一次国内革命战争（一九二四——一九二七年）打下了基础。

至一九二六年十一月，当在我国南方成立的国民革命军胜利地进行北伐，并已进展到了长江流域时，为共产党所组织与鼓舞的工农革命运动达到了空前的规模。在这国内革命蓬勃发展的时期，中国革命的许多根本问题，都尖锐地被提了出来，亟需加以解决。这些问题就是：那个阶级应是革命中的领导者？中国革命将向那个方向发展，是走向社会主义呢，还是以资本主义的胜利而告终？如何巩固和扩大革命胜利？在中国革命发展和深入的过程中，还产生了一系列亟需解决的其它重要的问题。

斯大林在他的《论中国革命底前途》这一演说及其他著作中，对于中国革命的根本问题作了天才的马克思列宁主义的分析。他明确地确定了中国革命在其第一阶段的性质，乃是反对帝国主义和反对中国中世纪残余的资产阶级民主革命。他强调地指出了中国民族资产阶级的弱点，中国工人阶级及其政党必须是中国革命的领导者，而实现对农民的领导乃是它的极其重要的任务。同时，鉴于帝国主义假手中国反革命力量干涉中国革命的严重危险，斯大林注意到了提高革命警惕性的必要。斯大林指出：在中国武装的革命反对武装的反革命是中国革命底特点之一和优点之一。因此，中国共产党人必须特别注意研究军事，以便掌握革命军队的领导权。他指出在反帝国主义反军阀的斗争中必须在农村开展土地革命，满足农民要求，直到没收地主土地，交给农民。至于中国革命发展的前途，斯大林指出：中国未来的革命政权，按其性质来说，将是走向非资本主义发展的，或者说得更确切些，是走向社会主义发展的过渡政权；为中国革命这条发展道路而斗争，就是中国共产党人底基本任务。

斯大林的这些指示，正确地及时地答覆了中国革命发展的历史进程在当时提出的问题，并在中国共产党制定中国革命问题的纲领方针中起着特别重要的作用。毛泽东同志关于中国革命问题的理论工作，是继续创造性地发展了斯大林这些经典的指示。

和斯大林的意见相一致，毛泽东同志在一九二六年三月发表的《中国社会各阶级的分析》和在一九二七年三月发表的《湖南农民运动考察报告》中指出：中国工业无产阶级是中国革命的领导力量，无产阶级的最可靠最广大的同盟军是农民。根据这一点，毛泽东同志强调地指出：共产党必须组织农民起来斗争，依靠农民尤其是贫农起来推翻地主阶级在农村中的统治，建立农民政权和农民武装，因为只有这样才能彻底摧毁帝国主义和封建军阀在中国统治的基础。毛泽东同志指出：民族资产阶级是一个动摇的阶级，其右翼可能是我们的敌人，其左翼可能是我们的朋友。毛泽东同志写道：对这个阶级我们必须提高警惕。毛泽东同志指出：在十月革命后的世界局面下，世界已划分为革命和反革命两大阵营，中国革命已是世界无产阶级社会主义革命的一部分，中国革命必然是在无产阶级领导下走社会主义发展的道路，而不是在资产阶级统治下走资本主义发展的道路。

但是当时中国共产党领导机关内的陈独秀机会主义者，拒绝斯大林和毛泽东同志的正确意见，而执行了向资产阶级投降的错误路线。这就造成了大资产阶级打击革命的可能。一九二七年四月，国民党反动派蒋介石集团举行了反革命政变，因而使中国革命遭到了严重的挫折。

在第二次国内革命战争时期、抗日战争时期和第三次国内革命战争时期，毛泽东同志继续创造性地发展了斯大林同志关于中国革命问题的学说。毛泽东同志的理论著作与指示帮助党克服了党内"左"倾右倾机会主义的倾向，正确地领导中国人民的革命斗争，赢得了反帝国主义、反封建主义和反官僚资本主义的历史性的伟大胜利。

中华人民共和国的成立，标志着中国革命第二阶段的开始。从此，我国进入了发展的新时期——逐步向社会主义过渡的时期。在这一时期要实行国家的社会主义工业化及国民经济的社会主义改造。我们国家在苏联的无私援助下，在中华人民共和国成立以来头三年的时期中，基本上完成了国民经济的恢复工作，而且从一九五三年起，开始了有计划的经济建设。在执行五年计划的头一年，我们在国民经济的各方面已获得了巨大的成绩。这些成就生动地证明着为马克思和恩格斯所首先建立的，后来并为列宁和斯大林所发展的关于过渡时期理论的胜利。党中央和毛泽东同志根据马克思列宁主义关于过渡时期的理论和苏联建成社会主义的经验，结合中国的具体历史条件，规定了我们党在过渡时期的总路线和总任务。现在中国人民正在为实现党在过渡时期的总路线和总任务、为完成社会主义建设的第一个五年计划而斗争。

为了实现党的总路线，我们必须像斯大林所教导的那样，像苏联共产党领导苏联人民所走过的道路那样，集中主要力量发展重工业，同时，相应地、有计划地发展交通运输业、轻工业、农业、商业和文化教育事业。我们必须把社会主义工业和农业结合起来逐步地引导农业、手工业走上合作化的道路，也就是说逐步地改造个体经济为社会主义经济。同时，我们还须对资本主义工商业进行社会主义改造。

斯大林教导我们，苏联的榜样教导我们，为了胜利实现党的总路线，必须加强党的团结一致，加强党的领导作用，和一切脱离党的总路线的"左"的右的倾向及一切偏向作坚决的斗争。我们必须更紧密地团结在以毛泽东同志为首的中央委员会周围，加强党内的集体领导，纯洁党的队伍，巩固党的纪律，克服和肃清党内资产阶级思想的影响，为正确实现党的总路线而斗争。

苏联的榜样证明：工人阶级所领导的国家的巩固对社会主义建设事业的胜利具有特别重大的意义。我们一定要加强工人阶级领导的、以工农联盟为基础的人民民主政权，加强人民和人民政府的团结一致，运用这个力量来保证社会主义建设的胜利实现。

苏联的榜样证明：工农联盟是建成社会主义的决定性的条件。我们要不断地加强工农联盟，在农村中坚决地执行党的依靠贫农和中农的巩固联盟，逐步发展互助合作，限制富农剥削这一系列的政策。必须耐心地教育农民，引导农民走上社会主义的大道。

斯大林在《论社会主义经济问题》一书中教导我们说：用在高度技术基础上使社会主义生产不断增长和不断完善的办法，来保证最大限度地满足整个社会经常增长的物质和文化的需要，这乃是社会主义基本经济法则的主要特点和要求。遵循这个指示，我们必须响应毛泽东同志的号召，向苏联学习，努力地学习苏联的先进经验和先进技术，学会更好地组织生产和掌握生产技术的本领。

百战百胜的列宁斯大林的学说为我们指出：建成社会主义是一个艰巨的深刻的社会改造事业。要完成这一伟大任务，我们必须坚决地克服一切困难，在劳动中竭尽我们创造性的才能，以便最后消灭一切形式的生产资料的私有制度，而使生产资料的公有制度成为中国社会唯一的经济基础。我们相信在党中央、中央人民政府和毛泽东同志的正确领导下，在苏联的大力帮助下，我们一定可以胜利地达到这个目的。

我国人民正沿着苏联所走过的道路，即通向社会主义的道路前进，我国人民都明显地感觉到中苏两国人民之间的亲密友谊的巨大意义。为了两国人民的利益及全世界进步人类的利益，我们应继续巩固和发展中苏两国人民之间的永恒的牢不可破的友谊。中苏两国人民亲密的友谊乃是制止帝国主义发动新的战争，保卫世界和平和我国的和平建设的伟大力量。依靠这个伟大的友谊，我国人民将能一步一步地取得胜利，并在中国胜利地建成社会主义社会。

中捷两国人民的友谊日益巩固[*]

——纪念哥特瓦尔德同志逝世一周年

（1954年3月14日）

　　捷克斯洛伐克共产党和人民的伟大领袖、国际工人阶级共产主义运动的卓越战士、中国人民的亲密朋友克利门特·哥特瓦尔德同志逝世一周年了。今天，各国劳动人民都怀着亲切的心情来纪念哥特瓦尔德同志的光辉的一生。

　　作为伟大的列宁和斯大林的学生和战友，哥特瓦尔德同志把自己的整个生命都献给了劳动人民的解放事业。他曾不倦地为捷克斯洛伐克共产党的布尔什维克化而斗争，把它培养和锻炼成为捷克斯洛伐克人民争取自由解放的坚强的领导力量。以哥特瓦尔德同志为首的捷克斯洛伐克共产党，领导捷克斯洛伐克人民度过了许多艰苦的年代和严重的考验。在资产阶级共和国时期，一切反对压迫、争取民主的斗争，都是和捷克斯洛伐克共产党的领导分不开的。在希特勒德国占领的黑暗岁月里，为了恢复祖国的独立，摆脱法西斯占领者的残酷暴政，捷克斯洛伐克共产党又不屈不挠地领导了英勇的民族解放斗争。捷克斯洛伐克人民坚持的斗争，在苏联军队的决定性的援助下，终于赢得了民族和民主革命的胜利。

---

[*] 录自《人民日报》1954年3月14日，第3版。

哥特瓦尔德同志是人民民主的捷克斯洛伐克共和国的缔造者。胜利了的捷克斯洛伐克人民，巩固了人民民主制度，建立了捷克斯洛伐克各族人民的坚固团结，加强了人民共和国的力量，开辟了建设社会主义的广阔道路。在捷克斯洛伐克共产党的领导下，捷克斯洛伐克劳动人民于一九四八年二月对谋叛的反动派进行了严重的斗争，粉碎了国际反动派想使捷克斯洛伐克重新走上资本主义道路的阴谋。一九五一年十二月，捷克斯洛伐克共产党和人民，揭发了以斯兰斯基为首的叛国集团，把企图瓦解共产党的匪徒从党内清洗出去，这对于保卫人民革命的胜利果实，具有重大的意义。

捷克斯洛伐克人民在哥特瓦尔德同志的领导下，在苏联的无私的援助下，迅速恢复了国民经济，于一九四九年开始实行第一个五年计划，以建设社会主义的物质和技术基础，来根本改变国家的面貌和人民的生活状况。捷克斯洛伐克各族人民发挥了高度的自觉的劳动热忱，在建成幸福的社会主义社会的伟大事业中取得了重大的成就。

哥特瓦尔德同志的逝世使捷克斯洛伐克人民遭遇到无可估量的损失。但是，捷克斯洛伐克人民更加坚定地团结在自己的共产党中央委员会和政府的周围，加强着和以苏联为首的社会主义阵营国家的兄弟友谊，在进一步巩固人民民主政权和完成社会主义建设的道路上继续前进。

一九五三年捷克斯洛伐克人民胜利地完成了第一个五年计划。这个计划的完成使捷克斯洛伐克摆脱了对资本主义世界的依赖，在社会主义建设的道路上前进了一大步。现在，捷克斯洛伐克国民经济的各部门，除农业部门外，已彻底消灭了资本主义因素，而农业中的社会主义的成分也大大地巩固和发展起来了。绝大多数的生产资料已转为社会所有，这一个因素，对于捷克斯洛伐克人民继续发展国民经济并进一步建成社会主义发生着日益重大的作用。

第一个五年计划的完成，使工业生产获得了显著的增长。一九五三年捷克斯洛伐克的工业生产量比一九四八年增加了一倍以上，等于战前最高水平的二点二五倍。工业生产总值在国民总收入中已占百分之八十，生产资料的生产在全部工业生产中已占百分之六十二。捷克斯洛伐克的钢产量在一九五三年已达到四百三十万吨，煤产量已达到五千四百六十万吨，电力为一百二十五亿千瓦时，机器制造业比一九四八年增加了两倍半。工业生产的迅速高涨和生产资料生产比重的增长，使捷克斯洛伐克已成为一个具有强大重工业基础的现代工业国家。

在工业获得重大发展的同时，捷克斯洛伐克的农业也发生了巨大的变化。五年计划执行的结果使农业生产提高了三分之一强。百分之五十八的农村建立了统一农业合作社，农业劳动高度机械化了，国营农场在高度的生产水平上进一步改善了。国营农场和统一农业合作社的社会主义农业大生产，已拥有占全部可耕地的百分之四十八的土地。捷克斯洛伐克的农业正在向着社会主义改造的道路继续前进。

国民经济的其他部门也有了很大的进步。社会主义的贸易以巨大的努力来满足人民对于消费品的要求。一九五三年，捷克斯洛伐克实行了币制改革，从而使克朗成为稳定的货币，并使人民购买力得到不断的提高。一九五三年还废除了配给制，实行了统一的消费品零售价格，并两次减低了消费品零售价格。这都说明了捷克斯洛伐克经济力量的巩固，和捷克斯洛伐克共产党和政府对劳动人民福利的关怀。

现在，捷克斯洛伐克人民正在第一个五年计划完成的基础上，继续为进一步发展国民经济而努力。

捷克斯洛伐克共和国在捷克斯洛伐克共产党的领导下的强大发展，

大大加强了以苏联为首的和平民主社会主义阵营的力量和各国人民争取和平的力量。捷克斯洛伐克共产党和政府坚决遵循着哥特瓦尔德同志所指示的方向,一贯地为维护和平、巩固和平、加强与一切爱好和平国家的友好合作而奋斗。萨波托斯基总统在今年一月一日向全国人民发表的新年广播演说中说道:"我们一贯支持,将来还要支持苏联为争取和平的努力。我们完全相信,目标明确的、始终不渝的和平政策是粉碎世界帝国主义侵略集团战争阴谋的最有效的武器,是保卫我国人民幸福和繁荣的最正确的政策。"忠实于哥特瓦尔德同志的捷克斯洛伐克人民由于他们建设社会主义和加强国防力量的成就,由于他们对苏联的忠诚友谊,由于他们不断加强与中国及各人民民主国家的亲密关系并为争取缓和国际紧张局势而努力,从而对维护和巩固和平的事业作出了重要的贡献。各国爱好和平的人民都认为捷克斯洛伐克共和国是保卫和平的重要力量,并对它的强大发展和成就感到极大的兴奋。

我国人民对捷克斯洛伐克人民的伟大领袖哥特瓦尔德同志怀着深刻的、敬爱的感情。哥特瓦尔德同志对我国人民在共产党和毛泽东同志领导下所进行的革命事业的同情和支持,以及在我国革命取得胜利后对发展中捷两国人民友谊所表现的关怀,是我国人民永远不能忘记的。中华人民共和国成立以后,中捷两国在以苏联为首的和平民主阵营内关系日益亲密,并先后签订了贸易协定、文化合作协定、科学与技术合作协定以及其他协定,从而加强了两国间的经济与文化合作的互助关系。两国人民并不断派遣各种代表团,互相访问,对促进两国人民友谊起了很大的作用。中捷两国人民这种日益亲密的关系,是历史上所未曾有过的,正如毛泽东同志于去年三月十五日在给捷克斯洛伐克共和国政府主席团的唁电中所说:"我深信:在进一步巩固和发展中捷两国人民的亲密团结和友好合作,进一步增强以我们的共同盟邦——伟大的苏联为首的世界和平民主阵营的事业中,哥特瓦尔德同志的辉煌贡献将永远鼓舞着中捷两国人民奋勇地胜利地前进。"在纪念哥特瓦尔德同志逝世一周年的这个日子中,让我们继续为发展中捷两国人民的亲密友谊、巩固与发展以苏联为首的和平民主与社会主义阵营的强大团结、争取保卫世界和平事业的新胜利而努力吧!

斯大林的旗帜引导中国人民向社会主义前进[*]

（1954年3月20日）

斯大林逝世已经一周年了。中国人民和全世界进步人类一样，对这位伟大的世界革命的领袖、中国人民最敬爱的导师和朋友倍增崇敬和悼念。

俄国的工人和农民，在列宁和斯大林及其所缔造的苏联共产党的领导下，取得了十月革命的光辉胜利，在世界上建立了第一个社会主义的国家。列宁逝世后，以斯大林为首的苏联共产党，领导苏联人民，战胜了一切困难，在世界六分之一的土地上，建成了光辉灿烂的社会主义社会。在第二次世界大战中，又取得了战胜德意日法西斯的伟大胜利。马克思、恩格斯、列宁、斯大林的不朽学说，苏联人民的伟大胜利，指引和鼓舞着全世界工人阶级和被压迫人民为自身的解放、为和平民主和民族独立而斗争。

中国人民是在斯大林所指示的道路上获得民主革命的胜利的。斯大林对中国革命问题曾给予伟大的理论指导和政治指导，在思想上、政策上武装了中国共产党。

从斯大林在一九一八年发表《不要忘记东方》这篇著名论文的时候开始，列宁、斯大林领导下的共产国际，对东方尤其是中国的革命作了

---

[*] 录自《教学与研究》1954年第3号，第2~3页。

一系列的理论指导。

在共产国际和列宁、斯大林的帮助下，中国共产党提出了正确的反帝国主义反封建主义的民主革命纲领，并和国民党实行合作。在一九二四年，帮助孙中山先生将国民党改组成为工人、农民、城市小资产阶级和民族资产阶级的革命联盟，从而进行了第一次国内革命战争。

至一九二六年十一月，北伐战争已经胜利地发展到了长江流域，由于共产党的组织与鼓舞，新解放地区的工农运动空前地高涨起来。这时，这个蓬勃发展着的国共两党合作进行的革命究竟谁来掌握革命领导权，这个革命的发展前途究竟是社会主义还是资本主义，以及如何巩固和扩大这个革命胜利等根本性问题，随着革命的发展和深入而更加突出和尖锐起来，并由此产生了一系列亟需解决的问题。

就在这时，斯大林在共产国际执行委员会中国委员会上发表了题为《论中国革命底前途》的演说。在这篇著名的演说中，斯大林对于中国革命的根本问题，作了马克思列宁主义的英明指示。他明确地确定了现阶段中国革命的性质，是反对帝国主义和反对中国中世纪残余的资产阶级民主革命。他要中国共产党人在和中国民族资产阶级合作中，注意这个阶级的软弱的特点，由此，中国工人阶级及其政党必须起来掌握革命的领导权，首先是实现对中国农民的领导。同时必须警惕帝国主义各国假手中国反革命力量而干涉中国革命的严重危险。他天才地指出：武装的革命反对武装的反革命是中国革命底特点之一和优势之一，中国共产党人必须注意研究军事和掌握革命军队。他认为在反帝国主义反军阀的斗争中必须开展农村革命，满足农民要求，归根结蒂必须做到没收地主土地，交给农民。至于中国革命发展的前途，将是走向非资本主义发展，即走向社会主义发展的前途，中国未来革命政权的性质，将是走向社会主义发展的过渡政权；为中国革命这条发展道路而斗争，是中国共产党人底基本任务。

上述这些重要指示,特别是关于无产阶级掌握革命领导权以争取社会主义发展前途的指示,不仅完全正确地、及时地答覆了中国革命历史进程在当时提出的问题,而且也是关于整个中国革命的最重要的纲领性的原则指示。毛泽东同志关于中国革命问题的理论工作,就是继承和创造性地发展了列宁、斯大林这些经典的指示的结果。

和斯大林的意见相一致,毛泽东同志在一九二六年三月发表了《中国社会各阶级的分析》,在一九二七年三月发表了《湖南农民运动考察报告》。在这两篇文章里,毛泽东同志指出:中国工业无产阶级是中国革命的领导力量;无产阶级的最广大最可靠的同盟军是农民;党必须放手发动农民,组织农民,依靠农民尤其是贫农起来推翻地主阶级在农村中的统治,建立农民政权和农民武装,这样才能彻底摧毁帝国主义和封建军阀在中国统治的基础;民族资产阶级是一个动摇的阶级,其右翼可能是我们的敌人,其左翼可能是我们的朋友,我们必须对这个阶级提高警惕。毛泽东同志指出:在十月革命后的世界局面下,世界已划分为革命和反革命两大阵营,中国革命已是第三国际领导下的以苏联为首的世界无产阶级社会主义革命的一部分,中国革命的发展前途也必然是无产阶级领导下的社会主义前途,而不是资产阶级统治的资本主义前途。

但是当时中国共产党领导机关内的陈独秀机会主义者,拒绝斯大林和毛泽东的正确意见,而执行了他们的阶级投降主义的错误路线。这助长了民族大资产阶级篡夺革命胜利果实的野心。一九二七年四月,国民党反动派蒋介石集团举行了反革命政变,使中国革命突然遭到了严重的挫折。

就在这个革命的紧急关头,斯大林所领导的共产国际给中国共产党送来了极其重要的足可以挽救革命失败的紧急指示,要求我们立即开展土地革命，发动农民起来，以支持革命使之取得胜利；要我们多多从下面吸收新的工农领袖到国民党中央委员会里去，改造国民党使之成为工农和小资产阶级联盟的组织；要我们立刻动员两万共产党员，加上湖南湖北五万革命工农，编成几个新的军团，利用军官学校的学生做指挥人员，并且刻不容缓地组织自己的可靠的军队；要我们立刻组织革命军事法庭，以镇压公开的和隐藏的反革命分子。

当时，革命在以武汉为中心的中南地区，仍然拥有很大的势力，中国共产党如果坚决执行了这个英明的、及时的紧急指示，那末，第一次国内革命战争的失败还是大可挽救，至少是不至于遭到像后来这样惨痛的失败的。但是，这个文件到中国后，因为和陈独秀的右倾投降主义路线不合，他竟抗不执行，而且还不让党内许多同志知道，以致党不能够正确地、及时地组织革命力量，给反革命势力以坚决的反击，避免第一次国内革命战争的失败。

在第二次国内革命战争时期、抗日战争时期和第三次国内革命战争时期，毛泽东同志进一步创造性地发展了斯大林关于中国革命问题的学说，从而克服了党内"左"倾右倾机会主义的错误，正确地领导了中国人民赢得了反帝国主义、反封建主义和反官僚资本主义的历史性的伟大胜利。

中华人民共和国的成立，标志着中国革命第二阶段的开始。从此，我国进入了社会主义工业化及国民经济的社会主义改造的新时期。我们国家在苏联的无私援助下，不仅在头三年的时期中基本上完成了国民经济的恢复工作，而且从一九五三年起，开始了国家有计划的经济建设。在执行五年计划的头一年，我们在各方面已获得了巨大的成就。这些成就生动地证明着为马克思和列宁所建立、为斯大林所具体发展的关于过渡时期的学说的胜利。毛泽东同志根据马克思列宁主义过渡时期的学说、列宁斯大林关于建设社会主义的理论，结合中国的具体历史条件，提出了我们国家在过渡时期的总路线和总任务。中国人民正在为实现党的总路线和总任务而斗争。同时，从一九五三年开始执行社会主义建设的第一个五年计划。

为了实现党的总路线，我们必须像斯大林所教导我们的那样，集中主要力量发展重工业，同时，相应地、有计划地发展交通运输业、轻工业、农业、商业和文化教育事业。我们必须把社会主义工业和农业结合起来，逐步地改造个体经济为社会主义经济——逐步地引导农业、手工业走上合作化的道路。同时，我们也根据着列宁斯大林关于国家资本主义的原理来对资本主义工商业进行社会主义的改造。

斯大林教导我们，为了实现党的总路线，必须加强党的团结一致，加强党的领导作用，和一切脱离党的总路线的"左"的、右的错误倾向作坚决的原则性的斗争。我们必须全党更紧密地团结在以毛泽东同志为首的中央委员会周围，加强党组织的集体领导制度，更加纯洁党的队伍，提高党的纪律，克服和肃清资产阶级思想的影响，为正确实现党的总路线而斗争。

斯大林教导说，国家的巩固在社会主义建设中具有重大的意义。遵循这个指示，我们一定要加强工人阶级领导的工农联盟为基础的人民民主政权的力量，加强政府和人民的团结一致，运用这个力量来保证社会主义建设的胜利实现。

斯大林特别强调，巩固工农联盟是建设社会主义的决定性的条件。遵循这个指示，我们一定要不断地加强这个联盟；在农村中坚决地执行党的依靠贫农（包括土地改革后变为新中农的老贫农）、巩固地与中农联合，逐步发展互助合作，逐步由限制富农剥削到最后消灭富农剥削的路线；必须耐心地教育农民，引导农民走上社会主义的大道。

正如斯大林所教导我们的，要执行社会主义的基本经济法则，也就是要改善劳动人民的物质和文化的福利，只有在我们更好地和便宜地生产和学会更好地使用现代技术的条件下，才是可能的。遵循这个指示，我们必须响应毛泽东同志的"学习苏联"的号召，虚心地学习苏联的各方面的先进经验和先进技术，学会更好地组织生产和掌握生产技术的本领。

百战百胜的斯大林学说教导我们，建设社会主义是一个艰巨的、深刻的社会改造事业。面对这一伟大事业，我们必须以坚韧顽强的毅力、艰苦奋斗的作风，竭尽我们的智慧从事创造性的劳动，稳步而积极地来最后消灭一切形式的生产资料的私有制度，而使生产资料的公有制度成为中国全社会唯一的基础。在党中央、中央人民政府和毛泽东同志的正确领导下，苏联的大力帮助下，我们一定可以达到这个目的。

当目前我国人民正沿着苏联所走过的道路稳步地向社会主义前进的时候，我国人民比以往任何时候都更加感觉到中苏两国人民之间的亲密友谊的无上珍贵。当此纪念斯大林逝世一周年的时候，为了中苏两国人民的利益及全世界进步人类的利益，我们将继续巩固和发展中苏两国人民之间的永恒的、牢不可破的友谊。有了这种团结做靠山，我们就有力量制止帝国主义发动新的侵略战争，保卫世界和平和我国的和平建设。这就使我国人民能够一步一步地取得胜利，最后在中国建成光辉灿烂的社会主义社会。

在全国高等财经教育工作会议上的讲话*

（1954年4月）

我们这次会议是高等财经教育工作中的一个很重要的会议。在中央高教部的领导下，会议在讨论中明确了很多重要问题。在会议的过程中，我自己也有不少体会，现在作为个人的意见提出来供各位同志参考。

第一，是认识高等财经教育的重要性。这个问题必须根据国家过渡时期的总路线总任务来考虑，也即是说，要认识高等财经教育在国家经济建设事业中的作用。问题如果不是这样的提法，就会得不到正确的解决。

大家知道，斯大林在比较无产阶级革命和资产阶级革命的特点时说过一段话。他说，"资产阶级革命通常是在较为现成的资本主义经济形式已经具备时开始发生的，这种形式在公开革命以前就已在封建社会内部生长并成熟了；无产阶级革命却是在现成的社会主义经济形式没有具备或几乎没有具备时开始发生的，资产阶级革命的基本任务是夺取政权，并使这个政权适合于已有的资产阶级的经济，无产阶级革命的基本任务却是在夺取政权以后建设新的社会主义的经济"（《论列宁主义的几个问题》）。

斯大林是根据列宁所指示的基本原理来阐述的。列宁说过，任何资

---

* 录自《吴玉章教育文集》，四川教育出版社1989年版，第178～189页。

产阶级革命只要完成了破坏旧社会一切桎梏的任务，就算完成了它所应作的一切。"社会主义革命却处在完全另外一种情况中。由于历史进程转折而不得不开始社会主义革命的那个国家越落后，则它由旧时资本主义关系过渡到社会主义关系也越困难。这里除破坏任务外，再加上一种空前困难的新任务，即组织任务。"他又说，"组织统计工作，监督各大企业，把全部国家经济机构变成一整架大机器，变成一个使几万万人都遵照一个计划工作的经济机体——这就是放在我们肩上的巨大组织任务。"

这个理论，对于我们目前的现实，具有特别重大的指导意义。我国现在的过渡时期，就是一个社会主义革命或社会主义改造的时期，我们要发展已有的社会主义经济，并要改变现有的资本主义经济、小商品经济和个体的农业经济为社会主义经济，使社会主义经济基本上成为我国唯一的经济基础。我们现在面临着的是一个在东方的大国内建设社会主义经济的历史任务。

为了进行社会主义经济建设，当然需要创设各种条件，而培养经济工作的人才，则是最重要的事情之一。资产阶级为了维护他们剥削发财的利益，善于组织管理资本主义经济，曾经注重训练他们的人。我们工人阶级和劳动人民必须培养自己的社会主义的经济人才。十月革命以后，列宁、斯大林曾经强调号召共产党人要"学会做生意"，学会管理经济。斯大林同志在1935年给第一次全苏联无产阶级大学生代表大会的信中，把经济学家、合作社工作人员、统计学家等经济工作人员和其他建设人才一同看作是建设新社会、建设社会主义经济和文化的领导者，他说："没有这样的领导者就不能建设新的社会，就像没有新的将领就不能建设新的军队是一样的。"毛主席也早就教导我们："必须学会做经济工作。"他说："我们不但应该会办军事，会办政治，会办党务，会办文化，我们也应该会办经济。如果我们样样都能干，唯独对经济无能，那我们就是一批无用之人，就要被敌人打倒，就要陷于灭亡。"1949年，毛主席在《论人民民主专政》中写道："严重的经济建设任务摆在我们面前……帝国主义者算定我们办不好经济，他们站在一旁看，等待我们的失败。我们必须克服困难，我们必须学会自己不懂的东西。"所有这些，都说明我们的革命领袖是十分重视管理和建设新国家的干部的重要性和在社会主义经济建设中经济工作人员的作用，十分重视培养、训练财经干部的工作的。1949年，当我们中华人民共和国成立前后，毛主席和党中央就决定首先创办中国人民大学，在系科的设置上，强调以财经教育为主，在教育方针上强调学习苏联，在培养对象上强调以工农为主，这对于高等财经教育的改革和发展是起了一定推动作用的。

我们高等财经教育的任务，就是要培养国家建设所必需的高级经济理论人才和财经管理人才，包括训练财经方面的在职干部在内。这个工作任务显然是重要的。正如曾副部长的报告中所说："这就是高等财经教育直接为国家的社会主义工业化与社会主义的改造服务，直接为总路线服务的光荣而艰巨的任务。"

但是，并不能因为财经教育重要就随便发展起来，而不顾整个国家计划，那是一种片面的观点。现在，国家的建设事业迫切需要大量的工业技术人才，以及理科、医科、师范等方面的人才。因此高等教育事业的发展必需根据整个国家计划来安排，着重发展和改造高等工业院校和综合大学理科、工科。在这方面，招生名额也最多，但这并不是财经教育不重要。在经济战线上，如果仅仅有生产技术人才，而没有计划、统计、贸易、财政、合作以及管理经济和经济理论工作等各方面的人才，也是不可能获得胜利的。我们的各种事业都是国家事业的一部分，都要尽量纳入计划的轨道，要互相配合，相应地发展。就是在财经教育内部，也是有的专业现实需要比较迫切些，也不能平均地使用力量，我们的工作都是国家建设所需要的，因此，任何部门的工作都不是，也不应该是什么"冷门"。

正是为了培养国家所必需的财经工作人才，所以在过去几年内，国家一方面创办了一些院校；一方面把旧财经院系进行了大规模的调整，由旧有的全国设有财经院系的高等学校70余所调整为18所；进行教学改革，改变了那些旧摊子，使之适合于国家的需要。这种改革工作本身就是国家重视财经教育的一个实际说明，也是执行"整顿巩固、重点发展、提高质量、稳步前进"的方针所采取的一个必要步骤。这件事本身就是建设性的工作，应该认为是财经教育方面一个很大的成绩，为今后发展财经教育铺平了道路。当然，这是一种过去没有做过的工作，所以遇到了很多困难。例如师资缺乏，学生质量不高、不整齐，专业设置以至校舍设备等各方面的困难很不少。但这是客观条件必然要产生的，这是发展中的困难，我们应该有信心、有勇气来克服一切困难，而不应向困难低头。在当前的情况下，这种克服困难的革命精神是特别需要强调的。因为，如果没有这种精神，我们就很难为自己的工作创造条件。所以我觉得有再三提出来大家互相勉励的必要。就拿中国人民大学来说，我们最初只有50多位教员，而且都是没有财经方面的学识，但我们采取边学边教的办法来克服，并大量培养研究生，到现在我们已培养出七八百教员。没有校舍我们租用民房，因此到现在我校还分住在50余处。为了节省经费让国家能进行急需的重点建设，我们学校去年和今年都没有进行修建，我们也没有建筑大礼堂，开会、演戏和电影等都在露天广场。西郊新建教室大楼，旁边的露台用草席围绕，虽然很不美观，但我们愿在国家草创期间，仍留些乡村朴素之气，留待将来经费充足时，盖雄壮的大礼堂。还有一件事，值得说一说。去年秋季开学时，各方面调来的专修科学生大部分是在职的科长或科长以上的干部。他们来时，有一部分住在海运仓校舍旁边的南小街民房中，这个房屋很坏，我们一检查觉得这样不好，就决定让他们搬到校舍内较好的房子去住，而我们的教职员和他们调换。当我们的教职员和他们说时，他们说，我们从前在解放区时在窑洞住还是学得很好，这里比窑洞好多了，还是让你们住较好的房子，好更好地准备功课教我们。我们教职员说，你们只有一年的学习时间，让你们住好点才能安心学习。再三相让后终于使专修科学生同意搬入校内去住了。这种互助互让的精神是值得表扬、可为典范的。

有人说，人民大学有苏联专家，所以能办得较好，而我们没有，事情就难办。是的，人民大学得到苏联专家很大的帮助，这是一个优越的条件，但也是克服了许多困难才达到的。首先就是需要翻译，我们开始筹备时就注重这一点，所以才能进行工作。这是需要时间的。现在各院校虽然没有苏联专家或专家较少，但已经有苏联教学计划、教学大纲、教学方法和教材等。这是人民大学已经为各院校作了一番准备工作，也正是中央先办人民大学作为试验而推广到全国去的意义。因此，人民大学有把取得的经验推广到全国去的义务。至于师资缺乏，人民大学也要帮助培养。高教部已经调了许多优秀干部到人民大学为高等学校培养师资，去年和今年已陆续毕业，分配到了各校。

财经教育是有前途的，所谓"没有前途"的想法是只看到某些表面现象而产生的错觉，是不符合实际情况的，而其结果则是会损害我们的革命积极性的。我希望我们的财经工作的同志要热爱我们的工作，提高责任感，鼓舞起积极热情，努力按照国家的需要改进我们的财经教育，完成我们光荣的任务。

其次，是加强马克思列宁主义教育。

我国过渡时期的总路线是要在一个相当长的时期内，基本上实现国家的社会主义工业化和对农业、对手工业、对资本主义工商业的社会主义改造，要逐步消灭一切形式的生产资料私有制度，使生产资料的社会主义所有制成为我国国家和社会的唯一经济基础。这是极其复杂的工作，也是尖锐的阶级斗争。我们的财经教育工作就是这种复杂工作和阶级斗争的一部分。列宁说过："我们在学校方面的工作，也是推翻资产阶级的斗争；我们公开地声明，与生活无关、与政治无关的教育——就是撒谎、是虚伪。"财经教育也和其他文化教育事业一样，应该渗透阶级斗争精神。我们培养的学生应该是忠实于社会主义事业的人才，应该是反对资本主义、为社会主义而斗争的经济战线上的后备军。我们的财经院校应该成为过渡时期思想战线上的重要阵地，要不断努力扩大和巩固社会主义思想，反对资产阶级思想，培养出为科学的社会主义所武装的全心全意为人民服务的人才。

因此，加强马克思列宁主义的教育，在我们财经院校中具有头等重要的意义。"马克思主义是关于自然和社会发展规律的科学，是关于被压迫和被剥削群众革命的科学，是关于社会主义在一切国家中胜利的科学，是关于共产主义建设的科学。"（《马克思主义与语言学问题》）只有以马克思列宁主义教育学生，才能使他们获得对于自然和社会发展规律的客观的真正的知识，使他们站在代表工人阶级与劳动人民的利益的立场，自觉地为社会主义而斗争。我们高等财经院校的学生将来是要成为高级人才的。他们如果不具有一定的马克思列宁主义的水平，那么，在复杂的阶级斗争的环境中，他们是很难发挥什么积极作用的。苏联计划学院成立开学的时候，古比雪夫同志就特别向该校强调过学员必须掌握马克思列宁主义这一点。他说："只有在掌握马克思列宁主义的理论这一基础上，才能培养出大批的计划工作干部。""计划学院的学员不但要学会用计算器，而且要把自己锻炼成为能在计划部门中作为一个马克思列宁主义者来进行活动。"我想，不但对于计划工作干部应该这样要求，对于所有财经工作干部都应该这样要求。

对学生首先要进行系统的马克思列宁主义的基本理论知识的教育。这主要是通过马列主义基础、政治经济学和辩证唯物论与历史唯物论、中国革命史这四门理论课程的教学来进行。这几门课程在各财经院校都应该作为最重要的课程，不应该有丝毫忽视。

加强马克思列宁主义教育，还要把马克思列宁主义理论贯穿到各门财经科学知识中去。也就是说，要使各门财经业务都成为建立在马列主义理论基础上的真正的科学。财经科学是政治性、阶级性很强的科学。旧教育中的财经科学与我们的社会主义的财经科学是根本对立的。对于资产阶级遗留下来的东西，我们只能是批判地吸收某些有用的成分来供我们利用。

为了加强学校中的马列主义教育，加强教师本身的马克思列宁主义的学习是一个先决条件。现在我们高等财经院校的教师们学习政治理论的要求是普遍高涨的。教师们应该在已有的基础上参加和组织经常的系统的政治理论学习，除了必须学习中国革命史、马列主义基础、政治经济学、辩证唯物论与历史唯物论四门课程外，还要经常地学习时事政策。时事政策之所以重要，因为它是我们日常生活中的问题，尤其是国内国外的重大问题。它们不但都和我们自己的利害有关，而且也使我们的学识日加丰富。因为我们目前摆着许多复杂而困难的问题，我们还没有想到好的办法，一旦党和政府提出了及时的、恰当的办法来，事实证明是正确的、成功的，这就启发我们许多智慧，这也就是理论联系实际的最好方法。

第三，要加强党的领导，加强党与非党同志之间的团结。

党的领导是我们各个院校完成教育任务的根本保证。我们的任务是这样重要，没有在党领导下，党内外同志们团结一致的努力，是不可能实现的。

我们的党是工人阶级的先锋队。工人阶级是最进步的革命阶级，是我们国家的领导阶级，是实现总路线的领导力量。当阶级还仍然存在，工人阶级还不可能整个地升到先进部队水平的时候，先锋队与工人阶级其余群众的区别就是必然的。党就是工人阶级先进分子组成的战斗的部队，它代表工人阶级乃至全体劳动人民的利益。工人阶级对国家事务的领导就是经过自己的先锋队——党来实现的。党之所以是真正的先锋队，是因为它是用社会发展的规律的知识，用革命理论，用马克思列宁主义所武装起来的，它是统一的、有组织的整体，并且和群众保持密切的联系。为了实现过渡时期的总路线，我们人民民主专政的国家政权具有决定的意义。工会、合作社、青年团等群众组织也都是不可缺少的。但是，正如斯大林同志所说："谁来决定这一切组织进行工作时所应当依照的路线，即总方向呢？哪里有这样一个中心组织，它不仅是因为有必要的经验，能定出这条总路线，而且因为有充分的威信，可以激动这一切组织实行这条总路线，以达到领导方面的一致，而排除发生不协调现象的可能呢？这样的组织就是无产阶级的党。"斯大林在谈到从资本主义到社会主义过渡时期内无产阶级专政体系内的党和工人阶级时又说过："党是无产阶级专政的基本领导力量。……党的力量就在于它把无产阶级一切群众组织中所有无产阶级优秀分子都吸收到自身中来。党的使命就在于统一无产阶级所有一切而无例外的群众组织的工作，并把它们的行动指向于一个目标，指向于解放无产阶级的目标。把它们统一起来并指向于一个目标，是绝对必要的。否则无法保证无产阶级斗争的一致，否则无法领导无产阶级群众去为专政而斗争，为建设社会主义而斗争。可是，能统一并指导无产阶级所有一切群众组织的工作的，却只有无产阶级的先锋队即无产阶级的党。只有共产党才能执行无产阶级专政体系中这个基本领导者的作用。"

加强党的领导，这是一个重大的政治任务，需要从多方面来努力实现。各财经院校内的党组织起着很大的作用，应该坚决地保证在学校内执行党的政策和各级党委的指示。其中的一个重要方面，就是我们学校内的党组织要进一步贯彻党对知识分子的团结、改造的政策，要向党员加强这个政策的教育。解放几年来，非党同志们在政治上、思想上、工作上一般地已有很大进步。在总路线照耀下，许多人都确实在积极努力工作，他们的缺点也是能够逐步克服的。我们的党员同志们，应该切实执行党的政策，尊重、关心非党同志，特别是要尊重关心老教师，虚心向他们学习，帮助他们进行思想改造，引导他们学习马克思列宁主义，帮助他们发挥积极性，克服困难，做好工作。有些同志感到学校里党员少，有困难。在这种情况下，更应该多做工作，发挥党的核心作用，团结非党同志一同前进。

我们也希望非党同志们主动和党员团结好，帮助党做好工作。大家知道，我们党的特点之一，就在于党与群众要保持亲密联系，倾听群众的呼声，为群众服务，并引导群众前进。不是说党有什么"特权"，只能说党有更多的责任和义务，要在群众中起模范带头作用，保证学校任务的完成。希望非党同志爱护党组织，响应党的号召，对于党组织和党员的缺点，也坦率地批评。批评和自我批评是锻炼我们的一个武器，无论党员和非党员都必须用来克服自己的缺点，提高自己的工作，以互相友爱和"与人为善"的精神，使它成为互相磨砺的工具而达到团结的目的。

总之，在我们各个财经院校内，党员与非党员都要互相努力加强团结。我们的团结是要团结在总路线的政治旗帜之下，团结在党的领导的周围。我们的目的是为实现总路线，为把我国建设成为一个伟大的社会主义国家而斗争。在这个共同一致的目标之下，都不要看作"外人"，"不要客气"，而要亲密团结，关心集体，密切合作，互相尊重，互相学习，大家都来提高社会主义觉悟和教育工作能力，展开同志式的批评与自我批评，共同努力进步。

最后，这次高教部召开全国高等财经教育会议，同时召开中国人民大学教学经验讨论会，各方面和各地方许多同志都抱着一股热烈情绪来这里参加讨论，参观我校，详细访问，给了我校同志以极大的鼓舞，使我们更加感到责任的重大。在高教部的指示下，我校初步总结了并且向大家报告了关于学习苏联的各方面的经验。大家都说我校是学得了一些东西。总之，苏联经验是先进的，是在我国行之有效的。通过大家的讨论，我们就可以学得更好。这两次会议又起了加强各财经院校的联系的作用，这也是很重要的。我们中国人民大学今后一定继续给各院校以一切可能的帮助，这是我们自己应尽的一份光荣责任。我们也希望各院校继续帮助我们，把我校看成你们自己的大学，人民的大学。大家互相帮助，互相配合，互相支持，像是财经教育战线上的兄弟部队。

这次财经教育会议是一个很好的学习会，又是一个很好的团结会、动员会。我们都是各院校、系、科的负责同志，在办好财经教育上起着骨干的作用。这就是说，国家和人民给了我们特殊重大的付托。我们一定不辜负这种付托。在共产党和毛主席的领导下，在高教部的具体领导下，有苏联经验和专家的指导，各业务部门的支持，各院校间的互相帮助，只要我们依靠群众，很好地努力工作，我们是一定能够胜利完成任务的。

英勇劳动，艰苦奋斗，争取新的胜利*
——初中三年级语文补充教材

（1954年5月3日）

在国家过渡时期总路线的光辉照耀下，我们进入了新的一年，这将是我们的国家在经济建设时期胜利开端的基础上走向新的胜利的一年。

毛主席所指示的过渡时期的总路线，是动员全国人民把我国建设成为一个伟大的社会主义国家的斗争纲领。这条总路线表明，对于我们，社会主义不是什么空想，而是为科学理论所证明了的革命发展的必然途径；社会主义也不是渺茫的愿望，而是我们正在亲身逐步实现着的事业。在国家现实生活的各个方面，社会主义成分的比重都已经在稳步地增长起来。我们的国家所发生的伟大的历史变革和社会主义的伟大目标，正在青年们中间引起蓬勃高涨的热情，产生一片兴旺的气象。青年们在学习总路线的时候，不但要认识社会主义社会是十分美好和幸福的，而且更重要的是要懂得为过渡到社会主义而斗争这个任务是十分复杂艰巨的，从而戒骄戒躁，踏踏实实，从事英勇的劳动，发扬艰苦奋斗的坚韧精神。马克思主义教导我们：不要做空想家和清谈家，我们要把改造世界的任务放在自己的肩上。应该特别指出：实现社会主义工业化和逐步地过渡到社会主义的这个历史任务主要地又是依靠新中国的青年一代来完成。

---

* 录自《文汇报》1954年5月3日，第6版。本文以《英勇劳动，艰苦奋斗，争取新的胜利——新年对青年们的祝贺》为题，发表于同年1月1日《中国青年报》。

上一代的人们曾经前仆后继，历尽艰难，取得了人民民主革命的胜利。受着革命教育的青年一代应该有勇气和有本领来继承革命的事业，和年长的同志们一道为实现社会主义而斗争，把你们的全部生活都和这个斗争紧密地结合起来。

认识了这个切身的斗争任务的艰巨，一切劳动岗位上的和准备参加劳动的青年们就应该努力劳动。按照历史唯物论的了解，人类最宝贵的特点就在于能劳动生产，一切社会物质财富和精神财富都是劳动生产出来的。我们要实现一个社会生产力高度发展、实行生产资料公共所有制和"各尽所能，按劳取酬"的原则的社会主义社会。社会主义和劳动是不可分的，社会主义正是建筑在劳动的基础上的。劳动是我们建设社会主义的力量和人民生活富裕的泉源，是青年们对国家建设最有价值的实际贡献。努力劳动，就是为实现社会主义而努力斗争。前几天，当鞍山三项工程胜利开工的时候，毛主席在给鞍山全体职工的覆电中说："我国人民现正团结一致，为实现我国的社会主义工业化而奋斗，你们的英勇劳动就是对于这一目标的重大贡献。"毛主席的话对劳动在社会主义工业化中的作用作了宝贵的估价，我想这句话同样可以借来赠给各个劳动岗位上的青年们。

在剥削阶级统治的社会里，劳动曾经被当作卑贱的繁重负担，劳动者则受着被压迫的痛苦。剥削阶级曾经在青年中间长期散布鄙视劳动的丑恶思想影响，这种影响到现在还没有被完全清除掉。现在还有极少数的劳动青年，企图不劳而获，荒废生产去做投机生意和进行其他剥削活动，走上了资本主义的道路，而违反了总路线所规定的社会主义的道路。有些青年还存在着轻视劳动的意识，认为"挣多少钱干多少活"，对工作采取马虎应付的态度，好吃懒做；也有不少青年不懂得凡是有益的劳动都是光荣的事业，不懂得各种工作在整个建设事业中的相互配合作用，不安心于自己的岗位，嫌恶埋头苦干的工作，看不起农业生产劳动。有这些想法的，包括许多准备参加劳动的青年学生在内。这些当然都是错误的。应该划清劳动与资本主义剥削的界限，也应该克服小私有者的自私观念。应该把劳动本身应有的光辉意义恢复过来，并把它提到从来未曾有过的高度。热爱劳动，把劳动当作光荣的事业和对国家的义务，这种新的劳动态度、新的道德品质应该在青年们中间更好地培养和发展起来，使之成为建设事业的一种动力。

青年们应该把伟大的理想和日常的具体的劳动结合起来，英勇劳动。这就是说，要有创造性的精神，忘我地努力，立志做建设事业中的先进工作者和革新家，敢于打破保守思想和陈旧定额，用雄伟的气魄把生产和工作推向前进，不断地为提高劳动生产率而斗争。列宁曾经说过："劳动生产率，归根到底是保证新社会制度胜利的最重要最主要的条件。"在当前的建设中，努力提高劳动生产率，就是光荣地为社会主义在我国的胜利创造条件。我们的青年们，不论在那一个劳动岗位上，都应该这样努力劳动和互相鼓励，推动建设社会主义的雄伟的劳动热潮。我们的青年工人，是工人阶级队伍中的新鲜血液，应该特别觉悟到自己在全体人民事业中的先锋作用，和全体工人一道，积极投入到增产节约劳动竞赛中去，把完成和超额完成国家计划当作自己最崇高的义务。我们的青年农民，是发展农业生产的积极力量，是农业的社会主义改造任务的主要担负者，应该懂得农业生产的光荣和重要，和全体农民一道，积极走互助合作的道路，为完成和超额完成农业生产而斗争，帮助国家的工业化建设。我们的各种工作岗位上的青年是人民的勤务员，都应该热爱自己的工作，努力在工作中创造出先进的成绩。每一个青年人，都应该在自己的劳动中发挥自己最大的力量来为国家建设服务，正是在这种平凡的劳动中间培养和产生出真正的英雄主义的精神。几年来，在全国各地出现的无数劳动模范中间，许多就是有觉悟的青年。只在过去一年中，我们就可以看到不少令人兴奋的青年们的先进事迹。例如：荣获鞍山市工业特等劳动模范的青年工人王崇伦，在增产节约劳动竞赛运动中，作了杰出的创造性的贡献，一年完成了四年的生产任务，被人们称为"跑在时间前面的人"；劳动模范、锦西化工厂的青年车工韦玉玺，把个人劳动生产率提高了一倍以上；吉林延边的初中毕业生吕根泽，参加农业劳动，在生产互助合作运动和改进农业技术上起了积极带头作用；北京市的医药工人和科学工作者齐谋甲，解决了制造青霉素这种药品的重要技术问题而大大地提高了生产；解放军的模范打字员女青年沈蕴芬，创造了打字工作中的最高纪录。这些可爱的青年们在自己平凡的劳动中创造了优秀的成绩，对国家事业作了良好的贡献，树立了劳动英雄主义的榜样。

劳动和学习是分不开的事情。青年们为要善于劳动，就必须善于学习。劳动越是复杂，劳动生产率越高，就越是需要更多的和更深的知识和技能。只有不懂得劳动的人才不懂得学习对于劳动的意义。现在摆在我们面前的是如此复杂的新任务，就连老一辈的人都深感到很多不熟悉的东西正要强迫我们去学，至于刚刚走上劳动岗位和还在准备参加劳动的青年们，毕竟应该承认你们自己在各方面都是知识和经验不足的小学生，你们现在的劳动都具有一种学习的性质和准备的性质，因此，学习对于你们就显得特别重要。实际生活已经证明，凡是在劳动中创造了卓越成绩的革新家和先进工作者们，都是热爱劳动、努力钻研、善于学习并有成效的人。实际劳动本身就是学习，而且是更重要的学习；而学习本身又是一种持久的脑力劳动。这里我想特别提到青年学生，希望你们为了获得知识而作顽强不倦、循序渐进的努力，以劳动的精神来从事学习，准备使自己在不久之后成为国家建设事业中合乎规格的、有真才实学的人材。

劳动和艰苦奋斗、克服困难的精神也是分不开的。有些青年们对整个建设的困难估计不足，对于自己所遭遇的具体困难却又常常示弱。现在青年们常常感到的困难，主要地大概有两种：一种是在工作上的困难；一种是个人的物质和文化需要暂时不能完全满足的困难。关于工作上的困难，可以说是不可避免的事情，因为劳动本身就包含着与困难作斗争的意思，劳动过程就是不断地从克服困难中取得成就的过程。任何劳动都不能设想是轻松的事情，何况青年们今天又是站在为实现社会主义而斗争的这样一条伟大的劳动战线上。先进的、有觉悟的人们之所以能在劳动中昂扬地胜利前进，并不是他们特别幸运地不遇到困难，而正是他们正确地估计到困难并克服困难的结果。青年们在初步走上劳动的道路的时候，不要企图寻找逃避困难的门径，而应该用斗争的姿态勇敢地上前去想办法克服困难，正是在这样的斗争中能够锻炼你们的意志和力量。当我和青年们谈到这个问题时，我常常记起两个难忘的故事。一九二九年斯大林在联共（布）中央四月全会的演说中讲过一个故事。他说：在叶尼塞河上遇到大风浪时，有一种渔夫是动员自己的力量，鼓励人心，乘风破浪前进；另一种渔夫则是灰心丧气，闭目躲藏，企图侥幸挨到岸边。斯大林用这个故事打击了右倾投降主义者而鼓励了党领导苏联人民去进行社会主义建设。一九四五年毛主席在党的第七次全国代表大会上也讲过了一个"愚公移山"的故事，他用这个故事鼓励了党领导人民大众去打倒帝国主义与封建主义。青年们可以从这里得到宝贵的启发。至于说到物质生活和文化生活暂时不能得到完全的满足这一方面的困难，就更没有理由来使我们烦恼的了。我们是有远见的人，我们对于实现社会主义长远的幸福怀抱着坚决的信念，而我们的经济遗产又十分落后，所以要尽量节省生活上的消费来进行建设，特别是重工业建设，自觉地使生活的改善服从于生产的发展，也就是说，我们为了将来的"大利"，自觉地牺牲眼前的"小利"。现在有些青年还不懂得安排生活的道理，不懂得艰苦朴素的作风的重要，滋长了一种图铺张、好享受的思想，像不高兴吃粗粮，不高兴住乡下，不高兴跑山路，不高兴用旧物，不高兴算细账等。这种思想如果不克服，是会妨碍我们集中精力进行以重工业为中心的社会主义建设事业的。艰苦奋斗、克服困难的精神，包括生活上艰苦朴素的作风，是我们党所领导的革命军队和劳动人民的优良传统。大家知道，毛主席和朱总司令领导红军坚持井冈山斗争的时候，红军的生活困苦已极，除粮食外，每天每人只有五分大洋的油盐柴菜钱，大家在冬天还是穿着两层单衣。但是红军渡过了困难，高高地举起了革命的旗帜。在抗日战争时期，由于日寇的野蛮进攻和国民党的包围封锁，解放区的财政发生了极大的困难，我们曾经弄到几乎没有衣穿，没有菜吃，没有纸用……，战士没有鞋袜，工作人员在冬天没有被盖。但是毛主席领导我们努力劳动生产渡过了困难，巩固了解放区，坚持了抗日战争的胜利。我们过去几十年的革命斗争都是在艰苦中渡过的。我们从来就不对艰苦困难采取消极退避的态度，而总是积极地找到克服困难的办法，鼓舞起自己的斗志，胜利前进。一九四五年，毛主席在指示军队用生产自给的办法解决极端的物质困难时，向我们号召："同志们，大家动手，克服困难吧。"现在，当我们面临着艰巨的建设任务的时候，毛主席的号召又在响亮地鼓舞我们前进。

归结起来说，英勇劳动的精神，艰苦奋斗的精神，都是爱国主义精神的具体表现。在国家建设时期，我们的爱国主义精神最主要的就在于一切为了国家建设，把个人的、眼前的利益服从国家的、长远的利益，献出自己的力量，为参加伟大的社会主义建设事业而奋斗。一切在自己的岗位上英勇劳动、艰苦奋斗的青年们，虽然他们没有显著的名声，没有很高的职位，现在也没有很优裕的生活享受，但是他们在国家事业中忠实地尽到了自己的本分，在整个社会主义建设中不可磨灭地闪烁着他们共同的青春的光辉。他们将受到国家和人民的信赖和感谢，而他们自己也将健康地成长起来，享受崇高的劳动和斗争的快乐。他们无愧地当得起劳动人民的好儿女和社会主义的战士的称号。

  过去的一九五三年在青年们的生活中充满着令人兴奋的事件。这一年，青年们迎接了历史性的伟大经济建设时期的到来，学习了总路线。去年夏天，团的第二次全国代表大会又明确了青年在过渡时期内的努力方向。毛主席关于"身体好，学习好，工作好"的号召，集中地表达了党和国家对青年的殷切期望，给予了青年们以无限的鼓舞和深远的影响。为了帮助青年们贯彻总路线和毛主席的指示，在这新年来临的时候，我根据中国青年报社同志的意见提出了上面的一些问题来谈谈。我衷心地向我们国家的青年一代祝贺，祝贺你们在"身体好，学习好，工作好"方面获得更大的成就，祝贺你们为了国家建设而英勇劳动，艰苦奋斗，争取新的胜利。

伟大的共产主义者——季米特洛夫永远活在人民心里*

（1954年7月2日）

五年前的今天，国际工人阶级运动的杰出活动家、保加利亚人民的伟大领袖格奥尔基·季米特洛夫与世长辞了。季米特洛夫的逝世，是世界共产主义运动和各国人民争取和平民主斗争事业的重大损失。中国人民和全世界劳动人民今天怀着深切的敬爱和沉痛的心情，来纪念这位伟大的争取共产主义胜利的热情斗士。

季米特洛夫的名字，和现代国际工人阶级运动的发展，和保加利亚人民争取解放、自由、幸福的斗争，是不可分割地联系在一起的。季米特洛夫把自己的整个生命和全部精力，毫无保留地贡献给工人阶级的事业。正如契尔文科夫同志所说的："他除了人民的利益以外，没有任何别的利益；他除了为党、为工人阶级、为社会主义的胜利斗争的生命以外，没有别的生命。"季米特洛夫以自己一生的杰出活动，对世界劳动人民争取自身解放与社会主义胜利的事业作出了卓越的贡献。

季米特洛夫从十五岁起就参加了革命运动。由于他的忘我斗争和牺牲精神，他很快地获得了革命工人的信任与爱戴，成为保加利亚工人运动的领导人之一。十八岁的时候，他就被选为索非亚的印刷工人工会书记。一九〇二年，他参加了以布拉戈耶夫为首的保加利亚社会民主党的

---

* 录自《人民日报》1954年7月2日，第3版。

革命派，而成为一个马克思主义者。从一九〇五年到一九二三年，季米特洛夫一直是保加利亚总工会的领导者。一九二三年九月，季米特洛夫和他的亲密战友科拉罗夫领导了反对保加利亚法西斯统治的武装起义。起义失败后，季米特洛夫被迫移居国外。这以后，季米特洛夫的主要活动是从事国际工人阶级运动。他积极地参加了共产国际执行委员会的工作，并成为国际反法西斯斗争的组织者之一。

一九三三年，季米特洛夫因进行革命活动而在柏林被捕。希特勒法西斯匪帮捏造了所谓指使纵火焚烧德国国会的罪名，在莱比锡对季米特洛夫进行了审讯。但是在审讯期间，季米特洛夫在全世界面前无情地揭穿了法西斯主义的狰狞面貌及其丑恶本质，而从一个被告人变成为对法西斯主义的严厉的控诉者。季米特洛夫以英勇的行动保卫了人类的正义和尊严，保卫了工人阶级的事业和共产主义战士的光荣，从而为国际工人阶级的革命战士树立了永远不可磨灭的光辉榜样。由于全世界劳动人民的抗议和苏联所采取的行动，季米特洛夫的斗争终于获得胜利而恢复了自由。

一九三五年，季米特洛夫被选为共产国际执行委员会的总书记。为了争取建立与巩固工人阶级和人民大众反法西斯主义的统一战线，季米特洛夫进行了巨大的政治和组织工作。

他在共产国际第七次代表大会上的报告中，对工人阶级反法西斯统一战线的重要性、统一战线的内容和形式、如何在工人阶级统一战线的基础上建立广泛的反法西斯人民战线，以及各个国家内的统一战线等策略问题，作了光辉的阐明，而成为各国工人阶级进行实际斗争的指导方针。

季米特洛夫在这个报告中，还特别论述到了当时由中国共产党所发起和领导的中国人民反对日本帝国主义的统一战线。他说："……我们赞成我们英勇的中国兄弟党的创议，即联合中国境内所有那些愿意为救国救民而真正斗争的有组织的队伍，来建立一个反对日本帝国主义及其中国代理人的非常广泛的统一战线。"季米特洛夫在会上代表全世界革命无产阶级向中国革命人民致敬。他说："我们敢对中国人民保证，我们要坚决地支持中国人民争取从一切帝国主义强盗及其中国走狗那里完全解放出来的斗争。"这表明，季米特洛夫对于中国革命一直是十分关怀并给予不断支持的。

在担任共产国际的领导工作期间，季米特洛夫在许多方面给国际工人阶级运动以思想指导。保加利亚共产党的布尔什维克化和许多国家共产党的非布尔什维克的残余的克服，和季米特洛夫同志的努力是分不开的。他非常关心各国共产党的建立和培养坚强的布尔什维克干部的事业。他认为不倦地学习马克思、恩格斯、列宁、斯大林的学说，结合不同的具体情况而创造性地运用马克思列宁主义，是各国共产党的迫切任务。他说："对于各国共产党，对于工人阶级的战斗的先锋队来说，经常地学习和通晓马克思列宁主义，像面包、空气和水一样需要。轻视理论的态度，经验主义的倾向，必须尽快地结束。"季米特洛夫同志在干部政策和干部教育方面所确定的著名原则，是各国共产党人所熟知的。

季米特洛夫十分强调以无产阶级国际主义精神教育工人阶级和劳动人民的重要性。他认为："以无产阶级的国际主义精神教育工人和一切劳动人民，是各国共产党的基本任务之一。""没有国际的团结就不能有真正的人民的爱国主义，正如没有真正的人民的爱国主义就不能有真正的国际主义团结一样。"

季米特洛夫是苏联的忠实朋友。他号召各国共产党和全世界进步人士团结在社会主义的强大堡垒——苏联的周围。他认为，断定谁是工人阶级和社会主义事业的朋友或敌人，断定谁是民主与和平的拥护者或反对者的试金石，就是他对苏联的态度，衡量无产阶级国际主义的标准，也就是对苏联所采取的态度。

第二次世界大战爆发以后，季米特洛夫领导保加利亚人民进行反法西斯的武装斗争，并号召各国共产党人动员和领导一切进步力量进行反对法西斯侵略者的斗争。由于他在领导反法西斯斗争中的卓越贡献，苏联最高苏维埃主席团曾在一九四五年授予他以列宁勋章。

一九四四年九月九日，保加利亚人民在苏联胜利进军的影响下举行了武装起义，推翻了法西斯政权，从而开辟了保加利亚历史的新阶段。一九四五年十一月，季米特洛夫在度过了二十二年的国外流亡生活之后，重新回到了自己的国土。他亲自领导了保加利亚人民肃清国内法西斯主义残余，反对资产阶级进攻，恢复国民经济，实行社会民主改革和巩固人民政权的工作，并领导了保加利亚第一个五年计划的拟订工作。在一九四八年十二月举行的保共第五次代表大会上，季米特洛夫提出了在保加利亚建设社会主义的任务，并指出了向社会主义发展的道路。在他的光辉的报告中，季米特洛夫以马克思列宁主义的理论结合着保加利亚和其他获得解放的东南欧国家的实际情况，论证了作为无产阶级专政形式之一的人民民主制度的本质。他指出人民民主制度"是为了绝大多数劳动人民的利益而执行无产阶级专政的职权，并实现最广泛的、最彻底的民主——社会主义的民主"。他并且指出，保加利亚和各人民民主国家"必须彻底研究和广泛应用苏联社会主义建设的伟大经验"。季米特洛夫就在自己的报告中阐明了在新的历史情况下出现的人民民主国家的性质、作用、任务及其发展前途的理论问题。

在第二次世界大战以后的年月里，季米特洛夫继续不遗余力地揭露帝国主义者的新的侵略阴谋，并号召各国人民行动起来挫败新战争挑拨者的罪恶计划。季米特洛夫指出："法西斯侵略者溃灭以后，世界反动势力的核心移到了美国。美帝国主义者统治世界的计划，代替了在上次大战中惨遭失败的希特勒的奴役世界的计划。"他认为，由于资本主义制度本身所包含的无法解决并日益严重的矛盾，由于以苏联为首的世界和平民主阵营力量的迅速壮大，和各国人民维护和平的热望，帝国主义的力量是必然会日趋削弱的，"侵略者和新战争挑拨者的那些计划，是注定要失败的"。季米特洛夫的分析是正确的。今天保卫和平的事业已掌握在强大的、以苏联为首的世界和平民主力量的手里，掌握在世界各国保卫和平的力量手里，美帝国主义企图发动新的世界战争的计划正在不断地遭受着挫败。

季米特洛夫是保加利亚人民胜利的组织者和保加利亚人民共和国的缔造者。在他的领导之下，保加利亚人民开始了建设新生活的斗争，取得了光辉的胜利。当保加利亚人民正需要他英明地领导他们取得更大的胜利的时候，病魔却夺走了他的宝贵的生命。这是保加利亚人民无可弥补的损失。但是正如契尔文科夫同志所说的：保加利亚人民"把丧失领袖的深切的哀悼化为百倍坚强的精神上和政治上的团结。……他们加强了坚定不移的意志，贯彻季米特洛夫的不朽事业，走向完全的胜利"。

在保加利亚共产党中央和契尔文科夫同志的领导之下，保加利亚人民已提前一年完成了第一个五年计划。而一九五三年工业生产总值已增加到一九四八年的二点四倍以上或战前的四点七倍以上。重工业大大地发展了。社会主义所有制已在整个工业部门中占有绝对统治地位。对农业进行社会主义改造的事业也有着迅速的进展。农业生产合作社的耕地面积已占全国耕地总面积的百分之六十以上，国家所得的粮食供应有三分之二取自农业的社会主义成分。这几年来，保加利亚共产党在领导人民建设社会主义的斗争中发展得更加强大，团结得更加巩固了。今年二—三月间举行的保加利亚共产党第六次代表大会，是保加利亚共产党队伍坚强的团结统一的明证。大会总结了保加利亚人民过去的伟大成就并通过了关于发展国民经济的第二个五年计划的指示草案。在保加利亚共产党的领导之下，保加利亚人民正在向新的胜利前进着。

　　季米特洛夫同志是离开我们了。但是他的光辉的榜样和宝贵的教言，却永远留在全世界劳动人民的心里。在今天纪念季米特洛夫同志逝世五周年的时候，我们要学习他对于工人阶级事业的无限忠诚和热爱，学习他对阶级敌人的毫不妥协的斗争精神，学习他的大公无私的崇高的共产主义品质，要把季米特洛夫毕生为之忘我奋斗的伟大事业继续推向前进。

为和平民主和社会主义而斗争的杰出战士 *
——祝贺尤金·丹尼斯同志五十寿辰
（1954年8月10日）

今天——八月十日，是美国工人阶级和人民的杰出战士、美国共产党总书记尤金·丹尼斯同志的五十寿辰。

由于美国反动当局的非法迫害，丹尼斯同志竟不能够在他的同志们和朋友们中间欢庆他的生日，而是在美国亚特兰大城的阴森森的联邦监狱中度过这一天。然而，美国反动派的监狱并不能把丹尼斯同志和广大人民分隔开。今天，中国人民、美国和全世界的一切进步的善良的人民，都在亲切地关怀着丹尼斯同志，热烈地祝贺他的五十寿辰，并向他致以衷心的慰问和敬意。

丹尼斯同志是在一九五一年六月被美国反动当局根据法西斯的《史密斯法》判处五年徒刑的。在这以前，因为他指斥进行特务活动的"非美活动调查委员会"违反美国宪法，曾被加以"蔑视"国会罪，在纽约市联邦法院监狱受过近一年的徒刑。但是，谁都知道，美国反动当局迫害丹尼斯同志的这些罪名，是根本站不住脚的。事实上，丹尼斯同志和他的战友们所共有的唯一罪名就在于他们对和平、民主与社会主义事业的无限忠诚；就在于他们英勇地反对美国臭名远扬的麦卡锡主义的法西

---

* 录自《人民日报》1954年8月10日，第3版。

斯压迫；就在于他们反对战争宣传和扩军备战，反对美国战争贩子威胁其他国家和全人类的安全与幸福。

作为美国人民的优秀儿子，丹尼斯同志把他的全部生活都献给了美国工人阶级和人民的斗争。丹尼斯同志在一九〇四年出生于工人家庭，很早就参加到工人运动的行列里来。在青年时代，他当过伐木工人、电气工人、码头工人。为了争取工人阶级的生活权利，还在一九二〇年，他就领导了加利福尼亚州码头工人的联合罢工斗争。在三十年代的黑暗日子里，尽管美国垄断资本集团对工人运动采取恐怖的高压手段，但是丹尼斯同志还是坚定而成功地把南加利福尼亚的农业工人、海员和失业工人组织了起来。一九三〇年三月六日，他领导了失业工人的大示威，在美国劳工运动史上写下了光辉的一页。丹尼斯同志在这些艰苦斗争的日子里，一直表现出他是美国共产党和工人阶级的卓越的组织家和社会主义理论的宣传家。

第二次世界大战期间，丹尼斯同志执行党的政策，为团结全国人民，支援反法西斯战争，进行了许多工作。一九四五年，在以福斯特同志为首的美国共产党全国委员会领导下，丹尼斯同志积极参加了彻底清算反党分子白劳德修正主义的斗争。从那时以后，丹尼斯同志便一直担任美国共产党的总书记。

第二次世界大战以后，美国垄断资本集团妄图夺取世界霸权，实行扩军备战，进行对外侵略，挑拨新战争，同时颁布一系列的反动法案，加强美国的法西斯化，使美国工人阶级和广大人民的民主权利和生活权利遭到了严重的进攻。在这种情况下，美国共产党和美国一切和平民主力量，无情地揭露了美国统治集团内外政策的极端反人民的本质，并和广大人民一道，展开了保卫和平民主事业的正义斗争。正是因为丹尼斯同志和他的战友们是站在这个斗争的最前列，因而遭到了美国反动派的野蛮仇视和迫害。

一九四九年，美国反动集团对美国和平民主力量发动了全国规模的迫害行动。美国纽约联邦法院麦迪纳法官对丹尼斯同志及其他美共领袖本杰明·杰·戴维斯、约翰·盖兹、约翰·威廉逊、亨利·温斯顿、罗伯特·汤普逊、卡尔·温特、杰克·斯塔彻、葛斯·霍尔、吉伯特·格林和欧文·鲍达希诸同志开始了非法审讯。他们愚蠢地想把马克思列宁主义的理论宣布为非法，想污蔑美国共产党为争取和平、民主与社会进步而进行的正义斗争为"叛国"阴谋，但是这种污蔑早就被美国共产党的全部历史和无数事实所驳倒了。美国反动当局以莫须有的罪名把丹尼斯同志和他的战友们投入监狱，不过证明了这个自命是所谓"自由"国家和"自由世界的领导者"，正在继承着希特勒的法西斯衣钵。

丹尼斯同志和他的战友们在整个审讯过程中，光辉地捍卫了党和马克思列宁主义理论，并在反动派的法庭上，有力地揭露了美国反动派反和平反人民的阴谋。丹尼斯同志指出，美国共产党成立三十多年以来的一切活动，就是为保卫美国人民，首先是美国工人阶级的切身利益，为职业保险、改善生活水平，反对法西斯主义而奋斗。因此起诉状根本说不出美国共产党领袖们犯过所谓"叛国"罪的具体行动和确切的日期。美国垄断资本集团及其代理人所以要布置这个非法审讯的目的，是在于寻求一个"'理论基础'——一个为华尔街的'冷战'，'对苏联采取强硬政策'，大规模的军备竞赛，原子弹外交以及发动新世界大战的准备工作服务的'理论基础'"。丹尼斯同志一针见血地予以揭斥，给了美国反动派以严重打击，以致麦迪纳法官不敢把丹尼斯同志的一部分辩护词列入审讯记录。

丹尼斯同志被非法监禁已经三年了。在美国，政治犯的地位是不被承认的。丹尼斯同志在亚特兰大美国联邦监狱中受尽了种种磨折，他连读书、会客、写作和写信的自由都横遭无理限制。由于生活条件恶劣，丹尼斯同志的健康受到严重损害，他曾施行过两次大手术，而美国反动当局竟不许他的私人医生为他诊病，强迫他住在医药设备鄙陋的监狱医院中。但是，正同无数共产党人和自由战士一样，丹尼斯同志在反动派的监狱中像巨人般昂然屹立而毫无畏惧。他所表现的英雄气概、坚持真理的精神和对于正义事业必然胜利的坚定信心，给了美国反动势力以无情的回击，给了为和平与自由而斗争的美国人民以有力鼓舞。一切正直人民都认为正义是属于丹尼斯同志和他的战友们一边，并对他们表示崇敬。

美国统治集团自从把丹尼斯同志和其他十位美国共产党领袖非法监禁在狱中以后，又变本加厉地采取各种法西斯措施，以迫害其他共产党人和进步人士，企图镇压在美国国内日益增长的工人运动和和平运动。美国国会制定了一项比一项更反动的法西斯法案，"非美活动调查委员会""联邦调查局"等和其他警察、司法机关愈来愈猖獗地捏造什么"颠覆活动""间谍阴谋"等无稽的罪名，来迫害一切具有民主思想和和平愿望的人民。有些州宣布了共产党为非法，政府机关和企业无理解雇一切共产党人和被他们认为是同情共产主义的人。不仅是好几十位美共的领袖被捕下狱，而且许许多多正直的作家、科学家、艺术家也遭到各种各样的政治迫害。

美国统治者以为使用这些调查、逮捕、监禁、驱逐出境甚至电刑等法西斯恐怖手段，就可以削弱共产党在人民群众中的影响，就可以压制人民争取和平与民主的斗争，就可以制造种种战争宣传来欺骗人民，以便发动新的侵略战争。但是，美国统治集团的算盘打错了。他们对美国共产党和其他和平民主人士进行的残酷迫害并没有收到他们所希望的效果。丹尼斯同志和其他美共领袖虽被监禁狱中，美国共产党仍然坚持着斗争，美国和平民主运动正在日益增长。光荣的和平战士罗森堡夫妇为和平而英勇牺牲的事迹，就光辉地表现了美国人民的和平自由意志是不可战胜的。

几年以来，美国人民从来没有停止过抗议美国政府迫害美共领袖的罪行，没有停止过营救丹尼斯等同志的运动。丹尼斯和其他在狱中的同志获得了美国人民愈来愈广泛的同情和支持。美国名作家罗德尔在他的一封慰问信中的话，充分反映了广大有良心的美国人的心声。他写道："你们的言辞和行动比那些诽谤者的造谣中伤更加响亮，更加持久，而且证明你们是最优秀的爱国者，因为你们是为全人类而战斗……当福莱广场审讯在进行的时候，我是许多沉默者之中的一个。现在，我为你们而表示我的抗议，许多人——那些仍旧对美国的过去和未来怀着信心的美国的人被你们唤醒了，请把我列在这些人的中间。"美国人民已把要求恢复丹尼斯同志和其他美共领袖的自由看作是保卫民主权利的斗争的一个部分，随着美国法西斯统治的日益加强，这一斗争是愈来愈高涨了。

同时，美国的工人运动与和平运动也是正在不断地扩大和加强。美国的工人阶级为了捍卫自己的切身权利，掀起了愈来愈勇猛的罢工斗争，而且愈来愈紧密地和保卫和平的斗争结合起来。美国人民保卫和平的队伍不断地扩大和巩固，他们为要求停止朝鲜战争和反对美国干涉印度支那战争而展开的斗争，在打击美国侵略政策中起了很大的作用。现在，他们正在继续为反对美国反动集团发动新战争阴谋，为争取各国人民之间的友好合作与世界各国的和平共处而斗争。正如丹尼斯同志在狱中所说的，美国人民坚信"结局并不是注定了的。人民的干预仍然可以改变现实，仍然可以把我们人民最大的灾难——再一次的世界战争冲破"。

丹尼斯同志和他的战友们一直深切地关怀着中国人民的革命事业和建设事业，关怀着中美两国人民之间的传统友谊。一小撮美国反动统治集团疯狂地仇视站起来了的中国人民，顽固地执行侵略中华人民共和国的政策，拚命阻挠和破坏中美两国人民之间的友好合作，这种做法是和美国人民的愿望根本不相容的。美国共产党、一切和平民主力量以及千百万的美国人民，坚持不渝地要求不断地发展和增进中美两国人民之间的友谊。这个要求是任何反动势力所不可能阻挡的。

美国人民并不是孤立的，中国人民和全世界爱好和平的人民都坚决支持美国人民争取和平民主与自由，反对美国统治集团的战争和法西斯政策，要求恢复丹尼斯同志和其他美国共产党领袖的自由，停止对美国进步力量的一切迫害的正义斗争。我们相信，中国人民、美国人民和世界各国人民共同努力，就会进一步加强各国人民之间的友好关系，并有助于世界和平事业。

在首都各界人民庆祝保加利亚解放十周年大会上的讲话＊

（1954年9月9日）

大使同志，各位同志，各位朋友：

今天我们在中华人民共和国的首都——北京——庆祝保加利亚人民解放十周年。十年来，保加利亚人民在巩固人民民主政权和建设社会主义的事业中获得了辉煌的成就，我代表中国人民和中国政府向保加利亚人民和保加利亚人民共和国政府致以热烈的祝贺。

一九四四年九月九日是保加利亚人民值得骄傲的日子。在那一天，保加利亚人民在光荣的保加利亚共产党和他们的伟大的领袖季米特洛夫的领导下，在英雄的苏联军队胜利进军的帮助下，举行武装起义，以自己的英勇行动，驱逐了希特勒侵略者，推翻了保皇法西斯的统治。从此，保加利亚劳动人民就永远摆脱了国内外反动势力的压迫和剥削，成为自己国家的主人。

在获得解放以前，保加利亚人民长期遭受国内外反动势力的残暴统治，过着异常贫困的生活，他们的正义反抗遭到无数次的血腥镇压。反动的保皇法西斯集团在希特勒的指使下参加了罪恶的反苏战争，更给保加利亚人民带来了深重的不幸和灾难。

但是，爱好自由的保加利亚人民从来是英勇不屈的，他们为争取自

＊ 录自《光明日报》1954年9月9日，第4版。

己民族的独立自由进行了长期的、百折不挠的斗争，并且在斗争中同苏联人民结成了深厚的友谊，最后终于在保加利亚共产党的领导下和伟大苏联军队的直接援助下，取得了驱逐希特勒法西斯匪帮和推翻保皇法西斯政权的胜利。

保加利亚的解放是保加利亚劳动人民的胜利，也是中国和全世界劳动人民的胜利。今天，我们就是以庆祝自己节日的心情，来欢庆保加利亚人民这一具有历史意义的光辉节日。

保加利亚人民的敌人不甘心于自己的失败。在解放初期，国际和国内反动势力企图在保加利亚复辟。但解放了的保加利亚人民是不可战胜的。他们紧紧地团结在久经考验的保加利亚共产党周围，肃清了法西斯残余，打退了资产阶级的进攻，克服了重重困难，终于在一九四六年废除君主制度，宣布人民共和国的成立，把政权完全转移到以工人阶级为领导的城乡劳动人民手中。保加利亚人民民主政权在获得巩固之后，胜利地进行了社会改革和土地改革，实现了工业国有化，完成了恢复国民经济的两年计划，从而为保加利亚的社会主义建设创造了先决条件。

勤劳勇敢的保加利亚人民，在国民经济恢复的基础上，于一九四九年开始实施第一个五年计划，并于四年内提前完成。今年春季，保加利亚共产党在第六次党代表大会上通过的关于第二个五年计划的指示，照耀着保加利亚人民建设社会主义的前进道路。现在，保加利亚人民正以无比的劳动热情和创造精神，为争取实现保加利亚共产党第六次代表大会的决议，完成和超额完成第二个五年计划，进一步改善人民的物质和文化状况，加强工农联盟，并为建设社会主义而进行着不倦的斗争。

十年来，保加利亚人民在保加利亚共产党、在自己的伟大领袖季米特洛夫和他的事业的继承者契尔文科夫同志的领导下，在伟大苏联的无私援助和各兄弟国家的友好合作下，在社会主义建设事业中取得了巨大的成就。还在一九五二年底,即第一个五年计划完成的时候,保加利亚新建和改建的工矿企业就已达七百多个。机器制造业有了极大的发展,一九五二年机器制造业的生产总值为一九四八年的四倍,已能制造几百种新型机器。工业在整个国民经济中起着主导作用,工业产值在整个国民经济生产总值中所占比重达百分之五十五以上。农业方面,在使农业按照合作化原则进行改造的方面也达到一个决定性的转折点。广大农民基本群众绝大多数参加了农业生产合作社,合作社的耕地面积已达到全国耕地面积的百分之六十以上,田间工作机械化的程度有了显著的提高。保加利亚已由一个农业国变为工业—农业国家。

保加利亚国民经济的迅速发展,为劳动人民的物质和文化生活水平的提高创造了必要的条件。政府已四次减低物价,劳动人民的收入不断增加。全国居民都享受公费医疗的待遇,国家特别注意照顾母亲和儿童,现在已成立了七百个接生所、几千个幼儿园和托儿所。截至一九五三年底,仅在索非亚一地,为劳动人民建筑的新住宅已达六千余幢。在这个国家里,已经没有失业,五十岁以下的文盲都已消除。全国高等学校解放前只有五所,现在已增为二十所。全国的学生总数已超过一百万,百分之九十九左右的学龄儿童都进入了学校。新的工农知识分子不断增加,为社会主义建设服务的科学、文学、艺术正在蓬勃发展。

国民经济的迅速发展和劳动人民生活水平的不断提高,使保加利亚工人阶级和劳动农民的联盟日益巩固和加强,证明了人民民主制度的优越性。

保加利亚人民热爱和平。十年来,他们一贯奉行着维护国际和平的外交政策,不断地巩固和发展同苏联和各人民民主国家之间兄弟般的友好合作。在努力改善与巴尔干半岛邻国间的关系中,也收到了显著的成效。中国人民为兄弟的保加利亚人民十年来在各方面所获得的成就而欢欣鼓舞，并认为这些成就对加强世界和平民主力量和保卫世界和平的事业作出了重大的贡献。

同志们！中保两国人民之间早已存在着兄弟般的友谊。两国人民都曾在彼此的革命斗争中相互寄以无限的同情和关怀。中华人民共和国成立，保加利亚继苏联之后即同我国建立了外交关系。解放了的中保两国人民，从此建立起牢不可破的友谊。五年来，中保两国人民之间的友好合作关系获得了很大发展，贸易额逐年增加，文化交流也日益扩大。迪亚科夫中将和保加利亚人民军歌舞团应邀来我国访问，是中保两国之间的一件大事。这个歌舞团将在中国各地作访问演出，定会受到我国广大人民的热烈欢迎。同时，由董必武副总理所率领的中华人民共和国政府代表团带着六亿中国人民的真诚的友谊，已前往索非亚参加保加利亚人民的国庆盛典。这些活动必将进一步加深中保两国人民之间的友谊。我相信，随着我们两国社会主义建设的发展，我们两国之间在各方面的互助合作必将更加密切。这种友好关系的不断发展和巩固，必将加强以苏联为首的世界和平民主力量。

同志们！当我们在这里隆重地纪念保加利亚解放十周年这一光辉节日的时候，请允许我再一次代表中国人民向兄弟的保加利亚人民致以热烈的祝贺，并预祝他们在进一步巩固人民民主政权、建设社会主义和维护世界和平的事业中，获得更大的成就。

中保两国人民牢不可破的兄弟友谊万岁！

保加利亚人民共和国万岁！

保加利亚人民的领袖契尔文科夫同志万岁！

以苏联为首的世界和平民主力量的团结万岁！

在第一届全国人民代表大会第一次会议上的发言＊

（1954年9月19日）

主席、各位代表：

我们第一届全国人民代表大会第一次会议就要通过伟大的《中华人民共和国宪法》了。这是我国人民政治生活中具有重大历史意义的事件。

《中华人民共和国宪法草案》是毛泽东同志代表中国共产党提出并领导宪法起草委员会起草的。这部国家根本大法的产生证明了马克思列宁主义在中国已经获得了并将继续获得胜利。我们的宪法是以马克思列宁主义的原理——特别是马克思列宁主义关于国家与法权的学说——为理论基础，总结了我国争取人民民主的经验并吸取了苏联和各人民民主国家的经验，按照中国的实际情况而完善地制定的。我们的宪法不但在立法上巩固了人民民主革命和国家建设的成果，而且以生产发展的规律、以社会经济发展的规律为出发点，规定了我国依靠国家机关和社会力量，通过社会主义工业化和社会主义改造，保证逐步消灭剥削制度，建立社会主义社会的纲领，反映了国家在过渡时期的根本要求和全国人民的共同愿望。宪法规定了国家机关一律实行民主集中制，为了动员和团结全国人民完成国家过渡时期总任务和反对内外敌人，将继续发挥以中国共产党为领导的人民民主统一战线的作用；为了加强各民族的团结，规定

＊ 录自《人民日报》1954年9月19日，第2版。

在少数民族聚居的地方实行民族自治，在经济建设和文化建设中照顾各民族的需要，在社会主义改造问题上充分注意各民族发展的特点，使各民族团结成为一个自由平等的大家庭。在整个宪法中处处都体现了马克思列宁主义辩证唯物论和历史唯物论的真理。这个人民的宪法，将成为极大的积极力量，来保证和促进社会主义在我国的完全胜利。

在宪法通过以后，应该展开广泛的、深入的、全民性的宣传教育。这是贯彻实施宪法的重要条件。从教育的意义上说，我们的宪法和刘少奇同志关于宪法草案的报告，是理论与实际联系的具体范例，又是学习科学的社会主义很好的教科书。在全国范围内进行宪法的宣传教育应当作为长时期的具有根本性质的政治工作，当作人民群众的爱国主义教育和社会主义教育的一个基本内容。我们的国家机关和各种社会群众组织以及宣传教育组织，都应当把宪法的宣传教育当作自己的重要职责，采取各种有效方式和利用各种适当条件，在广大城乡人民群众中进行经常的宣传教育工作，使宪法的精神家喻户晓、深入人心，成为社会生活中每个人的行动规范，而把我们的国家管理工作和建设工作推向前进。

学习宪法是全国人民大家的事情。全国人民都应当了解宪法的内容和宪法同自己的切身关系，按照宪法行使自己的权力，实现应享的权利，执行应尽的义务，提高社会主义觉悟和国家主人翁的品格，发挥政治积极性和劳动积极性。我们各级人民代表大会代表，作为人民派到各级国家权力机关来的使者，应当首先深入地学习宪法，以身作则，成为宣传宪法和遵守宪法的模范。一切国家机关工作人员都是人民的勤务员，必须认真学习宪法，加强法治观念，按照宪法办事，效忠人民民主制度，服从宪法和法律，努力为人民服务。青年一代是我们国家的未来，宪法教育对于青年有着重大的意义。要使广大青年了解宪法，热爱祖国，积极准备成为国家的社会主义事业的忠实建设者和保卫者。因此，我认为，在中等学校和高等学校中,应当适当地采用苏联宪法教育的经验,将《中华人民共和国宪法》或包括宪法内容的课程列为共同必修的政治课程,以便进行系统的教育。

现在,全国人民正在欢欣鼓舞地迎接自己的第一部伟大宪法的庄严诞生。我相信,在《中华人民共和国宪法》的灿烂光辉照耀之下,全国人民将更加团结一致,在参加国家的一切事业中表现出无穷的力量,为把我国建设成为一个伟大的社会主义国家而奋斗!

中国同苏联和各人民民主国家的团结 *

（1954年10月2日）

中华人民共和国成立已经五周年了。当着我国人民正在热烈庆祝国庆节的时候，全世界进步人类都在向我们的国家庆贺欢呼。特别令人无比兴奋的是以赫鲁晓夫同志为首的苏联政府代表团和各人民民主国家政府代表团带着各兄弟国家人民的深厚友谊来到我国首都北京参加国庆大典。这个空前盛会正是我国同苏联和各人民民主国家的伟大团结的显著标志。

中华人民共和国的成立是中国人民民主革命在以苏联为首的世界各国革命力量的支持下取得胜利的结果，从而又大大地加强了世界和平、民主、社会主义阵营的力量。中华人民共和国的成立标志着中国人民和世界各国人民的友谊的发展开始了一个新的时期。毛主席在开国前夕就曾经在《论人民民主专政》一文中教导我们必须坚决"倒向社会主义一边"；在中国人民政治协商会议第一届全体会议的开幕词中又指示我们："在国际上，我们必须和一切爱好和平自由的国家和人民团结在一起，首先是和苏联及各新民主国家团结在一起"。五年来，我国人民坚定不移地执行了毛主席的指示，我国和苏联及各人民民主国家的团结正在日益巩固和发展起来，成为不可战胜的力量。

---

* 录自《人民日报》1954年10月2日，第3版。

中华人民共和国成立的第二天，苏联政府就首先承认了中华人民共和国，与我国建立了外交关系。同时，保加利亚、罗马尼亚、匈牙利、朝鲜民主主义人民共和国、捷克斯洛伐克、波兰、蒙古、德意志民主共和国、阿尔巴尼亚、越南民主共和国等国家都迅速地与我国建立了外交关系。

中华人民共和国成立以后不久，毛泽东同志亲自率领中国政府代表团到莫斯科和以斯大林同志为首的苏联政府负责同志共同商讨了有关两国的重大政治问题和经济问题，在一九五〇年二月签订了具有伟大意义的《中苏友好同盟互助条约》，使中苏两大国人民的团结固定下来并结成了牢不可破的同盟。这个条约的光芒将永远辉耀在历史上。中苏两国还同时签订了《关于中国长春铁路、旅顺口及大连的协定》《关于贷款给中华人民共和国的协定》，随后又签订了其他各项协定，对我国国家事业的发展有着极重要的作用。根据友好互助精神，苏联已经将原由中苏共管的中国长春铁路和苏联在中国东北从日本手中获得的企业和其他财产无偿地交还我国。苏联帮助了我国克服编制国家建设的第一个五年计划中的困难。苏联对我国新建与改建的一百四十一项规模巨大的企业给予了系统的经济援助和技术援助。这些企业是我国在第一个五年计划期间工业建设项目的骨干。这些企业全部建成并开工以后，就将使我国社会主义工业化获得一个稳固的基础。同时，在我国恢复和发展交通运输事业和农林水利事业、建立强大的国营商业和合作社商业、建设人民的文化教育事业和培养干部等各个方面，苏联也都给予了巨大的援助。这种伟大的、全面的、长期的、无私的援助是人类历史上从来没有过的。

为了建设国家，毛主席和中国共产党再三号召全国人民要认真学习苏联。苏联建设社会主义的经验是三十多年来实践的完整的科学总结，有了这些经验的指导，我国人民的社会主义工业化和社会主义改造就得以顺利前进。苏联社会主义文化代表着世界文化发展的先锋，它是我们建设新文化的范例。学习苏联，这是我国国家建设事业中一切部门工作的方向。五年来，我国人民通过了各种方式接受和传播苏联经验，学习的热潮正在日益高涨。一九五二年"中苏友好月"运动和即将在北京开幕的"苏联经济及文化建设成就展览会"对于推动我国人民学习苏联有着很大的意义。为了加强中苏友好，中国人民组织了广泛群众性的"中苏友好协会"，进行了许多工作。

同样，我国同各人民民主国家的兄弟般的友谊和政治上、经济上和文化上的合作也是在日益巩固和发展起来。我国和各人民民主国家先后签订了贸易协定、文化合作协定以及其他方面的各种协定。我国对人民民主国家的贸易额逐年不断增长。一九五三年我国对苏联及人民民主国家的贸易总值为一九五〇年的四倍。一九五三年我国对人民民主国家的贸易总值比较一九五二年就增加了百分之二十五。去年我国从各人民民主国家进口的工作母机、动力机等工业和农业机械约占总进口额的百分之五十一以上，比一九五二年增加了将近三倍。这不仅反映了各兄弟国家对我国经济建设的热情支援，也有力地说明了各兄弟国家在苏联援助下工业建设的辉煌成就。我国也向各兄弟国家输出了重要的矿产品和农副产品，尽量地满足各国发展生产和提高人民生活的需要，充分发挥了有无相通的作用。我国同各国的文化交流也日益扩大。毛泽东的著作正在被翻译成各国文字，在各国人民中广泛地传播，成为极受珍贵的理论著作。各国的科学教育机关与我国的有关机关经常保持密切的接触。通过举办各种展览会、组织艺术团演出、互相交换留学生、互助翻译书籍、介绍电影等广泛活动，促进了各国文化的共同繁荣，这些活动已经成为各国人民文化生活中不可缺少的因素。

五年来，我国同各兄弟国家的各种代表团曾经数百次互相访问，传达人民之间的友谊和热爱。各国人民在社会主义建设事业和争取祖国统一的斗争中所表现出来的爱国主义精神、无比的劳动热情和坚强的战斗意志，给予了我国人民以无限的鼓舞。特别值得提出的是，一九五二年以泽登巴尔总理为首的蒙古人民共和国政府代表团访问我国，一九五三年朝鲜民主主义人民共和国金日成首相率领的政府代表团访问我国，今年日内瓦会议期间周恩来总理与越南人民共和国胡志明主席在中越边境的会谈，日内瓦会议后越南人民共和国范文同副总理访问我国，周恩来总理率领的我国政府代表团在访问苏联先后相继访问了德意志民主共和国、波兰和蒙古等兄弟国家，大大地增进了我们和各兄弟国家之间的团结。一九五三年十一月中朝两国缔结了经济及文化合作协定，一九五四年七月二十五日我国和德意志民主共和国两国总理发表了会谈公报，表现了中朝和中德人民在和平事业中的互相关怀和支持。

事实证明：中国同苏联和各人民民主国家之间的相互关切和亲密合作，对于保证共同的经济和文化繁荣已经发生了巨大的作用。我国五年来经济恢复工作的迅速完成以及有计划的经济建设工作的蓬勃展开，是和苏联及各人民民主国家的无私援助分不开的。我国人民衷心感谢这种援助。这种合作是胜利了的人民已经掌握了政权的国家在一个和平民主的大家庭内部的同志式的相互支持，它的基础，正如斯大林同志所曾经指出过的，乃是"互相帮助和求得共同经济高涨的真诚愿望"。因此，我们的合作是紧密的、没有人能够破坏的，它将随着各国的共同昌盛而不可限量地发展起来。

同时，五年来，我国同苏联和各人民民主国家协同一致地为保卫世界和平和反对侵略战争、为争取缓和国际紧张局势进行了坚决的斗争。在这个斗争中，中苏友好同盟是最伟大的支柱。中苏友好同盟互助条约贯串着为和平和普遍安全而斗争的精神，它以共同防止日本帝国主义之再起及日本或其他用任何形式在侵略行为上与日本相勾结的国家之重新侵略为主要目标。这就严重地打击了美帝国主义复活日本军国主义、把日本变成发动侵略苏联和中国的战争基地的罪恶阴谋。五年来，中苏两国以忠诚的合作精神，在参加所有以确保世界和平与安全为目的的国际活动上贡献了充分的力量，在有关两国的重大国际问题上彼此进行了协商。中苏友好同盟像堡垒一样巍然屹立，有力地保证了远东及世界的和平。全世界一切爱好和平的人民都拥护中苏友好同盟。五年来中苏友好同盟所发生的作用，日益证实了斯大林同志和毛泽东同志的卓越远见。

五年来，中国同苏联和各人民民主国家，在国际问题上表现了行动的完全一致。苏联、波兰和捷克斯洛伐克的代表在联合国内为保卫和平和正义、恢复联合国应有的尊严，提出了合乎中国人民意志的主张，为恢复我国在联合国的合法权利而进行了严正的斗争，有力地揭露与打击了美国帝国主义把联合国变成自己的战争工具的行动。各兄弟国家一致地反对以美帝国主义为首的帝国主义在欧洲和亚洲的一系列的挑衅行为。

当美国帝国主义发动侵略朝鲜的战争，并威胁我国安全和侵占我国领土台湾的时候，我国人民展开了伟大的抗美援朝运动，派遣了中国人民志愿军与英雄的朝鲜人民军和朝鲜人民一道打击美国侵略者。中朝人民的正义斗争，得到了以苏联为首的各人民民主国家和全世界和平力量的支持，取得了伟大的胜利，因而迫使侵略者不得不接受停战。这是和平、民主阵营的伟大胜利。中朝两国人民已经在这个共同斗争中结成了血肉相连的战斗友谊。在朝鲜停战以后，中朝两国人民继续团结在一起，为保障停战协定的彻底实施、争取和平解决朝鲜问题而进行了坚决的斗争。我国人民和各兄弟国家的人民一道热忱无私地支援了朝鲜战后人民经济的恢复和建设。

朝鲜停战使美国帝国主义制造的国际紧张局势有了一些缓和。由于苏联在柏林会议上的倡议和努力的结果，今年四月底得以举行日内瓦会议以分别讨论和平解决朝鲜问题及恢复印度支那和平问题。我国作为世界大国之一参加了日内瓦会议，我国代表团同苏联、朝鲜民主主义人民共和国和越南民主共和国代表团密切合作，坚持了维护世界和平和国际合作的政策。日内瓦会议在恢复印度支那和平问题上克服了美国政府的阻挠，终于达成了协议。越南人民在革命斗争中曾经得到我国人民一贯的同情，今后越南民主共和国在争取和平协议的彻底实施和恢复国民经济的工作中，将继续得到中国人民的充分支持。为了巩固日内瓦会议的胜利，维护亚洲及世界和平，我国和苏联及各人民民主国家一道，继续努力，反对美国所拼凑的东南亚军事联盟和美国武装西德的活动，争取建立亚洲和欧洲的集体安全。苏联关于召开欧洲国家会议讨论建立欧洲集体安全体系的建议为我国和各兄弟国家所一致支持；苏联关于《东南亚集体防务条约》问题发表的声明也表示了与我们各国完全一致的意见。

事实证明：以苏联为首的和平、民主阵营各兄弟国家的团结合作以及全世界和平运动的结果，已经促使国际形势发生了有利于和平势力、不利于侵略者的变化。这种形势，鼓励我们再接再厉，加强团结，以继续加强保卫世界和平的力量。

我们各个兄弟国家之所以能够形成强大的团结，当然不是什么奇怪的和不可理解的现象，而是合乎历史发展规律的必然趋势。我国同苏联和各人民民主国家之间的关系是一种新型的关系，是社会主义性质的国际关系。这种关系是史无前例的。如所周知，我们各国人民都已经是自己国家的主人；各国人民的目标都是要根据马克思列宁主义学说建设社会主义社会，而苏联则已经建成了社会主义并正向共产主义胜利迈进；我们各国人民的最大利益就是为了达到这个伟大的目标。因此，在我们各兄弟国家之间没有什么狭隘的民族利益互相对立的基础，恰恰相反，我们本国人民的利益是和各国人民的利益完全一致的，我们每一个国家对于其他国家的支持也正是增强了自己的力量。所以我们的团结是真诚的、永久的、牢不可破的。

我们的团结是马克思、恩格斯、列宁、斯大林的国际主义原则的光辉的实现。为了实现这个原则，各国人民曾经作了长时期的斗争。一百多年以前，《共产党宣言》第一次宣布了"全世界无产者，联合起来！"这个伟大的号召，在这个号召之下，在世界社会主义革命和人民民主革命斗争中，各国工人阶级和劳动人民的团结不断得到扩大和加强。伟大十月革命的胜利产生了苏维埃社会主义国家，苏联成了全世界劳动人民团结的中心。第二次世界大战以后，世界上出现了从中国和朝鲜直到捷克斯洛伐克和匈牙利这一系列脱离帝国主义体系的人民民主国家，组成了以苏联为领导力量的包括十亿人口的和平、民主、社会主义阵营。这个阵营在国际主义的旗帜之下团结起来，相互支持，共同奋斗。这是世界社会主义运动业已获得伟大胜利的表现。和平、民主、社会主义阵营已经成为当代世界历史发展的主导力量。我们的前途正是光芒万丈。

我们兄弟国家间的关系是和资本主义国家之间的关系根本不同的。资本主义各国之间永远不可能有什么真正的团结，在那种外表上似乎"平安无事"的现象之下，充满着矛盾冲突，潜伏着相互战争的因素，这是资本主义经济无政府状态及相互竞争的反映。其中最为明显的是美国和其他资本主义国家之间的矛盾日益尖锐。这就使得资本主义各国之间形成不平等的关系。美国正在力图建立它在资本主义世界的独霸地位，迫使其他各资本主义国家降为它的附庸和战争工具。美国对其他各资本主义国家口称是"朋友"而实际上采取着操纵和掠夺的帝国主义政策，所谓"合作"和"援助"实际上不过是用来掩饰资本主义历史上最富于掠夺性的扩张——美国独占资本的扩张的招牌而已。美国统治者为了掩饰自己的独霸企图，特别卖力地一方面把他们那种资本主义剥削和掠夺吹嘘作保护"自由"；一方面对于苏联和各人民民主国家以及我们各国的团结采取了各种造谣诽谤、挑拨离间、阴谋破坏的无耻伎俩，极尽一切卑劣手段的能事。但是，帝国主义者既然不懂得和平、民主阵营和一切爱好和平的人民团结的力量，他们的一切阴谋就是注定要破产的。

现在，我们的国家正在中国共产党的领导下循着过渡时期的总任务建设社会主义，第一个五年计划正在胜利地进行。我们的社会主义事业是世界社会主义革命事业的一部分。社会主义制度在苏联已经光辉地实行了，在多数人民民主国家中也比我们开始得更早。我们要像兄弟国家所已经做过或正在做的那样消灭任何种类的剥削制度和在基本上消灭生产资料私有制度。我们要学习兄弟国家的榜样，做很多从来没有做过的新的工作。所以，我们面临的任务是十分艰巨的。同时，帝国主义的包围仍然存在，帝国主义侵略我国的危险就仍然存在，帝国主义者和他们的走狗决不会甘心让我国经济建设顺利进行，他们一定要千方百计来破坏我们的事业，企图进行反革命的复辟。这种危险性必须充分地被估计到。所以，我们所处的环境是十分复杂的。所有这一切都说明，苏联和各人民民主国家对我国的援助，我国同和平、民主、社会主义阵营各兄弟国家的团结以及全世界爱好和平的人民的团结和保卫世界和平的斗争的胜利开展，乃是我国社会主义建设事业胜利所必不可少的条件。我们全国人民都应当了解：我国同苏联和各人民民主国家的友好团结是我国外交政策的根本方针。我们的团结越是巩固，我们的力量就越是强大，我们的社会主义建设事业的胜利就越有保证，世界和平事业的发展和国际间正常外交关系的发展就越能推进，而帝国主义的侵略战争阴谋就越会遭受可耻的失败。

我国人民的神圣任务就是要努力维护和增强我国同苏联和各人民民

主国家的团结。我们的团结是我国人民的利益。任何人从任何方面对于我们的团结的破坏，都是对于中国人民利益的侵害。必须在全国范围内继续加强爱国主义与国际主义相结合的宣传教育。要更加深入地宣传中苏友好和中国与各人民民主国家的友好，宣传反对帝国主义、保卫世界和平；要教育人民时时提高革命警惕性，要反对资产阶级民族主义的错误思想和敌人的反动宣传。这是社会主义思想教育中应当着重注意的内容。必须加强同苏联和各人民民主国家之间的经济合作和文化交流。要不断发展世界民主市场，进一步促进各国经济的普遍高涨和各国文化的共同繁荣，在兄弟国家的援助下加强我国经济建设和文化建设的力量，同时尽一切可能为兄弟国家的事业提供帮助。必须更加努力向苏联和各人民民主国家学习。必须加强我国同各兄弟国家在反对侵略战争、争取持久和平的国际斗争中的团结一致；同时，根据中印、中缅总理会谈所分别发表的声明中提出的互相尊重领土主权、互不侵犯、互不干涉内政、平等互利、和平共处的五项原则，努力增进我国与世界各国特别是亚洲各国的和平友好关系。在以苏联为首的和平、民主阵营和全世界爱好和平的人民的支持下，一定要坚决反对美国帝国主义敌视我国和侵略我国的政策，反对美国在远东建立对立的军事集团，反对美国干涉我国内政、侵占我国领土台湾、企图扩大对我国的武装干涉和战争威胁的罪恶阴谋；一定要解放台湾，消灭蒋介石卖国集团，以完成我国的完全统一，保障远东和世界和平；一定要积极参加争取国际局势进一步缓和的斗争，并继续为争取朝鲜问题的和平解决和彻底实现日内瓦会议关于恢复印度支那和平的协议而努力。

毛主席在中华人民共和国第一届全国人民代表大会第一次会议的开幕词中指示说："我们的总任务是：团结全国人民，争取一切国际朋友的支援，为了建设一个伟大的社会主义国家而奋斗，为了保卫国际和平和发展人类进步事业而奋斗。"这是我国人民的伟大行动纲领。在《中华人民共和国宪法》的序言中,我国人民已经庄严地写下了我国和苏联及各人民民主国家的牢不可破的友谊。这就表明我们人民将永远坚定不移地忠实于我们的伟大团结,使它无限地巩固和发展起来。

中国人民同苏联和各人民民主国家的人民团结在一起,更高地举起国际主义的旗帜,满怀信心地朝着共同的胜利迈进!

培养学生独立工作的能力 *

（1954 年 10 月 20 日）

高等学校要为国家培养质量较高的合乎规格的人材，它不但要使学生获得丰富的科学知识，同时还必须注意培养学生独立工作的能力，也就是要求学生具备独立进行自学、独立研究学问和独立解决问题的能力。只有这样的学生——既有丰富的知识又有独立工作能力的学生，毕业之后才能运用他在学校所学的知识去解决实际工作中的问题，并继续研究学问，把科学推向前进。

大家知道，苏联高等学校非常重视培养学生独立工作的能力。从讲授开始，经过自修和辅导、课堂讨论和实习、测验和考试、学年作业和专题作业、几次生产实习以至毕业考试和毕业论文等环节，就能逐步提高学生独立工作的能力，使理论与实际密切结合，培养出质量较高的青年专家来。中国人民大学很重视学习苏联高等学校的这些经验，并结合中国实际情况，基本上采用了苏联高等学校教学过程中的各个环节，因而使我们的毕业生获得了一定的知识，具备了一定的工作能力。但是，我们过去由于学习期限较短（本科只三年毕业），学生文化水平较低，教师业务水平不高和学校领导经验不足等原因，我们对培养学生独立工作能力方面是作得较差的。现在我们的学制延长了，在教学计划中又增加

---

* 录自《教学与研究》1954 年第 10 号，第 1～2 页。

了学年作业和专题作业,增加了生产实习的时间,学生的文化水平和教师的业务水平也有所提高了,学校领导也积累了一些经验,这时,我们一方面强调加强教师的主导作用,另一方面又强调培养学生独立工作的能力,这不仅是必要的,而且也是可能的。

培养学生独立工作的能力,应该在整个教学过程中加以贯彻,而不应把它看作是某些教学环节的特殊任务。

在进行讲授的时候,教师不应该把学生看成被动的对象,只顾拚命地灌输知识。熟练的教师完全懂得如何启发学生的思维,在阐明课程基本原理之后诱导学生进一步去阅读参考书和研究各种有关的问题。对学生说来,听课乃是一种积极的思维活动。他不单是在听教师的每一句话,他同时在思索、力求完全理解教师讲授的基本原理,而且要把最主要的内容笔记下来。只有这样,才能收到最大的效果。有人主张不记笔记,以为这样会听得更好些、理解得更好些。其实不然。不记笔记,注意力最易被外力分散,结果理解反而不好。至于没有笔记,无法复习,更是难以补救的缺陷。对于一个会作笔记的人,笔记和听讲,不但毫无矛盾,而且恰好相辅相成,缺一不可。正如一个会弹琴的人一样,两眼看谱,双手弹琴,必须全神贯注,才能弹出美妙的音乐来。也有人主张,凡有教材讲义的课程可取消笔记,专门听讲。其实这是不了解课堂讲授的意义。讲授的内容要比教科书多一些,它可以在教学大纲的基础上作重点的发挥。教科书或讲义都是比较紧凑的,必须要有内容丰富的讲授加以补充。自然讲授比经典著作内容少,但比教科书内容多,如不记笔记就容易忘掉或难于理解。所以有教材、讲义的课程也不能取消笔记,否则也会发生盲目听讲的现象。但是课堂笔记又不需要逐字逐句地死记,因为学生不是收报机,不应该把教师讲的话像电报一样通通收下来。他必须把教师讲授的内容,经过大脑的过滤再把它的精华记录下来。这样的听课包含着独立工作的因素。但是我们有不少学生尚未做到这一点，需要加强努力，只有经过一定时期的锻炼才能成功。

谁都知道，自修是培养学生自学能力最主要的方式，但我们过去的自修却很少发挥这种作用。学生把大部分的自修时间都用来整理笔记、复习笔记和准备讨论提纲，甚至不少人的发言提纲仍然是抄写笔记。读原著和参考书的人很少。教师对学生自修的指导也很不够，辅导常常是被动的，有问则答，不问则已，很少主动地指导学生读书和研究问题。上学年以来，虽然对自修和辅导这一环节开始抓紧了一些，但至今仍没有显著的转变。新学年开始，我们准备对教学方法加以改进。各教研室除了注意提高讲授质量外，同时也已开始积极地关心学生的自修。许多教研室都重新制定了参考书目，准备派最好的教师来担任辅导。现在的中心问题是如何指导学生改变过去的习惯，指导他们善于作课堂笔记和复习笔记——在这上面不应化费过多的时间，指导他们把主要的时间用来阅读参考书和研究问题，指导他们作讨论提纲——不要抄笔记抄书本而要经过自己独立的思考用自己的语言来发表自己的意见。指导学生读书尤其是读原著，无论对学生和教师都将发生一些困难，我们应该不怕困难，随时总结经验，在不断克服困难中稳步前进。

课堂讨论和实习最能锻炼学生独立思考和运用知识的能力。我们过去的课堂讨论，多半只围绕着讲授内容打圈子，而缺少应有的补充和发挥。产生这一缺点的基本原因是和自修的缺点直接相关连的。要改善课堂讨论，必须首先改善自修方法；此外，还要改善课堂讨论题目，如果讨论题目出得不好，不能启发学生读书和研究问题的兴趣，那末抄笔记抄书本的现象总难完全克服。现在各教研室都在修改课堂讨论提纲和实习提纲，这是完全正确的。最后也是最重要的，就是必须提高课堂讨论的要求：问答式的课堂讨论必须根除，背诵式的课堂讨论应该反对，任何课堂讨论都必须在教师和学生都有充分准备的基础上来进行。至于高年级的课堂讨论则更应采取高级的形式。

考试和测验对学生独立工作能力的培养有重大的影响。如果我们考试要求低,只要翻翻笔记念念讲义就能应付的话,那末扣字句、背条文的倾向就必然发展;反之,如果我们提高考试和测验的要求,只有真正理解和能够运用的人才算合格,那末学生中独立思考问题和研究问题的风气便会逐渐培养起来。因此,我们要求各教研室在准备新学年的考试工作中要贯彻这种精神,重新制定考签,首先在教师中要有充分的准备,然后向学生交代清楚,共同努力把考试工作提高一步。

学年作业和专题作业对培养学生独立研究能力有特殊的作用。从选定题目、搜集材料直到作出报告或写成文章,能把学生一步一步地引上独立研究的道路。因此,它包含着科学研究的因素。对于这一新的教学方式,我们尚无任何经验,而在新学年中又将大量推行,因此,我们必须十分重视并认真向苏联专家虚心学习。

科学研究小组是吸引学生参加科学研究工作的良好方式。我校学生中的科学研究小组尚在萌芽状态,我们必须及时总结经验,积极而又慎重地逐步加以推广。

生产实习是锻炼学生独立工作能力最有效的方法,在我校几次生产实习的经验中已经得到了充分的证明。但是还有一些系和教研室没有深刻认识到这一方面的意义。他们把生产实习看作仅仅是搜集实际材料和了解实际情况的方法,因而虽然经过校部一再的批评,他们所采取的生产实习方式仍然是消极的看材料听报告的方式。这种作法是完全错误的,因为它无法达到培养学生独立工作能力这一重要的目的。我们要求准备新学年的生产实习时努力消灭这方面的缺点。

为了培养学生独立工作的能力,必须适当增加学生自修的时间。在新的教学计划中，高年级的授课时数逐渐减少了，特别是最后一学年，学生的自修时间是很充足的。低年级的授课时数虽然较多一些——这是完全应该的，但若把时间支配得当，自习时间是仍然够用的。为此，必须改善作息时间，并严格控制社会活动，以便利学生自学活动的开展。

要想培养学生独立工作的能力，还必须对学生加强指导。由于我们在新学年开始实行教师工作日和教学工作量制度，这不仅使我们有可能改进讲授和课堂讨论的质量，而且把许多培养学生独立工作能力最重要的环节，例如学年作业、专题作业等，都分配给最熟练的教师去担任。毫无疑问，这将大大地有助于学生独立工作能力的培养和提高。

诚然，我们学生的文化水平和教师的业务水平今天还是不高的，我们领导的经验也仍然是不够的，因而我们前进道路上的困难还是不少的。但是，我们既然能在过去更困难的条件下取得了成绩，我们为什么不能在现有的基础上克服困难，取得更大的成绩呢！我们相信，我们工农干部经过艰苦努力是终于会夺下科学堡垒的。

苏联——全世界人民的榜样 *

（1954年11月6日）

伟大的十月社会主义革命三十七周年纪念日就要来到了。这不但是苏联人民的重大节日，也是我们中国人民和全世界劳动人民的重大节日。

三十七年以前，俄国的工人阶级、农民和士兵们在列宁的布尔什维克党领导下，推翻了沙皇的反动统治，建立了世界上第一个劳动人民的国家政权。从此，开始了世界资本主义总崩溃和社会主义胜利的新纪元，使人类历史的发展发生了根本的变化。

十月革命以前，俄国人民的生活也是很苦的，受压迫、受剥削、吃不饱、穿不暖，整个国家的经济也很落后，工业要比当时其他的资本主义国家落后五十年到一百年。十月革命以后，苏联劳动人民能够当家作主了，他们在苏联共产党的领导下，经过英勇艰苦的劳动，已经把苏联建设成为世界上最强大的社会主义国家，无论在工业上或者农业上，都已经赶上并且超过了资本主义国家。正是因为这样，苏联能够成为世界和平的保垒，能够在第二次世界大战中打败了德国和日本法西斯国家，把欧洲和亚洲的亿万人民从法西斯的奴役下拯救出来。现在，苏联人民又迈开了脚步，向着人类生活最美满的境地——共产主义前进了。

十月革命不但给苏联人民带来了自由和幸福的生活，同时也给全世

---

* 录自《人民日报》1954年11月6日，第1版。

界的劳动人民和被压迫民族指出了一条光明大道。在过去，谁也没有看见过社会主义社会究竟是个什么样子；十月革命以后，苏联人民用自己的手建设了一个社会主义社会，把社会主义从书本上的理论变成了现实的社会，用事实证明：社会主义制度是今天世界上最好的制度。从此以后，全世界人民拿苏联作榜样，坚决地走苏联的道路的便愈来愈多了。现在，从东方的朝鲜民主主义人民共和国、越南民主共和国经过中华人民共和国和苏联到西方的德意志民主共和国，在连成一片的广大的区域上将近有十亿的人民，已经挣脱了资本主义的锁链而团结成为强大的社会主义阵营。资本主义国家里的人民保卫和平的斗争和在帝国主义压迫下的殖民地和附属国人民的民族解放斗争也一天比一天高涨。再也没有什么反动力量能够阻止和平、民主、社会主义的事业走向胜利。

我们中国，在中国共产党和毛主席的领导下，已经取得了人民革命的胜利，这个胜利也是同十月革命分不开的。毛主席告诉我们说：中国人民找到马克思主义，是经过俄国人介绍的。十月革命一声炮响，给我们送来了马克思列宁主义。马克思列宁主义同我国工人运动相结合，就产生了中国共产党；有了中国共产党的领导，中国人民才取得了中国革命的胜利，才有了真正由人民当家作主的中华人民共和国。

不但这样，十月革命成功之后，在我国人民革命的整个时期，苏联给予了我们伟大的同情和有力的支援。在中华人民共和国成立之后，苏联又首先同我们建立了外交关系，接着就同我国订立了《中苏友好同盟互助条约》，在各方面给了我们伟大的无私的帮助。最近公布的中苏会谈公报，又再一次地给了我们巨大的援助，它对于我们中苏两国兄弟友谊的进一步发展，对于促进我国的社会主义建设，对于巩固亚洲和世界的和平，都将发生极其深远的作用。

这一切，都说明了苏联是我们中国人民最好的朋友和老师。我们必须更加增进我们中苏两国的友谊,这是我国社会主义建设的重要条件,也是保卫世界和平的重要因素。因此,我们除了和苏联一道加强保卫和平的斗争以外,还要虚心地向苏联学习,学习列宁、斯大林建设社会主义的理论,学习苏联三十七年来的斗争经验和各种成就,在中国共产党和毛主席的领导下,把我们的国家建设成为一个像苏联一样的伟大的社会主义国家。

中国人民大学第五次科学讨论会闭幕词 *

（1954 年 12 月 26 日）

中国人民大学第五次科学讨论会开了九天，现在闭幕了。在这九天里，共举行了五次全会和十一个分组会，报告和讨论了二十六篇论文。参加这次科学讨论会的有本校教师、研究生、高年级学生和教学行政干部共三千一百人。各有关企业部门、学术研究机关和高等学校一百六十三个单位的代表中，参加全会的共有四百一十五人，参加分组会的有一千四百八十四人，其中也有远道前来的。校外来宾的热忱关怀和积极地参加讨论，给了我们很大的鼓励。苏联专家对这次科学讨论会给了我们宝贵的指导。苏联专家巴甫洛夫同志在全会上作了《苏联过渡时期的阶级斗争》的报告。这个报告可以很好地帮助我们体会马克思列宁主义关于阶级斗争的学说和学习苏联的经验，来研究我国过渡时期的阶级斗争。我代表学校对苏联专家和来宾同志们表示衷心的感谢。参加这次科学讨论会的校内同志们的努力也是值得重视的。

这次科学讨论会从举行的规模、报告的内容和讨论的情况来看，可以说是比过去前进了一步。一般地说来，这次科学讨论会上提出的报告都能按照中央指示，根据国家过渡时期的总任务，研究有关当前经济建设、政权建设和文教建设以及国际关系方面的一些重要问题。全会上的

---

* 录自《教学与研究》1955 年第 1 期，第 1～2 页。

《关于我国从新民主主义社会到社会主义社会的过渡时期中基础与上层建筑问题》《开展技术革新运动，把劳动竞赛提高一步》《半社会主义性质的农业生产合作社如何过渡到完全社会主义性质的农业生产合作社》等论文，关于《红楼梦》研究问题所引起的批判资产阶级唯心论学术观点和方法的论文，各分组会上的《我国社会主义建设时期的阶级斗争》《鲁迅的哲学观点》《国营工矿企业的一长制》等论文，都是具有现实意义的。论文的作者们对这些题目都作过一番努力。当然，论文中所提出的一些论点和所作的阐述，还不一定是正确的和周密的；论文中有些意见在一定程度上还是有偏差的。但是，正是由于经过大家的讨论，就帮助了作者和我们大家发现问题，提高认识，因而可以推动我校科学研究工作的前进。这次科学讨论会的一个重要意义，就在于促使我们在科学研究方面进一步地关心现实生活中具有理论意义和实践意义的问题，继续坚决贯彻理论与实践联系的方针，随同各方面广大科学工作者一道作深入的钻研和刻苦的努力。

这次科学讨论会上展开了比较广泛的自由讨论和自由批评。为了认真地辨明真理，大家热烈地进行了学术上的争论，这种现象在马克思列宁主义组、工业经济组和贸易经济组等分组讨论时表现得尤其显著。在讨论中间，不但有教师们参加，而且有部分研究生和高年级学生主动参加；不但有校内的同志发言，而且有不少校外的理论工作和实际工作的同志们热烈地发表意见，作了很多中肯的批评指正，提供了丰富的实际材料。可以说，如果我们准备和组织得好一些，讨论将会更加活跃。这次讨论会又肯定了，这种校内的科学工作人员和校外的理论工作和实际工作的同志们共同进行讨论的方式是必要的和良好的；这种多方面参加的、广泛的、深入的自由批评和自由讨论，是推动我们科学研究工作前进的动力。

通过这次科学讨论会，使我们很多教师看到了研究成果，明确了进行科学研究工作的努力方向，提高了科学研究和学术讨论的积极性。

但是，在这次讨论会上也发现了一些缺点：

首先，科学讨论会的论文准备工作还是太仓促的，提交讨论的论文确定得较晚，有些论文还没有来得及请校外有关部门审阅和提供意见，同时，也没有在教研室内外组织反覆修改科学报告的小型讨论会。这种情况说明我们的科学工作进行得还不经常。特别要指出的是，有些教研室由于平常的组织工作较差，研究计划完成得不好，以致没有能够提出参加这次科学讨论会的论文。例如，财政系的主要专业——财政教研室和货币流通与信用教研室都没有提出论文，经济计划系的主要专业——国民经济计划教研室也没有提出论文，在经济计划分组会上只讨论了经济地理方面的一篇论文，在统计系和其他教研室也有类似的情况。应该说，这些重要的教研室在一年一度的科学讨论会上竟提不出科学报告的情况，是一个重大的缺点。

其次，我们的科学研究与当前学术界展开的批判资产阶级唯心论学术观点和方法的斗争，还结合得不够好。虽然在全会上有与《红楼梦》研究问题讨论有关的两篇报告，但是中国语言文学教研室却没有能够提出关于这方面的论文，并且在其他各专业方面，也缺乏批判腐朽的资产阶级学术观点和方法的战斗性的论文。

再次，校内有些同志在讨论中对待学术批评的态度是不够正确的。有些发言人的准备很不充分，有些发言含混不清，没有明确的意见，有些发言采取了过于简单的否定态度，分析得不充分，批评也缺乏说理的力量，这都不是学术自由批评和自由讨论的科学态度，应当引起我们今后的注意。

最后，学校在科学研究的思想指导方面是不够具体和深入的，因而上述缺点没有及时得到应有的纠正。

从这次科学讨论会来看，为了进一步改进和提高科学研究工作，我们还应当注意以下的问题：

第一，在提高科学研究工作的基础上进一步开展学术自由批评与自由讨论的工作。学术上的自由批评与自由讨论的空气的形成，是我们的科学研究工作正常开展的标志。不能设想，作为一种科学研究的集体的教研室或我们整个学校，在学术上竟可以是静寂无声，没有任何问题的争论的。反过来说，通过科学讨论会等各种方式来经常进行学术上的自由批评和自由讨论，就一定能够揭露研究工作中的缺点，克服主观片面性，促使大家关心学术问题和经常深入钻研科学，在开展学术自由批评和自由讨论时，要避免分散力量，要注意配合教学的需要并且密切结合当前国家建设的实际和学术界所讨论的中心问题。

第二，加强和校外有关部门的联系和合作。科学研究工作必须是集体性的工作。这次校外许多有关部门参加我们的科学讨论会，给了我们同志式的关怀和支持，我们应当十分重视这些关怀和支持。尤其是由于我们的科学工作还处在萌芽状态，更必须取得多方面的支持和帮助，才能不断提高。各系和各教研室都应当进一步同校外有关业务部门、科学机关团体和各兄弟高等学校等加强联系，并向他们学习。在分组会总结时，要着重检查一下过去在对外联系方面的缺点，切实加以改进。

第三，正确地确定研究课题也是很重要的。科学研究的选题应当密切结合国家建设实际、教学实际和思想斗争实际。还应注意适当组织综合性的课题，以便系统地深入研究专业。例如农业经济教研室关于"中华人民共和国农业生产合作社的组织和经验"共提出九个问题的综合性研究，就是很有意义的。过去计划中没有得到应有的解决的问题还要继续研究，不要"浅尝辄止"。有些较大的题目还可以进行长期钻研，写成专门著作。例如这次中国革命史分组会上提出的报告《中苏人民伟大友谊的历史》的原稿全文，就是经过了两年以上时间的研究而作成的。有些对于国家建设与科学研究意义重大而争论未决的问题，如我国过渡时期经济法则的作用问题、中国封建社会的产生及汉民族的形成的时期问题等，需要坚持长期艰苦的努力，从事深入的研究和讨论。在教学过程中存在的问题，有些是经过努力可以解决而没有解决的，各教研室应注意组织力量，必要时共同进行研究和讨论，以提高教学的科学水平。各个分组还应当根据这次讨论会的经验教训，适当修改和补充一九五四——一九五五学年的科学研究工作计划，特别是要注意增加当前学术界正在广泛开展的批判资产阶级唯心论的课题，引导教师们勇敢地、严肃地参加到这次思想斗争中来。

第四，在各分组讨论中，有不少同学表现了积极性，主动要求发言，这种对科学研究的兴趣应当受到重视和鼓励。我们学校的各教研室在科学研究方面的任务，不但是要把教师的研究工作组织好，而且还要善于引导研究生及高年级学生进行科学研究工作，培养他们独立工作的能力。所以，要注意这次科学讨论会在同学中所起的影响，适当地吸收研究生参加科学研究工作，抓紧学生科学小组的活动计划，把同学中的科学研究工作有力地推动起来。

在结束这次科学讨论会的时候，让我们感谢报告人和全体参加科学讨论会的同志们的努力，再一次地感谢来宾同志们给予我们的勉励和苏联专家们给予我们的指导。

反对使用原子武器[*]

——在首都科学工作者反对使用原子武器签名大会上的讲话

（1955年2月20日）

科学工作的目的是为人民谋福利。为人民贡献自己的智慧是科学家的光荣使命。现代是科学研究突飞猛进的时代。原子能的发现是科学研究上的伟大成就，标志着人类掌握自然能力的新阶段。

但是，在人类社会的阶级斗争发展到现在的情况下，美帝国主义侵略集团却盗窃了原子能研究的成果，进行原子武器的讹诈，准备发动原子战争，以实现其独霸世界奴役人类的妄想。美帝国主义正在以原子武器来恐吓我们解放我国领土台湾。我国人民绝不会为美帝国主义战争贩子们的战争叫嚣所吓倒，全世界一切爱好和平的人民都坚决反对这个罪恶行为。世界和平理事会号召反对使用原子武器的签名正在获得普遍的响应，这个运动将表现出全世界人民保卫和平的不可动摇的意志，给予美帝国主义准备进行原子战争的阴谋以严重的打击。

事实证明：科学是不能脱离政治的。我们的科学家不但要用自己的科学研究为国家建设和人民幸福服务，而且要自觉地学习马克思列宁主义，学习辩证唯物论和历史唯物论，以武装自己。积极参加保卫和平的正义斗争。

---

[*] 录自《光明日报》1955年2月20日，第2版。

科学研究的成绩总是人类智慧共同的成果。美帝国主义企图垄断原子武器是办不到的。各国的科学家为研究原子能都作出了一定的有益的贡献。苏联的科学家们有着特殊的成就。苏联致力于和平利用原子能的事业，建立了世界上第一个原子能工业电力站，并且决定给我国和各人民民主国家以研究原子能的帮助。苏联的帮助鼓舞我国的科学家将在原子能研究方面做出很好的成绩。

美帝国主义企图发动原子战争，这是表明侵略集团已经日暮途穷。大家知道，原子武器固然有很大的破坏力和危害性，但是并不是不能防御的。我们要动员全国人民和全世界人民的力量，制止敌人的罪恶计划。人民一定要贯彻粉碎敌人的阴谋。正如毛主席所说的："只要帝国主义发动侵略战争，我们和全世界人民就一定要将它们从地球上消灭干净！"

关于汉字简化问题[*]
——在政协全国委员会报告会上的报告

（1955年4月7日）

  我国汉族人民使用的汉字，在历史上曾经有过伟大的功绩，就是在今天也还起着伟大的作用。但是跟全世界其他各国各民族通行的拼音文字比较起来，不可否认，汉字有很多严重的缺点，它已经不能充分有效地适应现代生活各方面的需要。由于汉字在学习、书写和记忆方面的艰难，使得我国的小学、中学和业余学校中，学生和教师都要耗费一大部分时间在文字教学方面。就我国现行学制来说，中小学所占年数比较长，主要原因是由于学习文字所需要的时间占得太多了。而且就在中学和大学毕业以后，很多人仍然要常常读错字、写错字、讲错字，仍然要常常遇到说出写不出、写出读不出的字。汉字不能正音，也不容易分出词的界限。汉字教学上的困难直接影响到我国教育的普及和人民文化水平的提高。汉字在实际使用上也有许多不方便。由于汉字形体的繁复，用汉字书写、记录、打字、印刷、收发电报、传达信号、编辑字典、编制索引，比使用拼音文字，要耗费更多的劳动力，在利用现代科学技术的最新成果方面要发生很多困难。这一切对我们的人民和国家当然都是不利的。

----

  * 录自《人民日报》1955年4月7日，第3版。

早在一九四〇年，毛主席就指示我们："文字必须在一定条件下加以改革"（《毛泽东选集》第二卷七〇一页）。近年来，毛主席更进一步指出了中国文字改革要走世界文字共同的拼音方向。这就是说必须把汉字逐渐改变成为拼音文字。

但是我国使用汉字，已有数千年的历史，要改变成为拼音文字，自然不是很短时间所能完成的。而且，即使在开始实行拼音文字之后，仍然需要有一个新旧文字并用的过渡时期。也就是说，不仅在目前，而且在今后一个长时期内，汉字仍然是我们必须使用的重要工具。因此，在汉字拼音化以前，首先适当地整理和简化现在的汉字，使它尽可能减少在教学、阅读、书写和使用上的困难，就有迫切的需要。汉字的简化是汉字改革的第一步。

中国文字改革研究委员会从一九五二年成立以来，就根据以上方针，从事研究整理简化汉字和拟订拼音文字方案。除拼音文字方案还在继续研究外，整理汉字问题经过多次的研究、拟议、讨论和修改，已经拟出了《汉字简化方案（草案）》，并已由中国文字改革委员会印发全国讨论。这个草案的内容，包括一个总的说明和三个表，即《七九八个汉字简化表草案》《拟废除的四〇〇个异体字表草案》《汉字偏旁手写简化表草案》。实行这个方案，可以使一千多个比较常用的汉字得到简化和合理化，对儿童和成人的学习和使用文字，可以有不少方便。

我们这次整理简化汉字，主要依据以下几个原则：

首先是简化范围的问题。一般工农群众要求多简，知识分子倾向少简。简化过少对初学文字的人好处不大，而一次简化过多使文字的面目大变，又会使已经识字的人感觉困难，在推行上会增加阻碍，在印刷技术上也有困难。为了解决两者之间的矛盾，我们对于印刷用的汉字目前只简化八百字上下，这样不会使汉字面目大变，同时另拟《汉字偏旁手写简化表草案》，使书写时可以有更多的字得到简化，而且写出来的字也不至漫无标准。

其次，在字的选定上根据"约定俗成"的原则，尽量选用在群众中已经普遍流行的简化字，因为只有这样才能容易为群众接受。但是仍有很少一部分没有通行简体而又常用的字，我们采取了以下几种办法：（1）古代原来笔画比较简单的字，我们建议恢复原来的字，例如："鬍鬚"作"胡须"；（2）用同音字代替，例如："籲""叢""醜"，建议用"于""从""丑"代替；（3）用笔画简单的声旁代替原有声旁，例如用"了"代"尞"，把"遼""僚""療"等都简化成"辽""仃""疗"等字，其中如"疗"字在卫生部门已经是通行的；（4）只有极个别的字是新创的，例如用"苤"来代替原来的"鑿"字。

再其次，凡是已经有了简体或在同字异体中已经选定了一个的字，我们建议把原来的字一律废除，日后经政府公布之后，一般报纸期刊图书上就不再行使用。因为如果没有这一条原则，如果仅仅在小学课本或识字课本上使用简化字，而在一般书报上原来的字仍然在使用着，结果势必简繁两种都得学习，并不能减轻群众的负担，甚至反而增加群众的负担。这些被废除的繁体字，应作为古字，仅在翻印古书等特殊场合使用。而且将来可以考虑编一种"古字典"，专门搜集这种古字，以供研究古书的人参考。

汉字简化是最初步的文字改革，而《汉字简化方案（草案）》只是整理汉字工作的第一步。这个草案对于现在通行的汉字改动虽然不大，但因文字关系全国人民的日常生活习惯，因此必须广泛征求全国人民的意见，集思广益，审慎考虑，并经过一个时期的逐步试用，然后普遍推行。我们拟订的具体推行的步骤如下：

（1）将《汉字简化方案（草案）》，在个别报刊发表并由中国文字改革委员会会同教育部分发全国高等学校和中小学语文教师以及其他有关社会人士，并由各地教育行政机关组织讨论，征集意见。部队方面和中央一级文教机关团体，我们建议分别组织座谈讨论，征求各方意见。这个草案中比较常用的一部分简体字，拟请报社和出版机关自行挑选，逐渐在报刊出版物上试用，以征求读者意见并逐渐养成阅读简化汉字的习惯。我们准备于本年夏季召开全国文字改革会议，来讨论修改通过这个草案，再请政府批准公布。

（2）在方案确定和公布之后，应在一切报刊图书中普遍采用（但古书或特殊著作仍可例外）。同时根据汉字偏旁手写简化办法编印字帖，作为儿童和成人习字的范本。

对于汉字简化的原则，是不是会有不同的意见呢？在目前各种怀疑和顾虑是存在的，主要是以下三种：

第一种意见认为简化汉字是所谓"俗字""别字"，不应提倡。这种看法我们认为是不恰当的。由于汉字结构复杂，书写不便，很久以来，人民群众就创造了许多笔画简化、便于书写的简体字，约定俗成，在民间已普遍流行。我国最古的文字甲骨文中就有不少一字异体的字，它们之间的繁简差别很大，可见简体字是一向就存在的，它的历史跟所谓"正字"一样地古老。历代的统治阶级，一向不承认简体字的合法地位，提倡所谓"正字"，但是广大人民并不受其拘束，直到现在我们绝大多数人在书写上都在使用简体字。现在我们把这种群众所创造而为群众喜见乐用的简体字作为正字，并且用来印刷书报，以减少学习和使用文字的困难，是完全符合人民利益的。

第二种意见认为推行简体字会造成文字混乱。的确，由于历史的原因，目前的汉字存在着许多混乱现象，使学习和使用增加许多麻烦。我们推行简体字，正是要从各种不同写法的汉字中选定一个简单易写的，而把其他的字一律废除，这样不论在印刷上或者书写上，可以减少许多汉字在字形上的混乱和纷歧，达到逐步标准化的目的。可见汉字简化正是为了消灭字形的混乱，达到文字的规范化，而不是造成混乱，这是很明显的。

第三种意见认为现在这个草案简化太少，缺乏系统，而主张把汉字全盘系统地简化。例如根据六书中"形声"的原则，有系统地创造一套新的汉字，就是这类主张的一种。但是这个主张看似合理，实际上只是一种空想。不错，目前的简体字是缺乏系统的，但是汉字本是根据几千年的习惯构成，不是一种系统化的文字，要给几千个字都找出现成的形旁声旁是不可能的。即如"能"字吧，这是一个极常用的字，但是谁能给它找到简易合理的形旁和声旁呢？而且即使这种新的形声汉字，竟能创造成功，对于原来未识字的人，学习使用，仍然要比拼音文字困难得多，而对于已识汉字的人，却要把旧的一概忘记，新的从头学起，因此要推行这种"系统化"的新字一定是极端困难的。汉字最后要改成拼音文字，是肯定的，要是在汉字拼音化之前，再造一套新字，不是更麻烦吗？反之，在目前采取一般已习用的简化字，代替笔画繁复的字，以减轻文字学习和使用的困难，却不失为过渡时期的一种权宜办法。这种权宜办法，即使不很理想，却是切实可行的，对于已识汉字和初学汉字的人都是有利的。

最后，说到汉字简化，必然会引起人们对于汉字改革前途的关切，特别是引起一部分人对中国文字拼音化的一些顾虑或误解。在这里我想附带对三种比较流行的顾虑作一些解释。

第一种顾虑是怕原来识字的人都变成不识字了。这是不符合实际的想法。因为实行拼音文字之后，将有一个相当长的新旧文字并用的过渡时期，在这个时期内，新的拼音文字和旧的汉字都是社会上通用的合法文字，政府的法令和重要的报刊可能并用两种文字或印行两种版本。这样，已识字的人就不仅不会变成文盲，而且有充分的时间来学会和精通新的拼音文字；拼音文字只要几个月就可以学会，对于现在的知识分子是决不费力的。

第二种顾虑是怕汉字消灭。在新旧文字并用的过渡时期内，随着时间的推移，拼音文字的使用范围和使用人数一天天扩大，汉字的使用范围虽然将要相应缩小，但是仍将作为一种古典文字永久地保存下去，供高等学校、科学机关和专门书刊使用。埋在地下几千年的甲骨文，我们尚且要发掘出来研究，对于发生了伟大作用的现行的汉字决没有把它消灭的道理。

第三种顾虑是怕古代文化遗产无法继承。有些人以为实行拼音文字以后，古书没有人能懂了，古代的文化遗产将无法继承。不错，我国有极其丰富的古代典籍，其中有一部分是极可珍贵的文化遗产，我们必须继承下来的。这些人的看法，似乎只要继续使用汉字，文化遗产就能自然继承。其实不然。目前文字虽然还没有改革，遗产继承已经发生困难。现在识得汉字的人，并不都能读懂古书，真正懂得古书的人，只占其中很少的一部分。现在的大学毕业生，能读懂古书的并不多。可见，不改革汉字，未必就能继承文化遗产；改革了汉字，仍然能够继承文化遗产：文字改革和继承文化遗产之间是没有矛盾的。我们认为，在改用拼音文字之后，古代的优秀著作，可以逐步翻译成为拼音文字，这样可以使得现在不识字的人以及虽然认字但读不懂古书的人也能读懂古书，这才真正解决了文化遗产的继承问题。至于现在能读古书的人即使在文字改革之后，仍然可以研读古书，并不因此受到任何限制。将来我们可以用国家的力量集中许多专家，建立各种机构，来系统地整理、研究、校订、注释、翻译、出版我国古代各种优秀的典籍，这是完全可能，也是完全必要的。

列宁主义是全世界劳动人民在争取和平、民主和社会主义斗争中的旗帜*

（1955年4月28日）

一

列宁主义是代表着全世界劳动人民的根本利益的学说，是全世界劳动人民为争取自身解放而斗争的强大思想武器，是全世界劳动人民为争取和平、民主和社会主义而斗争的旗帜。随着历史发展的进程，它愈来愈深入到每一个劳动者的心中，愈来愈显示出伟大的、战无不胜的力量；它对世界各国人民的历史命运的影响正在日益明显和日益加强。

列宁主义标志着马克思主义创造性的发展。正如列宁事业的伟大继承者斯大林所说的："列宁主义是帝国主义和无产阶级革命时代的马克思主义。"由于列宁所处的帝国主义时代与马克思恩格斯所处的资本主义上升时代不同，由于无产阶级革命成熟的程度不同，由于现代资本主义三大矛盾的尖锐化的程度不同，因此，列宁根据新时代的新的阶级斗争条件，在与第二国际机会主义作斗争中恢复并创造性地发展了马克思主义。列宁创造性地发展了关于垄断资本主义的学说，关于无产阶级专政的学说，关于社会主义可以首先在单独一国内胜利的学说，关于无产阶级领导权的学说，关于民族殖民地问题的学说，关于无产阶级政党的学

---

* 录自《在列宁主义的旗帜下》，人民出版社1955年版，第1～23页。

说。这些巨大的新贡献，标明了马克思主义的生气勃勃与不可战胜，标明了马克思主义不是教条而是行动的指南。列宁主义武装了世界劳动人民，把历史发展推向一个新的阶段、新的纪元。

在帝国主义时代，由于资本主义生产的高度集中与垄断，社会财富掌握在一小撮金融寡头手中，它们加紧资本输出，扩大势力范围，图谋重分世界，使资本主义体系中一切矛盾极端尖锐化，成为寄生的、腐朽的、垂死的资本主义。帝国主义资产阶级为了保持和争夺最大限度的利润，他们残酷地剥削本国劳动人民，掠夺和奴役落后国家的人民，并且使国民经济军事化，企图用战争的办法，攫取世界霸权。因此，只要帝国主义存在一天，战争、危机、政治上的反动以及劳动人民生活的恶化都是必然的。残酷的剥削和压迫使生活在帝国主义统治下的劳动人民坚决地走上革命斗争的道路。反对战争，争取和平；反对法西斯化，争取民主；反对帝国主义，争取社会主义；这就成为资本主义国家中的劳动人民与殖民地半殖民地国家中的劳动人民的共同愿望与迫切要求。帝国主义使无产阶级和劳动人民的革命成为不可避免。无产阶级和劳动人民直接冲击资本主义的新时期到来了。正如列宁所指出的："资本帝国主义时代，是资本主义已经成熟而且到了凋谢腐朽的时代，此时资本主义已处在自己崩溃的前夜，已成熟到要让位于社会主义的地步。"

在这伟大的斗争面前，列宁主义是号召劳动人民为和平、民主和社会主义而斗争的学说。列宁主义指出只有社会主义才是真正地根本地反对战争，反对法西斯化，反对一切反动势力对劳动人民的进攻，并使一切劳动人民获得真正解放的唯一出路。"除了社会主义之外，人类就不可能使新的千百万人摆脱战争、饥饿和灭亡的厄运。"正由于深刻地反映了现代社会历史发展的客观必然规律，深刻地反映了现代社会条件下的阶级斗争，深刻地反映了我们时代劳动人民的切身利益，列宁主义就成为全世界劳动人民在争取和平、民主和社会主义斗争中的旗帜。列宁成为一切被剥削被压迫的劳动人民的伟大领袖与导师。

二

列宁最伟大的贡献之一，就是他以新的社会主义革命论武装了各国人民，首先是武装了资本主义国家无产阶级和劳动人民去为争取和平、民主和社会主义而斗争。这一新的理论推动了世界无产阶级革命运动的发展。

在第一次世界大战期间，列宁深刻地分析了帝国主义阶段经济政治各方面的特征，认为既然社会主义革命的客观条件已经完全成熟，就不能不重新研究社会主义革命的理论。在十九世纪世界资本主义还处于上升时代的条件下，马克思和恩格斯曾经认为社会主义革命不可能在一个国家首先胜利，而必须在英、美、法、德等各先进资本主义国家同时取得胜利。到了资本主义没落的帝国主义时代，列宁指出，马克思恩格斯的这一论断已经陈旧了，不适用了。一九一五年他在《论欧洲联邦口号》一文中第一次提出了关于社会主义革命的新公式。列宁说："经济政治发展的不平衡是资本主义的绝对规律。由此就应得出结论：社会主义可能首先在少数或者甚至在单独一个资本主义国家内获得胜利。这个国家内获得胜利的无产阶级既然剥夺了资本家并在本国组织了社会主义生产，就会起来反对其余的资本主义的世界，把其他国家的被压迫阶级吸引到自己方面来……"一年之后，即一九一六年，列宁在《无产阶级革命的军事纲领》一文中又指出："社会主义不能在一切国家内同时获得胜利。"这样，列宁就制订了新的完备的社会主义革命论。这个理论不仅解决了社会主义可能首先在一个国家内胜利的问题，而且解决了社会主义如何在全世界取得胜利的问题。这就是说，由于帝国主义政治经济发展不平衡所引起的帝国主义战争必然使各国帝国主义互相削弱，这样，社会主义革命就可能把帝国主义链条中最弱的一环首先突破。同时，取得了革命胜利的一国无产阶级和劳动人民必须最大限度地发挥自己的作用，和还未取得革命胜利的各国无产阶级和劳动人民互相支持、互相援助，借以推动世界革命，使社会主义由一国胜利发展为几国胜利，更进而达到全世界胜利。

列宁这一新结论是创造性的马克思主义的典范，他没有拘束于马克思主义的字句，敢于以适合新的历史环境的新结论来代替已经过时的旧结论。列宁关于社会主义革命的新结论武装了全世界无产阶级和劳动人民，给他们指出了走向社会主义的大道，激发了他们对本国资产阶级实行进攻的主动性，教导了他们不必等待而应该利用战争环境积极展开革命斗争。

近四十年世界无产阶级的革命实践完全证明了列宁的社会主义革命论是唯一正确的理论。

在第一次帝国主义战争期间，列宁的社会主义革命论武装了俄国的无产阶级和布尔什维克党，因为当时俄国正是帝国主义一切矛盾的集合点，正是帝国主义链条中最薄弱的一环。在俄国，不仅反革命统治比之西欧各国要更加腐朽，而且以无产阶级为首的工农联盟革命力量是无比强大的。在列宁光辉思想的照耀下，俄国无产阶级终于联合了城乡劳动者在一九一七年十月取得了社会主义革命的胜利。十月革命的胜利就是列宁社会主义革命论的典型的实现。十月革命开辟了人类历史的新纪元，开辟了世界无产阶级革命的新纪元，开辟了殖民地革命的新纪元。十月革命以后，世界就划分为欣欣向荣的社会主义和日暮途穷的资本主义两个体系、两个阵营。十月革命以后，苏联成了全世界劳动人民争取和平、民主和社会主义的灯塔和靠山。

社会主义国家本质上需要和平来进行社会主义建设。十月革命胜利的第一天，苏维埃政权就以其《和平法令》博取了各交战国人民的热烈支持，树立了为争取真正和平而斗争的榜样。列宁亲手制订的《和平法令》奠定了苏维埃政权和平对外政策的基础。在第一次世界大战与第二次世界大战之间的二十多年期间，苏联一贯坚持和平政策，不断揭露帝国主义的战争阴谋。一九三三年希特勒法西斯匪徒在德国执政后，苏联更是始终不渝地为欧洲集体安全而斗争，为建立世界反法西斯统一战线而斗争。一九四一年六月由于希特勒德国背信弃义的进攻，苏联才被迫举起了正义的解放战争的旗帜。由于苏联在反法西斯战争中所起的决定性作用，全世界劳动人民终于粉碎了法西斯的德国、意大利和日本，在欧亚两洲出现了许多人民民主国家。第二次大战后，苏联更进一步成为全世界进步人类公认的和平堡垒。

十月革命胜利后苏联建立了无产阶级专政。无产阶级专政只是对少数剥削者的专政，而对于最大多数劳动人民则实行最广泛的民主。列宁无情地揭露了第二国际机会主义者对于民主的庸俗观点，论证了民主是有阶级性的而没有什么"纯粹的"超阶级的民主。他说："资产阶级不得不说假话，说（资产阶级的）民主共和国是'全民的政权'或一般的民主或纯粹的民主；其实这个共和国就是资产阶级专政，就是剥削者对于劳动群众的专政。……只有无产阶级专政才能把人类从资本的压迫下，从资产阶级的民主（对富人的民主）的造谣、说谎、伪善中解放出来，才能建立对穷人的民主，就是说，使民主的幸福实际上为工人和贫农所享受。"又说："这将是民主之莫大的、有全世界历史意义的扩展，民主之由假变为真，人类之解脱资本束缚。"苏联的经验证明了社会主义的民主乃是最高类型的民主，它是对劳动人民没有任何限制的民主，它不只是形式上的民主，而且是实际上的民主；它不只是政治生活范围内的民主，而且是扩展到经济和文化生活范围内的民主。社会主义的民主用活生生的事实彻底揭穿了资本主义民主的虚伪性、欺骗性和残缺不全；社会主义民主为全世界劳动人民展开了一幅为争取人民民主而斗争的动人的远景。在帝国主义时代，帝国主义资产阶级正日益走向反动，他们甚至公开抛弃自己所曾经标榜过的"民主""自由"，而露骨地实行法西斯专政，公开撕毁宪法，穷凶极恶地任意剥夺人民的民主权利并镇压人民的革命运动。资产阶级民主的假面具已经彻底破产了，而只有社会主义民主正日益深入人心，推动着劳动人民为自身的解放而斗争。

十月革命胜利后，苏联依据列宁主义的原则进行了伟大的社会主义建设。列宁深刻地分析了俄国的经济状况和阶级关系，论证了在被资本主义包围的无产阶级专政国家内可能建成完备的社会主义社会，并拟定了建设社会主义的计划。还在十月革命前夜，列宁就曾指出，俄国不仅要在政治方面，而且要在技术经济方面赶上并超过发达的资本主义国家，这是一个生死存亡的问题。列宁再三强调以发展工业，特别是重工业来建立社会主义的物质基础的重要性，并规划了俄罗斯国家电气化计划——人类历史上第一个发展国民经济的远景计划；同时，列宁又拟定了对小农经济实行社会主义改造的合作化计划，规定了使落后的个体经济逐步过渡到以先进的机器技术武装起来的社会主义经济的具体道路。列宁的思想在苏联共产党的决议和斯大林的著作中得到了进一步的发展。这个思想武装了苏联共产党，粉碎了托洛茨基、布哈林之流资本主义复辟论者的谬论。苏联的劳动人民在共产党的领导下，以英勇的创造性劳动解决了一系列的任务：通过工业国有化掌握了国民经济命脉；建立了社会主义同农民经济的商业结合并供给农村消费品；实行了国家的社会主义工业化，并用供给农村以先进机器技术的办法建立了同农村的生产结合；实行了农业集体化，并在农村建立了社会主义的经济基础。因此，只用了二十年的时间，苏联就结束了从资本主义到社会主义的过渡时期，消灭了资本主义和剥削现象，建成了完备的社会主义制度，由一个落后的农业国一跃而成为先进的工业国。社会主义的生产关系完全适应于生产力性质，给生产力的发展开辟了无限广阔的前途；社会主义制度表现出了较之资本主义制度无比的优越性。苏联社会主义建设的辉煌成就给全世界劳动人民以无限的鼓舞，证明了无产阶级不仅能够破坏旧制度而且能够用自己的双手建立崭新的社会主义制度。

十月革命胜利后，民族问题在苏联也得到了历史上空前的完满解决。列宁主义关于民族问题的学说贯串着无产阶级国际主义和劳动人民国际团结的思想，贯串着各民族平等和友好的思想，而坚决地反对资产阶级民族主义。在十月革命之初，列宁和斯大林就签署了著名的《俄罗斯各族人民权利宣言》，这个宣言开辟了民族关系史上的新纪元。在列宁的民族政策的光辉照耀之下，随着无产阶级专政的建立和社会主义建设的胜利，苏联不但根除了各民族在政治上的不平等，而且克服了各民族在经济上和文化上的不平等，一同走上了社会主义的大道。苏联各民族亲密团结成为一个统一的、兄弟般的大家庭，形成了巩固的、经得住考验的多民族的国家——苏维埃社会主义共和国联盟。苏联各族人民的友谊成为苏联社会强大动力之一。苏联社会主义的各族人民友爱团结的光辉榜样，在世界各族人民中间正日益产生着深刻的影响。

具有无限生命力的苏联社会主义制度曾经经受了战争的严重考验，在第二次世界大战中打败了德国法西斯匪帮的侵略以后，苏联迅速地医治了战争的创伤，并且正在坚定不移地实现着列宁关于建设共产主义的方法的原则性指示。列宁曾经指出，最大限度地发展社会主义社会的生产力，不断地改善社会主义的生产关系，提高劳动生产率，在大力发展工业特别是重工业的前提下，生产丰富的消费品，是从社会主义过渡到共产主义的先决条件；列宁并且指出了保证社会主义社会一切成员的最大幸福和自由的空前发展的意义。现在苏联人民正在满怀信心地向着共产主义胜利地迈进。苏联建设社会主义和共产主义的成就具有伟大的国际意义，为全世界劳动人民树立了为争取美好生活前途而斗争的模范。正如列宁所指示的："所有一切国家正是从俄国的榜样中就能看见它们在不远将来必然会遇到的某些事件，而且是极重大的事件。"

如果说十月革命的胜利是列宁的社会主义革命理论第一次典型的实现，那么第二次世界大战后各人民民主国家的出现，就是列宁的社会主义革命论第二次典型的实现。现代资本主义基本经济规律和资本主义政治经济发展不平衡的规律导致了第二次世界大战的爆发。许多国家的人民在列宁主义思想指导下，利用帝国主义互相削弱的时机，在苏联大公无私的援助下，终于在帝国主义链条中较弱的环节再一次突破了帝国主义阵线。

在欧洲，一系列的国家——波兰、捷克、匈牙利、罗马尼亚、保加利亚、阿尔巴尼亚和德意志民主共和国都摆脱了资本主义的体系，建立了人民民主制度。人民民主制度是与苏维埃属于同一类型的社会主义的政治制度，是无产阶级专政的新形式。列宁曾经指出过："从资本主义过渡到共产主义，当然不能不产生多种多样的政治形式，但其本质必然是一个，这就是无产阶级专政。"人民民主制度在欧洲各国的建立证实了列宁主义的这一基本原理。欧洲各人民民主国家依靠革命的国家政权的领导和广大劳动人民的支持，并获得了以苏联为首的整个社会主义阵营的力量的援助，得以避免国内战争，在极短时期内恢复了国民经济并有计划地着手进行社会主义工业化和对农业的社会主义改造。人民民主国家的社会主义建设是坚定不移地依据列宁主义的原则进行的，但在运用这些原则时却正确地估计到本国政治经济条件的历史发展的特点和国际条件。列宁说过："所有民族都要达到社会主义，这是不可避免的，但是所有民族达到社会主义的方式并不完全一样，每个民族都会给民主的某一形式、无产阶级专政的某一种变形、社会生活各方面的社会主义改造的某一种速度加进一些特点。"各人民民主国家在社会主义建设的道路上正在不断取得重大的成就，这些成就再一次地证明着资本主义制度已经过时，而社会主义制度具有无限的生命力。

现在，苏联、中国和欧亚两洲的各人民民主国家已经结成了巩固的和平、民主和社会主义阵营，这是国际社会主义革命运动中产生的新现象，是当人民民主和社会主义已经在许多国家内取得胜利的新的历史条件下产生的合乎规律的结果。在这个阵营中，国与国之间的关系是以同志的互助合作为特点的关系，是历史上从未有过的新型的国际关系，这种关系鲜明地体现了无产阶级国际主义的原则，这个阵营的团结力量是任何敌人也攻不破的。以苏联为首的社会主义阵营像一个巨大的磁场，吸引着全世界劳动人民为争取和平、民主和社会主义而斗争。

三

列宁主义不仅指出资本主义国家中劳动人民争取和平、民主和社会主义的道路，而且创造性地指出了被压迫民族如何摆脱帝国主义奴役的道路。

民族殖民地问题是社会主义革命和无产阶级专政总问题的一个部分，是列宁主义的重要组成部分之一。列宁一直重视和关怀民族殖民地问题，他将民族殖民地问题和全世界劳动人民争取和平、民主和社会主义的问题联系起来加以研究和解决。

列宁在民族殖民地问题上最大的功绩就在于他扩大了民族问题的范围。过去，第二国际的机会主义者总是把民族问题局限于"文明"民族的狭隘范围内，把民族问题看作孤独自在的与争取和平、民主和社会主义运动无关的问题。列宁和机会主义者相反，他根据帝国主义时代世界各民族分成压迫民族与被压迫民族两大类的事实，根据帝国主义时代世界各民族劳动人民同样受帝国主义者奴役与压迫的事实，把民族问题扩大为殖民地附属国被压迫人民摆脱帝国主义桎梏的世界问题，把被压迫民族的解放斗争与压迫民族中的社会主义运动联系起来。列宁指出：各资本主义国家无产阶级所进行的革命，"不会只是也不会主要是每个国家的革命无产阶级反对本国的资产阶级的斗争；不，它将是受帝国主义压迫的一切殖民地和国家、一切附属国反对国际帝国主义的斗争"，因为各主要资本主义国家社会主义革命的胜利，必然加速殖民地附属国人民获得解放；而殖民地附属国人民的反对帝国主义斗争的加强，必然要动摇帝国主义的统治基础，使资本主义各国的社会主义革命易于进行。列宁认为，压迫民族中的社会主义革命斗争和被压迫民族中的争取民族解放的斗争必须汇合成为一股反对帝国主义的革命巨流，他提出了"各国无产者与被压迫人民，联合起来！"的战斗口号。

列宁关于社会主义革命运动与民族解放运动相互支持的思想，使帝国主义国家里的革命和殖民地附属国的革命进入了一个新的发展阶段。伟大十月社会主义革命的胜利，开辟了一个世界各被压迫人民与无产阶级联盟并在无产阶级领导下进行殖民地革命的新时代。

列宁向殖民地附属国人民指出了走向胜利的道路之后，又对于这些国家的人民如何去取得胜利作了一系列的宝贵指示。为了取得胜利，列宁认为先决的条件是必须建立一个新型的马克思主义的政党，而这个党必须很好地根据本国具体历史条件创造性地运用马克思主义，并吸取世界各国，尤其是俄国的革命经验。正如他在东方各族人民共产主义组织第二次全俄代表大会的报告中所指出的："在你们面前摆着一个从未在全世界共产主义者面前摆过的任务：你们必须依靠一般共产主义的理论和实践，要善于估计到欧洲各国所没有的特殊情况，把这理论和实践运用到当地的情况中去，那里主要的群众是农民，那里需要解决的任务不是反对资本，而是反对中世纪的残余。"

列宁认为殖民地附属国人民斗争取得胜利的另一个重要条件是在制定战略策略时必须坚持无产阶级领导权的思想。在帝国主义时代，民族殖民地解放运动没有无产阶级的领导而要走向胜利是不可能的。无产阶级领导权思想的中心问题是工农联盟问题，因而列宁说："谁要以为无产阶级政党……不与农民运动成立一定关系，不真正援助农民运动，就能够在这种落后的国家里进行共产主义的策略和共产主义的政策，那就是空想。"可见在农民占人口绝大多数的落后国家里，列宁是把无产阶级和农民的关系看作决定革命胜败的关键。因此，无产阶级政党必须使农民摆脱资产阶级的影响，从而建立巩固的工农联盟。列宁不仅指出了工农联盟的必要，而且认为必须把帝国主义国家和殖民地附属国的资产阶级区别开来。殖民地附属国的民族资产阶级，虽然由于他的妥协性不能成为反对帝国主义和封建主义的领导力量，但在一定条件下和一定程度上参加民族民主革命是可能的。因此，列宁认为无产阶级政党应该和落后国家的资产阶级民主派建立革命统一战线，但在统一战线中必须保持"无产阶级运动的独立性"。只有这样，殖民地民族解放运动才能取得胜利。

在民族殖民地问题上，列宁的伟大功绩还在于，他指出了殖民地人民只有经过资产阶级民主革命才能进行社会主义革命，而且提出了殖民地人民在取得了民族民主革命的胜利之后，如何从宗法封建制度跨过资本主义发展阶段过渡到社会主义的思想。一九二〇年列宁在共产国际第二次代表大会上曾说："共产国际应当确立并在理论上论证这样的原理，即落后的国家在先进国家的无产阶级帮助之下,可以避免资本主义的发展阶段,可以……达到共产主义。"这一光辉思想对于已经取得胜利的殖民地半殖民地国家的人民,在其建设社会主义的斗争中,有无可估量的巨大意义。

列宁关于民族殖民地问题的学说,是他的社会主义革命论在殖民地附属国的运用和发展。如果说,列宁主义关于社会主义革命可能首先在一国胜利的学说向资本主义国家无产阶级指出了革命的前途,鼓舞他们去进攻本国的资产阶级,去建立无产阶级专政,那末,列宁关于民族殖民地问题的学说就是向殖民地附属国劳动人民指出了革命的前途,激发了他们对帝国主义和封建主义展开进攻的积极性。在伟大的十月社会主义革命胜利的鼓舞下,殖民地附属国的被压迫人民,特别是东方各国人民,积极展开了摆脱帝国主义压迫的斗争。

列宁一直关怀亚洲各被压迫民族反对帝国主义的斗争,热情地赞扬亚洲民族解放运动的开展为"亚洲的觉醒",他在以此为题的一文中指出:"亚洲的觉醒和欧洲先进无产阶级夺取政权的斗争的开端,标志了在二十世纪初所揭开的全世界历史的新阶段。"列宁特别重视中国人民的革命斗争。列宁从一九〇〇年在《火星报》第一期写《中国的战争》一文起,直到他逝世前所写的《宁肯少些,但要好些》等许多论文中,一直同情和鼓舞中国人民的革命斗争。他对中国人民革命斗争的意义作了极高的评价。远在一九一二年一月,列宁在俄国社会民主工党布拉格代表会议的决议中就指出,中国人民的革命斗争"将使亚洲获得解放,摧毁欧洲资产阶级的统治"。列宁在欢迎中国一九一一年革命时,就科学地预见到中国无产阶级将会增长,一定会成立工人阶级的政党来领导中国人民的革命。十月革命后,在列宁领导下,苏维埃政权立即废除了沙皇俄国对中国的不平等条约,并对中国人民的革命斗争表示热烈的同情。也正是由于十月社会主义革命的鼓舞，中国人民中的先进分子接受了马克思列宁主义。毛泽东同志说："十月革命一声炮响，给我们送来了马克思列宁主义。十月革命帮助了全世界的也帮助了中国的先进分子，用无产阶级的宇宙观作为观察国家命运的工具，重新考虑自己的问题。走俄国人的路——这就是结论。"中国工人运动与马克思列宁主义相结合产生了中国共产党。从此，中国革命在中国共产党领导下，面貌焕然一新，使中国革命成为工人阶级领导的人民民主革命，即新民主主义的革命。

中国共产党一开始就是按照列宁主义的建党原则建立起来的。在毛泽东同志的领导下，中国共产党一贯地以列宁的思想为指针，克服了形形色色的机会主义思想，创造性地把马克思列宁主义的普遍真理与中国革命的具体实践相结合，制订了完整的新民主主义革命的理论和策略。中国共产党领导中国人民经过了近三十年的英勇斗争，终于战胜了各帝国主义尤其是美国帝国主义支持的蒋介石反动派，取得了伟大的历史性的胜利，建立了中华人民共和国。

中国革命的伟大胜利是马克思列宁主义的胜利。中国革命的经验乃是在殖民地半殖民地国家创造性地运用列宁主义的典范，对其他殖民地附属国的劳动人民的斗争有着巨大的意义。

从中华人民共和国成立的时候起，中国就开始进入了从新民主主义社会过渡到社会主义社会的历史时期。列宁说过，为了创立社会主义社会，需要一个较为长久的由资本主义进到社会主义的过渡时期，这个时期不能不是死亡着的资本主义与生长着的共产主义彼此斗争的时期。中国目前的现实和苏联十月革命后一个时期的历史一样，证明列宁的论断是完全正确的。由列宁所创立并为斯大林和苏联共产党在社会主义建设中发展了的过渡时期的理论对于现阶段的中国是完全适合的。中国共产党根据这个过渡时期的理论，根据列宁关于落后国家取得胜利后在先进国家无产阶级帮助下可以避免资本主义发展阶段达到社会主义的指示，学习苏联建设社会主义的丰富经验，创造性地制订了我国过渡时期的总路线总任务，就是"要在一个相当长的时期内，逐步实现国家的社会主义工业化，并逐步实现国家对农业、对手工业和对资本主义工商业的社会主义改造"。这是中国人民通过和平的道路进行社会主义建设的纲领。中国共产党正在增强自己队伍的团结和统一，及时地揭露和粉碎阶级异己分子腐蚀党和分裂党的种种阴谋活动，加强党的领导作用，努力巩固工人阶级领导的、以工农联盟为基础的人民民主专政，团结全国各族人民，为建成社会主义而斗争。

在已往几年内，中国已经把过去长期战争所破坏的国民经济恢复起来，并在这个基础上从一九五三年起开始实行了发展国民经济的第一个五年计划。经济建设工作已在整个国家生活中居于首要地位，在广大国土上的城乡各地，工人阶级和广大劳动群众的劳动热潮不断高涨，劳动生产率蒸蒸日上地增长起来，到处充满着欣欣向荣的新气象。两年来执行五年计划的结果表明：我国社会主义建设和社会主义改造的事业已经胜利地前进了一步，在国民经济上占领导地位和起领导作用的社会主义的经济力量又有了新的增长。一九五四年，工农业的总产值等于一九四九年的二倍以上；现代工业的产值在工农业总产值中的比重已由一九四九年的百分之十七上升到百分之三十以上；生产资料的产值在工业总产值中的比重则达到百分之四十以上，这表明生产发展的速度是快的。社会主义性质的企业在迅速地发展，农业生产合作社已经发展到六十万个，各种形式的国家资本主义企业也有了发展。我国恢复国民经济和社会主义建设的这些巨大成就是对世界和平、民主和社会主义事业的重要贡献。

中国人民革命的伟大胜利及其社会主义建设的巨大成就，使亚洲民族解放运动提高到一个新的更高阶段。中华人民共和国、蒙古人民共和国、朝鲜民主主义人民共和国和越南民主共和国的建立和发展，根本改变了亚洲的形势，大大地加强了世界社会主义阵营的优势。亚洲和世界各殖民地半殖民地的民族解放运动在第二次世界大战后进一步地以震动世界的声势在日益高涨起来，给予以美国帝国主义为首的侵略集团以不断的打击，继续动摇着已经削弱了的帝国主义阵营的后方。各国人民争取民族独立的斗争成为争取和平、民主和社会主义的斗争的一个不可分离的部分。可以看见，半世纪来，在列宁主义思想指导下，社会主义革命运动与殖民地附属国的民族解放运动所汇合成的反对帝国主义的巨流，已经根本动摇了帝国主义的统治基础。

完全可以断言：资本主义世界内社会主义革命运动与殖民地附属国的民族解放运动这两大巨流，将会进一步结合、扩大和发展。以美国为首的帝国主义阵营妄想用发动战争与进一步法西斯化来加紧反对社会主义阵营和加紧镇压本国无产阶级与殖民地附属国人民的斗争，只能是加速他们自己的死亡。和平、民主和社会主义阵营是不可摧毁的，社会主义的胜利是必然的。

四

列宁光辉地解决了资本主义国家劳动人民进行社会主义革命的问题与殖民地附属国人民进行民族解放斗争的问题，同时也光辉地解决了劳动人民获得胜利的社会主义阵营的国家与劳动人民尚未取得胜利的资本主义国家之间的相互关系问题。这就是列宁的关于资本主义与社会主义两个制度可能和平共处的思想。

列宁的两个制度可能和平共处的思想是以社会主义可能在一国或几国首先胜利的学说为基础的。社会主义革命从一国胜利、几国胜利到全世界胜利，这是世界无产阶级革命的长期发展过程，是世界资本主义体系日益削弱和最后崩溃瓦解、世界社会主义体系日益扩大和最后完全胜利的过程。列宁认为，社会主义不能在所有或大多数国家同时取得胜利，而资本主义国家想要消灭首先胜利的社会主义国家的一切企图是一定要失败的。在社会历史发展的一定阶段上，必不可免地会有一个相当长的社会主义与资本主义共处的时期。

十月革命胜利以后，列宁展开了争取和平的斗争，不断地强调两个制度共处的必要性和可能性。列宁指出社会主义国家愿意与资本主义国家建立正常的外交和贸易关系，他在一九二〇年答覆美国《纽约晚报》记者所提的关于同美国建立和平的基础是什么的问题时说："让美国资本家不触犯我们。我们是不会触犯他们的。我们甚至准备用黄金向他们购买对运输和生产有用的机器、工具等等。并且不只用黄金而且还用原料。"同时，列宁在回答关于这种和平的障碍是什么的问题时明确指出："我们这方面是任何障碍也没有的。障碍是美国的（以及其他国家的）资本家方面的帝国主义。"这些坚定的和平共处的原则及对美帝国主义的本质的揭露，一直到今天还如此深刻有力。

列宁的两个制度可能和平共处的原则，是我们社会主义阵营各国确定和平外交政策的基础。斯大林指出过："两个体系合作的思想是列宁首先提出的。列宁是我们的老师，而我们，苏联人，是列宁的学生。我们从来没有违背过而且也不会违背列宁的指示。"正是根据列宁的指示，斯大林和苏联共产党与苏联政府的领袖们曾经不断地阐明苏联所持的和平外交政策的基本原则，苏联在国际上始终不渝地坚持了这个政策。中华人民共和国和各人民民主国家以苏联为榜样，采取了一致的立场，同样地一向主张并努力争取不同制度国家的和平共处。社会主义阵营各国的这个外交政策，是保障国际和平和安全、反对发动新的世界战争的政策，是加强国际合作、发展各国事务联系的政策。

历史事实证明：为了组织国际合作，为了达到不同制度国家的和平共处，并没有任何来自社会主义阵营的障碍。社会主义制度本身要求国际和平环境来进行建设，要求各国彼此在平等互利的原则下扩大经济、政治和文化上的联系，而反对闭关自守，更根本不会侵略和干涉任何国家。当然，以马克思列宁主义思想为理论基础的社会主义阵营各国同情一切国家的人民的正义斗争，并且毫不隐讳地抱着资本主义必然灭亡和社会主义必然胜利的信念。但是，对社会发展前途和资本主义的命运提出科学的预见与两个不同制度的国家的相处关系，乃是两回事情。马克思列宁主义教导说，社会制度的根本变革必须要产生这种变革的客观物质条件已经成熟才有可能，而实现这种变革又必须依靠每一个国家的无产阶级和劳动人民群众自己的努力，每一个国家的人民应该自己决定自己国家的政治制度和社会制度。企图"输出"革命，由外国来"代替包办"革命，那绝不是马克思列宁主义者的主张。所以斯大林清楚地说过："我们，马克思主义者，认为革命在其他国家也要产生，但是只有当着这些国家的革命者觉得可能或者需要的时候，革命才能发生。如果以为革命可以输出的话——这就是胡说。每一个国家，如果它需要革命，就会进行自己的革命，如果不需要，革命也就不会发生。"社会主义阵营各国主张同资本主义国家进行和平竞赛。在这种和平竞赛中，社会主义和人民民主制度将日益显示出自己较之资本主义制度的无比的优越性，可是我们不能强迫任何国家接受我们自己的思想和社会制度。社会主义阵营各国的外交政策，是完全符合本国人民和世界各国人民的利益的。它获得了广大人民的拥护和支持。帝国主义者硬说苏联、中国和各人民民主国家对其他国家"煽动革命"和"侵略"等等，这种无耻谰言不过是帝国主义侵略集团为了掩盖自己的侵略政策和战争政策而用来迷惑世人的阴谋诡计而已。

与社会主义阵营各国的和平外交政策相对立，帝国主义侵略集团采取的是侵略政策和战争政策。这是垄断资本主义的客观发展规律。第二次世界大战以后十年来，帝国主义侵略集团造成了新战争的威胁和国际局势的紧张。最富侵略性的美国帝国主义是这个集团的首脑。它走上了已经覆灭的希特勒法西斯德国的老路。早在三十多年以前，列宁就曾经指出美国帝国主义的侵略性和掠夺性，揭露它想要奴役和称霸世界的野心，认为美国和德国帝国主义同样是野兽，并将走向同样可耻的结局。现在，以美国为首的帝国主义国家的统治集团正在不断地采取各种反动措施，疯狂地进行矛头指向社会主义阵营各国的所谓"实力政策"，这就是在其他国家领土上到处建立军事基地，组织各种各样的军事—政治集团和侵略性联盟——特别突出的是北大西洋军事同盟，进行军备竞赛和原子战争的威胁，加紧进行武装西德和日本，扶持和豢养各国的反动势力，进行特务间谍破坏活动，积极准备和发动新的世界大战。他们的迷梦是妄想推翻劳动人民已经获得胜利的国家，恢复帝国主义在全世界的统治。帝国主义甚至进行了公开的军事侵略，发动了对朝鲜和干涉印度支那人民的战争。自从和平力量迫使朝鲜停战和印度支那问题和平解决以后，美国战争贩子继续疯狂地进行扩军备战，在东方制造了《东南亚集体防御条约》，企图绞杀亚洲民族解放运动，同时和蒋介石卖国集团订立非法的所谓"共同防御条约"，妄想阻挡中国人民最后解放自己的领土——台湾，公开干涉中国内政，武装霸占我国领土。目前，美国又在积极拼凑东北亚军事同盟，建立对中国的军事包围圈，企图用"亚洲人打亚洲人"的阴谋达到奴役亚洲人民的目的。在西方，美国已迫使它的附庸国家批准《巴黎协定》，加紧复活西德军国主义势力。《巴黎协定》是武装西德、进一步分裂德国、威胁欧洲和全世界人民和平的战争条约。

如果让这个条约实现，欧洲的和平与安全就会遭到更严重的威胁，随时有导向战争的危险。特别是近来，美国及其追随者变本加厉地鼓吹原子战争，并把使用原子弹、氢弹列入它的军事计划之内，作为他们进行军事冒险的手段。这是对全世界爱好和平人民的极严重的威胁。

为了反对帝国主义所挑拨的新战争的威胁，全世界人民保卫和平的运动正在日益广泛和深入地展开，达到了空前未有的规模。世界人民深受两次世界大战的灾难，坚决地为反对战争、保卫和平而英勇斗争。在这个斗争中，团结一致的和平、民主和社会主义阵营是保卫世界和平的强大堡垒和基本力量。社会主义阵营各国的和平外交政策深刻地反映了全世界人民要求和平的共同愿望，获得广大人民的拥护。苏联、中国和各人民民主国家以及全世界爱好和平的人民，都在为大量裁减军备、禁止生产和使用原子武器、建立集体安全体系、缓和国际紧张局势而斗争；主张通过协商解决国际争端；主张在平等互利、互相尊重领土主权的基础上发展各国人民之间的和平友好与合作关系。一九五四年六月中印总理、中缅总理的联合声明确立了不同制度的国家和平共处的五项原则，在这些原则上中印和中缅建立了友好合作的关系，为不同制度的国家之间的和平共处提供了良好的范例，对世界和平事业起着重大的作用。一九五四年十二月参加关于保障欧洲和平和安全的莫斯科会议的国家的一致行动，表现了社会主义阵营团结的强大力量，受到了爱好和平的人民的普遍欢迎。

目前国际形势的基本特点是和平力量和战争势力进行着紧张的斗争，两个社会制度之间的力量对比已经发生了有利于社会主义阵营的变化。由于全世界和平人民的广泛而坚强的支持，社会主义阵营在解决国际问题中发挥着日益重大的作用。反对发动新战争的和平运动进一步在世界各个地方高涨起来。只有对最富侵略性的势力和对它们的阴谋展开坚决的斗争，才能缓和国际关系中的紧张局势，保持和平。当前全世界面临的唯一迫切任务，就是积极维护世界和平，采取一切措施打击战争贩子和"原子狂人"的罪恶阴谋。苏联、中国和各人民民主国家以及一切爱好和平的人民坚决地为建立欧洲和亚洲的集体安全体系而斗争，为粉碎《巴黎协定》、《东南亚集体防御条约》、美蒋"共同防御条约"和正在拼凑中的东北亚军事同盟而斗争，坚决主张禁止生产和使用原子武器、氢武器，把原子能运用于和平建设事业，坚决主张通过协商途径解决国际争端，用一切力量制止帝国主义发动战争，捍卫世界和平。中国人民坚决为解放自己的领土——台湾、为捍卫亚洲和世界和平而斗争。

和平是全世界人民的利益。全世界人民日益认识到和平事业掌握在自己的手中，日益认识到自己的力量。斯大林说："如果各国人民将维护和平的事业担当起来，并且把这一事业保卫到底，和平就能够保持和巩固。"社会主义阵营各个国家之所以拥护和平，并不是因为自己软弱而害怕战争的威胁。第二次世界大战反法西斯的胜利已经清楚地证明了苏联的威力。中国人民不止一次地用事实证明能够保卫自己的利益和安全。一旦需要的时候，社会主义阵营各国的人民能够拿起武器来保卫自己，粉碎任何侵略者。帝国主义如果敢于挑起对社会主义阵营的战争，它的结果就必然是全世界资本主义体系的崩溃与灭亡。毛泽东同志说："在我们中苏两国的伟大合作下，一切帝国主义的侵略计划，没有不能被粉碎的。……只要帝国主义发动侵略战争，我们和全世界人民就一定要将它们从地球上消灭干净！"

五

从列宁诞生到现在，已经过去了八十五年。在这不到一个世纪的时间内，世界的面貌发生了多么深刻的变化。伟大的列宁在生的时候，亲自领导了伟大的十月社会主义革命，开辟了人类历史上社会主义和共产主义胜利的新时代。在列宁逝世后，他的伟大的继承者斯大林和苏联共产党人以及各国共产党（工人党）人继续高举着列宁的旗帜前进，使列宁毕生致力的事业更加大大地推向前进，现在，以苏联为首的和平、民主和社会主义阵营已经日益强大兴盛，成为决定人类历史发展方向的主导力量。历史是按照列宁主义所指示的客观规律前进的。尽管帝国主义者和一切国际的反动势力总是疯狂地破坏和平、民主和社会主义的事业，反对列宁主义，妄想阻挡历史进展的步伐，但是，归根结蒂却总是以他们的可耻失败而告终，而列宁主义却永远向全世界放射出不朽的光辉。在我们的时代里，全世界的革命人民都从列宁主义这里吸取斗争的智慧，凡是正确地运用列宁主义这个武器的就能无往而不胜；同时，列宁主义又因为有了革命斗争的新经验而日益丰富，不断地得到创造性的发展。现在，在列宁主义的旗帜下，全世界劳动人民正团结一致地为进一步粉碎以美国为首的帝国主义的战争阴谋而斗争，为争取和平、民主和社会主义的新胜利而斗争。帝国主义是垂死的资本主义，无论少数垄断资本家如何疯狂地制造战争，企图作最后的挣扎，都是非正义的、不得人心的，列宁主义则是合乎人类发展的规律，为全人类谋和平、民主和社会主义的幸福的，是正义的、深得人心的。世界上没有任何力量能够阻挡列宁主义的正义事业的前进。和平、民主和社会主义事业一定会彻底胜利。

庆祝莫斯科大学成立二百周年 *

（1955 年 5 月 7 日）

今年五月七日是苏联国立莫斯科洛蒙诺索夫大学成立的二百周年。莫斯科大学一开始就接受了西欧进步的自然科学和社会科学并逐渐加以发展，在过去悠久的历史中，它对自己祖国的文化和世界文化作出了极有价值的贡献，它的名字是和赫尔岑、别林斯基、莱蒙托夫、乌申斯基、列别节夫、季米里亚切夫等许多伟大天才和卓越学者联系在一起的。在十月社会主义革命以后，由于苏联共产党和苏联政府的关怀，莫斯科大学走上了无限宽广的新的道路。数十年来，莫斯科大学在掌握马克思列宁主义理论的基础上，吸收了优秀的文化遗产，为发展苏维埃科学作出了巨大的成果，同时为国家培养了许多各族劳动人民的专家。现在，莫斯科大学已经光荣地成为苏联科学与教育的重要中心，成为社会主义文化繁荣的杰出标志。建筑在列宁山上的莫斯科大学新校舍，超过了人类文化史上任何时代任何学校建设的规模而被全世界称誉为一座壮丽的"科学宫"。

循着社会主义文化革命和建设的道路发展起来的莫斯科大学，是我们各兄弟国家的高等学校的榜样和挚友，它给予了中国和各人民民主国家以珍贵的同志的帮助，促进了社会主义国家之间的友谊和文化交流关

---

* 录自《光明日报》1955 年 5 月 7 日，第 2 版。

系。可以说，作为苏联的最高学府的莫斯科大学是具有世界意义的大学。

因此，我们庆祝莫斯科大学的校庆，也就是庆祝世界科学的进步，庆祝苏维埃社会主义文化的胜利。

对于莫斯科大学的庆祝将更鼓励我们中国的高等学校教育界与科学界更好的学习苏联。莫斯科大学本身就是值得我们学习的一个具体范例。

我们中国接受现代的自然科学和社会科学都落后于俄国一百多年。以马克思学说而论，如果以马克思对于《资本论》俄文初译本的评论，估价很高，那末，中国人接受马克思学说也落后于俄国不下五十年。十月革命给中国送来了马克思列宁主义，中国共产党成立后，马克思列宁主义有极大的发展，但还是不免幼稚。现在我们国家的社会主义建设迫切需要发展科学和培养人才，我们现有的水平又还十分落后，这种情况表明，学习苏联乃是我们一个迫切的、长时期的严重任务，在这个学习上必须勇敢前进，坚持不懈。

我们不但要向莫斯科大学以及整个苏联教育界与科学界吸取科学研究的成果，而且要吸取他们丰富的工作经验。关于掌握马克思列宁主义作为一切工作的指针，接受文化遗产，组织科学力量，树立健康的研究作风，开展学术上的讨论和批评，按照国家需要培养合乎规格的、德才兼备的青年干部等等，在所有这些方面，苏联的经验都是我们的宝贵借鉴。

应该着重指出的是，在苏维埃时代里，莫斯科大学和整个苏联的科学界一样，他们的科学工作是在马克思列宁主义的指导下，通过对资产阶级唯心主义思想的斗争而不断前进的。科学的任务在于研究客观世界的规律性，以指导人们的社会实践，指导我们的社会主义建设各方面的工作。而马克思列宁主义，特别是马克思列宁主义哲学，即辩证唯物主义和历史唯物主义，就是使科学工作者认识客观世界的规律性的唯一正确的指针，是科学事业得以健康地发展的基本保证；与此相反，学术领域中的资产阶级唯心主义，则是阻碍和戕害科学的大敌。只有在世界观这个根本问题上有了正确的解决，我们的科学工作和高等教育工作才能胜利的前进。现在我们党中央已经指出，要在知识分子中展开辩证唯物主义和历史唯物主义的学习和宣传，展开对于资产阶级唯心主义的批判和斗争，以取得社会主义在思想战线上的胜利。这个号召对于我们高等教育界和科学界具有特别重要的意义。在这个方面，莫斯科大学和苏联的经验尤其值得我们努力学习。

我们向莫斯科大学表示热烈的庆贺，并且衷心地预祝它和整个苏联科学界在伟大的共产主义建设中不断地作出卓越的新贡献。

纪念列宁,为反对美国殖民主义而斗争!*

(1955年5月)

全世界工人阶级和劳动人民以无比的崇敬来纪念国际共产主义运动的伟大领袖和导师,无产阶级的伟大思想家、战略家和组织家列宁诞生八十五周年。

列宁是反对殖民主义,为使千百万工人阶级和劳动人民摆脱资本主义的奴役而斗争的旗帜。早在一九一六年,列宁就在他的《帝国主义是资本主义的最高阶段》一书中,以全面的和最深刻的分析,科学地论证了帝国主义是垂死的资本主义。当时列宁已经洞见了现代最大的殖民帝国美国资本主义的寄生性,认为"在最近几十年来,美国经济的发展要比德国来得更快,而现代美国资本主义底寄生性也就因此而表现得特别明显"。在一九一八年写给美国工人的一封信中,列宁又进一步揭露了美国垄断资本利用第一次世界大战发财致富和由此表现的极端腐朽的性质。列宁指出,美国的亿万富翁差不多是最富的,并在地理上处于最安全的地位。他们发财最大。他们把所有国家,甚至是最富的一些国家,都变成了自己的进贡国。他们劫掠了数千亿美元。而每一块美元上都可以看到脏污的痕迹,肮脏的秘密条约的痕迹,"有利的"军事供给的污斑,大战中一千万死者和两千万伤者的血迹。这些美国的亿万富翁是当时英国

---
* 录自《学习》1955年第5期,第13~14页。

和日本强盗为要扼死第一个社会主义共和国而举行的武装进攻的同谋者。

列宁所揭露的美国资本主义的寄生的、腐朽的和垂死的趋向，经过第二次世界大战表现得更加明显了。

在第二次世界大战中，美国再一次利用它的有利的地位掠夺了资本主义世界其他国家的大量财富，并在战后时期成为反对苏联和人民民主国家、反对全世界各国人民的帝国主义侵略阵线的组织者。美国帝国主义者拾起希特勒的"反共"旗帜，用所谓"反对共产主义侵略"和"防御"、"安全"一类谎言，来达到"用亚洲人打亚洲人""用欧洲人打欧洲人"以便由美国独霸世界的目的，并强迫各国资产阶级在接受"援助"的名义下接受美国的统治。各国资产阶级因为贪图美元而把民主自由的旗帜、民族独立和民族主权的旗帜抛弃在一边，奴颜婢膝地追随美国，使自己国家的利益服从于美国的侵略和战争的利益。美国现在正到处建立军事基地，组织侵略性军事集团，重新武装西德和日本，制造国际紧张局势。美国垄断资本在广泛的侵略活动中所得到的是最大限度的利润，而追随美国的资本主义国家，只是使自己的民族利益受到损害，并加深了国内广大人民群众的贫穷和饥饿的处境。

美国的军事、政治和经济的无限制扩张充分地反映了资本主义的垂死的疯狂。为了挽救资本主义的没落的命运，美国不惜与一切落后的、已归衰亡和正在衰亡的势力结成联盟并充当他们的保护者。在中国，美国在用军事和经济的力量援助蒋介石匪帮镇压人民革命运动遭到了可耻的失败以后，又直接用海军和空军支持蒋介石残余匪帮继续盘据台湾，并把这里当作在中国恢复已被推翻的殖民地统治的基地。在朝鲜，美国在支持李承晚匪帮进攻朝鲜民主主义人民共和国遭到失败以后，又继续违背朝鲜人民的意志，阻挠朝鲜的统一。在越南，美国支持并直接代替法国维持殖民地统治。在中东、近东和非洲，美国也正在积极进行各种阴谋活动，企图在这些地区建立美国的控制，在这些地区的许多国家中不断地出现的当地亲美派发动的政变和暗杀事件即表明了这一点。所有这些事实，都说明了美国帝国主义不但在极力保护英法等国的旧的殖民统治，而且在极力建立和发展美国自己的新的殖民统治，说明了美国现在是殖民主义的最积极最热心的保护人和实行者。美国建立世界霸权的计划的实质也就在这里。

美国殖民主义突出的特点就在于它的极端虚伪性和欺骗性，就在于它采取了更狡猾的形式。美国在进行殖民主义扩张时，总是用"反殖民主义"的假面具把自己伪装起来。美国之所以需要这样做，就是因为殖民地人民已经觉悟起来，公开的殖民主义已经行不通，所以需要用假面具去欺骗殖民地人民。其次，这也是为了便于在反对英法殖民主义的烟幕下，夺取对英法殖民地的控制权，以建立美国自己的殖民统治。但是，尽管美国殖民主义在形式上是隐蔽的，它的奴役的实质，已逐渐为全世界人民所认识清楚，并遭受到广泛的反对。

美国殖民主义的扩张是和它的战争政策联系在一起的。美国所进行的殖民扩张，同时也就是准备战略战争的重要步骤。正因为这样，美国的殖民主义就带着更大的危险性。在这种情形下，世界人民反对美国殖民主义的斗争，就和保卫和平的斗争很自然地密切联系在一起。

亚洲和非洲国家的占世界人口半数以上的人民，现在正在进行着反对美国殖民主义的坚决斗争。在过去两次世界大战中，亚洲和非洲国家曾经是人力和原料的"取之不尽"的供应地和被分割的对象。西方资本主义国家用它们的野蛮残暴的统治在这里种下了对于殖民制度的世世代代的深仇大恨。亚非各国人民决不能容许这种万恶的制度继续下去了。在这里，人们所最关心的是争取民族独立和维护国家主权。美帝国主义所推行的殖民主义、种族歧视和战争政策暴露了它是亚洲和非洲国家人民的最凶恶的敌人。

万隆会议的召开是符合亚洲和非洲国家人民的共同利益的。这个会议的重要意义就在于它第一次地反映了亚洲和非洲绝大多数国家要求和平、反对战争，要求独立、反对侵略和反对殖民主义、反对种族歧视并要求发展本国经济和文化的共同愿望。不管这些国家目前所处的地位如何不同，这种愿望是共同的。亚洲和非洲国家人民对于这种愿望的觉醒，说明殖民主义已经进入最后破产的地步。美帝国主义企图在这里扩大对各国内政的干涉，恢复和加强殖民地统治，完全违背了亚洲和非洲国家人民的愿望，它的失败是可以预见的。

以苏联为首的和平民主社会主义阵营是反对美国殖民主义和战争政策的最坚强的堡垒。美国的殖民主义和战争政策在这里受到最严厉的指责和反对，而殖民地和附属国人民的民族解放运动在这里则受到热烈的同情和支持。

已经解放了的中国人民，由于自己过去所同样经受过的被压迫和被奴役的灾难，对殖民地和附属国人民的民族解放运动充满了同情。中国人民革命伟大的胜利，给了帝国主义殖民主义以致命的打击，亚洲和非洲一切被压迫民族的人民从中国革命的胜利中受到了极大的鼓舞。

现在大家都可以看到，目前世界形势的发展，已更加有利于殖民地和附属国人民争取民族独立和解放的斗争。我们相信，今后亚洲、非洲人民反对殖民主义、争取民族独立解放的斗争，将会在全世界人民的同情和支持下一天天更加高涨起来，这一运动的发展将没有任何力量能够加以阻挡。列宁早在一九二二年就说过："现在这大多数人口已经觉醒了，已经走到那最有力和'强大'的列强无力停止的运动中了。"事情的发展愈来愈加证明了列宁指出的这一真理。

列宁极端重视殖民地和附属国人民的解放运动，认为殖民地人民的解放运动如果实际发展起来，每个民族都要解决有关全人类命运的问题。毫无疑问，亚洲和非洲国家人民的反对美国殖民主义的斗争对于世界和平和全人类的命运具有极端重大的意义。让我们循着列宁指示的道路前进，争取这个斗争的胜利。

同毕业生们的谈话 *

（1955 年 7 月 28 日）

我们的国家正在进行历史上空前伟大的社会主义建设事业，实行发展国民经济的第一个五年计划已经进入了具有决定意义的第三年……在这种形势之下，国家的各种工作都应该提高到新的水平，各方面都要求有大批德才兼备的干部，忠实于社会主义，善于和一切敌人作斗争，而又掌握专门的科学技术、精通业务的干部。因此，五年计划中把培养干部的计划列为重要的计划内容。现在国家已经给我校今年的全部毕业学生和研究生根据计划分配了工作。所有这些工作岗位，都是社会主义建设战线上的重要岗位，都是光荣的岗位。我们相信，毕业生们和研究生们一定能自觉地接受国家所分配的工作，愉快而勇敢地走上任何艰苦而辽远的工作岗位，把国家交付的任务毫不犹豫地担当起来。

希望你们在工作中坚决反对骄傲自满情绪，骄傲自满情绪是剥削阶级及其知识分子的思想特点，是与马克思主义辩证唯物主义背道而驰的错误意识。我们的党和毛主席再三地教导我们的干部力戒骄傲自满，应该保持谨慎谦虚的态度，兢兢业业，向群众学习和在同志之间互相学习，以求工作中不犯错误，不断进步。党和毛主席的这一指示，对于你们即将走上工作岗位的毕业生和研究生是特别重要的。应该看到，你们在学

---

* 录自《吴玉章教育文集》，四川教育出版社 1989 年版，第 199～201 页。

校里学到了不少的知识，都是确实有用的东西，这些东西应该是你们用以去推动工作的武器，而不能当作夸耀个人的包袱。你们所学到的毕竟只是一个基础，和实际需要达到的程度还大不相称。谁如因为学习上稍有所得或将来工作中稍有所成，就骄傲自满起来，那么就必然会停顿和落后下来，并使工作受到不应有的损失。这要算是一个规律。希望你们牢牢记住毛主席"戒骄戒躁"的教训。

希望你们毕业后，在工作上继续努力学习。你们在人民大学毕业，只是一个很短的学习阶段的结束，从你们未来的长远生活和工作来说，这只是进一步学习的基础和起点。作为一个大学毕业生和研究生，如果在得到了毕业证书以后，就不再充实自己的知识而停留在毕业时的水平上，那末，他很快就会被抛弃在现实生活发展的后面。希望你们在工作中进一步深入钻研业务，加强科学研究，使自己真正成为精通专业的人。希望你们在工作中也继续不倦地学习马克思列宁主义理论，特别是要深入学习马克思主义的理论基础，即辩证唯物主义与历史唯物主义，反对资产阶级唯心主义，反对实际工作中的主观主义。今年党中央指示，要在党内外革命干部和知识分子中宣传唯物主义思想，批判资产阶级唯心主义思想，并且通过他们，用唯物主义思想教育文化水平较低的广大的人民群众，必须在全国范围内进行一个长时期的思想运动。没有在这个思想战线上的胜利，社会主义建设和社会主义改造的任务就将受到严重阻碍。学校希望，我们的毕业生和研究生在这个思想运动中都能成为辩证唯物主义的积极宣传员和反对资产阶级唯心主义的积极战士。

《人民大学周报》复刊[*]

（1955年9月10日）

《人民大学周报》现在复刊了，这是必要的和适时的。

现在是正当我们学校成立五周年的时候。在过去五年当中，学校工作曾经取得了相当的成绩。今后随着社会主义建设事业的发展，国家对学校教育的要求将日益提高。根据今年五月全国文教工作会议的决议和高等教育部的指示，高等教育今后应以改进教学、提高与保证质量为中心任务。这一方针是完全符合我校当前的实际情况和今后继续发展的需要的。我们的学校是直接为国家培养建设人才的一个组织单位和阶级斗争在政治方面与思想方面的一个重要阵地，因此，学校工作质量的好坏问题就是一个密切关系到社会主义建设事业进度快慢的问题。我们必须加强党的领导和动员群众的积极性，提起高度的政治责任感，来保证贯彻提高质量的方针。

《人民大学周报》应该成为党在全校学工人员群众中进行宣传和组织工作的一个有力工具，帮助党为提高学校教育质量而斗争。在宣传马克思列宁主义思想与党的方针、政策、决议方面，在宣传党的生活与群众生活方面，在宣传提高教师的理论修养与业务水平方面，在推动改进教学与指导学习方面，以及在鼓励科学研究等方面，《人民大学周报》都应

---

[*] 录自《人民大学周报》1955年9月10日，第1版。

该表现出自己最大的积极作用。

大家知道,报刊是进行批评与自我批评的最尖锐的武器。《人民大学周报》应该充分发挥这个特性,根据党关于在报刊上展开批评与自我批评的决定,在党组织的领导和支持下,采取坚持原则、认真负责、实事求是的态度,经常开展正确的、健全的批评与自我批评,特别是自下而上的批评,以推动改进工作,加强党的团结和全校的团结。它应该对学术领域中、实际工作中和群众意识中的资产阶级思想进行坚决的斗争;当前应该特别注意反对在科学的道路上故步自封、骄傲自满、庸俗自安的危险情绪,这种情绪是妨碍我们提高质量的主要阻力。

《人民大学周报》应该成为真正群众性的报纸。要做到《周报》关心群众,群众关心《周报》,把这两方面结合起来。首先是《周报》要面向群众,深入了解学工人员的教学生活与思想动态,生动地反映群众生活中的新气象,表扬群众的积极性和创造性,正如列宁所说的那样"用生活各方面的生动具体的例子和榜样来教育群众";要努力做到立论正确,言之有物,文字清楚通顺;要做到一定按时出版;要逐步建立自己的积极分子网并给予各单位的黑板报以指导,这样来密切与群众的联系,并取得群众的喜爱与信任。同时,全校学工人员也要关心这个报纸,积极反映情况,多多写稿写信,提出意见。在这个方面,特别需要党的各支部、青年团支部以及工会、学生会等群众团体进行一定的组织工作。

我们相信,《人民大学周报》的复刊将受到全校同志的欢迎。希望《周报》每一期发行的千百份报纸像战斗的号角一样,又迅速、又广泛、又深入地把党的新近的战斗号召及时地传遍全校,成为推动各项工作的巨大力量。

在劳动生产和阶级斗争中锻炼成社会主义建设积极分子*
——为全国青年社会主义建设积极分子大会而作

（1955年9月16日）

全国青年社会主义建设积极分子大会就要在北京举行，这是一件十分令人兴奋的事情。

人们平常都说，青年时期是宝贵的，一个人是从这个时期开始走上独立生活的道路。但是，有各种各样的青年时期。青年们未来的道路不能离开他们所处的社会环境，并且在很大程度上取决于他们在这个时期所受的教养和自己生气勃勃的努力。在国家的关怀和共产党的教育下，我们中国新的青年一代在成长起来。他们的前途是和国家的社会主义前途一致的，他们应该立志确定的毕生的任务就是为了实现社会主义而贡献出自己一切力量。

为了实现我们的伟大事业，国家希望青年们个个都成为社会主义建设的积极分子。社会主义建设积极分子这个光荣称号就是表示：要以自己对祖国的无限忠诚和全部的知识技能，积极参加劳动生产，积极参加阶级斗争，在劳动生产中和阶级斗争中都作出最大的贡献。

青年们应当了解：建设社会主义必须依靠广大人民群众的积极劳动。只有劳动能够创造出社会主义社会所需要的丰盛的物质财富和文化财富。不经过艰苦努力的劳动，就不能建立幸福的社会主义社会。我国人民现在

---

* 录自《光明日报》1955年9月16日，第2版。

的任务就是，要在几个五年计划之内，依靠自己的积极劳动来在我国基本上建成社会主义社会。所以，当青年们在决定自己生活的道路之时，首先就要立志做一个诚实的劳动者。做一个懂得劳动的真实意义、热爱工作的人，以自己的劳动对人民作出贡献的人，这才是有价值的人。好逸恶劳，自己不好好劳动而坐享他人的劳动成果，那是最没有出息的、可耻的。

不久以前，国家正式公布了第一个五年计划，这个计划的胜利实现要取决于全体人民和青年的积极劳动。在各个岗位上的青年都应该以严肃的态度对待自己的工作，尽最大的努力，为完成和超额完成国家计划规定的任务而斗争。青年职工和各方面的工作人员，应当遵守劳动纪律，创造性地工作，努力提高劳动生产率或工作效率，并且在实际工作中用功掌握业务技术，使自己成为在劳动战线上的能手。广大的农村青年应该积极动员起来，迎接农业生产合作化运动大发展的形势，成为农业合作化运动中的突击队伍和农业技术改革中的活跃力量。为了把我们的劳动成果用来有效地增强社会主义建设的物质力量，青年们应该积极响应我们党厉行节约的号召，对浪费国家资财的现象作坚决斗争，成为社会主义财产的英勇保护者。

青年们应当了解：建设社会主义必须经过激烈的阶级斗争。在阶级社会中，人们的生产斗争总是和阶级斗争分不开的。在我国过渡时期中正在进行的社会主义革命是以最后消灭阶级和剥削为目的的，因此，现时的阶级斗争必然是异常复杂和日益尖锐。国内外的一切阶级敌人，一切仇恨社会主义的旧势力，不甘心于他们的失败，一定会肆行疯狂的破坏，直至妄想实现反革命的复辟；而一切拥护社会主义的力量，我们共产党领导的、建立了强大的国家政权的人民大众，则一定要把这一切敌人彻底打倒。过渡时期的这种阶级斗争经过各种复杂形式，在政治、经济和思想等各个领域内展开，而青年们的每一个具体岗位就都是阶级斗争总的战线中的一个阵地。现在，一个轰轰烈烈的肃清一切反革命分子的运动正在全国范围内展开。这种同一切公开的和暗藏的反革命分子的斗争，是今天阶级斗争的最尖锐的表现形式。依靠领导机关的正确指导和人民群众的高度觉悟相结合，这个运动正在取得伟大的胜利。只有在尖锐的阶级斗争中战胜敌人，才有社会主义建设的成功。这是青年们必须懂得的一条根本规律。

在阶级斗争方面，青年们有着一个很大的弱点，这就是缺乏阶级斗争的知识与经验。他们由于年纪尚轻，没有见过多少世面，没有经过多少斗争的风雨，对阶级斗争的历史教训与现实情况所知很浅，因而往往容易产生一种政治上的盲目性。他们常常是抱着一种天真幼稚的态度来观察复杂的社会现象，只注意生产和业务而不爱过问政治时事，喜爱个人狭小生活圈子中的安逸，容易被家庭、亲友等世俗关系模糊了对敌人的阶级界限。凡此种种，都造成了危险的空隙，于是敌人就乘虚而入，狡猾地利用青年的弱点，顽强地和我们革命力量争夺青年。大家知道，在苏联，托洛茨基反革命分子们就曾经用百般阿谀青年的手段，挑拨他们与老布尔什维克的关系，企图使青年们变成为他们反革命利用的工具。不久以前在我国被揭发出来的胡风反革命集团①的一个重要反动策略，就是用各种阴险手法来拉拢青年，特别是利用那些有缺点的青年，使之离开革命立场而陷入他们的罪恶的圈套。这一类的教训值得我们深刻记取。

这里还应该特别指出剥削阶级思想，特别是资产阶级思想对青年的侵蚀。历来的剥削阶级在政治上和经济上压迫劳动人民的同时，总是伴以在思想上的毒害，以巩固他们的反动统治；即使反动统治被推翻，反

---

① 1978年12月中共十一届三中全会以后，中共中央为胡风等人恢复了名誉。胡风1979年获释，此后曾任全国政协常务委员、中国文联第四届委员、中国作协顾问等职。1988年6月18日，经中共中央政治局常委讨论，中央办公厅发出《关于为胡风同志进一步平反的补充通知》。至此，胡案获得全面彻底的平反。

动的思想还会相当长久地残存下来，发生破坏作用。在我国现在的情况下，除了已被消灭的阶级的思想余毒以外，还有资产阶级仍在采取各种手段向劳动人民和我们的青年散播他们的唯心主义、个人主义、损人利己、享乐至上等腐朽思想，同时宣扬他们那种腐化寄生的生活方式，以求达到从生活上腐化与思想上侵蚀劳动人民和青年进而至于从政治上俘虏他们。由于一般青年的幼稚，他们常常更容易受到毒害。这种侵蚀是对于社会主义建设的十分危险的敌人，它的蔓延就意味着社会主义思想的削弱。因此，抵制资产阶级思想的侵蚀，加强社会主义思想的教育，是阶级斗争的一个重要方面，是保护我们革命的青年一代的重要任务。

在目前阶级斗争的形势之下，国家需要英勇坚强而又善于进行斗争的青年人。我们的青年是伟大革命事业的继承人，应当坚定自己的阶级立场，力求懂得阶级斗争的道理，克服自己在政治上幼稚的弱点，划清与剥削阶级的界限。青年们应当加强自己的社会主义思想修养，学习共产主义的道德品质，抵制资产阶级思想的侵蚀，忠诚老实，明辨是非，严肃自己的行为。青年们更应当提高警惕性，学会辨别好人和坏人的本领，勇敢地参加到当前的阶级斗争中来，对一切反革命分子和一切危害社会主义利益的现象作不调和的斗争，这样来保卫社会主义建设，保卫青年的远大前途。

在劳动生产中和在阶级斗争中，都必然会遇到自然界和阶级敌人所给予我们的种种困难。从整个建设事业方面来说，我们现在的困难是一种国民经济在繁荣发展中的困难，是新生的社会力量为自己开辟道路中的困难，也就是前进中的困难。在这种前进的运动本身之中就包含着克服困难的因素。这种困难反可以坚定我们的斗志，增长我们的智慧，这也就是古语所说"困难玉汝以成"。青年们在实际工作中面临困难的时候，应该认识到我们是代表新生方面的社会力量，又有共产党教导的关于世界的客观规律性的认识为斗争的依据，因此，我们可以藐视大大小小的一切困难，把它们放在"不在话下"的位置；我们在进行对每一个具体的困难的斗争的时候，则要重视困难，以便努力把它们克服下去。在总的方面藐视困难和在具体的斗争中重视困难，这就是党教导我们的战胜一切困难的指导原则。

一般地说，现在的青年们容易产生两种对待困难的不正确态度。一种是把社会主义建设事业看作轻易的事情，不估计困难，盲目乐观，急于求成。另一种是缺乏克服困难的勇气与毅力，害怕困难，遇到挫折就灰心丧气。通常的现象往往是开始工作时对困难估计不足，遇到阻碍以后又过于害怕困难，畏缩不前。为了克服这种毛病，青年们应当按照党所教导的那样正确地对待困难，养成坚忍不拔、生气勃勃、不怕困难的品质，认识客观事物的规律和斗争的复杂性，勇敢地迎接困难并学会克服困难的本领。事实上，在这方面已经有很多青年表现了优秀的榜样。例如，他们能够在劳动战线上冲破保守主义的重重障碍，刻苦钻研而创造出出色的成绩，能够发起组织青年志愿垦荒队向荒地进军，能够勇敢地站在马克思主义立场上向学术领域内的资产阶级唯心主义发动胜利的进攻。这种在党的教育下成长起来的新的英雄气概应该大大地把它发扬起来。

为了建设社会主义，就必须掌握劳动生产和阶级斗争的知识，即文化科学技术和马克思列宁主义，否则就只有在复杂的斗争前面束手无策或者陷于盲动之中。取得知识的道路，只有刻苦学习。这对于任何实际参加建设而不是空谈的人，都是明显的道理。这个道理对于青年尤其重要，因为青年时期既是应该求知识的时期，又是最适于长知识的时期。我国有一句古话："少壮不努力，老大徒伤悲。"这句总结了无数前人的生活经验的警语对于今天担负着建设重任的青年是更加恰当的。青年们都应该加紧努力学习，以便把自己造就成对国家有用的专门人才。我们所学习的应该是帮助我们从事劳动生产和阶级斗争的真实的知识，必须力戒虚浮的习气。在中国的历史上，传统的虚浮习气曾经为害不浅。我国过去在长时期内虽然出现了不少真正对民族文化有贡献的人，但是他们在当时常常得不到重视，充斥在社会上的反而是一辈一辈的空疏无用的所谓"读书人"和不学无术、求名求利的市侩，他们并不能给予社会以什么贡献。现在，在我们的青年们中间，应该坚决地把这种旧社会的虚浮习气清除干净而形成一种完全新的科学风气，使自己成长为有真才实学的人。

这里，我还想着重指出一种相当普遍的现象。有不少的青年似乎还只是在口头上谈论学习而不是老老实实地用功学习。他们总是借口工作太忙、条件不好、读书实在太苦以及来日方长等等来掩饰自己的懈怠。这种现象如果不克服，将会给建设事业带来不小的危害。他们应该明白：空谈学习是有害无益的。学习必须采取老老实实的态度，刻苦耐劳，顽强不倦，用功读书，仔细研究实际斗争，虚心向他人请教。已经参加了工作的青年们，应该把在实际工作中的学习和有计划有系统的业余学习结合起来，用这样的办法，持之有恒，循序渐进，不懈地坚持下去，是一定能够有效地提高自己的水平的。至于在各级学校内学习的青年学生，他们的基本任务就是学习，应该按照国家所定的规格，好好准备自己，以便将来有把握地走上工作岗位。

年长一辈的革命的人们有一种共同的宿愿，这就是希望把自己最好的经验都传授给后辈，希望他们能够超越前人的水平，把革命事业接替下来并且发扬光大。大家都愿意一遍又一遍地向他们传达众所周知的革命道理，这实在是一种有益的帮助。对于青年们自己，重要的问题还是用实际行动表明自己已经真正体会了这些众所周知的道理。我们现在是个英雄辈出的时代，青年积极分子不断地涌现出来，呈现一片繁盛兴旺的气象。我衷心地希望青年们个个都在劳动生产中和阶级斗争中锻炼成为社会主义建设的积极分子，为社会主义事业贡献出自己的一切力量。

开展群众性职工体育运动，是保证完成第一个五年计划的重要条件*

（1955年9月22日）

为了培养社会主义建设的各种专业建设人才，为了提高人民的文化水平，中华人民共和国发展国民经济的第一个五年计划向全国教育工作者提出：在第一个五年计划时期内，不但要在数量上发展高等教育和普通教育，而且特别要提高教育质量。这样一个光荣而艰巨的任务，就不可避免地向全体中国教育工作者要求：除了提高自己的政治水平和业务水平之外，还要提高自己的健康水平，才能胜任愉快。全体中国教育工作者，对于党中央和毛主席关于开展职工体育运动是一项重要政治任务的指示，对于开展职工体育运动、改善职工健康状况、增强职工体质对推进社会主义建设和巩固国防的密切关系，都应该有进一步的更明确的体会。不能设想，一群文质彬彬、弱不禁风的教师，能够胜任愉快地担负起目前日益繁重的教育任务，把青年一代培养成为德才兼备、体魄健全的社会主义事业的建设者和保卫者。

全体中国教育工作者热烈拥护全国第一届工人体育运动大会，在第一个五年计划公布之后接着举行这样一个运动会，是非常适时的。这个体育运动大会可以在全国范围内，在各个产业中，进一步推动群众性的

---

* 录自《光明日报》1955年9月22日，第2版。

职工体育运动，达到增强职工体质、提高劳动效率，为保证第一个五年计划的完成，提供一个不可缺少的条件。中国教育工会为迎接这次大会，曾进行了自下而上的选拔工作，已经把教工群众体育运动向前推进了一步。

当着第一届工人体育运动大会球类竞赛揭幕之际，我们向教育工作者们提出几点希望：

第一，全体教育工作者要把体育运动提高到政治高度来认识，使大家了解：体育运动不仅关系个人的健康，更重要的在于它是完成五年计划、建设社会主义、保卫祖国不可缺少的一项重要工作。因此，应该自觉地、积极地参加体育运动，以增强自己的体质，提高工作效率，保证更好地完成第一个五年计划中自己所担负的工作。

第二，教育工会各级组织及领导干部要认真研究党中央、中央体委和全总关于开展职工体育运动的指示，把体育运动和工会的生产、生活、教育工作结合起来。不但要使体育运动为生产服务，把体育运动当作文化娱乐的一部分，尤其重要的是要把体育运动当作工会联系群众、向群众进行共产主义教育的一种重要方法。因而要很好地研究教育工作者劳动与生活的特点，适应不同年龄、不同性别、不同健康程度的人的需要，开展室内户外各种形式的体育运动，务使广大教工群众都有机会参加适当的体育运动；同时，为了利于体育活动的经常开展，也应该根据需要与可能的原则，把体育运动的团体和工作机构逐步建立起来，把体育运动的干部逐步培养和配备起来。

第三，参加这次运动大会的教工代表队的全体队员及职员，在运动中发扬社会主义的体育道德作风，坚决防止个人主义、锦标主义、不服从裁判、故意伤人等资产阶级思想作风；在胜利的时候不骄傲，在失利的时候不自馁；在任何情况下都要与本队的及别队的同志保持亲密团结，互相学习；要有高度的纪律性和组织性；要在高度的集体主义精神下表现顽强坚忍、百折不挠、有始有终的革命英雄主义。尤其重要的是在运动大会结束后，把大会的精神带回本单位，作为本单位的推动体育运动的骨干分子，并带动周围单位，把群众体育运动开展起来。

谨祝第一届工人体育运动大会成功，祝全体运动员健康。

"文字必须在一定条件下加以改革"*

——在全国文字改革会议上的报告

（1955年10月15日）

同志们！

文字改革——我们这里说的是汉字改革——是我们国家的一个重大问题，是一个牵涉到社会生活各方面的复杂的问题。全国语言科学家们、文字工作者们和一切文化教育工作者们，要紧密团结起来，兢兢业业，积极工作，长期努力，才能使这样一个重大问题得到根本的顺利的解决。

我们这次会议的任务还不是从根本上改革汉字，而是在汉字改革的正确方针之下，首先解决两个迫切的具体问题，这就是简化汉字和推广以北京语音为标准音的普通话——汉民族共同语。

我想，大家都会同意，汉字在我国人民的悠久的文化历史中有过伟大的贡献，它对于我国社会生活的各方面有着深广的影响。汉族从有历史的时期起，就用汉字作为记录语言的工具（虽然古代汉字和现代汉字已经有很大的不同）。不但如此，中国近邻的一些国家，如日本、朝鲜、越南也曾经用过或者还在部分地用汉字记录他们自己的语言。几千年来，我国古代的丰富的文献典籍，是依靠汉字保存下来的。汉字直到现在仍然是占中国最大多数人口的汉族共同使用的文字。在中国共产党所领导

---

* 录自《光明日报》1955年10月24日，第1版。

的伟大的人民革命事业中，汉字曾经被用来作为向中国人民进行马克思列宁主义的教育的一项重要工具。在今后一个相当长的时期内，我国进行社会主义建设和改造的伟大事业，在文化教育和生产建设中，汉字仍然将被广大人民群众当作一种书写阅读的工具而更广泛地使用，这也是没有疑问的。

另一方面，我们不能不承认汉字是有严重缺点的。汉字不是拼音文字，而是表意文字，一个字一个形体，看了形不能就读出音，读出音不能就写出形，看了形和读出音还未必就懂得它的意义，因此，必须一个一个地死记住，这就给学习和使用汉字造成了很大的困难。汉字的笔画多数是繁杂的，单拿中央教育部公布的二千个常用字来说，平均每字有十一点二笔，其中在十七笔以上的就有二百二十一个字。我们的小学校，在六年中间，只能学习三千个左右汉字，而且未必能巩固得了，更说不上完全了解。汉字比较常用的约有六七千个，一个学生不但在中学毕业不容易完全认识，就是在大学毕业以后也还有许多字不认识，还有许多字常常读错写错。

由于这种情形，学习汉字比学习任何一种拼音文字耗费更多得多的时间；也因为这样，我国现行学制，需要十二年才能修完普通教育的学科，比许多国家的学制要延长两年。我们曾经试办过三年制的工农速成中学，也曾经想把小学改为五年一贯制，事实证明有很大的困难。虽然这不完全由于汉字的难学、难认和难记，但是汉字本身存在的缺点，确实成为儿童教育、成人教育和扫盲工作的沉重负担。

从实用方面来说，汉字使用在书写、印刷、电报、打字、检字、索引上面，都要比拼音文字耗费更多的劳动力。制造和使用汉字的打字机、排铸机、电报打字机和其他各种运用文字的机器，都有很大困难。总的说来，要是保持汉字的现状，不加以改革，就会严重地妨碍人民文化教育的普及和提高，对于国家工业化和整个国民经济的发展，也会有间接的不利的影响。

中国人民很早就要求把他们自己的文字改成更容易认、容易记、容易写、容易读。很久以来，人民群众就创造出许多简笔字，并且习惯于用行草书来代替笔画繁多的楷书。近六十年以来，随着中国民主革命运动的产生和发展，文字改革这一问题也就提到议事日程上来了。从清朝末年起，一直到全国解放为止，各阶级各阶层出身的爱国人士提出过各种各样的汉字改革的主张和具体方案。很多人为了实现文字改革的主张进行长期的奋斗。辛亥革命以后所产生的读音统一和国语运动，汉字简化运动，国语罗马字，拉丁化新文字运动，对于汉字改革都起过一定的作用。过去许多年以来无数文字改革工作者的辛勤努力，使中国人民认识到文字是可以改革并且必须改革的。他们创造和积累了丰富的宝贵的经验，对于今后解决文字改革问题有很大的贡献。

尽管我们前辈的文字改革工作者曾经作过长时期的努力，并且有过卓越的贡献，但是在那个时代，要有领导、有组织、有计划、有步骤地解决中国文字改革问题，到底是不可能的。这只有在今天，当全国人民已经团结、组织起来，在人民掌握政权、国家完成统一的时候，才会有这样的可能。

毛泽东主席在写《新民主主义论》的时候，就已经指出："文字必须在一定条件下加以改革，言语必须接近民众。"中华人民共和国成立以后，在中国共产党和中央人民政府正确领导之下，语言科学家、语文工作者和文化教育工作者团结起来，一方面致力于国内兄弟民族文字的创制和改革，另一方面也尽力于汉字的改革。文字改革现在不止是一种理想，而成为新中国文化建设事业的一个重要组成部分了。

我国人民已经有了文字改革的明确的方向和目标。毛主席在 1951 年指示我们："文字必须改革，要走世界文字共同的拼音方向。"毛主席又指示我们，汉字的拼音化需要做许多准备工作；在实现拼音化以前，必须简化汉字，以利目前的应用，同时积极进行各项准备。这是文字改革的正确方针。我们这次会议所提出的两项议程，就是按照毛主席和中共中央指示的方针确定的。

汉字简化是为了逐步精简汉字的笔画和字数，以减少汉字在记认、书写、阅读和印刷中的困难。目前汉字的情况是这样的：一方面在书本和正式文件上用的是笔画繁复的楷书或宋体字，另一方面在人民群众中很久以来就已经普遍流传着一大部分群众所创造的简笔字和行草书。无论印刷体或手写体，从形状笔画来说都缺乏严格的规范。这样，在手写的文字中时常发现所谓错别字，在书本上也时常发现所谓异体字。汉字简化的主要目的是要把群众手写已成习惯的那些简笔字用到印刷上面，以代替原来的繁笔字，同时淘汰印刷和书写中常见的异体字。这样，使汉字的笔画简化，字数减少，逐步做到汉字有定形、有定数，并且使印刷字体和手写体接近。在完成汉字拼音化之前的一个相当长的时期内，人民仍然需要用汉字来记录语言、印刷书刊、教育儿童和成年人。就在实现文字拼音化以后，现在的汉字也仍然有许多人要学要用。汉字简化，虽然不是根本改革，却可以大大减少学习和使用汉字的困难，并且节省在使用文字时所需要的劳动力，从我国社会主义建设事业和文化教育工作来说，这都是一件好事。

在汉字简化工作中，我们采取的方针，是"约定俗成，稳步前进"。"约定俗成"也就是从群众中来到群众中去的方针。很多简笔字，是群众的智慧所创造出来的。首先采用群众所创造、并且为群众已经习惯使用的那些简笔字，同时运用群众习惯使用的那种简化方法（例如同音代替、草书楷化和减省笔画等）来创造一部分新的简笔字，这样，我们就可以把一大部分笔画繁复的汉字都简化了。另外，我们把汉字的某些组成部分——部首和偏旁——逐步简化，类推到同一偏旁的汉字（例如把東简化成东，陳、棟、凍这些字都可以类推简化。把龍简化成龙，凡是从龍的字都同样简化），这样就有更多的字可以简化了。

用上述的办法，很多汉字都可以简化。但是我们不主张一次简化很多字，我们主张稳步前进。这就是说，不是一次简化，而是分成若干次，并且每次公布的简化字，还可以分成若干批推行。今年北京和全国各地报刊试用简化字，第一批试用 57 字，第二批试用 84 字，试用的结果极大部分读者很满意。事实证明这种分批逐步推行的办法是很好的。当然，把应该简化的字一次简化，从印刷、出版和语文教学方面来说，都比较省事。可是一下子把大批汉字都改变了原来的面貌，许多已识汉字的人读书看报，一定会感觉到不顺眼，不习惯。而且事实上有许多汉字的简化形式，也不是一下子就能够确定下来的。先在群众中间讨论并试用一个时期，等到群众已经熟悉的时候，才正式推行，是比较妥当的。从印刷技术方面来说，铸造简化字的铜模需要有一定时间，要一次改铸大批汉字的铜模，尤其要铸得好看，也有困难。至于偏旁简化，一个偏旁类推到许多个字，更应当分作多批逐步简化。分次分批逐步简化，虽然需要的时间比较久，但在推行的时候，却比一次简化顺利得多了。

今年 1 月间，中国文字改革委员会发布了《汉字简化方案（草案）》以后，中央各有关机关和各民主党派、人民团体，全国各省市文教界人士和人民团体，纷纷组织座谈讨论。据不完全统计，全国参加讨论的共约二十万人。此外，我们还从各方面收到个人和集体讨论的意见，共计五千一百六十七件。事实证明，全国人民对汉字简化工作是十分关心的。从我们收到的群众意见来看，极大多数赞成用简化字代替原来的繁笔字。此外，群众对草案提出了不少建设性的意见。根据这些意见，中国文字改革委员会初步修正了原草案，于本年9月，提请国务院汉字简化方案审订委员会加以审订，审订委员会最后同意了包含五百一十二个简化字和五十六个简化偏旁的《汉字简化方案修正草案》作为汉字简化的第一步，现在提请会议讨论。此外，异体字整理表，经过各地群众讨论，并由中央一级报社、出版社共同审订，修正补充，现在一并提请会议讨论。至于手写体简化，根据群众要求，将由中国文字改革委员会编写印成范本提交有关机关，供初学习字的人临摹和参考，因为这方面没有什么重要的争论，不需要在这次会议上讨论了。

这个汉字简化方案，经这次会议讨论通过后，我们拟请汉字简化方案审订委员会作最后审订，然后提请国务院公布。由于这个方案包含有五百多个简化字和五十多个简化偏旁，一下子全部推行，在阅读习惯和技术方面还是会有困难的。因此我们建议请国务院把这些简化字和简化偏旁分批推行。

这一次的方案并没有包括全部需要简化和可以简化的汉字，而只是其中的一部分。用行草书楷化的方法，汉字的偏旁还有很多需要简化，可以简化。有一部分已在群众中使用的简体字，因为各方面的意见不一致，还没有完全采用到这一次的方案里来。此外，群众还将继续创造新的简体字；在这一次方案正式公布施行以后，群众创造简体字的过程还会更快些。因此，中国文字改革委员会将继续汉字简化的调查研究工作，经过一年或两年时间将再行提出新的简化字表。总之，这一工作将继续进行，直到汉字简化工作最后完成为止。

大家知道，汉字简化并不能根本解决文字改革问题，因此我们还必须同时积极进行汉字拼音化的准备工作。为了根本解决文字改革问题，使汉字走上世界共同的拼音方向，需要做一系列的准备工作。从现在起，需要研究和确定一种妥善的切实可行的拼音方案，需要研究汉语词汇和同音词的区分方法，需要研究汉语的方言状况和拼音文字适用于方言区的妥善办法，需要调查研究各国文字改革的经验，特别是调查研究使用过汉字的国家（如越南、朝鲜、日本等）实行文字拼音化或汉字改革的经验。这些准备工作，有的我们已经着手作了，有的在不久的将来就要进行。但是在拼音化的各项准备工作中，有一项最重要的工作，那就是逐步统一汉语的语音，或者更正确地说，使汉语语音在全国范围内有一个统一的标准，并且逐步扩大这个统一的标准语音的使用范围。怎样才能达到这一个目的呢？这就必须大力推广以北京语音为标准音的普通话——汉民族共同语。我们把这一项工作，作为迫切的具体问题之一，提到这次会议的议程上来，其原因就在此。

当然，推广汉民族共同语并不只是为了文字改革才有必要，这是有关国计民生的一项极其重要的工作。汉语方言复杂，差别很大。不但南方人和北方人通话困难，就是同一个省甚至同一个县的人们，语音也不一致。在过去一个很长的历史时期中，我国停滞在封建社会，语言不统一是不容易改变的现象。当我国已在人民民主的基础上实现了完全的统一，特别是进入社会主义工业化和农业合作化的伟大的建设时期，这种情况对人民的政治、经济、文化活动的不利就更加突出，而且改变这种情况的条件也完全成熟了。

汉族人民很久以来，就要求一种明确的统一的民族共同语，而且事实上在近几百年来，这种统一的民族共同语也逐步接近完成。辛亥革命以后的"国语运动"就以统一全国语音为主要的目的。"国语运动"在这一方面有一定的成就，当时所提倡的"国语教育"曾经使不同地区千千万万的中小学生以及国外华侨，学会了北京语音。近几十年的广播、电影、戏剧所用的语音，一般也都采用北京语音，这事大大地促进了北京语音的推广。同时，随着我国近代经济交通的发展和新文化运动的发展，在全国大中城市中已经形成了一种普通话，这种普通话的词汇和语法以北方话为基础，而它的语音虽然还没有做到标准化，但也是在不同的程度上接近北京语音的，因此尽管在广大农村中和许多方言区的城镇，方言仍占着极大的优势，中小学校和工农业余学校在很多地区仍然用当地的方言进行教学，方言纷歧的情况仍然严重，但是汉语目前正在朝着统一的方向迅速发展，却是可以肯定的。

现在的问题，就是要依靠国家机关和其他社会力量因势利导，大力推广以北京语音为标准音的普通话。第一，要在全国的小学校、中学校和各级师范学校中用普通话进行教学。第二，要在部队和机关中提倡使用普通话。第三，还要把普通话逐步推广到社会生活的其他方面，以便逐步做到汉民族语言的统一。

民族语言的统一，不但有利于社会主义建设，并且也是给中国文字的根本改革创造了有利的条件。文字是记录语言的工具。只有在统一的语音标准已经普及全国，为全国大多数人民所了解的条件之下，文字的拼音化才便于在全国范围内比较顺利地实现。因此，推广以北京语音为标准音的普通话，这是一切文字改革工作者所必须重视的。推广普通话需要做很多繁重的工作，如调查研究全国方言，编辑各种教材，大力培养师资，进行广泛的宣传，等等。这些是语言科学工作者和语言教育工作者的共同任务，同时也是文字改革工作者的重要任务。

简化汉字，推广普通话和积极准备文字拼音化，这些都是十分艰巨的工作。只有在中国共产党和中央人民政府的正确领导之下，积极动员群众，才能完成这些工作。文字改革的事业是人民群众的事业。没有广大的劳动群众、知识分子、语文工作者、教育工作者以及各界人士的全力支持，文字改革工作的开展是不可设想的。因此我们希望通过这一次全国文字改革会议，全国关心文字改革工作的专门家、学者和一切热心人士更紧密地团结起来，组织起来，在党和政府统一领导之下，积极工作，稳步前进，贡献我们每一个人的力量，为完成文字改革的伟大任务而共同奋斗。

同志们，我相信你们一定会接受我这一诚恳的建议。我们的事业虽然还不过是开端，但是我们对于最后的胜利成功是满怀信心的。祝我们的会议成功！

全面规划，加强领导，努力宣传，动员群众*

——在第一次全国文字改革会议上的发言

（1955年10月24日）

  今天我来谈一谈我从事文字改革工作的几点体会。我想谈的可以用四句话来概括，即"全面规划，加强领导，努力宣传，动员群众"。

  第一点是全面规划。文字改革的工作我一向是关心的。1940年，在陕甘宁边区时我就做过这一工作。那时在广大群众中推行北方话拉丁化新文字，得到广大群众的欢迎。学会新文字的有几千人。我们在农村中教新文字，不识字的人非常高兴，他们学习了二三个月以后，就能用新文字写信，作笔记，好的还可以作简单的报告。那时我们党和边区政府都是极力支持这一工作的。但我现在认识到那时的工作没有做好。为什么呢？因为那时的工作没有全面规划。当时单独地去推行新文字，没有考虑到如何改进汉字，现在看来这是不对的。我那时想只要新文字推行开了，汉字就可以不管它了。语言文字是人们每天都得使用的，文字改革必须要有计划，有步骤来进行。汉字改革，不是一下子就能完成。不能象原来就是拼音文字的国家的文字改革，只是换换字母的形式就行了。而我们的文字改革，是要把表意文字的汉字改为拼音的新文字。北京解放后，党中央指示我们：文字改革一面要进行拼音文字的准备工作，一

---

  * 录自《吴玉章文集》上，重庆出版社1987年版，第681～683页。

面要作整理汉字的工作，这就指给我们一个正确的工作方法。毛主席又指示我们：文字必须改革，要走世界文字共同的拼音方向。这使我们知道改革文字要有一定的过程，最终的目的是要拼音化。在步骤上是逐步实行，先是整理汉字，并推广普通话，这可以为实行拼音文字准备条件。实行拼音文字要具有一定的条件，要一步一步的走，要有全面规划来努力工作，稳步前进。

第二点是加强领导。在陕甘宁边区时，林伯渠同志是边区政府主席，他那时也是领导这个工作的。边区政府给新文字以合法地位，规定可以用新文字写报告，递呈子，记帐，打收条，通讯，等等，在法律上与汉字有同等效力。那时我们没有考虑到把新文字和汉字结合起来，使新旧文字对照，便于彼此学习，逐渐过渡到大家爱用新文字。对于已识汉字的人没有想办法来解决他们从用汉字过渡到用新文字的困难。我们党和政府的领导很重要，但是如果只有党和政府的领导和号召，而没有广大的已识汉字的知识分子同心协力在日常生活和广大工农劳动人民中去切实推行，也是做不好这个工作的。我所说的加强领导，是要文化教育有关部门和各级行政人员在党和政府领导下，把文字改革这一重大任务担负起来，作为我们建设社会主义社会的基本建设之一。

第三点是努力宣传。文字改革是一个很困难而又很重要的事情。很多人知道文字要改革，但不知道怎样改革。也有人认为这件事不容易做，因为多少年来多少人费了不少精力都未见得有效。也有人认为这是研究文字的专家们和中国文字改革委员会的事情，自己可以不管。但是语言文字是人们生活中，如穿衣吃饭一样，一日不可缺少的，没有一个人能置身事外。如果不过问这一件大事，对于我们伟大的社会主义建设会带来很大的损失。为什么许多人不大关心这一工作？这是由于我们的宣传工作做得不够。过去我们的工作大都是关起门来，光从理论上或方案上去做工作，没有和实际联系起来，这就脱离了群众，脱离了实际；今后我们一方面要继续完成拼音方案的工作，一方面我们必须编辑各种读物、课本作为宣传资料。希望各位代表回去后，能大力作宣传工作。这次会议大家的情绪很高，都说回去还要作传达和宣传，这是很好的。这说明大家已担负起这个责任。

第四点是动员群众。我这里所说的群众主要是指的知识分子。文字改革是一件群众性的工作，没有广大的知识分子参加是不可能完成的。但是我们的知识分子中有一些人常常抱着事不关己高高挂起的态度，认为文字改革与自己无关，或者认为实现文字改革为时尚远，可以慢慢来。这是不对的。大家知道，我们主张"稳步前进"，决不能理解为慢慢来，更不是稳步不进。知识分子是已经识字有文化的人，是先知先觉，以先知觉后知是他们的应有的责任。当祖国正在进行伟大的社会主义建设而广大的人民正迫切需要加速提高文化知识的时候，每一个知识分子对于改革文字来便利群众学习，都不能置身事外，而应该起带头作用，不能抱袖手旁观的态度，更不能有保守思想。因此，我们要很好的阐明这些道理，以剀切诚恳和耐心的态度去说服他们，团结他们，动员他们行动起来，形成一支文字改革的大军，为完成文字改革的伟大任务而奋斗。

发展中日两国教师间的友谊*
——在欢迎日本教职员工会教育考察团宴会上的讲话
（1955年10月25日）

日本教职员工会教育考察团来中国访问，我代表中国教育工会表示热烈欢迎。中日两国教育工作者这几年来已经有了一些联系，建立了友谊。但是，日本组织较大的代表团来中国访问这还是第一次。这次访问证明了中日两国教师友谊有了进一步发展。中日两国人民文化往来已有一二千年历史了，在往来中，彼此互相学习。二十世纪初，中国就有很多青年到日本学习，他们回国后把在日本学到的知识教育中国青年，这对我们帮助是很大的。从我个人经验来说，我是得到很大帮助的。1903年我在日本读到了一些对于中国情况描写的书籍，例如《中国与外国条约汇编》，使我了解到中国与帝国主义签订了很多不平等条约。那时中国被帝国主义划分成许多势力范围，而划分势力范围，在日本出版的《殖民政策》一书中就说明了是殖民地的一种类型。当时中国留学生读到了这些书后，使我们提高了革命思想和推动了革命热潮，从而促进了我们为中国求解放的斗争。日本的很大特点是翻译各国出版的新书籍快而多。当时日本有许多学说，有本著名的《社会主义神髓》（幸德秋水著），它痛切地叙述了人压迫人、人剥削人的罪恶事实，使我很倾向社

---

* 录自《吴玉章教育文集》，四川教育出版社1989年版，第320～322页。

会主义的愿望，这些新学说影响了中国革命运动和革命思想的发展。所以 1905 年孙中山先生在日本组织了革命同盟会，并提出三民主义，即民族主义、民权主义、民生主义。这些各位都很熟悉，我不为详细解释。特别是民生主义，孙中山先生讲，就是社会主义和共产主义。虽然他那时的民生主义不完全与现在的社会主义相同，但那时大家的要求和愿望是这样的。所以中国革命在第一时期得到广大人民拥护，并于 1911 年取得了辛亥革命的胜利。但是帝国主义列强不甘心中国人民取得的胜利，就先后把民族败类袁世凯、段祺瑞、蒋介石扶持起来，与我们作斗争，因此，使得革命一次又一次的失败。但是敌人压迫得越厉害，革命力量越发展，使我们认识到外国力量及国内反动势力结合的压迫不仅吓不倒我们，反而促使我们进步。我们每一次失败，革命就更前进一步，更进一步的理论也出来了。所以我认为应该感谢日本进步人士给我们的帮助。虽然日本那一时期的教育不完全是好的，但是他们好的地方我们把它吸收到了。我们所以能够取得革命胜利，一方面是我们理论的提高，另方面是我们不屈不挠的斗争才取得的。现在使我们感到日本人民受到外国帝国主义压迫，有些地方像中国过去受的痛苦一样，所以，现在日本广大人民，进步人士、教育界都为和平独立斗争，我们认为这是很好的。我们相信日本人民会团结起来，特别是教育界先生们会领导人民解放自己、争得独立。根据我们的经验，只要广大人民和知识分子、进步人士团结起来，不屈不挠的斗争，是完全可以胜利的。中日两国人民过去是、现在是、将来也是永远作为好朋友的。如果在日本有任何外来因素阻止日本人民要求独立和平的斗争，日本人民会起来消灭这种因素。中国人民由于自己深受过这种痛苦，非常同情日本人民反对外国侵占和压迫的斗争。中国教育工作者为培养建设人才和建设自己的国家，需要一个和平环境，因此对日本教师们为和平进行的英勇斗争特别关怀和支持,愿我们两国教师永远团结起来争取持久的和平。你们可以相信,这次考察将会得到中国教师的广泛帮助和支持。请允许我提议,为和平民主与友谊及代表团朋友们的健康干杯。

汉字必须改革的原因和我们的任务*

（1955年11月1日）

汉字是表意文字的体系，不是标音文字的体系。我们的祖先最初创造文字的时候是"依类象形，故谓之文，其后形声相益，即谓之字"（许氏《说文解字·序》）。文字是代表人类社会语言的工具，事物的名字早已在人们日常的共同生活中存在着，因而"画成其物，随体诘诎"（同上），就可以"视而可识，察而见意"（同上），不需要另外表示声音的东西，所以中国古代汉字没有标志读音。到了汉代人事日繁，文字也大量增加，又由小篆改为隶书的形体，不注音就不能认识了。因此，才有用"譬况""读若""读如"等以表示近似之音。随后进而有拿甲字注乙字的"直音"。但是"或无同音之字则其法穷，虽有同音之字而隐僻难识则其法又穷"（陈澧《切韵考·一》）。汉末学者创造出用两字拼合一音的"反切"方法，也就是一种拼音方法。这就表现了汉字标音法的一个进步。

从魏、晋、南北朝，以至隋、唐时代，用"反切"注音的书很多，现在还存在的《广韵》这部书，读了可以得到当时的大概。可惜当时的作者对于韵的排列很有规则，对于声的次序未及讲求。《康熙字典·序》说："至汉许氏始有《说文》，然重意而略于音，故世谓汉儒识文字而不识字母，江左之儒，识四声而不识七音"（旧时以牙、舌、唇、齿、喉及

---

* 录自荣县吴玉章故居陈列展档案。

半舌、半齿之音为七音——引者注）。郑樵《通志·七音序》说："七音之韵，起自西域，流入诸夏，……华僧从而定之，以三十六为之母。"这三十六字母就是所谓守温三十六字母。因为自汉代佛教从印度东来，释家翻译梵文经典，不能不学习印度的拼音文字（梵文），"反切"之法也大受其影响，唐末沙门守温，归纳《切韵》反切，增损梵藏体文，定为华音三十字母，后宋人增加六母，共为三十六字母。有了这三十六字母中国才开始有了表声的字母。虽然它不是用音素化的字母而用汉字表示出来，缺点很多，但总算是又一个进步。

汉字注音方法从"直音"进步为"反切"，从"反切"又进而有了表声的"字母"，标音的方法已逐渐精详，以常理而论汉字是应该容易学的了。但是，一方面因为汉字是单音节的字，音素不明，每一个字常常是包含一个声母一个韵母。"反切"之法是用两个汉字来相拼，而这两字往往各含有一个声母，一个韵母。如"公"字是"古洪切"，如果拿音素化的拉丁字母拼起拟构的中古音来：古是"gu"，洪是"xung"，两字合起来是"guxung"，这无论如何是拼不对的。如果我们不用汉字而用音素化的字母来拼，上面一字只取声母"g"，下面一字只取韵母"ung"，则合起来就是"gung"，使人一目了然，并没有什么困难。黄侃《音略》说："反切之理，上一字定其声理，不论其何韵；下一字定其韵律，不论其何声。质言之，即上一字只取其发声，去其收韵，下一字只取其收韵，去其发声。"这就是从古代的双声叠韵演进而为"反切"的法则。图示如下：

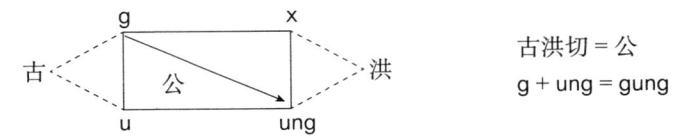

古洪切 = 公
g + ung = gung

"反切"法是有许多缺点的，主要的原因是用汉字而没有音素化的标音字母；另一方面中国虽然有一些讲声韵学的书，因为中国科学不发达，语音学尤其幼稚，他们所用术语大都含糊，所述理论也甚支离杂乱，有学识的人尚难了解，何况初学。甚至有些作者在其书中有不少牵强附会，如以五行五脏相配合，用河图、洛书作解释，故神其说，称为天籁，配以天、地、人、龙、风、云、雷、日等故弄玄虚，引入迷途，使人如入五里雾中，走头无路。虽念过许多书的人，只有千万分之一，才略解声韵学。一般人对于极少数讲音韵学的人，还被讥笑为能读天书，这是中国识字人数最少，而识字也最难的极大原因之一。

到了明朝末年，耶苏会教士利玛窦、金尼阁等传教东来，开始用罗马字（即拉丁字母）拼切汉字，金尼阁的《西儒耳目资》一书，系统尤为完整。其所定中国汉字字母共二十五个：自鸣者（韵母）五个；同鸣者（声母）二十个。其"字子四品切法"云：

（1）本父本母切：例如以"黑"（h）、"药"（io）两字切"学"（hio）字，"父母相合，不必减首减末，见西字（罗马字母——引者注）自明"。

（2）本父同母切：例如以"黑"（h）、"略"（lio）两字切"学"（hio）字，必先减去同母"略"字起首之（l）；

（3）同父本母切：例如以"下"（hia）、"药"（io）两字切"学"（hio）字，必先减去同父"下"字末尾之（ia）；

（4）同父同母切：例如以"下"（hia）、"略"（liǒ）两字切"学"（hio）字，必须减去同父"下"字末尾之（ia）及同母"略"字起首之（l）。（《列音韵谱问答》）

此四品中除"本父本母切"可以"不期反而反，不期切而切"外，余仍不免有窒碍。金氏亦知"用'西号'（即罗马字母）切字，如有差一览非之，无差一览是之。切法首末宜减去或不减去，亦一览知之。……

万字用本父本母之切，无不仿此。盖用'西号'（罗马字母）常用本父本母可也"。但因"中原母音多半无字，不得已而再用三品切法"（《列音韵谱问答》）。这是他迁就汉字的毛病。又于所切起首无"同鸣字父"者，即旧属"影""喻"两母者，别立"字母四品切法"：

（1）代父代母切：字母有二字自鸣，以首字为父，以末字为母；有三字或四字者以首字为父，以余字为母。但代父因系自鸣，实不是父，故曰代父；后字虽是本母，但因不是本字之母，故曰代母。例如"药"（io）字，以"衣"（i）为代父，以"恶"（ǒ）为代母；"埃"（iai）字，以"衣"（i）为代父，以"哀"（ai）为代母；"远"（iuen），字以"衣"（i）字为代父，以"稳"（uén）字为代母。

（2）代父同代母切：例如以"衣"（i）、"褐"（ho）二字切"药"（io）字，须减去用代母"褐"字起首之（h）。

（3）同代父代母切：例如以"尧"（iao）、"恶"（o）两字切"药"（io）字，须减去同代父"尧"字末尾之（ao）。

（4）同代父同代母切：例如以"尧"（iâo）、"褐"（hǒ）两字切"药"（iǒ）字，须减去同代父"尧"字末尾之（âo）及同代母"褐"字起首之（h）。（《列音韵谱问答》）

这和原来的"反切"相比，其繁简难易，实不可同日而语。因为它把音素化的罗马字母标出来，使人一目了然。当时我国学者方以智、杨选杞、刘献庭等，皆受其影响。他们欲据此以改良"反切"。

清朝初年，杨选杞作《声韵同然集》。欲各求其不易之字，以定不易之切。"立为字父（声母）以该声"，"立为字母（韵母）以该韵"。"'字父''字母'总计不过一百二十四，而父母递相摩荡，则靡音不备"，"声韵之理已和盘托出"。这比学《广韵》反切要熟记上字四百五十二，下字一千一百九十五，而还不免有难有拗者，繁简难易，大不相同。但是杨氏虽力求字父字母有定、以矫旧韵书之失，而终不免例外纷出，展转假借者，实在是汉字在和他作难的原故。

随后清康熙年间，李光地、王兰生作《音韵阐微》。

他的"凡例一云：依本朝（满清）字书的合声切法来改良反切，则用字简而取音易。如：

'公'字旧用'古（gu）红（hung）切'，今拟'姑（gu）翁（ung）切'；

'巾'字旧用'居（gy）银（in）切'，今拟'基（gi）因（in）切'；

'牵'字旧用'苦（ku）坚（gian）切'，今拟'欺（ki）烟（ian）切'；

'萧'字旧用'苏（su）彫（diao）切'，今拟'西（si）腰（iao）切'。

盖反切上一字定母，下一字定韵，今于上一字择其能生本音者，下一字择其能生本韵者，缓读之则为二字，急读之即成一音。此法启自国书（满文）十二头，括音韵之源流，握翻切之窍妙，简明易晓，前古所未有也"。

他的"凡例二云：凡字之同母者，其韵部虽异而呼法开合相同，则翻切但换下一字而上一字不换，如：

'姑（gu）翁（ung）'切'公（gung）'字；

'姑（gu）威（ui）'切'归（gui）'字；

'姑（gu）弯（uan）'切'关（guan）'字；

'姑（gu）汪（uang）'切'光（guang）'字。

此四字皆'见（gi）'母，合口（u）呼，俱生声于'姑（gu）'字。

又如：

'基（gi）因（in）'切'巾（gin）'字；

'基（gi）烟（ian）'切'坚（gian）'字；

'基（gi）腰（iao）'切'骄（giao）'字；

'基（gi）优（iu）'切'鸠（giu）'字。

此四字皆'见（gi）'母，齐齿呼，俱生声于'基（gi）'字。

由此以推，凡翻切之上一字皆取支（ㄓ）、微（ui）、虞（u）、鱼（y）、歌（o）、麻（a）数韵中字，辨其等母呼法其音自合，以此数韵能生诸部之音，在国书（满文）十二字头与支、微、鱼、虞、歌、麻数韵对音者，原为第一部也"。

其"凡例三云：凡字之同韵者其字母虽异，平仄清浊相同，则反切但换上一字而下一字不换。如：

'基（gi）烟（ian）'切'坚（gian）'字；

'欺（ki）烟（ian）'切'牵（kian）'字；

'梯（ti）烟（ian）'切'天（tian）'字；

'卑（bei）烟（ian）'切'边（bian）'字。

此四字皆'先（sian）'韵之清声，俱收声于'烟（ian）'字。

又如：

'奇（ki）延（ian）'切'虔（kian）'字；

'池（chi）延（ian）'切'缠（chian）'字；

'弥（mei）延（ian）'切'绵（mian）'字；

'齐（ci）延（ian）'切'钱（cian）'字。

此四字乃'先（sian）'韵之浊声，俱收声于'延（ian）'字。

由此以推，凡各韵清声之字皆收声于本韵之'喻（ing）'母。各韵浊声之字皆收声于本韵之'喻（y）'母。盖'影（ing）''喻（y）'二母，声有清浊，乃本韵之喉音。天下之声皆出于喉而收于喉，故反切之下一字用'影（ing）''喻（y）'二母中字收归喉音，其声自合也"。（此段中的拉丁字母是我加的——引者注）

这个合声反切法是用作声母的上一汉字采用在"支""微（ui）""鱼

（y）""虞（u）""歌（ge）（go）""麻（ma）"等韵作收声时的汉字作为声母，也就是说用汉字的韵母在韵母a、o、e、i、u、y收尾者作为声母，使它们能和下面用韵母a、o、e、i、u、y开始的汉字作韵母，如"影（ing）""喻（y）"等，则上下二韵母合而为一，不必要上一字去其收韵，下一字去其发声，其音即合。这种合声切法如能贯彻实行与旧反切法的窒碍难拗相比，实方便得多。但是本母本呼之字未必在支、微、鱼、虞、歌、麻数韵中皆可找得，而影、喻两声母又未必皆见于本韵，因此不能不设"借用""协用""今用"等例外，以致例外多于原则，终不能适用而解决问题。这也是汉字不能作标音字母的原因。此外还有刘熙载的《四音定切》，与《音韵阐微》之法，大体相同。（上面两段大都采自罗常培著《中国音韵学导论》）

中国到了近代有些研究声韵学的人，对于"反切"多方寻找窍门，而终未找到可用的方法，主要原因是汉字本身是表意文字，不是标音文字，无论如何改良，虽煞费苦心都不能适用于标音。因此汉字必须改良进步到拼音文字，实由于科学的日益发展，也是时代的迫切要求，不能容忍作为人们交际工具的文字长此落后了。

清朝末年，我国热心改革汉字的人士，认识到西洋教士所造创的罗马字拼音，便于广大群众的学习，便有不少照其体制创造出切音新字多种，举其较重要者有下面几种：

1. 卢戆章：他于1892年初作成"中国第一快切音新字"，他嫌用数母拼切一字，长短参差，颇占篇幅，想创一种二合成音（即双拼）的方法，其初迁就罗马字母，略加增改，自谓字母体势由"L，C，ɔ"三画推衍而成，盖欲贯彻二合成音之法，避免结合韵母，但未能完成其所作，乃于1896年改制假名式的简字，曾经三变，于1915年印行《中国新字》一书。其形体始"由整个汉字"拣出简单笔画以助记忆力。而韵母居中大写，声母按平、上、去、入细书于韵母之上下左右。其字母实仿日本的假名式，可归之于假名系。

2. 王照：他的《官话合声字母》1900年在天津印行，其合声之法采自《音韵阐微》，而字母体制则摹仿日本假名。声母共五十，韵母只十二，因为王氏以介音（i）、（u）、（y）属于声母的原因，故韵母少。当时天津严修及袁世凯等力助其推行，北京、天津、河北、山西、河南以及东三省等识此字者达数万人。

3. 劳乃宣：劳氏以王照官话字母专以京音为限，故虽风行于北方，犹未能推广于南方，乃于1905年以"官话字母"原谱为本，增益六母、三韵及一浊音符号，作成《重订合声简字谱》一卷（即《吴音谱》）。当时周馥设简字学堂助其教学，使江浙各地通晓简字者日多。端方复令江苏四十所小学皆附简字一科。于是素不识字的妇女及城乡文盲，居然一旦能看报写信如盲瞽忽见青天，收效不小。劳氏虽只就"官话字母"增益修订，但其推行办法则不同。王氏主张以京音统一全国语言；劳氏主张"先各习本地方音以期易解，次通习京音以期统一"。又于1907年本等韵之理，考诸方之音，上宗《音韵阐微》《同文韵统》合声定切之法，广征古今南北声韵迁流之故，订为《简字全谱》一编；中国各处方音皆包括在内，而仍以京音为主，盖本其《等韵一得》所考之字母，韵摄、等呼、清、浊及戛、透、轹、捺等，于《闽广音谱》之外复增益三十三母，二十韵。欲"使中国同文之域，诸方之音，举括于内，乃足为推行全国之权舆"（见《简字全谱·序》）。1908年遂以所著《简字全谱》、《京音简字述略》、《增订合声简字谱》、《重订合声简字谱》及《简字丛录》等合订为《简字谱录》五种，提交清政府。虽交学部讨论，暨无结果。劳氏的合声简字，虽未经公布颁行而其影响所及实足促进注音字母的诞生。

4. 蔡璋：他继其先人蔡锡勇《传音快字》之业，作《中国速记学》

一卷，又作音标简字，共有声母二十二，韵母三十，声母形体采用简单汉字或偏旁，韵母则略加自造符号，拼法左右并列，除合口呼用"中藏乌字法"外，皆系双拼。

以上各家可以说是假名式系，此外还有王炳耀、陈振先等的速记式系，章炳麟的篆文式系，列弗雅的草书式系，杨琼、李文治的象数式系，还有以拼音改良汉字而兼存义标者，如刘继善、左赞平等，可以说是音义式系，其他马体乾、高鲲南等也作了一些字母。（采用书同上）

辛亥革命胜利，中华民国成立后，其第二年（1913）教育部召集读音统一会时，征集及调查来的音符，有西洋字母的，偏旁的，缩写的，图画的，各种花样都有，而且都具匠心，或依据经典，依据韵学，依据万国发音学，依据科学，"无非个个想做'仓颉'，人人自算'佉卢'，终着意在字音，几乎无从轩轾，无从偏采那一种"。争持许久，迄不能决。终于依马裕藻、朱希祖、钱稻孙、周树人（鲁迅）、许寿裳等之提议，通过制定注音字母的基本原则如下：

母韵符号取有声有韵有意义之偏旁（即最简单的独体汉字）。作母用取其双声，作韵用取其叠韵。（用古双声叠韵假借法不必读如本字）。（见罗常培著《国音字母演进史》78—79 页）

随后即准此原则，制定注音字母。

注音字母的制定实中国汉语文字学的一大成就，它把数千年来极困难了解、极复杂混乱、极不易学的中国音韵学，清楚明白地归纳起来，用二十四个声母、六个韵母和一个声化韵母作一有系统有科学地排列，比各国字母的排列漫无规律的要好些，并且基本上是音素化。

从明末西人金尼阁作《西儒耳目资》借罗马字拼音以改良中国汉字的反切，较之旧反切法，实为简明易通，但因为他迁就汉字合二字以为一字之音的反切方法，而不得不委曲宛转，立"减首减末"等切法，以求其能合"本父本母切",即使其能够用一个声母和一个韵母切,而无两个汉字有上韵下声在其中之障碍。为什么不直截了当用罗马字拼音法呢?可以答覆说:因为中国当时尚无简明表声、韵的字母。而又不能或不愿即用罗马字母。但到清末改良反切的人士已经作出了《切音新字》《官话合声字母》《合声简字谱》等,为什么仍然和金尼阁、杨选杞、李光地等一样要照反切一个声母一个韵母的合声反切法呢?也可以答覆说,他们都是为了改良汉字的反切而没有改用拼音文字的企图,这些理由都是不错的,但未触到问题的实质,问题的实质在于用简单的独体汉字或其省写笔画代表复杂的结合韵母,有几种原因:第一是把结合韵母用汉字作符号来代表,便不必用三四个字母来拼,字体较短,便于注汉字的音;第二是为了我国没有拼音文字习惯的人容易了解和学习了;第三是照顾到我国一声一韵的反切法的民族习惯;第四是用我国人熟悉的汉字形体则容易认识和记忆。因此,他们选择"丫"(ia),"又"(iu),"大"(因省)(in),"㐄、九"(uan),"夂、ヶ"(un),"丅"(王省)(uang),"工、ユ"(ung),"月、刀"(ye),"兀、二"(yan),"云、ニ"(yn),"丯"(用省)(yng)等作为结合韵母。但是终于不能找到许多适合的汉字来把结合韵母制造完全。因此注音字母就采取更简便的办法,只造"ㄞ"(ai)、"ㄟ"(ei)、"ㄠ"(ao)、"ㄡ"(ou)、"ㄢ"(an)、"ㄣ"(en)、"ㄤ"(ang)、"ㄥ"(eng)八个结合韵母而用"一"(i)、"ㄨ"(u)、"ㄩ"(y)作介母和它们拼起来,则中国一切音都可以拼出来,这是用音素化和一部分音节化字母与完全用音素化字母的折衷办法。

现在我们觉得注音字母有以下几个缺点:(1)是要用最简单的独体汉字,这就使字母不可能有规律;(2)是汉字是表意文字的体系,其形体是向四面八方伸出,所谓永字八法,不适于标音文字的,能够一边倒、横行、顺笔、连写;(3)是字母的笔画不能有语音学的意义及表现其彼此间的关系，形象也不清楚美观；（4）基本字母虽然音素化了，为了缩短拼音造了八个结合韵母，而又用"一""ㄨ""ㄩ"作介母和结合韵母相拼，体例既不统一，又不能切合双拼（反切）的民族习惯；（5）结合韵母"ㄢ，an""ㄤ，ang"本含有"ㄚ，a"母，则"ㄣ，en""ㄥ，eng"应含有"ㄜ，e"母，但在拼"本"字时拼作"ㄅㄣ，ben"，拼"耕"字时拼作"ㄍㄥ，geng"，而在拼"因"字时拼作"ㄧㄣ，ien"，拼"英"字时拼作"ㄧㄥ，ieng"，则不但不合于音标的原理，而且音也变了，教学上很难说明其理由。有此种种缺点，故不能成为标音文字的字母。诚如钱玄同说：

  注音字母之与造字字母，其性质本略有殊别，注音字母专注于文字之旁，用母愈少则愈易明了，且仅仅用以记音，非即以为汉字代用物，则其记音之规律，本不必如造字字母之谨严也。（钱玄同著《文字学音篇》）

原来创造注音字母的目的也是为了注汉字的音，欲使全国读音的统一，所以制定此字母的会议也取名"读音统一会"，并不是为了改汉字为拼音文字，因此用注音字母作为拼音文字字母，显然是不适合的。但是表意文字体系的汉字必须改为标音文字体系的拼音文字，则是文字演进的必然趋势，因而近三十年来有"国语罗马字"和"中国拉丁化新文字"的诞生。

这两种方案都是借西欧各国最通行的拉丁（亦即罗马）字母来代表汉字的音素，在字母上虽然它们有些小小的差别，基本上是一样的，拉丁化新文字和国语罗马字极大不同之点，在于国语罗马字在拼音中要用字母来表示平、上、去、入的声调，这样不但每个字音拼得太长，极占篇幅，而且掺杂许多不发音的字母在中间，使初学者极难了解，教学都不容易。故拉丁化新文字，不用其标调方法，拼音方法又极简单易学，颇受群众欢迎。中国第二次革命战争和抗日战争时期在军队中，在解放区，在地下工作中都曾有人推行应用，极称便利。

1940年毛泽东主席在《新民主主义论》中就说过："文字必须在一定条件下加以改革。"我们在陕甘宁边区曾经在农村中用新文字进行扫除文盲工作，不识字的人学起来很快，很受人民欢迎。但当时我们没有能够作出由汉字过渡到拼音文字有计划、有步骤的具体办法，因而不能顺利进行。

北平解放后，毛主席指示我们："文字必须改革，要走世界文字共同的拼音方向。"毛主席又指示我们：汉字的拼音化需要作很多准备工作；在实现拼音化以前，必须简化汉字，以利目前的应用，同时积极进行拼音化的各项准备。我们的一切工作，就是根据毛主席及党中央指示的方针进行的。今年十月间全国文字改革会议上，我曾经作了一个详细报告，报纸上已发表，我这里就不再重复了。现在仅提出几个要点如下：

第一，从中国汉字发展的历史看来，表意文字体系的汉字必须改为标音文字体系的拼音文字。

第二，拼音方法必须顾到现在汉字一时还不能废除，还须要简化汉字、整理汉字，并要用拼音字母来注汉字的音，拼音不宜太长，才便于对照。在推广以北京音为标准音的普通话时须要两者配合，在印刷品中或两者合印，或两者分印，对照起来使大众容易学习，使已识汉字的人不感到困难，学会了拼音文字的人也易于认识汉字；读音方面汉字经过拼音字母的正音使每个汉字的读音正确起来，又能够使全国的读音逐渐趋于统一。这样大众就会认识到拼音文字比汉字好得多。到了那时才能慢慢地不必用汉字，而自然地大家乐于用拼音文字。这是一个过渡时期。这个过渡时期不会很短，少也要二三十年。这种办法使大众认识了拼音文字，也能认识汉字，汉字丰富的语汇以及成语、故事、谚语、箴言也可纳入拼音文字，或翻成白话。这就不会遗弃了民族文化遗产，割断历史。汉字和它的一切文献仍然保存着，愿意读古书的人也可以读古书，如现在人们愿意研究希腊罗马古典文献一样。

第三，为了要达到上述目的，创造字母笔画时，要简单、明了、清楚、美观、便于横书连写。文改会几年来收到了各方面学者和人民大众提出的拼音方案有五六百种，其中有民族形式的，有拉丁字母形式的，有斯拉夫字母形式的，还有速记式及各种各样形式的，我们都细心加以研究，特别是今年更集中力量热烈讨论，已作出了几种草案。这些草案中以拉丁字母为基础的方案我们认为更合乎我们所要求的条件。

第四，我们要把理论与实际联系，国际经验和中国情况相结合来制定我们的拼音文字字母。现在我国正在进行社会主义建设时期，广大的工农劳动人民迫切需要学习文化，特别要求一种容易学习的拼音文字来帮助工作，扫除文盲。最近全国文字改革会议决议要我们从速拟定拼音文字方案，我们将在最近把较好的方案定出来以便早日试用。试用的意思是想在实践中发现方案中的优缺点，如果还有缺点我们就加改正。我们现在既然是从根本上创造拼音文字字母，又是五六万万人民的千万年的大计，我们需要竭尽心力大胆创造，并征求广大人民在实践中的意见，集思广益，汇集全国人民的智慧来作出世界上美好的中国拼音文字字母。

第五，拼音文字字母方案制定了，这还只能算文字改革工作才走了第一步，关于拼音规则、词类定型化、词类分写、词儿连书、语法规则、标点符号、汉语规范化的一切东西，以及字典、辞典、熟语、专门学术辞典、缩写辞典等等更重要、更复杂、更困难的工作还摆在我们面前，必须迎头赶上才能使整理汉字和创造拼音文字工作得以完成。万不可以以为汉字简化了，拼音文字字母制定了，就一切问题都解决了。因此我们必须迅速着手进行各项工作。文字改革包含各有关方面的工作，我们必须分工合作用极大的努力来完成这一任务。

在中苏友协总会庆祝十月革命三十八周年大会上的讲话*

（1955年11月7日）

亲爱的同志们，朋友们！

我们在这里举行隆重的集会，庆祝伟大的十月社会主义革命三十八周年纪念日。11月7日这个光辉的日子，不仅是苏联人民的，而且也是全世界劳动人民和一切爱好和平的人们的欢乐的节日。正在为着把我们祖国建设成为繁荣富强的社会主义国家，同时为着保卫远东和世界持久和平事业而奋斗的中国人民，今天以最大的欢乐来庆祝这个伟大的节日。请允许我以中国人民和中苏友好协会全体会员的名义，向我们伟大的盟邦、世界和平的坚强堡垒——伟大的苏联，表示崇高的敬意！向我们最好的朋友，正在胜利地建设共产主义的伟大的苏联人民，致以衷心的祝贺！

由伟大革命导师列宁直接领导的十月革命的胜利，开创了人类历史的新纪元，照亮了全世界无产阶级和全体劳动人民彻底解放的道路。在这条道路上，苏联人民已经创造了光辉灿烂的业绩；我们中国和各人民民主国家的人民，正在学习苏联的榜样，努力进行社会主义的建设；世界上其他国家的人民也日益向往着苏联，向往着全人类美好的未来。现在，世界上愈来愈多的人们，都认识到伟大的十月革命所开辟的光明大

---

* 录自《光明日报》1955年11月7日，第4版。

道，乃是人类历史发展的必由之路。同时，人们也愈来愈清楚地看到，十月革命的伟大成果——苏联，乃是世界持久和平的坚强堡垒。

伟大的苏联从它诞生以来，就遵循着列宁的教导，以不同社会制度共处的原则作为它的外交政策的基础。三十八年来，苏联的和平外交政策，曾在维护世界和平和保障各国安全方面，不断地作出巨大的贡献。最近两年来，苏联和全世界的和平力量为和缓国际紧张局势和保卫世界和平所作的不懈努力，更产生了积极的结果。谁都知道，苏联、中国和全世界爱好和平的力量曾经促成了 1953 年的朝鲜停战和 1954 年印度支那和平的恢复，从而导致了国际局势的某些和缓。但是由于"冷战"制造者重新武装西德和把西德拉入西方军事集团的《巴黎协定》的签订，由于马尼拉侵略性军事联盟的建立，国际关系的紧张局势的和缓重新遇到重大的障碍。在这种情况下，苏联和全世界爱好和平的力量又采取了一系列的正确的措施。在远东方面，苏联积极地支持万隆亚非会议的决议，并支持我国政府所提出的中美两国直接谈判的建议。在欧洲方面，面对着由于《巴黎协定》所产生的来自西方国家的严重威胁，以苏联为首的欧洲八国在华沙签订了友好合作互助条约，这对于维护欧洲和世界和平起了重大的作用。接着，在今年 5 月，苏联政府提出了关于裁减军备，禁止原子武器、氢武器以及消灭战争威胁的新建议。苏联政府并且促成了签订奥地利国家条约。这个条约，不仅使奥地利完全恢复独立和走上和平发展的道路，而且由于奥地利走上中立的道路，对于欧洲整个政治局势发生了良好的影响，大有助于国际紧张局势的和缓。今年 5 月底和 6 月初，苏联政府代表团又访问南斯拉夫，改善了苏南关系，对于欧洲和世界的和平事业再一次作出巨大的贡献。苏联和印度两国政府首脑发表联合声明，表明了苏联和印度这两个大国，对于世界和平的迫切问题态度的一致，表明了苏印两国人民之间的友谊和合作正日益巩固和发展。

由于苏联这一系列的积极步骤和全世界和平力量的努力，促成了今年7月间日内瓦四国政府首脑会议的召开。这个会议产生了用和平协商办法解决国际争端的"日内瓦精神"，促进了国际紧张局势的进一步和缓。

最近两三个月来，苏联又采取了许多实际的步骤，来实现这种"日内瓦精神"，并且受到了一切爱好和平人民的支持。苏联主动地同德意志联邦共和国建立了外交关系，苏联和德意志民主共和国关系条约已经缔结，并且已经生效。苏联同存在于德国领土上的两个国家之间的正常关系，无疑地将有助于和缓欧洲中心地带的国际紧张局势，并且对解决德国问题有良好的影响。在日内瓦会议以后，苏联就裁减武装部队六十四万人，同时，苏联在苏芬谈判中主动提出在规定的期限以前放弃在芬兰领土上的波卡拉半岛海军基地。苏联的这些步骤，不但进一步加强了同有关国家的友好关系，而且受到世界各国舆论的赞许。此外，苏联在积极争取禁止原子武器和氢武器的同时，还对于和平利用原子能的国际合作采取了积极的态度，作了巨大的贡献。苏联还积极地扩大同其他国家各界人士的接触，从各方面增进国与国间的联系和谅解。苏联的这些努力，使协商和合作的精神在国际关系中的影响日益扩大。目前国际和平力量正在继续发展，苏联、中国和其他爱好和平的国家所主张的谋求国际谅解、互相信任和发展国际友好关系，已经成为世界大多数国家和具有各种不同信仰与不同思想的广大人民的一致呼声。各国人民都坚决要求现在正在举行的四国外长会议遵循"日内瓦精神"前进，对国际和平与安全的事业作出具体的贡献。全世界团结在争取和平斗争中的各国人民，今天比任何时候都更有信心和决心，更加懂得：如果各国人民将维护和平的事业担当起来，并且把这一事业坚持到底，和平就能够保持和巩固！

但是，并不是所有的国家都以实际行动表现了和缓国际紧张局势与谋求世界和平的诚意。通往世界和平和国际合作的道路并不是平坦的。美国的一些认为只有在紧张局势当中才能获得利益的势力,早已把"日内瓦精神"当作是他们的"灾难"了。美国的一些有势力人物不断发表反对"日内瓦精神"的演说,他们仍然以为可能凭借"实力地位"政策来达到他们的目的。甚至有些和平的最顽固的敌人,还要求继续"冷战",他们努力使人们相信,"日内瓦精神"已经消失或者正在消失之中。在这种情形下,我们决不能放松警惕,我们必须对和平敌人的阴谋百倍地提高警惕,准备对它作长期的、反覆的斗争。全世界的和平战士们,正在世界和平伟大旗手——苏联的引导下,结成一条和平保卫者反对战争集团的强大的阵线,并且日益吸引更广大的人民群众参加这个阵线。我们中国人民,永远是和伟大的苏联人民团结一致的。过去几年来的事实,完全证明了毛泽东主席的话:"中苏两国强大的同盟是不可战胜的力量,是反对帝国主义侵略和维护远东和平及安全的坚强保证,也是争取世界和平的伟大事业胜利的保证"。中苏两国坚如磐石的友好团结,中苏两国人民的牢不可破的友谊和合作,永远是保卫远东和世界和平的强大因素!

同志们,朋友们!我们在庆祝十月革命节三十八周年纪念的时候,特别感到高兴,因为今年是苏联第五个五年计划胜利完成的一年。在这个伟大的节日前夕,光荣的苏联人民正以忘我的劳动,为着胜利完成和全面超额完成第五个五年计划而斗争,并且为着迎接即将到来的苏联共产党第二十次代表大会而展开着规模巨大的社会主义劳动竞赛。苏联第五个五年计划是为了把苏联进一步由社会主义推向共产主义而作出的规模宏伟的建设计划。第五个五年计划在工业方面的生产指标,早在今年5月1日以前就已经提前完成,也就是以四年零四个月的时间完成了。1955年苏联的工业生产水平比战前增加了两倍多。苏联人民遵循着伟大的列宁的教导，努力贯彻执行苏联共产党所一贯坚持的优先发展重工业的方针。因此，生产资料的生产到1955年底将比1950年至少增加百分之八十四，已占苏联工业总产量百分之七十以上。苏联人民在苏联共产党和苏联政府领导下，正在采取各种措施来大大增加农业的产量，规定在最近几年内作到谷物的年产量至少要增加到一百亿普特，畜产品增加到两倍到两倍以上。在最近两年中，苏联就已经开垦了三千多万公顷荒地，并在两千多万公顷土地上播了种。今年苏联的农业又获得了大丰收。随着工农业生产的迅速提高，苏联人民的物质和文化生活也在不断提高。今年苏联消费品的生产水平比1950年提高百分之七十二，这个数目，已大大超过第五个五年计划原来规定提高百分之六十五的规定。苏联的文化和科学正以惊人的速度走向人类文明的新高峰。

苏联第五个五年计划的完成是苏联人民为了把自己的国家推向共产主义的斗争中的一个伟大的胜利。这个胜利不仅进一步加强了苏联的经济力量和国防力量，而且大大增强了团结一致的和平民主阵营的力量。这是苏联对于世界和平的又一个巨大的贡献。全世界进步人类都在为苏联人民的这一伟大胜利而欢欣鼓舞。我们中国人民，对于我们伟大盟邦苏联的这一伟大胜利，特别感到高兴。

中国人民建设社会主义的斗争，跟苏联人民建设自己的国家一样，是以马克思列宁主义的理论为指导方针的，是以苏联建设社会主义的实践为榜样的，同时又是在苏联政府和人民伟大无私的帮助下进行的。苏联建设社会主义的伟大成就和对于我国兄弟般的无私的援助，对于我们取得建设社会主义的胜利，是极其重要的有利条件。

苏联建设社会主义的经验证明：建设社会主义的经济基础，必须贯彻优先发展重工业的方针，在重工业的基础上建立社会主义的大工业体系；必须把农业包括在内的国民经济转移到大生产的技术基础上来，也就是必须首先把分散经营的个体农民组织到集体经营的农业生产合作社里面来；必须把包括多种经济成分的国民经济改变为单一的社会主义经济，积极地发展社会主义经济成分，利用、限制、改造非社会主义的经济成分；必须把文化革命和社会主义文化建设当作一个重要任务，把社会主义建设和提高劳动人民的文化水平直接地联系起来。毫无疑问，这些宝贵的经验，对于正在建设社会主义的中国人民是特别重要的。中国人民在中国共产党和毛泽东主席领导下，已经并且将要继续根据中国的具体情况和特点，正确地运用这些宝贵的经验。毛泽东主席在 1952 年指出：从中华人民共和国成立到社会主义建成，这是一个过渡时期，党在过渡时期的总路线，是逐步实现社会主义工业化，逐步完成对农业、手工业和资本主义工商业的社会主义改造。这个总路线，已经作为国家在过渡时期的总任务，在 1954 年列入了中华人民共和国宪法。根据这个总任务，我们已经制订了并且正在实行着伟大的发展国民经济的第一个五年计划。最近，毛泽东主席发表的《关于农业合作化问题》的具有重大历史意义的著作，以及中国共产党七届六中全会（扩大）所作出的在全国范围内积极地发展农业生产合作社，逐步地实现农业合作化的有关决议，保证了全国大部分地区将有可能在 1958 年基本上完成半社会主义性质的合作化；这就为进一步完成农业的社会主义改造，打下良好的基础。关于在过渡时期内逐步削弱直到消灭资本主义经济成分的问题，我们也已经制定并且实行对私营工商业的利用、限制和改造的政策；最近毛泽东主席在全国工商界座谈会上所作的有关指示，更是进一步贯彻执行这一政策的重要保证。我们在文化建设方面，也正学习着苏联社会主义文化的范例，实行着巨大规模的社会主义文化建设计划；在这一方面，正在进行并且将继续展开的宣传唯物主义、批判资产阶级唯心主义的运动，对于我国社会主义建设，具有特别重大的意义。所有这一切，都令人信服地证明了这个真理：有了苏联建设社会主义的经验作借鉴，有了中国共产党和毛泽东主席的领导，我们中国人民的建设社会主义的伟大工程，必能取得彻底的胜利；必能像苏联一样，在我们伟大祖国的土地上，建立起巩固的、繁荣富强的社会主义社会。

我们之所以一定会获得胜利，不仅因为我们有苏联的经验作为榜样，而且因为我们得到了苏联政府和苏联人民的伟大的无私的援助。自从中华人民共和国成立以来，苏联就不断地通过贷款、贸易、派遣专家、供应设备等各种方式，对我国经济的恢复工作，给予了重大的援助。1953年我国进入第一个五年计划建设时期以后，中苏两国的经济合作更获得了全面的发展，苏联对我国经济建设的无私的援助是更加全面和系统了。第一个五年计划的中心是工业建设，而工业建设的中心又是在苏联援助下的一五六个单位的建设，一五六个单位包括现代化的钢铁联合企业、有色冶金企业、煤矿企业、石油企业、各种重型机器制造厂、汽车制造厂、拖拉机制造厂、飞机制造厂、电力站、化学工厂等，这些项目是我国第一个五年计划中新建和扩建的二千九百九十四个工业建设单位中的骨干，有人把它们叫做我国工业化的"命根子"，这是完全正确的。这些建设单位的技术是非常复杂的，因而从勘察地质，选择厂址，搜集设计基础资料，进行设计，供应设备，指导建筑安装和开工，供应新产品的技术资料，直到制成新产品，从头到尾都是由苏联给以全面援助。这些单位是用现代最新的技术装备起来的，它们的百分之五十到七十的主要设备都由苏联供应。管理这些现代化企业需要高度的技术水平，为了使我们能够掌握这些新企业，又由苏联派来大批专家，同时接受这些企业中的工人和技术人员到苏联去学习和实习。一五六个建设单位是苏联对我国第一个五年计划援助的最重要的一方面。除此以外，在国民经济建设和文化建设的各部门，例如农业、水利、林业、铁路、交通、邮电、建筑、地质、文化、教育、科学、卫生等等各个方面，我们都得到苏联广泛的多方面的援助。特别值得提起的，是苏联在和平利用原子能方面给予我国以技术和工业上的援助。苏联已计划为我国建立一个发热量达六千五百瓩的实验性原子堆，在必要情况下发热量将能提高到一万瓩。这将使我国在短时期内就可能掌握世界最先进的原子能科学技术。可以想见，在不久的将来，原子能就能为我国的和平建设事业服务。

苏联对我国的这种伟大的、长期的、全面的、无私的援助，这在国际关系史上是从来没有过的伟大创举。苏联对我国的援助，是完全新型的兄弟般的合作关系的体现，正如斯大林所说，是建立在"互相帮助和求得共同经济高涨的真诚愿望"的基础上面的。这种合作不仅有利于我们两个国家的繁荣和进步，而且也极其有利于世界和平和全人类的幸福。我们全中国人民以无可言喻的感激的心情，对伟大盟邦苏联和伟大的苏联人民给予我们中国人民的这种援助，表示最真诚的感谢！

同志们，朋友们！中苏两国的永远牢不可破的友谊，乃是我们过去的、现在的和将来的胜利的保证。全国人民都懂得必须像爱护自己眼珠一样地来保卫这个最伟大的友谊。我们要尽一切努力来进一步地巩固和发展中苏两国人民之间的深厚友谊，要更加努力地学习苏联人民的榜样，把我们伟大的祖国建设成为一个繁荣富强、光辉灿烂的社会主义国家。我们永远同苏联在一起，为伟大的社会主义事业和世界和平事业而奋斗。

伟大的十月社会主义革命三十八周年万岁！

世界和平的坚强堡垒、我国建设社会主义的榜样——伟大的苏联万岁！

世界和平的强大因素——中苏两国人民的牢不可破的友谊和合作万岁！

为贯彻执行提高教育质量的方针而斗争*

（1955年11月18日）

在过去五年中，中国人民大学在中央的领导和深切关怀下，由于苏联专家的热诚帮助和全体师生员工的团结努力，已经取得了相当成绩。历年来本科各系毕业学生将近二千人；各届专修班毕业学生达五千九百人；研究生，包括马克思列宁主义研究班的同学在内，毕业人数也有二千人。这样，中国人民大学一共为各个部门训练和输送了将近万名干部。中国人民大学函授教育在北京、天津、太原三个大城市试办了两期，第一期学生一千四百多人已经毕业。在校学生成绩逐年地有所提高。中国人民大学大力地进行了师资的培养工作，几年来教员力量生长很快，不但大体上保证了本校的需要，而且支援了其他高等院校。教学工作不断地有了改进，科学研究工作也已普遍展开，几年来完成的科学论文，包括五次科学讨论会宣读的论文在内，共计七百五十篇；有些科学成绩受到了学术界和业务部门的注意。教材的编写翻译工作有很大进展，几年来共出版教材二千零八十七种，七百六十五万册。图书的积累已达二百零二万多册，校舍建设亦在陆续进行。五年来，中国人民大学和各院校建立了日益密切的联系，同北京大学及北京师范大学制订了互助合同，从而把三校之间的这种联系更加巩固了下来。在1954年高等教育部

---

* 录自《光明日报》1955年11月18日，第2版。

召开的中国人民大学教学经验讨论会上，系统地总结和介绍了工作经验。

可以看到，我们过去所做的工作，在一定程度上适应了国家在经济恢复时期和五年计划的头两三年中的迫切需要，并且为学校本身的进一步发展准备了条件。但是，大体上说来，过去五年只是一个打基础的时期，只是实现中央创办中国人民大学的指示的初步，为满足当时的实际需要所采取的各种过渡性办法。今后则需要随着国家建设事业的推进而逐渐加以改变。我们工作中的许多缺点还有待大力加以克服。我们决不能满足现状或停留在现有的水平上，必须按照国家的社会主义建设的需要，按照党和政府的政策，毫不松懈地迎接新的任务。党要求我们一定要把学校办好。一个社会主义性质的、具有高度学术水平和完善组织体系的高等学校的建设，是一个长时期的艰巨事业。我们将以过去五年为起点，努力向着这个目标前进。

现在中国人民大学面临的中心问题是教育质量问题。还在1952年底，当着经济恢复阶段结束的时候，我们学校在上级的指示下曾经提出了提高教育质量的方针。国家建设的形势越是发展，提高质量的问题就越是显得突出，并且越是为全校师生所普遍感觉到了。不久以前，我国发展国民经济的第一个五年计划已经正式公布。关于五年计划的报告中指出：培养大量忠实于祖国、忠实于社会主义事业、身体健康和具有现代科学知识的专门人才，是在五年计划中必须完成的重大政治任务之一；又指出：在高等学校中培养建设干部，今后应该着重提高质量，同时兼顾数量。今年全国文化教育工作会议的决议也指出了高等学校应以提高质量为重点。社会主义建设事业本身的高度科学性及其斗争的复杂性，要求高等学校培养出来的干部在政治上和业务上都是质量合格的。高等学校的科学研究也要努力提高水平，才能对实际工作发生指导作用。以中国人民大学的情况来说，我们过去所培养的学生一般地都还缺乏熟练的业务能力，少数学生质量相当低下；我们的师资条件和科学水平都还很差，教学的程度实际上一般还较粗浅。关于提高高等教育的质量这项十分重要的方针指示，对于我校是完全合宜而适时的。应该说，现在如果不去努力提高质量，那末，我们培养的学生就将难以满足五年计划建设工作日益增长的要求，而造成建设事业的损失；学校本身的进步也将会停顿不前。因此，我们学校的迫切任务就是为贯彻执行提高教育质量的方针而斗争。

为提高教育质量而斗争，这就要遵循党的方针政策，认真深入地学习苏联并结合中国具体情况，在现有的基础上，动员一切力量，积极工作，努力前进。为了贯彻执行提高教育质量的方针，中国人民大学领导上曾经传达了全国文化教育工作会议的决议，又在今年暑假总结了上学年的工作和布置了本学年的工作重点。今年招收的新生，在大力培养工农知识分子的基本原则下，文化水平、政治条件和健康情况都已比以前更好。本科各系学制将先后改为五年制，专修科修业期限则延长为一年半，教学计划也做了一些调整，并且设法改变了一年级理论课程负担较重的现象。中国人民大学将继续组织编写和按专业检查教学大纲和讲义，继续改进教学方法和对学生学习的指导。我们将从各方面进一步地贯彻执行理论联系实际的教育方针，注意在教学和科学研究工作中反映五年计划的内容和国家建设的实际，批判资产阶级思想。要加强对学生的政治思想教育，使课内系统的政治理论教育和课外经常的思想工作更好地结合。肃清一切反革命分子的斗争已经取得了很大的胜利，并将继续深入进行。体育健康工作要更加重视，群众性的"劳卫制"锻炼要更广泛地推行。逐步加强这些工作，就将在提高教育质量方面收到显著的成绩。

但是，提高教育质量的中心关键还在于提高教员质量。在学校里，教员直接把知识传授给学生，并对学生的思想品德给予影响。"师高弟子强"，如果没有德才兼备的教员，就难以培养出德才兼备的学生。中国人民大学在过去几年中已经形成了一支具有相当力量的教员的队伍，其中包括少数老教授和大部分年青的新教员。教员同志们进步很快，方向也是正确的，他们对于革命的教育事业和科学事业怀着高度热情，对党的号召总是积极响应。但是，我们的青年教员们普遍地存在着科学水平不高、知识领域狭小的缺点，很多人是采用"边学边教"的办法走上教学岗位的，在科学上和教学上都是缺乏根柢和经验的新手，马克思主义的理论修养和政治斗争的锻炼也很不足。因此，学校正在采取各种步骤大力提高教员的水平。除了陆续选派教员在国内外进修以外，主要地将是帮助教员按照不同情况在职提高，即聘请专家作短期讲学，发挥教学骨干和老教授的指导作用，组织按照副博士必读参考书目进行学习，加强科学研究工作，组织参加实际工作的调查研究，更好地安排教员的时间以及加强督促检查和具体的业务指导等。对于教员自己来说，则应当把提高科学水平当作自己的严重的政治任务来看待，下定决心来补习自己不足的知识，刻苦钻研科学，丝毫也不要松懈自己在科学的道路上前进的意志。高等学校的教员岗位就是科学岗位，我们的每一个教员都必须毫无例外地努力争取成为科学干部。务必切实努力，不要满足于一知半解的粗浅境地，不使提高的呼声流于空谈。在旧中国的知识分子中间，包括为人师表者在内，存在过一种极其有害的传统的虚浮习气，一般读书人总是不去深研真正的学问，而是清谈论道，空疏无用。这种习气遗留下很坏的影响。我们站在社会主义岗位上的教员同志们，一定要坚决排斥这种习气，而形成新的科学风气。在提高科学水平的同时，教员们还必须努力提高自己的政治水平。社会主义革命时期，阶级斗争比以往是更加尖锐和复杂。现实的事实证明了，我们这样的高等学校是一个显得很突出的阶级斗争的重要阵地。必须使我们的学校充分地发挥宣传马克思主义和先进科学的作用，胜利地向资产阶级思想作斗争。因此，我们的教员应当不断地提高马克思列宁主义的水平，提高政治觉悟和思想修养，提高政治警惕性，坚持各门科学中的马克思主义原则。这样，我们教员的负担当然是很重的，但是这种负担是不可免的，我们有理由说，只要善于努力，在我们的教员身上实现政治修养和业务修养的统一是完全可能的。教员的科学水平和政治水平提高了，教育质量的提高就有了基本的保证。

提高教育质量的直接效果表现在学生身上。学习成绩的好坏是和学生自己的努力分不开的。我们学校过去几年的毕业生一般地都得到各业务部门的重视，但是普遍感到业务能力还不能满足工作的需要，少数学生政治质量低和思想作风不良的情况也是存在的。现在在校的各年级学生都必须十分注意在教员的指导下提高学习质量。首先，我们的学生必须牢固地树立起在学习上对国家负责的观点，认识到在校的学习质量直接关系到将来的工作质量，学习成绩的问题不只是个人问题，而首先是影响到国家建设事业的问题。必须严格地要求自己，使自己符合国家需要的规格，不要有一个人虚度时光而成为使自己和学校都不光彩的废品。为了符合国家需要的规格，一定要贯彻执行全面发展的方针。这就是说，既要用功学习专门业务，又要注意提高政治觉悟和增强体质。我们所说的提高质量正是指这种全面的意义上的质量。每一个学生在校的时候，都要注意这样全面地提高自己的修养。只是埋头读书，不问政治是错误的；自以为政治水平高而在学习上马马虎虎也是错误的；不注意健康也是错误的。为了提高学习质量，就必须坚持学习上紧张而持久的劳动。所说紧张，就是要刻苦顽强，孜孜不倦；所说持久，就是要持之有恒，循序渐进。希望我们学校的课堂里没有一个害怕艰苦的人的座位。不但要不怕物质生活上的艰苦，尤其要不怕掌握知识的过程中的艰苦。在校学习的过程整个说来是一个循序渐进、由浅入深的过程。低年级的学生，特别是新生，由于缺乏必要的学习习惯，常常容易发生忙乱现象，应当注意一开始就养成在学习上克服困难的意志和能力。为了使学习上的努力正确地进行，学校着重强调要培养学生独立工作的能力。学生不能够抄录和背诵笔记，而应该懂得思维的规律，掌握汲取知识和研究问题的方法，开动脑筋，加强独立思考。学生要在课堂上精神贯注地着重领会讲授的内容，用功读书，在课堂讨论上作创造性的、有见解的讨论，注重研究问题，牢固地掌握知识。高年级的学生要积极参加科学小组和专题作业，以便进一步培养研究能力和深入钻研专门知识。学生中的党、团支部和学生会组织也应该经常注意提高同学的学习质量方面的事情。

为了提高教育质量，必须深入贯彻执行理论联系实际的方针。中国人民大学成立后的初期，曾经针对一些不愿意学习理论和轻视苏联经验的情绪而着重反对经验主义的倾向，同时也反对教条主义。以后，当学校由初期的"边学边教"进入逐步巩固和提高的时候，则提出应当着重反对教条主义的倾向。自从去年七月科学代表会议（从本学年起改称学术委员会会议）以来，理论联系实际的工作，除编写教材外，已从多方面逐步展开。但是，现在教学和科学研究工作中，仍然有着理论脱离实际的表现。由于领导上注意检查不够，部分教员的水平低和缺乏教学经验，在教学过程中，有时是只注意讲授和考查书本上和讲稿上的条文；在科学研究中，常常是复述某些现成的结论，形成理论概念的堆砌，调查研究生产斗争和阶级斗争中的实际问题和群众经验的工作十分不够，在学习苏联经验方面和中国的实际联系不够；在学生学习中，对启发学生独立地运用理论知识解决实际问题的能力注意不够，学生的政治理论学习也缺乏与思想改造的密切结合。所有这些缺点，都应该努力加以克服。社会主义革命中的任务，对于我们是新的又是现实的问题。因此，在理论联系实际方面，就应当更加着重把学习苏联社会主义建设经验和研究当前我国各方面的革命斗争的实际情况结合起来。

为提高教育质量而斗争，同样也是除教员以外的其他工作人员的任务。所有行政工作人员都应该努力提高工作效率，用创造性的态度钻研业务和改进工作，更好地为教学服务。例如同教学有密切关系的资料工作人员，就应该不止停留在资料技术工作的水平上，而应该丰富自己的业务知识，使资料工作真正成为教学和科学研究上的有力助手。行政专务工作人员则应该深切关心学工人员的生活和教学环境的条件，为学工人员的福利服务也就是为教学服务。

为了提高教育质量，完成国家的任务，我们有必要重温一下党和毛主席的教导：要老老实实，勤勤恳恳，互勉互助，力戒任何的虚夸和骄傲。特别是领导骨干，都必须十分注意克服和防止骄傲自满的情绪及所谓"差不多"的思想，严格地要求自己。大家知道，马克思总是认为自己最好的东西对于劳动者也不会是够好的，他认为贡献给劳动者的东西有一点不够尽善尽美都要算是一种罪恶。我们是马克思主义的学生，伟大的革命导师的这种共产主义精神永远是我们的崇高典范。我们不但要在政治生活和教学工作中养成勤恳朴实的作风，而且也要在科学研究和学习方面养成勤恳朴实的作风。自满情绪是一种违背客观世界的发展规律、违背社会主义建设的要求的东西，只要我们一旦滋长了自满情绪，自以为"差不多"了，就会马上堵塞了前进的道路，发生落伍的危险，而使工作遭受损失。这对于每一个人员和整个学校说来都是如此。同时，我们也不要缺乏信心，不要有任何动摇畏难的心理。我们有党的正确领导，我们始终相信在全校以共产党员为骨干的广大群众中间蕴藏着巨大的革命潜力。只要我们团结一致地努力，就能够很好地实现提高教育质量的任务，能够在一定时期以后成长出很多达到先进水平的青年科学干部，能够培养出大量的合乎国家要求的专门建设人才，把我们的学校的教育质量提高到更高的水平。

为促进文字改革而努力*

——为俄文《友好报》而作

（1955年11月）

　　文字改革——这里说的是汉字改革——是我们国家的一个重大问题。今年十月，全国文字改革会议，通过了汉字简化方案和大力推广以北京语音为标准音的普通话——汉民族共同语的决议。对于文字改革的顺利推行、对于国家建设事业的发展和人民文化水平的提高，有着重大的意义。

　　众所公认，汉字在我国人民悠久的文化历史中有过伟大的供献。汉族从有文字历史的时期起，就用汉字作为纪录语言的工具。几千年来，我国丰富的文献典籍，是依靠汉字记载和保存下来的。汉字直到现在仍然是汉族人民的共同使用的文字。在中国共产党所领导的伟大的人民革命事业中，汉字曾经被用来作为向中国人民进行马克思列宁主义教育的一项重要工具。在今后一个相当长的时期内，我国进行社会主义建设和改造的时期中，汉字也还要发挥它的作用。

　　另一方面，我们不能不承认汉字是有严重缺点的。在我国发展的现阶段，它已不能适应现代生活各方面的需要，不能满足人民的要求。因为汉字不是拼音文字，而是表意文字，一个字一个形体，看了形不能就读出音，读出音不能就写出形，看了形和读出音还未必就懂得它的意义，

---

　　* 录自荣县吴玉章故居陈列展档案。

必须一个一个地死记住它的形、音、义才能算认识了一个字。同时，汉字的笔画多数是繁杂的。我们的小学校，在六年中间，只能学习三千个左右汉字，而且未必能巩固得了。因此，学习汉字比学习任何一种拼音文字要耗费更多得多的时间，也因为这样，我国现行学制，需要十二年才能修完普通教育的学科，比许多国家的学制要延长两年。其次，汉字使用在书写、印刷、电报、打字、检字、索引上面，都要比拼音文字耗费更多的劳动力。总之，汉字在学习、书写、阅读、应用等各方面都特别困难，使得我国文化教育的普及和人民文化水平的提高受到很大的限制和阻碍，要是继续保持汉字的现状，不加以改革，对于我国社会主义建设和社会主义改造的伟大事业是极为不利的。

中国人民很早就有实现文字改革的愿望，他们要求把自己的文字改为容易认、容易记、容易写、容易读。很久以来，人民群众就创造出许多简笔字，并且习惯于用行书、草书来代替笔画繁多的楷书。从清朝末年起，一直到全国解放止，许多热心于文字改革的人士曾作过很多艰巨的努力，并创造和积累了丰富的和宝贵的经验。但是在旧中国的反动统治时期，要有领导、有组织、有计划、有步骤地解决中国文字改革问题，是不可能的。只有在今天，当全国人民已经掌握政权、国家完成统一的时候，中国人民的这个愿望才有可能逐步实现。

我们的党是向来重视文字改革工作的。毛主席在《新民主主义论》里早就指出："文字必须在一定条件下加以改革，言语必须接近民众"。中华人民共和国成立后，在中国共产党和中央人民政府正确领导下，语言科学家、语文工作者和文化教育工作者们，对于文字改革进行了许多工作。现在，文字改革不只是一种理想，而成为新中国文化建设事业的一个重要组成部分了。

我国人民已经有了文字改革的明确方向和目标。毛主席在 1951 年指示我们："文字必须改革，要走世界文字共同的拼音方向"；毛主席又指示我们：汉字的拼音化需要作很多准备工作；在实现拼音化以前，必须简化汉字，以利目前的应用，同时积极进行拼音化的各项准备。这是文字改革的正确方针。我们的一切工作就是本着毛主席和中共中央指示的方针进行的。

汉字简化的主要目的是使汉字笔画简化，字数减少，逐步做到汉字有定形、有定数，以减少汉字在学习和使用方面的困难。汉字简化，虽然不是根本改革，但可以节省学习和使用文字时所需要的劳动力，从我国社会主义建设事业和文化教育工作来说，确是一件好事。

在汉字简化工作中，我们采取的方针是"约定俗成，稳步前进"。"约定俗成"也就是从群众中来到群众中去的方针。很多简笔字是群众的智慧所创造出来的。首先采用群众所创造，并且为群众已经习惯使用的那些简笔字，同时运用群众习惯使用的那种简化方法（例如同音代替、草书楷化和减省笔画等）来创造一部分新的简笔字。另外，我们把汉字的某些组成部分——部首和偏旁——逐步简化，类推到同一偏旁的汉字（例如把東简化成东，陳、棟、凍等字都可以简化）。这样，很多汉字可以简化。但是我们不主张一次简化很多，因为一下子简化太多，会使许多已识汉字的人感到不习惯；而且事实上许多汉字的简化形式也不是一下子就能够确定下来的；从印刷技术方面来说，一次改铸大批汉字的铜模，也有困难。我们主张稳步前进。这就是说，不是一次简化，而是分成若干次，每次也可以分成若干批推行。今年在全国报刊试用的第一、二两批一百四十一个简化字，极大部分读者很满意，证明这种分批逐步推行的办法是很好的。全国文字改革会议通过的《汉字简化方案草案》及《第一批异体字整理表草案》，将由国务院审定公布分批推行。这一方案，并没有包括全部需要简化和可以简化的汉字，而只是其中一部分。

因此，这一工作将继续进行，直到汉字简化工作最后完成为止。

大家知道，汉字简化并不能根本解决文字改革问题。为了根本解决文字改革问题，使汉字走向世界共同的拼音方向，需要进行研究和确定一种妥善的切实可行的拼音方案以及其它一系列的准备工作。在这些准备工作中，有一项最重要的工作，就是逐步统一汉语的语音，使汉语语音在全国范围内有一个统一标准。为了达到这个目的，就必须大力推广以北京语音为标准音的普通话——汉民族共同语。

当然，推广汉民族共同语并不只是为了文字改革才有必要，而是有关国计民生的一项极其重要的工作。汉语方言复杂，语音差别很大。由于过去一个很长的历史时期中，我国停滞在封建社会，交通不便，语言不统一是不容易改变的现象。当我国已在人民民主基础上实现了完全的统一，特别是进入社会主义工业化和农业合作化的伟大的建设时期，这种情况对人民的政治、经济、文化活动的不利就更加突出，而且改变这种情况的条件也完全成熟了。

汉族人民很久以来，就要求一种明确的统一的民族共同语，几百年来，这种统一的民族共同语也在逐渐形成。现在虽然方言分歧仍然严重，但是汉语正在朝着以北京语音为标准音的普通语汇合、集中，民族共同语正在最后形成。现在的问题，就是要依靠国家机关和其它社会力量，因势利导，大力推广以北京语音为标准音的普通语，以便逐步实现汉民族语言的统一。这不仅有利于社会主义建设，并且也为中国文字的根本改革创造了有利条件。

简化汉字，推广普通话和积极准备文字拼音化，是社会主义建设中的重要一环。中国的语言学家、语文工作者、语文教师和一切热心文字改革的人士，在中国共产党和中央人民政府正确领导下正在积极进行工作，为完成文字改革的伟大任务而奋斗。

元旦献辞*

（1956年1月1日）

过去这一年是我国又一伟大转变的一年。全国解放六年来，党和毛泽东同志英明的领导，使全国人民战胜了许多困难，恢复并发展了国民经济，提出了过渡时期的总任务和第一个五年计划，全国工农业的蓬勃发展，一切建设事业的突飞猛进，全中国的面貌焕然一新，人人都觉得有一种欣欣向荣之感。由于我们一个胜利接着一个胜利的不断来到，有不少同志就产生自满情绪和保守思想，看不到我国社会发展的内在潜力已经由渐变到突变时期，必须大胆地、放手地、规模宏大地来迎接和发挥这一潜在的伟大力量，而不能前怕龙、后怕虎，惊慌失措地来压制这一力量。最突出的例子就是对于农业合作化采取"坚决收缩"的方针，这是完全违背客观发展的要求的。去年7月31日毛泽东同志作了有名的报告，严厉地批评了我们党内的右倾思想、保守主义，特别是农村工作中党必须站在群众前面领导农民，不能用各种"清规戒律"束缚农民手足。毛泽东同志的结语是"全面规划，加强领导"。几月来，毛泽东同志的指示受到了全国人民的热烈响应，社会主义事业的前进大大地加速了。大家试从1955年的事实看看，下半年和上半年大不相同，下一月和上一月不同，真是日新月异蒸蒸日上。现在农业合作社已由六十多万发展到

---

* 录自《光明日报》1956年1月1日，第3版。

二百万以上，1956年内全国可以基本上完成合作化，工业生产1955年大都超额完成计划，许多企业都在争取提前完成五年计划。胜利的消息雪片似的飞来，令人兴奋鼓舞。

在这里，让我顺便说一说我国文字改革工作的进度。1955年10月的全国文字改革会议已经通过了汉字简化方案，不久即可由国务院公布。汉语拼音方案，已经拟出草案，不久也就可以提请社会各界讨论。各少数民族制定和改进文字的工作，在1956年内也将获得全面的迅速的开展。

青年同志们！时代在加速度的发展，我们生活在这一时代，是非常幸福的。我今年已进到七十八岁的年头，对于这样美好的时代觉得年轻了六十年，我愿意和我们十八岁的青年一样共同努力，使我们能够共同看到我们亲手建成的社会主义社会以至于共产主义社会。

中国文字改革的道路*

（1956年1月1日）

中国的文字改革工作，是在中共中央和毛主席关于文字改革的下述方针的指导之下进行的。这就是说，汉字必须改革，汉字改革要走世界文字共同的拼音方向，而在实现拼音化以前，必须简化汉字，以利目前的应用，同时积极进行拼音化的各项准备工作。

遵照这一个方针，一年来我们进行了以下几项工作：

第一，汉字的简化和整理工作。1955年初，中国文字改革委员会颁发了《汉字简化方案草案》。草案经过了广泛的讨论和修订，于1955年10月间召开的全国文字改革会议通过。这个第一次的汉字简化方案，不久将提请国务院发布施行。

这个第一次的汉字简化方案，包含515个简化汉字和54个简化偏旁。一般通用的汉字里头，包含这54个偏旁的字在1 200个上下，因此实行这个方案，实际得到简化的汉字可以达到1 700多个。1955年5月起，大部分报纸期刊开始试用了两批共141个简化汉字，受到广大群众的热烈欢迎。我们还作出了《第一批异体字整理表草案》，已经全国文字改革会议通过。根据这个整理表，将有1 055个异体字被淘汰。这个整理表已经由中华人民共和国文化部和中国文字改革委员会发布给新闻出版印

---

* 录自《人民日报》1956年1月1日，第3版。

刷单位实施。

第二，汉字根本改革的准备工作。首先是推广以北京语音为标准音的普通话。1955年7月，教育部向各省、市、自治区教育厅、局发出了关于举办小学语文教师普通话训练班的通知。很多省、市和内蒙古自治区，都已经开始或者正在进行这一工作。1955年全国文字改革会议解决了什么是普通话这一个语言学界长期争论的问题，一致同意"以北方话为基础方言，以北京语音为标准音的普通话——汉民族共通语"这一个提法；并且决定了"重点推行，逐步普及"的方针。大力推广普通话事实上也就是减少文字根本改革的障碍，为文字拼音化作准备。

其次是拟订汉语拼音方案。到1955年年底，《汉语拼音方案（草案）》的初稿已经完成，不久将发表出来，征求社会各界意见，以便在最短期内修正后提请政府采用。

再次是提倡推广报纸期刊的横排。一年来，报纸期刊采用横排的逐渐增多。全国性的报纸，自1956年元旦起全部改为横排，大多数省报已经或者正在准备改为横排。根据1955年年底的统计，全国372种期刊中，横排的有298种，占80.1%。1956年起，全国性的期刊，除了一两种仍用直排外，已经全部改用横排。一年来，图书采用横排的亦在逐渐增多。

但是，过去一年的工作仅仅是文字改革工作的开端。为了进一步推进汉字的改革，逐步实现文字的拼音化，今后还必须依照文字改革的既定方针，有步骤地进行以下各方面的工作。

关于汉字简化和整理工作。分批推行第一次的汉字简化方案，在1957年夏季以前将1 700多个简化汉字全部推行完毕。在小学教科书和扫除文盲课本上，已决定简化的字应该尽先使用简字。

继续汉字的简化工作。在一般日常应用的六七千个汉字中，第一次的汉字简化方案已经简化了1 700多字，初步估计还有1 000多字，应该加以简化而还没有简化。我们要尽量搜集并公开征求新的简字,准备在一二年内提出第二次的汉字简化方案。要在今后三年内使得在日常应用的六七千个汉字中,有一半得到简化,这才算是汉字字形简化工作的完成。

拟订通用汉字表。把目前通用的字(包括常用字以及虽然不是常用,但是必要的字)同目前已经不通用的字划清界限,订出通用汉字表。然后在通用字的范围内淘汰异体字,使通用字尽量减少到一个合理的最低限度。

刻制汉字标准的铜模,使印刷体同手写体尽量一致,并且逐步统一铅字规格,以提高印刷质量。

研究改进汉字的检字法。把现有的各种检字法加以研究改进,或者重新拟制一种简便合理的汉字检字法,逐步消除目前汉字检字法中的分歧混乱现象。

关于普通话的推广工作。第一是在各省、市、自治区建立推广普通话工作委员会,作为各地推动这个工作的领导机构。第二是训练师资。目前推广普通话的重点是学校。应该在一定时期内,使中小学校和师范学校的语文教师受到普通话的训练。第三是编印教材。应该大量编印教学普通话的各种教材、读物、词典和参考用书。编印指导各方言区人民学习普通话的小册子。灌制教学普通话的留声机片,和摄制教学普通话的电影片。第四是加强普通话的语音、词汇、语法方面的研究工作。

此外,还应该充分运用各地广播电台在社会上大力宣传和教学普通话。在高等学校、政府机关和工人来自各地的新建工厂和工地,应该在可能条件下提倡学习和使用普通话。

关于拼音化的准备工作。在中国实现文字拼音化必须经历一个过渡时期。这是因为:(一)我们几千年来使用的汉字不是拼音文字,一般人民缺乏拼音的习惯。（二）我们的方言十分复杂，普通话在今天还没有普及。（三）由于长期使用汉字的影响，汉语词汇中同音词比较多，有些词语用汉字写出来可以懂，说出来就不好懂。这三种情况决定了汉字的改革成为拼音文字，必然要有一个过渡时期，好让我们有时间来克服这些困难，为拼音化作好准备。

在这个过渡时期中，在汉语拼音方案拟定之后，应该首先用来给汉字注音，帮助教学汉字、小学教科书、扫除文盲用的课本、通俗读物、字典和词典上，都用这套为拼音字母来给汉字注音。其次是在汉字中夹用。外国人名地名的译音，一部分科学名词，没有适当汉字可写的语词，可以就用拼音字母来拼写。儿童和工农作文，往往有些字写不出来，可以就写拼音，作为他们写作的辅助工具。第三是帮助推广普通话。拼音字母是教学普通话的最好的工具，必须运用这套字母来教学北京语音，大量出版用拼音字母编写的各种体裁的普通话读物（包括跟汉字对照的读物），以提高普通话的教学效率。

通过这些步骤，可以使得广大人民逐渐熟悉拼音字母，熟悉拼音方法，熟悉这套字母所依据的北京语音，为推行拼音文字作好准备。

其次，是拼音文字的试用和试验工作。首先可以在电报上应用，以拼音代替数字电码（"四码"）。拼音电报可以做到跟汉字电报一样一字不错，这个技术问题已有适当的解决办法。其次，应该在图书、档案编目、人名索引、字典分部、电话簿和电报簿的编排等等方面，推广这套字母的应用。

我们还可以用拼音字母来编印少数民族和外国人用的汉语课本，以及各种读物和报刊。我们要用拼音字母来翻译各种程度和各种体裁的著作。在各级学校、农业生产合作社和各方言区进行拼音文字的实地试教，并且选择一定地区进行有系统的、全面的、长期的重点试验工作。

再次，结合以上这些试用和试验，进行对于拼音化的研究工作，逐步改进这个拼音方案，使它更加完善，并且逐步解决作为一种拼音文字所必须解决的若干困难的复杂的问题，例如同音词问题，声调问题，一部分词语的写法问题，文言成分的处理问题，以及在方言区推行拼音文字应当作什么样的调整和适应的问题等等。

经历了上述一系列的考验，这个拼音方案就已经逐渐生长成为一种完善的文字，无论什么样的场合，它都可以适用，不致发生困难。那时候，它已具备足够的条件来代替现在的汉字，也只有到那个时候，实现文字拼音化的过渡时期才算终了。

这就是我们今后工作的一个略图。一切热心和关心文字改革和群众教育的人们，必须积极工作，不断努力，争取我国文字拼音化的早日完成！

为大力推行简化汉字和推广普通话而努力 *

（1956年1月4日）

  我国伟大的第一个五年计划的第三年已经过去了，新的一年——1956年已经到来了。过去的一年，在工业战线上和农业战线上以及其它各个战线上的社会主义建设和社会主义改造事业，都取得了辉煌的成就。工业建设突飞猛进的发展，农业合作化运动的高潮、资本主义工商业社会主义改造的高潮以及伴随而来的学习文化的高潮已经到来了。从许多方面看来，我国第一个五年计划能够四年完成。这些辉煌的成就，是和党中央、毛主席的英明领导和全国人民的忘我劳动，学习苏联先进建设经验和苏联大公无私的帮助分不开的。但是，新的一年，摆在我们面前的任务仍然是艰巨的。全国人民应该戒骄戒躁，再接再厉，英勇劳动，艰苦奋斗，争取新的更大的胜利。当我们迎接新的1956年的时候，我特地向青年同志们表示热烈的祝贺！并想借此机会向青年们简单谈一谈文字改革问题。

  文字改革是我们国家的一件大事。毛主席在1940年《新民主主义论》中早就指出："文字必须在一定条件下加以改革，言语必须接近民众。"毛主席又在1951年指示我们：文字必须改革，要走世界文字共同的拼音方向；汉字的拼音化需要做很多准备工作；在实现拼音化以前，

---

* 录自《文汇报》1956年1月4日，第3版。

必须简化汉字，以利目前的应用；同时积极进行拼音化的各项准备工作。这几年来，我们遵照毛主席的这些指示，做了不少工作。

第一是汉字简化工作。

汉字的笔划多数是很繁复的，平均每个字都在十二笔以上，无论在教学上和使用上都是一种困难。很久以来，人民群众创造了许多简字，简单好写，在社会上广泛流传。但是历来的统治阶级都不承认这些简字，把它们叫作"俗字"。现在我们就是要批准人民群众所创造的这些简字，而且要把这些字用来印书印报，而把原来的繁体字作废。"共產黨"写成"共产党"，"青年團"写成"青年团"。这样一简化，可以减少群众学习汉字的困难，可以节省大家许多劳动力和时间。可见，汉字简化是很必要的，是完全符合国家和人民的利益的。

第一次的汉字简化方案，不久就将由政府公布。这个方案里头包括五百多个简化汉字和五十多个简化偏旁，如果用偏旁类推合计起来可以简化一千七百多个汉字。五百多个简化汉字中有一百四十一个字，去年在报纸刊物上已经开始使用，受到读者热烈欢迎。其它的字，即将在报纸刊物上陆续采用。而且汉字简化的工作今后还要继续做下去，直到整理汉字工作完成。

目前全国各地正在展开扫除文盲的工作。有许多青年同志响应青年团的号召，积极参加这个工作。青年同志们，希望你们在扫除文盲的工作中，积极宣传和推广简化汉字。

第二是汉字根本改革的准备工作。

繁难的汉字必须改革。简化汉字只是汉字的最初步的改革。为了根本改革汉字，正像毛主席所指示的必须走世界文字共同的拼音方向。这就是说，把我国的汉字改革成为拼音文字。但是，汉字的根本改革，这个任务是很艰巨的，是有不少困难的。其中有个最主要的困难，就是我国的方言很分歧，北京人不懂上海话，上海人不懂广东话。如果没有一种共同的语言作为依据，拼音文字就无法实现。我们汉民族有没有这些共同的语言呢？有，那就是普通话。因此，为了汉字的根本的改革，我们必须大力推广以北京语音为标准音的普通话。

我们推广普通话并不完全为了文字改革。解放以来，人民掌握了政权，国家实现了历史上从来没有过的空前的统一，为了加强这种政治、经济、文化上的统一，我们必须推广汉民族共同语——普通话，作为我们全民族的、统一的交际工具。从全国人民的需要来说，推广普通话也是十分必要的。一个工人可能会被派遣到一个远方的新建的工厂里去工作，一个机关干部为了工作的需要也可能被派到远地去工作，一个军人为了防卫我们的祖国什么地方都可能去。至于广大青年同志们，我想情况也是一样的。青年们是不会一辈子老守在本乡本土的。农村的青年们要到县城或者省城里去开会。有的青年要去别的地方上学校、受训练，要去参加各种各样的工作，甚至到祖国的边疆去开荒。在城市里，青年们活动的机会更多，对于普通话的要求也就更大。

学习普通话并不是要求每个人都会说北京话，而只是说每个人都能发出以北京语音为标准的语言，也就是说要学会正确的统一的标准音，这只要用科学的方法来学会发音，就可正确地发出标准音来，这并不是很困难的事。因此，不要误认为每个人都要学会北京人讲话，而发生畏难的思想。要做到发音正确，必须要有一套拼音字母，才能记出正确的发音，也才能和汉字对照起来，使汉字的读音正确。现在汉语拼音字母方案已由文字改革委员会拟出，不久就要发表，以供目前迫切的需要。

青年同志们，希望你们大力推广普通话！如果你还不会说普通话，那么希望你首先努力学习普通话。推广普通话是个重大的政治任务，不仅符合广大人民和国家建设的需要，而且将为汉字根本改革的早日实现铺平道路。

祝我们的青年和全国人民都能顺利地完成和超额完成自己的任务！

中苏友好是保证世界和平、建设社会主义的强大力量＊
——为《中苏友好同盟互助条约》签订6周年而作

（1956年2月14日）

今天是《中苏友好同盟互助条约》签订的6周年。6年来的历史事实，完全证明了中苏两国的坚强友好同盟，是保卫全世界和平和人类进步事业的强大力量。

6年前，是中华人民共和国刚成立不久的时候。当时帝国主义对新中国的诞生燃起了疯狂的仇恨，这种仇恨正像帝国主义对苏维埃国家的诞生所燃起的仇恨一样。但是中苏两国的亲密友好和坚强同盟，巩固了中国人民已经取得的胜利，使得帝国主义不能再像以前对年轻的苏维埃国家那样，进行肆无忌惮的武装干涉。6年来尽管帝国主义的国家继续在进行各种挑衅和阴谋破坏活动，但是中国人民却在沿着社会主义建设的道路胜利前进，取得了辉煌的成就。

中苏两国的伟大友好同盟，大大加强了和平、民主和社会主义阵营的力量，成为保卫世界和平的坚强堡垒。因而，使国际侵略势力和殖民主义者一再遭到严重的挫败。朝鲜战争和印度支那战争的和平解决就是显著的例子，美国所奉行的"实力政策"和原子战争的恫吓也丝毫没有挽救美国侵略阴谋在朝鲜和印度支那的惨痛失败。过去一年，更是国际

＊ 录自《人民大学周报》1956年2月18日，第1版。

合作和反殖民主义运动最广泛开展的一年。去年亚非会议上，中国以求同存异的精神和各国代表共同努力，使会议取得了巨大的成就。和平共处和反殖民主义已成为亚非国家的普遍要求。去年日内瓦四国首脑会议的召开，由于苏联和平共处的一贯主张和积极努力，使会议对缓和国际紧张局势起了重大的作用。国际合作和和平解决国际争端的信念已深入人心。因此"万隆精神"和"日内瓦精神"产生了。并且在不断加强。去年苏中两国为发展国际合作和和平解决国际争端所采取的主动精神和一系列重大步骤，对争取世界和平作出了卓越的贡献。特别是去年布尔加宁和赫鲁晓夫对亚非国家的访问，使"万隆精神"和"日内瓦精神"有了更大的发展。

目前力图消灭"万隆精神"和"日内瓦精神"的美帝国主义者，正在继续使用武力侵占我国领土台湾，并企图用早已破产了的"实力政策"和原子战争的恫吓来威胁中国人民。但是这种恫吓对中国人民是丝毫不起作用的，丝毫也不能变更中国人民行使自己对台湾的主权的意志。台湾必然要从外力统治下解放出来，归回祖国怀抱。中国人民正在争取用和平方式解放台湾。美帝国主义干涉我国内政的侵略行为，必然要彻底破产。最近杜勒斯竟然又在叫嚣着什么"战争边缘"政策，用我国的通俗说法，也就是"玩火"政策。我国有一句谚语："玩火者必自焚"，这将是杜勒斯奉行这种政策的可耻下场。正如毛泽东同志所说的："在我们中苏两国的伟大合作下，一切帝国主义的侵略计划，没有不能被粉碎的。它们一定要被彻底粉碎。只要帝国主义发动侵略战争，我们和全世界人民就一定要将它们从地球上消灭干净！"

6年来我国在恢复与发展国民经济方面取得了光辉的成就。从去年夏季以来，农业合作化运动的高潮普遍了全国，社会主义革命极其广泛而深刻地开展起来。我国各方面的建设都在加快速度，第一个五年计划将提前完成或超额完成。我们中国人民的建设事业得到了苏联的长期的、系统的、无私的援助。中苏友谊就是我国社会主义建设顺利实现的重要保证。这也正如我国第一汽车制造厂的职工们所说:"我们的每一个成就都渗透着中苏两国兄弟般的友谊。"

中国人民时刻都在关怀着苏联人民所取得的每一个成就。我们十分兴奋地看到苏联人民胜利完成了第五个五年计划,现在又开始了第六个五年计划的建设。苏联人民的胜利也就是中国人民的胜利。今天伟大的苏联共产党正在举行第二十次代表大会,这次大会将讨论苏联第六个五年计划。这个五年计划将使苏联的经济实力大大加强,使苏联人民的生活水平更加提高。新的五年计划是向共产主义大步迈进的计划,并且是使社会主义阵营各国密切合作以求得共同经济高涨的计划。中国人民带着无比欢欣和鼓舞的心情,谨祝苏共第二十次代表大会的召开和新五年计划的制定,并庆祝《中苏友好同盟互助条约》签订的 6 周年。

中苏两大国人民的伟大的牢不可破的友谊万岁!

就日本政府拒发中国教育工会代表团入境签证事发表谈话（摘要）*

（1956年2月17日）

近年来中日两国各人民团体之间的友好关系日益发展，这是完全符合于中日两国人民的利益和共同愿望的。中日两国教育工作者和他们的工会组织也积极地进行了有助于两国人民友好的活动。1955年10月间，日本教职员工会主席小林武先生率领考察团来我国访问前后，日本教职员工会曾经诚恳地邀请我们参加今年1月30日在日本杉山市举行的第五届全国教育研究大会。为了加强两国教育工作者的友好合作，交流两国教育工作的经验，促进两国人民友好关系的进一步发展，中国教育工会决定接受邀请并且派出由副主席方明等四人组成的代表团于1月19日离开北京前往日本。但是由于日本政府一直无理地拒绝发给入境签证，以致两国教育工作者在日本会面的愿望至今还未能实现。我们对于日本政府这种阻挠两国教师友好来往的行动，表示非常遗憾。

中国教育工会深切地感谢日本教职员工会友好的邀请，同时深切地感谢日本教职员工会、日本工会总评议会、日本拥护宪法国民联合会和日中友好协会诸位先生为我们代表团获取签证所作的努力。中国教育工会将遵循1955年11月间由中日两国工会领袖在北京达成的友好协议，为进一步发展中日两国教育工作者的友谊和合作而继续努力。

---

* 录自《人民日报》1956年2月19日，第1版。

关于《汉语拼音方案（草案）》*
——在政协全国委员会常务委员会第十八次会议（扩大）上的报告

（1956年3月7日）

中国文字改革委员会拟订的《汉语拼音方案（草案）》，已经国务院同意提请中国人民政治协商会议全国委员会和各省、自治区和主要城市的委员会组织各方人士讨论。我现在代表中国文字改革委员会，就有关汉语拼音方案的问题作一个简单的说明，供大家讨论的时候参考。至于这个方案本身，它所根据的原则和拟订的过程等等，已见1956年2月12日《人民日报》登载的《汉语拼音方案（草案）》和《关于拟订汉语拼音方案（草案）的几点说明》，我就不重复了。

现在我主要想说明以下三个问题。

第一个问题：我们为什么要有一个汉语拼音方案？

在这里首先应当说明现在我们提出讨论的是"拼音方案"，还不是"拼音文字方案"。拼音方案的主要内容是字母表和字母的读写方法。有了拼音方案，将来就有可能根据这个拼音方案来拟订拼音文字方案。但是拼音方案和拼音文字方案到底是两回事。比方注音字母，它也是一种拼音方案，不是拼音文字方案。因为注音字母不能单独用来作为文字。现在提出讨论的也就是这样一种拼音方案。这种拼音方案，经过各方讨

---

* 录自《人民日报》1956年3月7日，第3版。

论修正，将来由政府公布之后，也只能作为拼音用，不可能马上用来代替汉字。这一点必须首先说清楚。

汉语拼音方案，既然还不是拼音文字，那么这种拼音方案到底有什么用呢？拟订这种拼音方案又有什么必要呢？

我们认为拼音方案的用处首先是为了给汉字注音或者标音，以便于教汉字，学汉字。由于汉字既不是拼音文字，又没有一套比较合理的注音或标音符号，在汉字的教学和实用方面，遇到很大的困难。拟订拼音方案也就是为了要减少汉字在这一方面所遇到的困难。

汉字起源于图画文字，在初期极大部分汉字是象形字，没有标音的符号。到了后来，谐声字（即形声字）有了很大的发展，如"栋""镜""泥""依"都是，这是汉字从表意向表音前进了一步。但由于读音跟着时代在变化，本来是谐声的字，现在有很大一部分字，已经看不出谐声来，例如"江""河""海""洛"等字。汉字无法从字形上辨别出正确的读音。因此在学习的时候，要一个一个地死记它的读音。这就发生了汉字的注音和标音问题。

从前人是用什么办法来注音、标音的呢？

汉朝曾经通行"读若"的办法，就是用一个读音近似的字来比拟另外一个字的读音。汉朝的许慎在他所作的《说文解字》里就用过这个办法。后来，又有所谓"直音"的办法，就是用读音相同的字来互相注音。无论"读若"或者"直音"，都是用甲字来注乙字的音，这些办法都有缺点：第一，有些字就没有读音相同的字，就无法注音；其次，虽然有读音相同的字，但是如果这些字都是冷僻难认的字，注了等于不注。清朝的陈澧说过："或无同音之字则其法穷；虽有同音之字，而隐僻难识，则其法又穷"，就是指的这件事情说的。

一直到"反切"出现，汉字的注音方法前进了一步。"反切"的发明，大概是受了当时随着佛教传入中国的拼音文字梵文的影响。"反切"是用两个字来拼切一个音，比方"工"字，就是"古红切"。"反切"应用的是双声、叠韵的原理："工"字和"古"字是双声关系，"工"字和"红"字是叠韵关系；"古"字取它的声母，"红"字取它的韵母，两相拚切，得出"工"这个音来。有了反切，所有的字都可以注音了，这算是个很大的进步。但是这个办法还是有困难的：第一，反切所用的字太繁，《广韵》这部书里一共用了一千五百多个字，要能运用《广韵》里的反切，就必须先认识这一千五百多个字；第二，汉字中没有单表声母的字，单表韵母的字也不多，拼切的时候，上面的字带着一个不必要的韵母，下面的字往往包含一个多余的声母，因此尽管"古红、古红"连续拼切，有些人还是拼不出一个"工"来。《康熙字典》《辞源》《辞海》上都有反切的注音，但是一般人未必都能够利用反切来正确了解一个字的读音。

从明末到清末，由于西欧拼音文字的影响，汉字的注音方法进入了运用拼音字母的新的历史阶段。最早的是明朝万历年间的意大利人利玛窦，他在三百五十年前就用拉丁字母给汉字注音。清朝末年，曾经产生过许多拼音方案，创制方案的有卢戆章、王照、劳乃宣等人。

1918年，注音字母由当时的教育部正式公布。这套字母是吸取了外国的拼音方法并总结了中国历史上的一些经验制定出来的，是汉字注音方法一个很大的进步。注音字母产生以来，对于汉字读音的统一和汉字的教学，曾经有过不少贡献。但是注音字母还有一些缺点，在《关于拟订汉语拼音方案（草案）的几点说明》中已有说明，请大家参看，我这里不重复了。

由此可见，创造一套拼音字母或一个拼音方案，来给汉字注音，使汉字容易教学，这是我们的先辈多少年以来想要解决的问题。现在我们有了一个比较完善的切实可行的汉语拼音方案，这个问题算是解决了。

我们就可以用它来给汉字注音，将来小学课本和扫盲课本上都可以拿这套拼音字母来注音，就可以大大提高汉字教学的效率和大大加速扫盲工作的完成，这对于我国人民文化水平的提高和社会主义建设的进展，将有很大的好处。

拼音方案除了给汉字注音之外，还可以帮助推广普通话。我国汉民族的语言，由于历史的原因，还存在着严重的方言分歧，对于我国目前进行的社会主义的建设事业是不利的，对各地人民的互相交际也带来了困难和不便。因此，为了加强我国在政治、经济、国防、文化等各方面的统一和发展，必须在全国汉族人民中，特别在学校、部队和青年人中间，大力推广以北京语音为标准音的普通话。我们有了拼音方案，就可以用这套拼音字母来拼写普通话，就可以大量印行汉字和拼音字母对照的学习普通话的读物，可以使得推广普通话的工作在一个不太长的时期里收到比较显著的成效。

此外，有了拼音字母以后，我们还可以用它来改编电码本，制造排铸机，并且用拼音字母来检字、编索引，在实用方面有极大的方便。

最后，从世界各国文字的发展规律来看，我国迟早是要改用拼音文字的，因为这是世界文字的共同的方向。我们将来总有一天会实行拼音文字，但是从现在起到实行拼音文字还有一段过渡时期。因为，实行拼音文字固然有很多好处，但是也有不少困难：我国方言的分歧很大；我国长期使用汉字，大家还没有养成拼音的习惯；汉语中存在不少同音词、成语和文言成分，写成拼音文字的时候还有一些困难。现在我们有了一套拼音方案，就可以用来作为拼音文字的试验和试用的工具，在实践中来逐步地研究解决这一些困难。只有经过系统的、全面的试验，以上所说的各种困难已经解决，实行拼音文字的条件已经成熟，各项实验证明拼音文字确实在各方面都比汉字好——只有到了那个时候，我们才能提出拼音文字的方案，请全国人士讨论，于取得大家的赞成同意以后，然后提请政府公布实行。自然，现在还不是这样的时候。现在要请大家讨论、宣传和推广拼音方案，却还不是讨论实行拼音文字的时候。

这是我要讲的第一个问题。

我要谈的第二个问题，是我们的拼音方案为什么要采用拉丁字母。

拉丁字母原来是拉丁文所用的字母，它源出于希腊，形成于罗马，所以又叫罗马字母。拉丁字母是目前世界上最通行的字母，全世界共有六十多个国家采用拉丁字母作为文字符号，这六十多个国家中包括四个苏联的加盟共和国和八个人民民主国家。因此我们采用拉丁字母，对于促进国际文化交流，是有很大好处的。

拉丁字母在中国也有很久的历史传统。三百五十年前，利玛窦就用拉丁字母给汉字注音，这是历史上最早的拉丁字母的汉语拼音方案。19世纪的下半期，中国各地的教会拟订的方言罗马字在十七种以上。其中"闽南白话"，传播最广，据不完全的统计，使用的人在十万以上，出版读物一百二十万册，每年邮局收发"闽南白话"信件约有五万封。此外，如英国人威妥玛拟订的方案以及邮政式方案，也都是用拉丁字母的，至今还有很大的影响。1906年，江苏朱文熊曾经发表过拉丁字母的《江苏新字母》，他说："与其造世界未有之新字，不如采用世界所通用之字母。"1926年产生"国语罗马字"，1931年又产生拉丁化新文字。这两种方案至今还有人使用。东北的铁路电报现在还在使用拉丁化新文字。因此我们采用拉丁字母，是有历史基础和群众基础的。

不仅如此，在科学技术方面，拉丁字母是国际公用的符号，无论是代数、几何、三角，或者是化学、物理，或者是动植物的学名、医生开的药方，也都是使用拉丁字母的。因此拉丁字母是每一个具有现代文化知识的人本来应该学习的，现在采用它来拼写汉语，并不增加额外的负担，而且确有因利乘便的好处。

有些人认为拉丁字母好是好，可惜不是我们中国创造的，因此听说要用它来拼写我们的汉语，心里总有点别扭。其实目前世界各国所用的字母，几乎都是外来的。日本人曾经长期使用汉字，至今还在使用，对日本人来说，汉字自然是外来的。除了汉字以外，日本人还有一套拼音字母，叫做"假名"，这套字母是从汉字中脱胎出来的。越南也使用过汉字，现在已改用拉丁字母，无论是汉字或者拉丁字母，对于越南人来说都是外来的。印度尼西亚人以前用阿拉伯字母，现在改用拉丁字母，这两种字母对于他们来说，也都是外来的。英国、法国、波兰、捷克现在都采用拉丁字母，对于他们来说，拉丁字母也都是外来的。拉丁字母源出于希腊字母，希腊字母来自腓尼基，腓尼基字母是在古埃及文字的影响下形成的，但是埃及后来却又采用了源出于腓尼基字母的阿拉伯字母。这些国家，谁都不是用的自己本国创造的字母，但是他们并不觉得有什么不合式。可见字母是跟火车、轮船、飞机一样，是没有阶级性的。谁利用它，它就为谁服务。外国的有用的东西，我们可以拿过来，也应该拿过来，使它为我们服务，它就变成我们自己的东西了。

其次，还有一些人担心：拉丁字母是不是能够正确拼写中国话。有人说，拉丁字母是外国字，用拉丁字母拼出来的声音一定像外国话，不像中国话。这完全是误会。因为字母是记录语言的工具。我们用拉丁字母，来记录中国语言，决不会使中国原来的语言有所改变。正像我们用阿拉伯字记数目字，念出来仍然是中国话"一、二、三、四"，不会变成阿拉伯话。也有人担心，用拉丁字母来拼音，将来我们的拼音文字的名词也会有多数少数，男性女性中性，第一格第二格，变成英文、德文或者俄文一样。因此他们说，将来的拼音文字不仅不比汉字容易，而且要比汉字难。同志们，这些话自然也是误会，而且是很大的误会。文字改革仅仅是改革文字，并不是改革语言。语言是不能改革的。英国人用拉丁字母写出来的是英国话，越南人用拉丁字母写出来的是越南话，我们中国人用拉丁字母也能写出地道的中国话，决不会变成外国话。根据现在这个《汉语拼音方案（草案）》，保证完全可以拼出正确的汉语来，可以做到声母、韵母甚至声调丝毫不差。将来我们的拼音文字的文法，也还是汉语的文法，决不会变成英语、德语或者俄语的文法。这种担心是完全不必要的。至于学习这套新字母，根据过去学习注音字母和北方话拉丁化的经验，一般人只要二三个星期就可以拼写，有拼音知识的，只要十小时就学会了，决不像有些人所想像的那样困难。

这是我要讲的第二个问题。

现在我再讲第三个问题：汉字的前途究竟怎末样？

我们在座的同志们都是学会了汉字的，并且长期习惯于使用汉字的，我们对于我们祖国的文字都有深厚的感情，我们都很关心汉字的前途，这是十分自然的。因此我要谈谈汉字的前途问题。

我认为，汉字在历史上有过伟大的功绩，在今天也仍然负担着光荣的任务，这是谁也不能否认的。但是从长远来看，从世界各国文字的历史发展来看，我们将来迟早有一天要改用拼音文字——这是世界文字发展的客观规律。但是我在前面已经说过，现在还不是我们来讨论这个问题的时候，因为我们并不主张现在马上就实行拼音文字。如果有人主张现在就立刻用拼音文字代替汉字，那种主张是不现实的。

其次，我还想说明这一点，就是我们主张改革汉字，但是并不主张废除汉字。汉字是会永远存在的，永远有人学习，永远有人使用。即使将来实行拼音文字之后，汉字也还是存在的，还要有人学习，有人使用。估计到那个时候，不要说大学中文系和历史系的学生，那怕就是中学生，也还得有汉字的课程，正像现在英国法国的学生要学拉丁文一样。到那个时候，也还有一部分人，学会了拼音文字之后，还要进一步学习汉字，而且要精通汉字，他们好来整理我国古代的文化遗产。我国有着极其丰富的古代典籍，因此这样的人必须大量地培养，才能满足我们的需要。他们还要把古代的优秀的作品，翻译成为拼音文字，这样才能使得广大人民能够阅读古典作品，才能真正继承和发扬我国的优秀的文化遗产。实行拼音文字之后，中国特有的书法艺术也要保存下来，喜欢汉字书法的人还是可以研究。愿意做旧诗的人，照样可以做。

由此可见，汉字在将来仍然可供我们的研究、使用和欣赏。采用拼音文字，决不会损害我们对汉字的深厚感情，更不会中断我们的历史文化传统。

还有一个问题，就是从现在起到实现文字拼音化，这个过渡时期究竟如何过渡法。前面已经说过，过渡时期的所以必要，是为了要解决拼音文字所遇到的一些困难问题。除此之外，还有一个原因，就是为了使得像我们这样已经认识汉字的人不致突如其来，发生困难。在过渡时期中，我们一方面要大力推广拼音方案，大力推广普通话，使得全国人民熟悉拼音方法，熟悉拼音字母和熟悉北京语音，另一方面通过各项实验逐步解决拼音化的一些困难问题。当拼音文字的方案，经过大家讨论同意并经政府公布之后，一方面逐步推广拼音文字，另一方面汉字继续照常使用，这样对于只认识汉字的人就不致发生困难。在过渡时期，全国性的主要报刊书籍，估计可能发行新旧文字两种版本，或者用两种文字对照，因此对于认识汉字的人不会有困难。并且这个过渡时期，估计是相当长的，好使得大家能有充分时间逐步熟悉并且掌握新的文字。即使有一些人一时不能掌握新的文字，也还有其他的补救办法。到那个时候，国家将会训练大批懂得新旧两种文字的人，来专门担任翻译工作。

这就是我要讲的第三个问题。

最后，我想表达我个人的一个希望，就是希望各位同志能够多多支持文字改革的工作。中国的文字改革工作，至少已有六十多年的历史，是个十分艰巨的事业。从清朝末年以来，有过许多先进人士，曾经为了文字改革作过艰苦的奋斗，他们的理想都没有充分实现。今天在中共中央和毛主席的领导之下，文字改革的工作已经前进了一步，而且今后一定会获得最后的成功。同志们，我们大家应当为孩子们着想，为广大人民着想，为我们的子孙后代着想，为我国的社会主义建设着想，文字改革可以大大加速我国的经济建设、国防建设和文化建设，可以促进文化革命的实现，可以加速实现毛主席所指示的将我们的国家"建设成为一个工业化的具有高度现代文化程度的伟大的国家"，这一点我是深信不疑的。但是文字改革是关系全国人民生活的一件大事，要完成这个事业，必须取得社会上各方面人士的积极赞助和热心支持，因此我希望各位同志能够对文字改革的工作给予大力支持，多多宣传文字改革，多多推广普通话，并且对我们提出的《汉语拼音方案（草案）》多多批评和指正，使它能够更加完善。这是我的由衷的希望，也是对同志们的一个请求。

中国文字改革问题*
——对罗马尼亚广播稿

（1956年3月）

关心我国文字改革工作的同志们！朋友们！

我现在能够有机会和你们谈一谈我国文字改革的问题，感到十分高兴。

我国现在一般所用的文字是汉字。汉字跟你们国家所用的文字不同，它是属于表意文字系统的。这样文字的特点是：一个字一个样子，在字形上看不出它的读音，记得了读音不一定就写得出字形，看了形读出音还未必就懂得它的意义。拼音文字只需要二三十个符号就可以拼写一切语言，汉字的符号却多到几万，较常用的字也有六七千，而且结构很复杂，给学习和使用带来了很大的困难，对于儿童和成人都是沉重的负担，所以学习汉字比学习任何一种拼音文字要耗费多得多的时间和精力。我国的现行学制，需要十二年才能修完了普通教育的科学，比用拼音文字国家的学制要延长两年。汉字在使用上也是十分不便的，特别在使用打字、印刷、电报等机械上有着不可克服的困难。因此，如果汉字不加以改革，就会严重地妨碍我国人民文化教育的普及和提高，对于我国的社会主义建设事业是极为不利的。

---

* 录自《文字改革文集》，中国人民大学出版社1978年版，第128～131页。

在我国六十多年来，有过许多爱国人士曾经不断提出过汉字改革的主张和具体方案，其中也包括拉丁化新文字方案，这个方案是瞿秋白同志以及其他旅苏的中国共产党员在苏联语言学家的帮助之下创制的，曾经在苏联远东边疆的中国工人当中试行过，收到了很大的成效。

尽管我国的文字改革是广大人民长期以来的迫切要求，但是在反动统治时代，要进行全国范围的文字改革工作是不可能的，所以当时只有在中国共产党领导下的解放区和国民党反动统治下的少数大城市有过文字改革的实验工作和文字改革运动。中国共产党和毛泽东主席是一向关心中国文字改革工作的，毛泽东主席早在1940年写的《新民主主义论》中就指示我们说："文字必须在一定条件下加以改革"。

中华人民共和国成立以后，1949年10月，在北京成立了中国文字改革协会，1952年2月成立了中国文字改革研究委员会。根据中共中央和毛泽东主席的指示，我国文字改革的方针是：汉字必须改革，汉字改革要走世界文字共同的拼音方向，而在实现拼音化以前，必须简化汉字，以利目前的应用，同时积极进行拼音化的各项准备工作。

中国文字改革研究委员会在1954年底改组为中国文字改革委员会，成为国务院的直属机构之一。根据毛泽东主席所指出的我国文字改革的正确方针和方向，我们进行了两方面的工作。

一方面是汉字的简化和整理工作。简化汉字是要精简汉字的字数和简化汉字的笔画。1955年1月，中国文字改革委员会提出了《汉字简化方案草案》，在全国广泛征求意见。根据各方面提出的意见进行了修改，经1955年10月全国文字改革会议通过，并由国务院汉字简化方案审定委员会审定，于1956年1月由国务院公布了《汉字简化方案》。同时我们整理了汉字和异体字，作出了《第一批异体字整理表》，已经由中华人民共和国文化部和中国文字改革委员会发布给全国新闻出版单位于1956

年 2 月 1 日开始实施。

汉字简化工作，只是最初步的文字改革工作，它便利目前的应用，并不改变汉字表意文字的体系；但是经过简化之后，确实可以在一定程度上减少学习和使用汉字的一些困难，因此它获得了我国广大人民的热烈支持。这项工作在今后几年还要继续进行，因为汉字在今天和今后一定时期内，还是我国一个重要的交际工具。

另一方面是拼音化的各项准备工作。要把我国使用了四千年的表意文字改成为拼音文字，是牵涉到人民生活条件各个方面的极其艰巨的工作，而最大的困难在于中国方言的分歧。汉族人民早已有了民族统一的书面语言，但是在口头上，绝大多数居民还习惯于使用本地的方言。学校的教科书是全国统一的，但是具体的教学绝大多数是用方言进行的。因此明确规定现代汉语的规范，特别是语言的规范，然后在学校中在社会上来加以大力推广，这不仅是为拼音文字准备条件，而且也是适应我国人民迫切要求和我国社会主义建设需要的政治任务，是加强我国汉民族政治、经济、文化的统一的必要步骤。1956 年 10 月全国文字改革会议的主要议程之一，就是大力推广以北方话为基础方言、以北京语音为标准音的普通话——汉民族的共同语。这种普通话在我国是已经存在的，现在是要加以有意识的大力推广，扩大它的使用范围。

中国文字改革委员会近年来并对汉语拼音方案进行了多方面的、系统的研究，拟定了《汉语拼音方案（草案）》，于 1956 年 1 月经国务院同意由中国文字改革委员会送请中国人民政治协商会议全国委员会和各省、市、自治区委员会在 3 月底以前分别组织座谈讨论；并在报刊上发表征求意见。中国文字改革委员会将根据讨论中各方面的意见，对这个草案作必要的修改，然后提请国务院公布，作为汉字注音，推广普通话和试验拼音文字的工具，还可以用来编印供愿意学习汉语的国内少数民族和外国朋友的汉语课本。

经过一系列的工作，将在这个拼音方案的基础上产生我国的拼音文字。而在拼音文字形成以后，也还有一个相当长的新旧文字并用的过渡时期，在这个期间，拼音文字将和汉字一样是我国社会公认的、合法的文字工具。这才是我国文字改革工作的完成。

推广普通话,普及拼音知识*

——在全国先进生产者代表会议上的讲话

(1956年5月8日)

主席、各位同志:

我热烈地希望各位代表回到自己的工作岗位之后,能够根据这次会议的精神,更广泛地动员全体职工把先进生产者运动持久地开展下去,使社会主义建设事业大踏步地前进。

这次会议上,有250名先进的科学工作者和教育工作者的代表参加,这是科学教育界的莫大光荣。在科学研究工作和教学工作中,虽然不能开展竞赛,但是为了更有效和更广泛地推广先进工作者的经验,使落后者得到提高,并使先进工作者在现有的基础上创造更先进的工作方法,在科学工作者和教育工作者中开展一个先进工作者的运动,是完全必要的,也是完全可能的。因此,在教育工作者和科学工作者中开展先进工作者运动,就成为教育工会各级组织当前的首要任务。教育工会各级组织必须根据这次会议的精神,在党的领导下,会同行政部门发动群众,结合本部门的实际情况加强领导,更广泛地开展这一运动,同时希望到

---

* 录自《全国先进生产者代表会议主要文件》,工人出版社1956年版,第101~103页。《中国青年报》1956年5月9日报道:新华社8日讯 中国文字改革委员会全国委员会主席吴玉章,今天在全国先进生产者代表会议上讲话的时候,希望先进生产者和先进工作者,同时成为推行文字改革的先进人物,要学习普通话,学习拼音字母,并且在群众中大力推广普通话,普及拼音知识。

会的科学工作者和教育工作者的代表们，回到工作岗位之后，在这一运动中，起带头作用，以便在又多、又快、又好、又省的方针下，争取提前和超额完成国家的科学和教育建设计划，并进而与全国人民一道，努力争取尽快地改变我国科学和文化的落后状态，使我国的科学和文化早日接近并赶上世界的先进水平。

关于如何更广泛地、深入地、持久地开展先进生产者运动，同志们已经发表了许多很好的意见，我就不多讲了。在这里我想简单地说一说文字改革，特别是推广普通话和普及拼音知识的问题。

根据党中央和毛主席的指示，中国文字改革的方针是：汉字必须改革，汉字改革要走世界文字共同的拼音方向；而在实现拼音文字之前，必须简化汉字，以利目前的应用，同时积极进行拼音文字的各项准备工作。

推广普通话就是各项准备工作中最主要的工作。《全国工会工作十二年规划纲要（草案）》第十六条中规定："在职工及其家属中大力推广普通话"，是完全必要的。

由于历史的原因，我国汉族人民的语言——汉语，存在着严重的方言分歧，语音极不统一，不但南方人和北方人通话有困难，就是同一省甚至同一县的人口音也不一致。语言是我们每天都要使用的重要交际工具，汉语的这种分歧就使得各地人民交流思想、共同工作受到很大障碍。这是我们大家都深刻感觉到的。尤其是在我国进行大规模社会主义建设的今天，一个工人或工程技术人员，随时有可能被派遣到一个远方的新建的工厂里去工作，一个科学教育工作者或一个机关工作者，为了工作的需要，也随时有可能派到任何一个工作所需要的地方去。我想特别在我们现在这样的时代，一个人是不可能或者不大可能一辈子老守在本乡本土的。每一个人都有可能到别的地方去开会、工作或学习。这就是说，普通话对于我们每一个人都是十分必需的。为了我国政治、经济、文化、国防的进一步统一和发展的利益，为了将来拼音文字的顺利推行，必须大力推广以北京语音为标准音、以北方话为基础方言、以典范的现代白话文著作为语法规范的普通话——汉民族共同语。

为了推广普通话，就必须有一套科学合理的拼音字母来作注音和正音的工具。今年2月中国文字改革委员会发表的《汉语拼音方案（草案）》，就可以用来给汉字注音，并且帮助教学推广普通话。这个拼音方案是很容易学的，它只有30个字母，有初中程度文化水平的人，一般只要十个小时就可以学会。文化水平低一点的人，二三十个小时也就学会了。学会了这套拼音字母，对于进一步学习普通话有很大方便。推广这套拼音字母，使得很多人都懂得拼音方法，养成拼音习惯，也就为将来顺利推行拼音文字准备了条件。

自然，目前的拼音方案还是个草案，它还不是一种严密的拼音文字。但是，中国迟早要改用拼音文字的。没有人能够否认，汉字在历史上有过伟大功绩，就是在今天也还起着重要的作用。但是，汉字笔画和字数都很繁多，难学、难记、难写，给我国扫除文盲、提高人民的文化和科学水平带来了很大的困难。我国的小学，就比苏联和其它国家一般要多费两年的时间。我们要完成文化革命，要在12年内赶上世界先进科学水平，就必须完成汉字的根本改革。而在目前，必须大力推广普通话和普及拼音知识。

同志们，文字改革是关系全国人民的一件大事。要完成这样一个艰巨的任务，不仅需要语文工作者的积极工作，而且需要全国各方面人士的热心支持和广大群众的共同努力。我希望在座的各位先进生产者和先进工作者，同时成为推行文字改革工作的先进人物：学习普通话，学习拼音字母，并且在群众中大力推广普通话，普及拼音知识，为完成文字改革而努力！

在蒙古语族语言科学讨论会上的讲话 *

（1956 年 5 月 22 日）

主席，各位代表，各位同志：

我能够来参加中国科学院少数民族语言研究所和内蒙古自治区人民委员会蒙古文字改革委员会联合召开的蒙古语族语言科学讨论会，感到非常高兴。我特地表示热烈地祝贺，预祝会议得到很大的成功！

蒙古民族是一个有悠久历史传统和丰富文化遗产的民族。蒙古民族在其全部历史发展过程中，也同其它兄弟民族一样，创造了许多宝贵的文化财富，对于我国文化的发展有过重大贡献。蒙古民族自有自己的文字——即现行的旧蒙文以来，就用它作为记录本民族语言和事迹的工具，它在蒙族人民的文化历史中是起过很好的作用的。

但是，大家都知道，虽然旧蒙文是拼音文字，可是它有许多缺点。主要的是：文言不一致，字形变化多，一形多音，一音多形，正字法复杂，不能横写等等，学起来和使用起来困难很多，它已不能满足和适应日益发展的需要。

国内蒙族人民很早就有改进自己文字的愿望的。但是在解放前的反动统治时期里，到底是不可能的。只有在今天，各族人民获得了解放，

---

* 录自荣县吴玉章故居陈列展档案。据《吴玉章年谱》第 249 页记载：1956 年 5 月 16 日—6 月 8 日，在内蒙古视察推广普通话情况，参观考察工矿生产情况；5 月 22 日在蒙古语族语言科学讨论会上谈话。

全国人民已经团结组织起来，人民掌握了政权，国家完成了统一的时候，才会有改革文字的可能。中华人民共和国成立以后，许多兄弟民族，提出改革旧文字的要求，这是很自然的。

中国共产党中央委员会和中央人民政府一向是十分重视帮助兄弟民族创立和改革文字的工作的。1949 年在《共同纲领》中就已规定了各少数民族均有发展其语言文字的自由。1951 年政务院在《关于民族事务的几项决定》中，又规定了帮助尚无文字的民族创立文字，帮助文字不完备的民族逐渐充实其文字的任务。1954 年政务院又批准了《关于帮助尚无文字的民族创立文字问题的报告》。《中华人民共和国宪法》中规定各民族都有使用和发展自己的语言文字的自由。在发展国民经济的第一个五年计划中又规定："对于那些还没有文字的民族，应该努力地帮助他们创造文字"，并提出了发展兄弟民族地区的文化教育事业等项任务。去年十二月，国务院关于帮助尚无文字的民族创立文字问题的指示中规定："某些民族因临近苏联和蒙古人民共和国，也可依其自愿使用俄文字母。"去年全国民族语文科学讨论会制定的关于少数民族语文工作的初步规划中规定：从 1956 年起组织第五工作队来专门负责蒙古、达斡尔、东乡、土族、保安等语言的调查研究和协助蒙文改革工作。所有这些，都充分说明了党中央及中央人民政府对于民族语文工作是十分重视的。

国内蒙族地区与苏联和蒙古人民共和国毗邻，俄文字母在内蒙古自治区有较好的群众基础和历史传统。因此，内蒙古自治区的蒙族人民选择用蒙古人民共和国的新蒙文作为本民族的文字有因利乘便的好处。同时也便于与苏联和蒙古人民共和国文化交流，对于蒙族人民是有利的。根据这次参加会议的自治区以外的蒙族代表反映，他们也赞成采用新蒙文，我认为是适当的。这样就能够促进蒙族文字的统一和文化的繁荣。

内蒙古自治区人民委员会，已经在党中央和中央人民政府的领导下，建立了语文研究和改革文字的机构，并作了许多工作。中共中央内蒙古分局曾经发出了《关于反对忽视民族语言倾向及进一步加强民族语文工作的指示》。内蒙古自治区人民委员会也曾公布了《关于推行新蒙文的决定》。现在计划在四年内（1959年5月以前）基本完成推行新蒙文的工作。这些措施和计划，是适时的，也是可行的。

这次会议主要的任务是：为了进一步贯彻执行中央关于发展少数民族语文政策和更好地开展蒙古语族语文研究和推行新蒙文的问题，并对蒙古语族其它语言的调查研究和文字创立问题交换意见。我认为是适当的。就是说这次会议只讨论主要的问题，至于其它具体问题留待进一步调查研究后逐步地加以适当地解决。

这次会议，有蒙古语族的各族：蒙古、达呼尔、东乡、保安、土族等的代表参加，这对广泛地交流经验以及对蒙古语族其它语言的调查研究和文字创立问题广泛地交换意见是有益的。至于达呼尔、东乡、保安、土族的文字问题，根据毛主席关于中国文字要走世界文字共同的拼音方向的指示，采用拼音文字是确定的，至于采用什么字母形式，这就需要根据自愿自择的方针并根据具体情况决定。

为了帮助蒙族人民目前的文字改革工作，我想简单地介绍一下汉族人民的汉字改革问题，供到会的代表们参考。

汉字在历史上有过伟大的功绩，但是它的缺点是严重的，它已经不能满足我国现时的发展需要了。

大家知道，汉字不是拼音文字，而是表意的方块字，字数繁多，结构复杂，给学习和使用汉字带来了很多困难。汉民族的小学，一般要比实行拼音文字的国家多费两年时间。在书写、印刷、电报、打字等上面，都要比拼音文字多耗费很多人力物力。因此，汉族人民很久以来就要求把自己的文字改成更容易认、容易记、容易写、容易读的拼音文字。但是汉族人民和其他兄弟民族一样，在反动统治时期也是不可能的，也只有在解放后的今天，才可能由理想变成现实。

党中央和毛主席对于汉字改革问题同样是一向重视的。远在1940年，毛主席在《新民主主义论》中就已经指出"文字必须在一定条件下加以改革，言语必须接近民众"。1951年毛主席又指示我们："文字必须改革，要走世界文字共同的拼音方向。"进而又指示我们，汉字的拼音化需要作许多准备工作；在实现拼音化以前，必须简化汉字，以利目前的应用，同时积极进行拼音文字的各项准备。中国文字改革委员会就是遵循着上述方针进行工作的。

中国文字改革委员会对于实现汉字拼音化作了一些什么准备工作呢？

首先是推广以北京语音为标准音、以北方话为基础方言的普通话即汉民族共同语。由于历史的原因，汉语方言分歧，语音差别很大，不但南方人和北方人通话困难，就是一个省甚至一个县的口音也不一致，给汉族人民交流思想、共同工作造成了许多困难。为了加强我国政治、经济、文化、国防的统一和加速发展的利益，同时，为了进一步发展汉语和为把汉字改革成拼音文字准备条件，推广普通话就成为必不可少的步骤。而且也是适应我国人民目前的迫切要求和我国社会主义建设需要的政治任务。

推广普通话的方针是"重点推行，逐步普及"。也就是首先在学校、机关、企业、部队中推行，然后逐渐普及到社会各阶层中去。现在各地已经开始训练师资和重点推行，不久将会形成一个学习普通话的热潮。

其次是拟订汉语拼音方案。为了推广普通话和实现拼音化，就必须有一套合乎科学的拼音字母，来作为正音工具和进行拼音文字的各项试验工作。中国文字改革委员会经过了多年的研究，已经拟订了一个采用拉丁字母的《汉语拼音方案（草案）》，并已于二月间发表，交全国各界讨论，然后根据群众的意见作必要修正后，再提请国务院审定公布。

这个方案共有30个字母。它的作用，除了帮助推广普通话以外，还可以用来给汉字注音。在小学教科书、扫除文盲课本、通俗读物、字典和辞典上，都用它来给汉字注音，以帮助教学汉字。还可以在汉字中夹用。外国人名、地名的译音，一部分科学名词、没有适当汉字可写的语词，可以用拼音字母来拼写。儿童和工农作文，往往有些字写不出来，可以就写拼音，作为他们写作的辅助工具。

再次是提倡报纸、期刊的横排。报纸刊物的横排，是我国出版物形式的一项重大改革，也是汉字根本改革的准备步骤之一。书报刊物的横排，不仅对阅读和编辑都有许多方便，而且对将来推行拼音文字也有好处。

汉字改革工作是关系到数万万汉族人民的一件大事，是一个复杂艰巨的任务。汉字的改革是由表意文字的体系改变为拼音文字的体系，比原来就是拼音文字的民族或国家由不太好的拼音文字改革成比较好的拼音文字，情况要困难得多和复杂得多。我们过去的工作仅仅是文字改革工作的开端。为了进一步推进汉字的改革，逐步实现文字的拼音化，今后还必须继续简化汉字，还必须进一步大力推广普通话以及进行其它实现拼音化的一系列的准备工作，因此，还需要经历一个过渡时期。

过渡时期之所以必要，除了完成拼音化的一系列准备工作需要一定的时间以外，另一个原因就是为了使得已识汉字的人不致发生困难。在过渡时期中，我们一方面用拼音方案大力推广普通话，使得全国人民学会拼音方法、拼音字母和北京语音，另一方面通过各项研究和试验逐步解决拼音化的一些困难问题。在过渡时期中将采用两种文字并用的办法，到了现在的拼音方案逐步生长成为一种完善的拼音文字，具备了足够的条件代替汉字而群众又已经掌握了拼音文字的时候，过渡时期才算结束。

以上是中国汉字改革工作的简况和今后简略的远景。希望同志们多提意见，以帮助汉字改革工作。

同志们，这次会议具有重大的意义。蒙文改革对蒙族人民的政治、经济、文化的发展，对我国的社会主义建设将起极大的推动作用。对于内蒙古自治区以外的蒙族人民和我国其它兄弟民族创立和改革自己的文字将发生很大的影响。我希望到会的代表，广泛地讨论，广泛地交换意见，使会议圆满地成功。

大家办报！*
——为《教师报》而作
（1956年5月）

教育界自己的报纸——《教师报》，在党和政府的关怀和大力支持下出版了，这是全国教育工作者一件大喜事。

在我国社会主义革命高潮中，随着经济建设高潮的到来，文化教育建设的高潮也已经到来了。在这种新形势下，出版一个指导全国普通教育、师范教育和教育工会工作，及时反映全国教育工作者的意见和要求，报导教育工作基本情况的综合性报纸，最充分地发挥教育工作者的积极性，贯彻全面发展的教育方针，保证又多又快又好又省地完成国家的教育计划，就显得特别迫切和需要了。而《教师报》正是为了适应这个新形势和新要求而创刊的。

报刊是党为对群众进行政治思想教育、动员和组织群众实现国家计划的强有力的武器之一。我们的《教师报》正是担负了这样的任务。它要阐明党和国家的教育方针政策，交流教育教学工作、教育工会工作、教育行政工作的经验；结合教育工作实际，宣传唯物主义思想，批判资产阶级思想；介绍苏联及人民民主国家的先进教育工作经验等等，以提高广大教育工作者的政治业务水平，并组织广大教育工作者实现国家的

---

* 录自《吴玉章教育文集》，四川教育出版社1989年版，第326～327页。

教育建设计划。而当前的任务是动员和组织全国教育工作者为提前和超额完成我国第一个五年计划中的教育建设计划而奋斗。

为了完成上述艰巨而光荣的任务，一方面要依靠报纸工作者勤勤恳恳地工作，努力地学习马克思列宁主义，提高自己的政治水平和业务能力，更好地为读者服务，并虚心地倾听群众意见，与群众建立经常的巩固的联系，发挥群众的积极性创造性；另一方面要依靠广大教育工作者关心和爱护自己的报纸，多多投稿和反映情况，并及时提出改进的意见，发挥大家办报的主动精神。正如加里宁所说："我们的报纸首先是群众的机关报，它们和群众一起为争取共产主义而奋斗，它们和群众一起建设着社会主义。因此，报纸和群众的联系是在共同的事业中，在追求同一个目标中有机地发展着。"我诚恳地希望我们的报纸工作者和教育工作者，共同努力，把自己的报纸办好，使它真正实现集体宣传者和组织者的作用。

为迅速赶上世界科学先进水平而奋斗 *

（1956 年 5 月）

全国先进生产者代表会议，是我国空前一次盛大的各个岗位上优秀人物的会师大会。在这次大会上，有我们教育工作者、科学工作者的 250 位先进工作者的代表参加，也是史无前例的。同志们在教育、科学这条战线上立下了巨大的功绩，给人民做了很多事情，为祖国争来了光荣。我在这里谨代表中国教育工会全国委员会向同志们致以热烈的祝贺！

在我们的代表中间，有从事教育事业一二十年以至四五十年的老教育家，也有走上教育工作岗位不久的青年教师。他们在改进教育、教学方法，在克服困难、依靠群众、办好学校等方面做出了优良的成绩，许多教师在培育第二代使之成为全面发展的社会主义新人这一伟大事业中，全心全意地为儿童服务，表现了工人阶级高贵的品质。在我们的代表中间，有在科学研究上和在技术上取得了光辉成就的老科学家、老专家，也有刻苦钻研、大胆创造、有突出贡献的青年科学工作者。他们的劳动成果直接或间接支援了国家工业化和农业合作化。这些说明同志们在我国社会主义建设中高度发挥了劳动积极性和创造精神。当然，正如我们好多代表同志在大会发言中指出的一样，大家的成绩和所以能够成为先

---

* 录自《吴玉章教育文集》，四川教育出版社 1989 年版，第 328～330 页。

进工作者，是和党的教育、培养，是和群众的帮助及支持分不开的。每一个先进工作者，都应该是从群众中产生，时时刻刻和群众在一起并带领群众前进的先进分子。否则，先进工作者就失掉了任何意义了。

我们应该承认自己的成绩和正确地估计这些成绩的意义和作用，但同时必须认识到：我们已有的成绩及现有的文化、科学、业务水平，和我国社会主义建设这一伟大事业的要求比起来，或者拿广大人民对我们的要求来衡量一下，那还是很不够的。我们丝毫也不能满足于我们现有的成绩，我们必须兢兢业业，继续努力和加倍努力，才能在建设社会主义事业中发挥更大的作用。

同志们！你们成了先进工作者，这就意味着你们肩上的担子更重了。首先要把自己的经验无保留地介绍给大家；其次自己在工作中必须继续钻研，在已有的基础上把工作质量不断地提高，创造更先进的经验；第三，还要经常注意吸收别人的好的经验，哪怕是点滴经验也应该重视，这样就会使我们已有的还不够全面、不够系统的经验更加充实和完整起来。

在学校的教学工作中，在科学研究工作中，虽然不能像厂矿那样开展竞赛，但总结和推广先进工作者的先进经验，特别是通过生产会议等有效形式传播先进经验，推动和组织群众以主动创造精神解决工作中存在的问题，以便使我们的教学工作、科学研究工作不断地得到改进，则是完全可能的，并且是十分必要的。我们教育工会今后的重要工作之一，也可以说我们今后的中心工作，就是广泛地逐步深入地开展先进工作者运动，使先进工作者的先进事迹、先进思想成为大家学习的榜样，使先进工作者的一切宝贵经验为大家所共有，并使这些经验在运动当中不断地得到丰富、发展和提高。这一运动的开展，必将大大有助于我们提前和超额完成第一个五年计划，必将大大促进我国社会主义文化的建设。

在中央召开的关于知识分子问题的会议上，毛泽东同志号召我们为迅速赶上世界科学先进水平而奋斗。这一号召已在全国教育、科学工作者当中得到了热烈的响应。在各地的许多学校和科学院系统许多单位中掀起了加强自我改造，努力提高业务、提高工作质量和挖掘潜力的热潮，先进工作者的队伍日益扩大。同志们！只要我们在党和政府的领导下，努力学习和认真钻研业务，坚决克服一切缺点，对一切保守思想和官僚主义作不调和的斗争；在教学和研究工作中善于使理论和实践相联系，并吸收苏联和各兄弟国家的经验以及其他国家的经验，我们完全有信心不辜负全国人民的期望，在12年的时间使我国的科学技术特别是那些最急需的部门接近或达到世界先进水平！

同志们！大会开完了，大家在交流经验和进行一些参观、访问后就要回去了。我相信大家经过这次大会，一定学习了很多好东西，在各个方面都会有很大提高，社会主义积极性也必然更加高涨了。我们期待着，在大家回去以后，不久，我们将听到同志们在自己的工作中取得新的更大的成就。

青年们，要向哲学社会科学进军*

——和高中毕业生谈投考哲学社会科学专业的重要

（1956年6月6日）

我认为：在今天，有必要向青年讲清楚这样一个问题，即向哲学社会科学进军的问题。

为什么要单独来讲这个问题呢？这是因为我们许多青年还没有全面地了解"科学"这个概念。提到科学他们便很快地想到物理学、化学、数学、医学、生物学、工业技术学等。提到"向科学进军"他们也很容易想到就是向自然科学的进军。这种情况在我们高中应届毕业生当中表现的尤其明显。

我认为，要想使我们的科学文化事业赶上国家经济建设突飞猛进的发展，必须同时注意加强哲学社会科学的研究工作。鼓励青年们注意向哲学社会科学的进军。

哲学社会科学是极其复杂、广阔而重要的科学部门。它包括哲学、历史学、经济学、语言学等重要部类，而每一个部类又包含着几十种甚至几百种学科。如像历史学，就分为中国通史、世界通史、中国近代史、世界近代史、中国现代史、世界现代史、中国共产党历史、苏联共产党历史、中国经济史、世界经济史、中国政治史、世界政治史、中国外交

---

* 录自《光明日报》1956年6月6日，第2版。

史、世界外交史、中国文化史、世界文化史等等成百种的历史学科。学习和研究哲学社会科学不仅可以系统地接受祖国和世界的文化遗产，还可以把国家当前的建设事业推向前进。

在中华人民共和国成立的六年以来，哲学社会科学的研究工作已经有了很大的发展。但是这个科学部门依然落后于国家建设事业的需要，更落后于世界科学研究的先进水平。许多属于这个科学部门的研究工作还没有开始，像中国经济史、中国经济思想史等等学科到现在还都是一个空白。很明显，哲学社会科学的落后状况，是不能让其继续下去了。必须积极地响应党的号召，争取在十二年左右的时间里，与其他科学并驾齐驱迎头赶上世界科学的先进水平。

当然，赶上世界科学的先进水平，不是一句空话，还必须进行一系列的复杂的困难的工作。这里，一项重要的工作是为哲学社会科学及时地提供后备力量。这样便须要：一方面加强现有的研究机构；另一方面加强综合大学的哲学社会科学专业，让更多的优秀青年参加到哲学社会科学的研究队伍中来。

党和政府为了培养哲学社会科学人才，今年除在全国综合大学的有关哲学社会科学专业中扩大招生名额外，并决定在中国人民大学创办新的系和专业，以满足国家在这方面的迫切需要。中国人民大学所有的系、专业都是属于社会科学方面的。原有之工业经济、农业经济、贸易经济、计划统计、财政信用、法律、新闻、档案等八个系今年共招生一千二百四十人。今年新建哲学、历史、经济三个系今年共招生一千人。预计在今后十二年内将为国家培养出马克思列宁主义师资和社会科学干部约一万五千余人。这是一项十分繁重的然而又是极其光荣的任务。可以设想，很好地完成这个任务，将会为我们国家的建设事业带来多大的好处。谁都知道哲学社会科学对国家建设事业的作用。"辩证唯物主义与历史唯物主义"是共产党的世界观。"革命史"是共产党革命实践活动的总结。"政治经济学"是研究人类社会生产关系也就是经济关系发展的科学。总之，马克思列宁主义理论科学是无产阶级借以正确认识世界进行革命活动和改造世界的武器。它是历史上最先进、最革命的理论。它产生于近代资本主义的矛盾日益尖锐、世界无产阶级革命运动不断高涨的时代。它反映着世界无产阶级和全体劳动人民的利益和要求，是无产阶级思想意识的集中表现。马克思列宁主义理论不是教条而是行动的指南。它给工人阶级及其政党在复杂的阶级斗争中以识辨正确方向的能力。对于一个新时代的中国青年来说，学习马克思列宁主义科学，争取作马克思列宁主义的教师和理论干部是非常光荣的。

至于新闻学、法学、经济学以及其他社会科学等等，它们的重要性也是不言而喻的。这些学科所培养出来的人才，都将直接为各有关部门的建设事业服务。

有志学习和研究哲学社会科学的青年们，勇敢地投到这个行列里来，向哲学社会科学进军！

对毕业生的五点希望*

（1956年7月11日）

国家对于高等学校毕业生是有着殷切期待的。目前正当全国社会主义革命高潮和党为了适应祖国社会主义建设迅速发展的要求，号召知识分子向科学进军的伟大历史时期，这种期待比过去任何时候都更加迫切了。

我们对国家正在进行着历史上空前伟大的社会主义建设事业，胜利地执行着发展国民经济的第一个五年计划，全国人民正在为争取超额和提前完成第一个五年计划而奋斗。在这个时候，国家的各种工作，都需要有大批的德才兼备的干部，而同学们正是赶上了这样一个时候。

为了不辜负党和政府对你们的期待，我想在同学们即将离校奔赴光荣的工作岗位的时候，提出下面几点希望：

（一）愉快地服从组织分配。国家已给我校今年毕业生按计划分配了工作。所有这些岗位，都是社会主义建设战线上重要而光荣的岗位。我想毕业生们一定会自觉地服从分配，勇敢地奔赴任何艰苦的工作岗位，把国家交给的任务毫不犹豫地担当起来。

（二）积极地响应党的向科学进军的号召，继续不倦地学习。你们在人民大学毕业，只能说是一个学习阶段的结束，从你们未来长远的生活

---

* 录自《吴玉章文集》上，重庆出版社1987年版，第497~498页。

和工作来说,这便是进一步学习的基础和起点。因此,在工作中还要继续深入地学习马克思列宁主义理论,更进一步提高自己的政治理论水平,另一方面要进一步钻研业务,加强科学研究工作,精通自己的业务,为使我国科学技术水平接近并赶上世界先进水平而奋斗。

(三)要理论与实际相结合。你们所学到的系统的知识是可贵的,是马克思列宁主义的基本原理和先进的专门科学,这是国家建设所迫切需要的。但这些知识究竟还需要在实际工作中去检验和丰富它。只有把学到的理论和实际工作密切地结合起来,它才能够显示出巨大的指导力量。

(四)要防止骄傲自满。应该指出,你们在学校里学了不少知识,确实是有用的,应该成为推动你们工作的武器,但是如果因为在学习中稍有所得或在工作中稍有成就,就骄傲自满起来,那就错了,结果会使自己停顿和落后下来,使工作受到不应有的损失。因此,应该牢牢地记住毛主席"戒骄戒躁"的教训,虚心地向别人学习,特别要虚心地向老专家学习。

(五)要勇于克服困难。大家知道,我们国家现在的建设仅仅是为实现社会主义工业化打基础的时期,摆在我们面前的还有更艰巨的任务等待着我们来完成。同学们在今后的实际工作中将会遇到各种具体困难,对于这些困难要有充分的估计,免得遇到它们的时候措手不及或悲观失望,我们要具有"让高山低头,河水让路"的英雄气魄去战胜一切困难。

充分动员和发挥教育工作者、科学工作者的力量，为伟大的社会主义建设服务！*

——在中国教育工会第二次全国代表大会上的工作报告（摘要）

（1956年8月6日）

几年来的工作情况

中国教育工会自成立到现在整整6年了。

6年来，我们教育、科学工作者的队伍由1950年的70多万人，扩大到了现在的220多万人，已经成为我国社会主义建设事业中的一支重大力量。他们为国家培养了大批的建设人材，在提高人民的文化水平方面也作出了贡献。

6年来，我们教育工会的工作，在贯彻党团结、教育、改造知识分子的政策上，在帮助教师进行自我改造和提高教学质量上，都起了一定的作用。

全国教育工作者、科学工作者已经基本上组织起来了，中国教育工会现有基层组织28 469个，会员1 351 134人。

教育工会各级组织为了提高教育、科学工作者的觉悟程度，曾组织他们进行了各种参观、访问。此外，还帮助党委动员和组织他们参加了历次的社会改革运动，开展了比较系统的政治理论学习和时事政策学习。

---

* 录自《工人日报》1956年9月4日，第1、3版。

为了帮助教师们提高业务水平，工会曾协同有关方面组织了业余学习班、业务通讯网、流动图书馆，帮助教师们业余进修。工会也曾单独或会同行政组织过经验交流会、教学座谈会、教具展览会、优秀教师代表会及新老教师互助等，以交流和推广教师们的教学经验。工会根据苏联教育工会的先进经验，召开生产会议（这是从俄文翻译过来的名词，是否妥当，尚待考虑），在发挥群众的积极性，解决教学和学校管理工作中的关键问题和交流先进经验上，都起到了积极的作用。

在生活福利工作和文化体育活动方面，工会也发挥了一定的作用。对教师工资待遇上有些地方曾有过不合理的现象，工会曾向政府反映，提出建议，使情况有所改善。在工会积极推动下成立起来的教工托儿所以及工会领导下的互助储金会，都有了良好的发展。工会在帮助、督促行政方面合理地使用福利费，改进公费医疗待遇执行情况以及改进食堂工作，改善居住条件，改进生活日用品的供应和交通方面，也都做了一些工作。历年来有些省、市在组织教师的暑期休养方面，有了显著成绩，有的还在工会联合会支持下，在各地工人疗养院中取得了一部分床位，解决了一些教育、科学工作者的疗养问题。教师俱乐部、图书馆正在日益增加。农村中的"教师日"活动也在逐步开展。各种业余艺术活动组织更加活跃。今年全国总工会及某些省、市工会联合会都先后拨出了一部分钱来解决教师们的文化物质生活方面的问题。教工系统的钟声体育协会正在建立组织，开展工作。此外，工会还在职工和其家属中进行了业余教育工作。

6年来，我们的工作取得了一定的成绩，但也存在着许多缺点。有的甚至是错误。我们必须实事求是的正视这些缺点和错误，以便切实改进我们今后的工作。

各级工会组织的民主生活很不健全。全国委员会就没有照工会章程按时召开代表大会。在发展会员上存在着相当严重的关门主义。工会还没有成为群众的讲坛，使群众能畅所欲言，实行自己的民主权利。集体领导和个人负责的制度也没有健全地建立起来。这就是工会组织缺乏战斗性的主要原因之一。

工会组织和行政部门之间的关系不够正常。一方面，工会许多工作得不到行政的支持；另方面，工会对行政某些方面应有的帮助和监督也难于进行，很大的影响了工会群众工作的开展。

全国委员会对下级工会缺乏经常的、具体的领导，对党中央和中华全国总工会的汇报、请示工作也很不经常。

我们工会组织，特别是全国委员会，对群众的各种困难，关心得很不够。既少替群众说话，又没有把群众自己交的钱和国家为改善教工生活的拨款，很好地、全部地用到群众身上去，目前在一些农村里还存在着政治上的歧视教师，甚至违法乱纪，任意侵犯教师人权的现象。教师的劳动不受尊重，随便什么机关、什么干部都可以把教师呼来唤去，任意支使，致使教师得不到休息，也没有时间进修，甚至无法把书教好。我们对于这种侵犯教师权利的行为，没有挺身而出，进行斗争，没有很好地起到保护群众利益的作用。

产生以上这些缺点和错误的原因主要是我们的领导思想、工作作风和工作方法严重地脱离了实际，脱离了群众。我们对于教育、科学工作者的特点缺乏具体分析和研究，对于工会在学校和科学研究机关的作用、任务，长期不明确。这样在指导工作时，就不免因为从一般规律出发而产生片面性。例如由于我们对"面向教学"的认识是片面的，因此只强调了交流经验一方面，而忽视了改进工作条件一方面。其结果是行政部门应该作或并非工会非作不可的事情作了；而群众迫切要求又是工会应该作的事情，反而没有作或作的不够。加上我们工作作风不深入，对群众的实际情况了解得不够，也没有依靠群众的智慧和力量解决群众自己的问题。这就是我们工作中的缺点和错误的根源。我们负责全国委员会领导工作的同志，深感有负党和广大教育、科学工作者对我们的付托，这是我们应当作自我检讨和让同志们批评的。

教育工会的当前任务

当前我国教育界和科学界的根本问题，就是周恩来同志指出的："我们的知识分子的力量，无论在数量方面、业务水平方面、政治觉悟方面，都不足以适应社会主义建设急速发展的需要。"因此，教育工会当前的任务应该是：

在党的领导下，发挥工会组织的共产主义学校的作用，团结、教育全体教育、科学工作者，提高他们的政治觉悟和社会主义积极性；动员和组织群众向文化进军、向科学进军，提高教育质量和工作水平；深入群众，以顽强的精神从各方面保护群众的利益，努力帮助他们创造工作条件，解决生活、学习上的各种困难，反对一切漠视群众疾苦的官僚主义作风；不断扩大先进工作者的队伍；有效地按期地完成国家的教育计划和科学研究计划，为提高人民的文化水平，培养社会主义建设的新生力量，为使我国的科学技术迅速赶上世界先进水平而奋斗。

为了保证完成这一任务，教育工会必须加强以下几个方面的工作：

第一，协同行政和其他有关方面，广泛深入地展开群众业务工作，其方式为：

一、召开生产会议，充分吸引教育工作者为改进工作，克服领导者的官僚主义，和解决工作中的重大问题，积极提出自己的意见；交流先进经验，发动群众及时检查工作计划的执行情况，开展批评与自我批评，特别是自下而上的批评；教育群众以社会主义的劳动态度对待工作，培养自觉的劳动纪律。这是吸引群众参加学校管理和完成教学任务的一种有效方式。

二、组织群众提合理化建议。可以通过工会的各种会议、建议箱、黑板报或其他方式来做。这样既能发挥群众主人翁的责任感，也能密切领导与群众的联系。

三、总结交流先进经验，定期表扬、评选和奖励先进人物。这项工作在高等学校和科学研究机关的教学人员和研究人员中不一定推行，但在中小学推行可以起很好的作用。要做好这项工作，就要求工会与行政通力合作，关心教师的进步和成绩，总结其经验，定期评选与奖励（一般以学校为单位，一年评奖一次为宜）。在评选过程中，要防止造成忙乱，也要避免自上而下指定的办法。

要提高教育、科学工作者的业务水平，就应该为他们创造必要的工作条件。这虽然是行政部门职责分内的事，但工会也负有重大责任。这里包括工作时间、图书、仪器、工作环境等问题（在高等学校及科学研究机关还包括助手问题）。工会在这里的作用，一是深入群众，收集意见，鼓励并支持群众的建议；一是协助和督促行政部门改进一些不合理的制度，充分挖掘潜力，尽可能地满足群众的要求。

第二，必须克服官僚主义，全面关怀群众物质文化生活的改善。

教育、科学工作者在物质生活上还存在以下几个严重问题：

一、国家为教育、科学工作者设置了福利费，实行了公费医疗，解决了不少问题。但年老退休、因病退职、家属医疗、多子女补助、伤亡抚恤、疗养、休养等问题，由于没有实行劳动保险，尚未解决。

二、生活困难问题，由于福利费没有用好，还没有很好地解决。

三、工资待遇上还存在着程度不同的"同工不同酬"和"平均主义"的现象。

四、公费医疗、住房、伙食、交通、生活供应等方面，都还存在着很多问题。

教育工会面对着这些问题，应该怎么办呢？

周恩来同志曾明确地指示："工会的工作人员应该深入群众，用顽强的精神为本单位的会员解决各种生活困难，这应该是各种知识分子工会的一项重要任务。"本着这一指示，我们要积极发挥工会的监督作用。为此必须经常关心群众的生活，了解群众的意见和要求，经过研究分析以后，及时地向行政及其他有关方面反映情况，提出具体建议，并促其实现。例如监督和协助行政办好食堂，逐步解决住房问题，督促合作社、书店做好供应工作，建议并监督卫生部门改进医疗工作等。对于歧视教师的现象，教育工会更必须在党的领导下，坚决与侵犯教师人权的行为作斗争，一直到纠正这种现象为止。

工会应主动地协助并监督行政用好福利费，充分做到把钱用到解决群众生活困难上，不许挪用、积压。应积极研究和进行有关实施社会保险的准备工作。应取得地方工会的支持，争取从各地疗养院、休养所中拨出一部分床位，供教育、科学工作者使用。

工会应参加今年的工资改革工作（应包括私立学校在内），切实协同并监督行政贯彻中央的工资政策及工资改革方案，首先要组织群众学习，以便充分发挥群众在这方面的监督作用，对违反工资政策的现象进行斗争，同时结合这一工作，把工会的群众工资工作及其机构建立起来。

工会要本着积极整顿、大力发展的方针，加强互助储金会的领导。

工会还要积极贯彻今年全国委员会与教育部及高等教育部发布的《关于教工托儿所工作的指示》，协助并督促行政努力把托儿所办好，有计划地用多种多样方式发展托儿所组织，争取更多地解决女教师的托儿问题。

在关心和争取解决群众生活困难的同时，工会还必须向群众进行社会主义前途的教育，强调发扬艰苦奋斗、厉行节约、克服困难的精神，批判那些万事都依靠公家解决的思想。

在改善教师的文化生活方面，工会负有特别重大的责任：

工会应积极和行政协商，尽可能利用现有条件建立俱乐部；已建立俱乐部的单位，要根据不同对象的要求，安排各种活动，反对千篇一律、简单从事。

在农村应学习苏联教育工会的经验，广泛开展"教师日"活动。

要改进图书馆工作，使群众阅书和借书方便；要根据群众需要添购新书。

要在有条件的地区，组织各种业余艺术团体，如音乐、舞蹈、摄影小组等。

城市基层还可以建立代购入场券制度（电影、戏剧等等）；远在郊外的基层，可单独或联合与文艺团体联系，到学校演出。

工会还应积极参加推广普通话和进行业余教育的工作。

广泛开展体育活动是工会组织的一项重要工作，为了加强对群众体育运动的领导，各地应把钟声体育协会各级理事会建立起来。

第三，加强对群众的政治思想工作，帮助群众以自我教育的方法，进一步提高政治思想水平。

政治理论学习是知识分子进行自我教育的一条重要途径。它是由党委直接领导进行的。工会的责任是协助党委组织各种讲演会（包括时事、政策报告和学术讲演）及其他辅助工作。此外，工会还应从各方面帮助群众，改善学习条件，交流学习经验，向党委反映学习情况和问题，作为党委改进学习领导的根据。

知识分子自我教育的另一条重要途径是参加对社会生活的观察和实

践。工会必须有计划地大力组织群众,进行各种参观、访问和旅行,以扩大他们的眼界,丰富他们的知识,并借此对他们进行生动的共产主义、爱国主义教育。

加强小组工作,使小组会真正成为群众开展批评、自我批评的场所,在这里能够做到透露思想,实现同志式的相互帮助,达到自我教育的目的。这就要求小组会能够经常开(不一定开的多),并有准备地开。

帮助群众以自我教育的方法提高觉悟程度,绝不是只有上面说的几条。工会在自己进行的各项工作中,都必须多想办法,以便通过各种群众性的具体活动来发挥共产主义学校的作用。

第四,加强组织建设,保证工会的政治任务和各项工作的胜利完成。

根据中华全国总工会《关于加强产业工会工作的决议》,教育工会要在今、明两年内逐步实行系统领导,这是摆在我们眼前的一项重大任务。我们必须采取一系列的措施来加强组织建设工作。主要是:

积极发展会员,切实纠正关门主义倾向。要求在1957年底会员人数达到职工总人数的80%至90%。

建立和健全组织机构。要求省、市、县凡没有开过代表大会的或按章程逾期未开的,在今、明两年内召开代表大会,选举领导机构。基层必须普遍在今年内召开会员大会(或代表大会)总结工作,进行选举。

训练干部。解决实行系统领导所需的干部,除了必须调进和在现有干部中提拔外,主要还要加强训练。对专职干部,要在一定时期内离职轮训一遍。对积极分子,要采取短期训练或开会的方式,全部轮训。为了适应财务垂直管理及准备实施社会保险,尤宜及早补充并训练这两方面的干部。

为了加强教育工会的工作,提早实现系统领导,必须依靠地方工会的领导和监督,才能把自己的工作做好。

各级工会组织今后必须大力健全民主生活和贯彻集体领导和个人负责制度，切实改进脱离群众、脱离实际的工作作风。必须遵照工会章程按期选举，按期在会员大会或代表大会上报告工作，必须向群众公布账目，以便把工会的全部工作放在群众的监督之下。领导干部要拿出一定的时间深入群众，调查研究，指导工作。

最后，工会组织和每一个会员，都要在党的领导下正确地发挥群众监督作用。监督的目的是为了贯彻党和国家的政策法令，保护群众的利益。实行监督可以吸引群众关心学校整个工作的改进，是帮助行政克服缺点、提高工作的重要方式之一。监督一方面是在同志合作的基础上对行政工作给以有效的帮助；另方面是对违反党和国家政策、法令和损害群众利益的官僚主义现象进行必要的斗争。监督的内容一般包括监督行政正确地执行国家计划及工资制度，正确地使用改善工作条件和生活条件的拨款，执行会议决议和实现对群众建议的诺言。

用科学知识武装劳动人民 *

——为纪念中华全国科学技术普及协会六周年而作

（1956年8月26日）

"向科学进军"的浪潮，正在全国风起云涌地兴起。劳动人民要求学习科学技术知识，科学技术工作者用科学知识武装劳动人民，都从来没有像今天这样迫切。

"我们再不学习科学技术就不能前进了。"这是工农业生产战线上劳动人民普遍的呼声。湖北省科普协会江岸机车车辆厂科普会员工作组，配合工资改革，举办了不同工种的七个关于新技术标准的技术讲座，都受到了工人们的热烈欢迎。参加钳工技术讲座听讲的有二百人，从6月14日开课到结束，没有一个工人迟到或早退，在每次上课的时候，不仅教室里挤满了人，就是门口窗口也是拥挤不堪。课后不论在车间或在宿舍里，只要是在休息时间，工人们就把口袋里的新技术标准手册掏出来，聚精会神地阅读或互相研究。浙江杭县农场的农业科学技术讲座，受到当地干部、农民的普遍欢迎，成了四个乡、二十四个社的农业学校。学员们不管天气怎样，路有多远，都赶来听课，听了课跑回去十来里路也不讲苦，比看戏还有兴趣。许多农业社干部说："学习科学技术就是再远一些，我们也愿意去。"

---

* 录自《人民日报》1956年8月26日，第7版。

科学技术工作者认识到用科学知识武装劳动人民是一项光荣任务，迫切地要求做科学普及工作。前天津市电业局的技术员赵良臣、陈永德同志经常在天津市第一文化宫作系统的技术讲演，他们调到北京工作以后，还照常坚持在星期天赶到天津去讲演。华中工学院赵学田教授，在创造了机械工人速成看图法，解决了机械工人中普遍存在的看图纸的困难后，全国机械工人普遍学习这个速成看图法。今年他又创造了机械工人速成画图法。苏州一位五十六岁的医师俞伯平先生从抗美援朝到现在，不辞辛劳地为工人、农民、干部、学生、居民等作过四百七十八次卫生讲演，听众达十二万六千五百四十九人之多。向劳动人民宣传卫生知识已经成为他的爱好。

在广大群众积极学习科学技术知识的新的形势下，中华全国科学技术普及协会各级组织，在党的领导和有关部门的支持和合作下，积极地把科学普及工作推向各个厂矿，推向农村。

今年以来，协会的组织工作和宣传工作都以飞跃的速度进展着。除新疆、西藏两个地区外，全国二十六个省（自治区）和直辖市都建立了协会的分会组织。协会在县、省辖市的支会组织，会员和会员工作组，每日都有新的发展。到目前，支会已由一百一十个发展到约五百个。1955年底，全会会员人数只不过三万八千多人，会员工作组只不过六百六十多个，而今年4月到6月份里，仅上海一市，会员已从四千五百人发展到一万二千二百人，会员工作组已从一百三十个发展到四百六十个。协会的组织还在继续不断地扩大着，湖北、湖南、安徽、江苏、江西等省将在今年年底前在全省县、市普遍建立起支会。

过去，协会平均每年讲演一万次，而今年的任务则比往年多几十倍。不论农村和部队方面都有增加，仅就职工方面来说，今年全国总工会就要求协会为工会系统的每个基层俱乐部每月讲演四次，每个地区俱乐部每月讲演六次。这个任务是巨大的。近几个月来，全国总工会和协会正为满足这样的要求而采取了一系列的措施。许多省、市按照协会的宣传方针结合生产、结合实际和群众需要，开展以小型多样、通俗易懂、生动活泼、自愿吸引的原则举办科学技术讲演。在协会基层组织中强调协会会员工作组在基层厂矿党委领导下，在基层工会的密切合作下，自主自动地开展工作。哈尔滨的许多工厂每月能进行十次以上的讲演，如四百四十九厂的工人听了电火花纯化先进经验的介绍后，刀具寿命延长三倍到五倍，听了苞米铣刀先进经验的介绍后，铣工效率提高三点三倍。天津国棉四厂6月中旬至7月中旬的一个月内进行了先进经验交流会、技术学习、自然科学讲演等二十多次，这个厂电动部全体工人参加了技术学习班，他们说："每一次讲课讲两堂，每堂五十分钟，不知不觉就下课了，时间太短。"山西机器厂在7月15日一天时间内举办了锻、铆、铣、焊等十二个讲座，各工种的工人和技术人员都来参加。南京市自今年4月以来，已开始将科学普及工作推向基层，到7月，科普协会已同几个主要产业工会，签订了协作合同，二百人以上的工厂有60％都举办了科学技术讲演，发展了协会会员，其余各厂也正在制定计划开始进行。上海市的组织工作和宣传活动已广泛地开展，十七个产业中绝大部分已经动起来了。

  协会的出版事业也有了很大的发展。今年协会除继续出版《科学大众》和《科学画报》两个刊物外，还创办了《知识就是力量》和《学科学》两种杂志。《知识就是力量》（共五期）是苏联劳动后备总局机关刊物《知识就是力量》编辑部为中国青年工人编的。到今年8月，五期出版完毕后，中国劳动部和协会为使这个中苏人民友谊的花朵永远繁荣下去，将继续出版这个杂志。今年上半年，仅协会总会出版的小册子有七十五种，印数三百七十六万二千册。协会为了更多、更快、更好、更省地出版通俗科学宣传读物和创造配合讲演用的形象资料，分别于今年成立了科学普及出版社和两个科普形象资料厂。

六年来，协会的工作在各级党委的领导下虽然取得了一些成绩，但无论从工作的质量或数量来说，都赶不上劳动人民对科学技术知识的需要。这就需要我们贯彻中共中央对文化艺术和科学工作所提出的"百花齐放，百家争鸣"的方针，把科学普及工作做得更丰富多采，为满足全国人民积极学习科学技术知识的要求而奋斗。

科学技术工作者们，动员起来，肩负起用科学知识武装劳动人民的神圣职责！

让青年发挥更多的独立精神 *

（1956 年 8 月）

目前在我们的教育工作中，存在着一种对青年事事干涉、管束太严的现象，这种现象显然是不健康的，是一种封建的管教方法。记得前清末年，我们在私塾里念书的时候，学生每天都得填一张"功过格"，那就是把自己一天几个功、几个过都填在一张格纸上，连起居饮食都不例外。今天公开提倡用"功过格"来管束学生的恐怕是没有了，但在某些教育者身上，旧的传统影响还没有完全消除。譬如听说有的学校班主任把班里的学生编成几个小组，互相监视，遇着某人有缺点便暗自记在本子上，等到有机会就狠狠地批评一通；有的学校订立了所谓"今天做什么和怎样做"的规则，有十六项五十六条之多，差不多都是些生活细节，如"怎样洗碗，怎样放碗"，"上课下课时鼓掌五下或六下"等等。这些烦琐的清规戒律，难道不是和封建的"功过格"很相似吗？

社会主义时代的青年，应该有远大的理想和抱负，确信共产主义事业的必然胜利；应该具有勇敢、诚实、开朗、活泼、乐观、朝气蓬勃的性格。很显然的，用封建的管教方法是不可能培养出社会主义的新人来的。它只能束缚青年个性的健康发展，使青年变得谨小慎微，拘拘束束，奉命惟谨，不敢发挥独立思考和大胆创造。试问这样的青年怎末能担当

---

* 录自《中国青年》1956 年第 15 期，第 2～3 页。

起建设社会主义和共产主义的艰巨任务呢？

在教育方法上，我们应该防止两种偏向：一种是管束太严、太死板，这是封建的教育方法；另一种是极端的自由放任，这是资产阶级的教育方法。这两种教育方法都是非常有害的。资产阶级教育的危害，我是亲眼看见过的。我在法国巴黎大学留学时，曾经在上法学史一课时看到一种怪现象，开头上课的学生还不少，后来都溜光了，只剩下两三个学生听讲；上其他课的学生大部分也不去听课，在家里玩，等到考试时把一种为答问而编的要点看一遍去应付一下。这些学生读书的目的并不在求真才实学，而仅仅是混一张文凭而已。这种极端放任的教育，我们是要反对的。为了反对自由散漫，我们必须加强各项必要的管理制度和严格的组织纪律，这是完全对的；但正像古人所说，"扶得东来西又倒"，在反对自由散漫以后，结果现在有些地方又偏到另一个极端去；甚至某些地方竟采用了封建管教的方法，来反对自由放任，因而束缚了青年的积极性和创造性，这就是错误的了。当然，今后我们还应该防止资产阶级的自由放任的教育方法。不要因为反对干涉限制过多，就把一切必要的生活规则和制度都反掉了，那也是不好的。

我们的教育方法应该是"严"和"宽"相结合的。原则问题应该严，非原则问题应该宽。什么是原则问题呢？我以为主要的就是要鼓励青年对共产主义事业有坚定的信仰；要有努力学习的勇气，斗争的勇气；要认真学习马克思列宁主义理论，培养共产主义的道德品质。至于青年的生活细节，比如怎样洗碗，怎样梳辫子，怎样穿衣服等事，那就不应该多费唇舌了。目前我们有些学校里所采取的类似"婆婆管媳妇"的办法，除了限制青年的正当个性发展以外，实际效果很少，往往是弄得许多重大的原则问题遗漏掉了，而一些生活琐事却总是斤斤较量；在肃反时就曾发现有的青年在生活上道貌岸然，表面显得很"老实"，但思想上连革命和反革命界限都划不清，甚至被反革命分子所利用，这就说明我们有些教育工作者是"明足以察秋毫之末，而不见舆薪"的。

一般来说，我们的课堂纪律要严，不能像资产阶级学校那样随随便便；课堂纪律严些，可以督促学生认真学习，使他们得到真才实学，这个严是有好处的，但这个所谓"严"，也绝不是要把学生管得很死，生硬灌输，限制学生的独立思考和创造性；尤其是大学生，知识水平较高，理性更发达，应该发挥更多的独立精神。至于课余活动和休息娱乐，那就更应该让学生自由支配，不能横加干涉。休息就是休息，各人有各人的休息法，这里面有各人的个性自由；强迫大家做一样的休息，弄得精神紧张、思想苦闷，这叫什么休息呢？孩子们精神好的时候喜欢蹦蹦跳跳，就让他蹦蹦跳跳；精神不好愿意躺着休息休息也行，看看文艺小说也不坏。在课余时间应该让学生更多地做他们喜爱而有益的事情，使他们的个性得到多方面的发展。

我以为，有些地方的教育工作者和青年团的干部似乎过分性急了一些。他们巴不得一下子把什么工作都做好，不分主次，不分轻重，结果弄得"百废俱兴，百废不举"。比如提倡"三好"，某些干部就巴不得青年一下子什么都好，什么都会。既要门门功课考五分，又要什么社会活动都一律参加，而且文娱活动、体育锻炼项项都要成为能手，这怎末可能呢？势必会弄成强迫命令，搞得大家都劳而无功。我们干部的积极性是好的，但太性急了也会弄坏事情的。据说现在报刊揭发了一些干涉限制青年积极性的现象，有的干部看了又说，"既然干涉限制不好，以后就什么都不要管了"，这种想法也是走极端。我们反对过多的干涉限制，决不是提倡资产阶级的自由散漫，主要的是要实事求是地来做工作。

教人毕竟和炼钢不同。人固然也要千锤百炼，但钢是死的，人是活的；人不可以用一付死的框子去套。根本的问题在于多讲道理，耐心教育。

青年总是有缺点的。完人世界上恐怕没有。从前皇帝把他所谓的"好人"捧得像神圣一样，赐谥号叫"文正公"，就是既有"文才"又是"正心诚意"的"完人"，可以为百世师，并且把他送入孔庙，其实这样的人也决不是什么"完人"。斯大林问题的揭发使我们认识问题和对人的看法又提高到一个新的阶段，它使我们认识到不要把人看得神圣化了。对青年的缺点尤其不能绝对化。当然批评、责备有时也是必要的，譬如有的青年比较脆弱，胸襟狭窄；有点成绩就容易骄傲自满；和人家争论问题时错了不认输，对别人好的意见也不肯心悦诚服等等。对于青年这些缺点，最主要的应该是引导他们善于学习，增长知识，开拓眼界。人类已跨入了原子能时代。现在的宇宙真好像越来越缩小了。人们正在研究怎样制造地球的卫星，如何飞到别的星球中去。如果青年能懂得中外古今更多的新知识，就会感觉世界的变化无穷，一人的知识有限，那末他也就骄傲不起来了。青年有理想，有气魄，那末他们战胜困难改造宇宙的勇气也就应运而生了。

关于中国文字改革的问题 *

——在中共第八次全国代表大会上的发言

（1956年9月26日）

我完全同意毛泽东同志的开幕词，刘少奇同志、周恩来同志和邓小平同志的报告。对于中央关于发展国民经济的第二个五年计划的建议和党章修改草案我都同意。

现在我想就中国文字改革问题，向大会提供一点意见。

我要说的文字改革，是指我国汉民族许多年来用以书写语言的那种方块汉字的改革。文字只是记录语言的一种工具、一套符号，改革语言的书写符号并不是改革语言本身，因此决不能把文字改革误会为要改变语言。语言是不能用人为的方法加以改革的。并且，汉民族的语言是世界上最发达最优秀的语言之一。它能够表达出十分丰富的思想感情，博大精深的学说理论，英勇奋斗的民族历史，丰富多采的民族文艺，以至鲁迅和毛泽东同志的杰出的著作，都是用这种语言来表达的。

汉语改革这样的问题并不存在。问题是在于如何改革书写汉语的方块汉字。汉字在历史上经过了许多次改革，如从大篆、小篆到隶书、草书和楷书等等。汉字尽管已经进行了许多次改革，但是还没有改变原来

---

* 录自《光明日报》1956年9月29日，第4版。据《吴玉章年谱》第453页记载：1956年9月15日—27日，出席中国共产党第八次全国代表大会，为主席团成员。在26日的大会上作此发言。

方块字的体系；由于汉字不是拼音文字，在教学、书写以及实用方面，造成了许多困难。因此，早在三百多年以前，就有人主张用拉丁字母拼写汉语。六十年前，当清朝末年，卢戆章、王照、劳乃宣等都作过改革汉字的尝试。辛亥革命以后，产生了读音统一和国语运动。汉字简化运动，国语罗马字运动，一直到拉丁化新文字运动。几十年来，中国各阶级各阶层的爱国人士，为了普及教育和提高我国人民的文化水平，都提出过改革汉字的主张。鲁迅是最坚决主张文字改革的，他曾经说过："汉字的艰深使全中国大多数的人民，永远和前进的文化隔离"。

我们党很早就重视文字改革的工作。从一九二二年到一九三〇年，瞿秋白同志就着手研究文字改革问题，一九三一年产生了拉丁化新文字方案。一九四〇年毛泽东同志在《新民主主义论》里曾经指出："文字必须在一定条件下加以改革，言语必须接近民众。"一九四一年在陕甘宁边区曾经试用拉丁化新文字扫除文盲，获得了一定的成绩。在山东、东北和其他一些地区都作过拉丁化新文字的试验。群众的反映是良好的。但是我们的工作仍然有不少缺点。我们对于汉字改革工作的复杂性和艰巨性估计不足，只凭主观愿望，急于求成，以为有了拼音方案就可以立即代替汉字。这种想法是脱离实际的，因此没有能够收到预期的效果，并且使一部分群众对于文字能否改革引起了怀疑。

解放以后，我国实现了前所未有的统一的局面，文字改革工作具备了更加有利的条件，同时也成为一项更加迫切的任务。广大的劳动人民在政治和经济方面得到了翻身以后，十分迫切地要求读书、看报，要求知识和文化。因此汉字的难学、难记、难写、难读成为克服我国文化落后状态的主要障碍。由于汉字教学的困难，我国中小学普通教育需要十二年，而苏联和现代许多采用拼音文字母国家的普通教育一般只要十年，这就是说，每一个中国人都要在这上面多化费两年工夫。我国报纸的销数按照人口比例来说，也比苏联和其他人民民主国家少得多。我国大量的文盲还不能在短时期内完全扫除，汉字的艰难虽然不是唯一原因，但确实是主要的原因之一。

社会主义建设要求大大提高工人农民的文化水平和技术知识，要求我国科学，在一个比较短的时期内达到世界的先进水平。科学、文化、技术的提高，对于我国工业化的进展，具有决定性的作用。但是如果汉字不加以彻底的改革，中国人民就必须在学习和使用文字工具上面，耗费掉过多的时间和劳动力，这样，汉字将成为向科学和文化进军的障碍，对于社会主义建设是不利的。

因此，党应当把文字改革当作一项重要的政治任务，当作社会主义建设事业的一个组成部分。对于文字改革采取急躁冒进的办法是不对的，但是采取消极保守的态度，认为文字改革是不急之务，也是错误的。

我国进入社会主义革命之后，党中央对于文字改革采取了积极的稳步前进的方针。这个方针是：汉字必须改革，汉字改革要走世界文字共同的拼音方向；在实现拼音化以前，必须简化汉字，以应目前的需要，同时积极进行拼音化的各项准备工作。

采取了积极的稳步前进的方针之后，这二三年来文字改革工作已经有了初步的成就。首先是汉字简化和书报公文的横排横写，已经在全国开始推行。《汉字简化方案》已于今年一月由国务院公布，现在已经正式推行的简化字有二百三十三个，在书报上试用的有一百二十五个。但是群众现在习惯使用的，还不止这个数目。这一项工作，还有不少缺点，个别的字简化得不完全恰当，应当继续研究改善。但是整个汉字简化工作是受到广大的人民群众热烈拥护的。

推广普通话的工作现在已经开始，一九五五年全国文字改革会议决定大力推广汉民族共同语，这就是以北京语音为标准音，以北方话为基础方言的普通话。由于我国地域广大，读音不统一，汉语存在严重的方言分歧，这是对于我国社会主义建设事业不利的。为了我国政治、经济、国防和文化的进一步统一和发展，我们必须在汉民族中大力推广普通话的教学和使用。但是推广普通话，统一汉民族语言，仍然是长期的艰巨的工作，并且要依靠群众的力量，根据群众的志愿，逐步推行，现在还不过是开端。

汉语拼音方案，采用罗马字母，即拉丁字母，这是确定了的。因为拉丁字母是现代大多数的民族语言中所公用的字母，并且是为我国知识界所已经熟悉的一种字母。用国际通用的字母书写汉语，正象我们采取公历、公里、公斤一样，决不会损害我们的民族文化。中国文字改革委员会今年二月发表了一个《汉语拼音方案（草案）》经过全国各方面人士的讨论，获得绝大多数人士的支持和拥护。但是对于字母表的具体内容，还有不少不同的意见，还在继续讨论和研究，估计不久之后可以作出最后的修订，由政府公布。拼音方案，在目前主要的用途，是为了给汉字注音和用作教学普通话的工具，同时用以进行拼音文字的试验工作。

我们有了拼音方案，并不就等于有了拼音文字。因为要把汉字改成拼音文字，光是有了一套字母还不行，一定要解决词的连写规则，同音字如何区别的问题，词的定型化问题，汉语中间的文言成分和外来语如何拼写的问题等等。这些问题的解决，需要十分复杂的细致的研究和试验工作，要集中全国语言科学者的力量，才能够做好。这些工作做好了，我们才算有了一种拼音新文字，但是这种拼音新文字，仍然要在群众中间，经过试教、试学、试用，然后逐步推行。可想而知，这样就不是三年五年就可以做到，而要有一个过渡时期。在过渡时期中，汉字仍然要继续使用，这是毫无疑问的。那个时候，各种书刊可以单独使用汉字，也可以用汉字和拼音文字对照，或者分别印成两种文字的版本，使得已识汉字的人很容易学会拼音文字。即使拼音文字在全国推行之后，为了研究我国古代典籍，汉字仍然要在中等学校或者高等学校内继续教学，社会上仍然会有一大部分人阅读和书写汉字。因此汉字要不要废除的问题是不存在的。一般学会汉字的，听到了文字改革，就以为要废除汉字了，自己要变成文盲了。还有些人以为文字改革将使我国丰富的民族文化遗产无法保存下来。这种种想法完全是不必要的过虑。

  关于文字改革工作，我所要说明的，就是这些。中央关于发展国民经济的第二个五年计划的建议中，已经列入"有计划有步骤地推行文字改革"这一项，我完全赞成。这一项工作是十分重要的，也是十分艰巨的。应当明白，文字改革工作，是和全国极大多数人民的目前利益和长远利益密切相关的。我们工作的目的是为了替迫切需要文化知识的广大劳动群众解决困难，同时也不能不照顾到中国知识分子对旧文字的使用习惯和思想情感。因此，在这一项工作中，也正象在一切革命工作中一样，只有坚决地克服主观主义，才能使我们在工作中不犯错误或少犯错误。在这一项工作中，既要避免急躁冒进，也决不能消极观望；要依靠群众的智慧和力量，但也要尽量听取专家学者们的意见。我迫切地期望我们全党同志在中央领导之下，和全国人民一道，共同努力，完成我们前人所未能完成的这一项伟大事业。

为中小学教师说几句话*

（1956年9月）

在本年8月中国教育工会第二次全国代表大会上，反映出目前我国中小学教师在工作上和生活上还存在着一些严重问题。除了工资过低、住宅不够等生活困难之外，主要是工作负担过重和政治上受歧视。

工作负担过重的原因有几个：一是编制小。小学多是一人包一班，农村很多是一人包一校；中学课堂教学一般每周16至18小时，还要备课、批改作业、课外指导、代缺席教师上课等等。一是外来干扰太多。这点城市也有，尤以农村为甚。农村任何一个干部都可以对小学教师呼来唤去，任意差使，合作社叫记工分，征粮叫算帐，区乡干部叫写总结、刻蜡板。此外查灾、看仓、扫盲、抢收、春节文娱活动、布置会场、贴标语等等举不胜举，无一不是小学教师的事。一个是教学中的形式主义。如过于苛刻地要求写教案、填表报等等。当然教师本身业务水平低也是不容讳言的。正因为如此，教师们迫切需要进修。但正是由于负担过重，时间被侵占，使他们无法做好自己的工作，更谈不到进修了。

教师受歧视、轻视的现象，虽经中央历次指示纠正，至今还是存在的。上述对教师的任意差使，实际上也是歧视之一种。此外还表现干部对教师责罚打骂、搜查人身、擅自禁闭；农村教师职业无保证，随便可

---

* 录自《吴玉章教育文集》，四川教育出版社1989年版，第349～350页。

以解雇；许多教师长期"试用"，有的教了四年书，成了先进工作者，还在"试用"。甚至在医疗待遇、粮食供应上也受到不平等待遇。至于在发展党员上，对中小学教师普遍关门，湖北大冶 1 300 个教师中只有 4 个党员。

在解决上述问题中，教育工会各级组织本应代群众说话，为他们做一些事。但教育工会在这点上却一般都表现得软弱无力。这当然主要是教育工会本身有缺点。但是如果各级党委不重视教育工会，不切实领导它，不在干部上支持它，这一情况就很难改变。我希望各级党委把教育工会的工作重视起来。我建议：（一）省、市、县党委要有固定的常委领导教育工会的工作，党委会要定期讨论教育工会的工作。（二）各级党组织要教育并动员党、团员重视并积极参加工会的工作及各项活动，使教育工会能够真正起到党联系群众的纽带作用，把教育工作者紧密地团结到党的周围。（三）由各级党委配备一定数量的德才兼备的干部从事教育工会的工作，使教育工会能在工作中贯彻党的团结、教育、改造知识分子的政策。

纪念辛亥革命四十五周年*

（1956年10月9日）

辛亥革命是近代中国的一次伟大的民主主义革命，它是中国旧民主主义革命的最高的也是最后的一次浪潮。这次革命虽然未能彻底完成反帝反封建的任务，但是，它在中国近代史上仍放射着灿烂的光芒。

辛亥革命推翻了清朝政府近三百年的血腥统治，最后地结束了在中国继续两千多年的君主专制制度。它大大地宣扬了民主主义的思想，使民主共和国的观念深入人心，从此中国的政治生活更加沸腾起来了。辛亥革命在一定程度上打击了帝国主义和封建主义在中国的统治，使中国资本主义有了进一步的发展，同时也促进了中国工人阶级的迅速发展。因此可以说，辛亥革命给即将到来的"五四"运动做了准备。当然，"五四"运动的爆发，是同当时中国的社会经济的发展和第一次世界大战以及俄国十月革命有关系，但它同辛亥革命也有很大的关系。中国人民欢迎了辛亥革命的民主主义思想，吸取了辛亥革命失败的教训，就很容易接受新的革命理论，就会在辛亥革命没有彻底完成反帝反封建的基础上，给辛亥革命来个彻底的补课。所以我们说，辛亥革命推进了中国人民的解放斗争。同时，它还飞越了国境传布到全世界，唤醒了沉睡的亚洲，震撼了腐朽的国际帝国主义。

---

* 录自《历史文集》，人民出版社1963年版，第68～72页。

辛亥革命能获得这样伟大的功绩和这样广泛的影响决不是偶然的。辛亥革命发生的时候，正是中国深深地沦为半殖民地半封建的时候。在辛亥革命以前，中国人民为了反对帝国主义和封建主义的压迫，曾进行了无数次的英勇斗争。但它们都被外国侵略者和它所支持的清朝政府镇压下去了。革命的运动虽被镇压下去了，但革命的怒火并未因此熄灭，反而由于统治者的进一步加强统治，更炽烈地燃烧起来了。由于帝国主义列强的进一步侵凌以及清朝政府的捐税和地主的剥削加重，使中国农村的自然经济遭到严重破坏，城市手工业也渐渐萎缩。因此，农民和手工业者纷纷起来"抗捐""抗税""抢米"，不断进行斗争。同时中国资本主义也发展起来了。到二十世纪初，中国资产阶级已经形成了一个独立的阶级。中国资产阶级为了本身的发展，感到了外国资本的威胁，对于国内的政治改革也较关心。至于居住在国外的中国资产阶级，也就是华侨资产阶级，由于他们与国内封建统治阶级联系较少，同时在海外接触到了西方资本主义文化，又受到外国统治者的歧视，所以他们容易产生革命情绪。这时，就连地主阶级中的一部分爱国分子因不满帝国主义的压迫和清朝政府的统治，也在寻求经济上和政治上的出路。

到十九世纪末、二十世纪初，戊戌变法失败，义和团暴动，八国联军攻入北京，清朝政府丧权辱国，国内的政治危机正在急速地增长着。已经觉悟的人们开始宣传革命思想，不久就出现了一些地方性的革命团体。伟大的民主主义革命家孙中山于一八九四年即在华侨中建立了兴中会。兴中会是中国资产阶级最早的革命团体。到了一九○五年，在孙中山努力策划下把他的兴中会和黄兴、宋教仁等领导的华兴会与蔡元培、章炳麟等领导的光复会等革命团体及留日学生中的革命分子联合起来，建立了中国同盟会。同盟会的建立是革命运动中的一个重大发展。它把全中国的革命团体和人民吸引成为一个伟大的革命力量。又由于它制定了一个较完整的包括各阶级要求的革命纲领，使几种抱有革命思想的人联合成为一个革命统一战线。同盟会的纲领是"驱除鞑虏，恢复中华，创立民国，平均地权"。这个纲领也就是孙中山所说的民族、民权、民生的三民主义。同盟会把三民主义做为自己的指导思想，可以说是同盟会和它的领袖孙中山对革命的一大贡献。有了革命的理论就鼓舞、团结了革命人民，使中国革命有了新的面貌。

孙中山当时所提出的三民主义，在中国历史上是一个伟大的进步。他大胆地提出了解救中国社会危机和争取祖国独立、自由、民主、富强的方法。

在他的民族主义里，中心思想是推翻清朝政府的统治、光复汉族的国家。当时孙中山已认识到了中国社会危机是由"异族（指满族）残之，外邦（指帝国主义）逼之"而造成的。可是他还没有认识到中国社会的主要矛盾是帝国主义和中华民族的矛盾，还没有认识到清朝政府和帝国主义之间的关系，因此反对帝国主义的思想还不够明确。但是，孙中山所提出的民族主义，其基本精神是革命的。因为它所要求推翻的清朝政府是中华各民族的民族牢狱，是封建反动统治阶级的政治代表，是帝国主义压迫中国人民的工具。因此，这一政治要求是符合中华民族利益的。

至于民权主义，主要是解决国体和政体的问题。孙中山主张推翻君主专制制度的封建地主阶级的专政，建立资产阶级专政的民主共和国，在政权形式上是建立议会制度、选举总统、制定五权分立的宪法。这个政治主张在当时是一个很大的进步。在同盟会以前，历来主张推翻清朝政府的人都以恢复明朝或建立汉族帝国为口号。而同盟会成立以后，建立民国的思想很快就普遍起来，建立汉族帝国的话很少有人提了。所以民权主义思想在当时起了很大的作用。建立资产阶级共和国，主要是代表资产阶级的利益。但是废除地主阶级的君主专制，也给人民带来了一定的政治自由和政治权利，这的确是一个很大的思想解放。

最后，关于民生主义，主要是"平均地权"的主张。这是一个新的思想。虽然他的平均地权的办法是改良主义的办法，但还是不能为当时一般人所理解，就连同盟会员也有许多人漠不关心，有的人还嫌它过火，主张把它改为"平均人权"，弄得意义全非。至于孙中山说他的民生主义就是社会主义也就是共产主义，甚至认为符合于中国古代的所谓大同主义，这不过是小资产阶级的空想。但是孙中山那种向往社会主义和共产主义的美好理想的精神是可贵的。这就使他晚年能够和中国共产党合作，而产生他的新三民主义，成为中国历史上不朽的人物。

总的来说，三民主义成了当时革命的武器，而同盟会成了革命的指挥部，辛亥革命就是在同盟会数年来努力工作下而爆发的。但是由于领导革命的资产阶级的软弱性，使急速普及全国的革命运动，又急速地失败了。资产阶级的软弱性，表现在政治思想上还没有彻底认清中国的国情，还不明确认识谁是革命的敌人，谁是革命的朋友，谁是革命的主力军，谁是革命的同盟军，还不知道把革命进行到什么程度。表现在行动上还没认识到农民群众的作用，不去依靠农民群众和发动农民群众，而只凭少数的职业革命家带领几十几百个敢死队去进行单纯军事的冒险或暗杀的活动。表现在组织上则是不能维持统一的行动，在辛亥革命前一二年同盟会已陷入一种分裂、涣散和瓦解的状态了。因而在一九一一年（辛亥年）武昌起义胜利，建立了中华民国，虽然把清朝政府推翻了，而不久南北和议成功，政权却落入了旧军阀袁世凯之手，革命反而失败了。辛亥革命的失败，表明了中国革命要进入一个新的时期，那就是新民主主义革命的时期。由于一九一四年发生了帝国主义世界大战，日本帝国主义加紧侵略中国，提出灭亡中国的二十一条条约。袁世凯幻想称帝，与日本勾结秘密签字，全国人民群起反对，发生了国内战争，使袁世凯失败并迅速归于死亡。国内局势十分混乱，中国人民迫切寻求解救国家免于危亡的出路，因此有新文化运动的急剧开展，企图打破旧的封建思想意识。一九一七年发生了开辟人类新纪元的伟大的十月社会主义革命，大大地振奋了中国人心，因而发生了有名的"五四"运动，十月革命给中国人民送来了马克思列宁主义。具有初步共产主义觉悟的知识分子在蓬勃发展的工人运动基础上于一九二一年成立了中国共产党，彻底地担负起了反帝反封建的任务。伟大的孙中山适应了革命潮流的发展，在中国共产党的帮助下修改了并充实了他的三民主义，使它成为了有联俄、联共、扶助农工三大政策的新三民主义。同时成立了国共合作的革命统一战线。因而一九二四——一九二七年有中国第一次新民主主义的大革命。

辛亥革命，离现在整整有四十五年了。在这四十五年内，继辛亥革命之后，中国人民在中国共产党的领导下，不但彻底完成了辛亥革命所未完成的资产阶级民主主义革命，而且已经取得了社会主义革命的决定性胜利，现在正在信心百倍地为把我国建设成为一个伟大的社会主义国家而奋斗。努力实现这个艰巨的任务，就是对辛亥革命一个最好的纪念。

在纪念辛亥革命四十五周年的时候，我们不能不提起，我们祖国还没有最后地完成全国统一事业，美帝国主义还霸占着我国的领土台湾。但是无论怎样，台湾一定要解放，这是我国的内政，其他任何国家决不能来干涉。为了全国人民的利益，为了全世界的和平，我们将努力争取以和平的方式来解放台湾。身在台湾的国民党的军政人员们，尤其是孙中山的老友和学生们，应继续发扬孙中山的爱国思想，本着爱国一家，不分先后的精神，在争取和平解放台湾的斗争中贡献出自己的力量。

《新闻与出版》发刊辞*

（1956年10月15日）

《新闻与出版》今天正式创刊了，我预祝它的成功。

当前国内外形势已经发生了深刻的变化。由于我国彻底地完成了资产阶级民主革命，又取得了社会主义革命的决定性胜利，大大地鼓舞了全世界被压迫的国家、民族和人民，积极起来为争取独立解放和自由而斗争；又由于我党第八次全国代表大会总结了七大以来的工作，提出了今后的任务，并且有五十几个国家的兄弟党代表团和许多进步人士参加，对国际工人运动也有很大的影响，我国的国际地位空前提高了，国际关系扩大了，国际联系日益频繁和密切了。国际局势已经趋向缓和，世界的持久和平已经开始有了实现的可能。现在的问题，主要是争取国际持久和平来建设我们新的社会。我国人民现时的任务，就是要动员和团结国内外一切可能动员和团结的力量，尽可能迅速地把我国建设成为一个伟大的社会主义国家。在这种新形势下，人民的要求提高了，不仅要求知道国际上的大事变和我国奋斗的目标，而且要求知道国际上的巨大变化的原因和结果以及我国建设的具体情况和任务。新闻工作者的责任，就是要根据党和国家的政策，指导和帮助人民正确地解决这些问题。这就要求新闻工作者不仅要掌握马克思列宁主义的普遍真理，同时要调查

---

* 录自《中国新闻事业史文选》，中国人民大学出版社1999年版，第718～720页。

研究具体情况，用高瞻远瞩的眼光和深入浅出的语言，告诉人民日新月异的变化，并引导人民进行及时的努力和斗争。因此，新闻工作者必须学习、学习、再学习！

《新闻与出版》正是为了适应当前的形势而创刊的。

《新闻与出版》，是中国人民大学新闻系教学和实习用的报纸。中国人民大学新闻系的任务是培养和提高新闻与出版事业中的记者和编辑人材。人民的新闻出版事业，是用马克思列宁主义教育人民的重要宣传事业，它要求担任这一工作的人员，必须具有一定的马克思列宁主义理论水平，足够的基本业务理论和知识，丰富的语言文学知识和较高的写作能力。

新闻系是根据中国人民大学的"教学与实际联系，苏联经验与中国情况相结合"的教育方针进行工作的。理论联系实际是我党传统的、行之有效的教学方法。新闻系的教学应该毫不动摇地坚持这个方法。这里，我所说的理论就是马克思列宁主义，我所说的实际就是我党新闻出版工作的传统经验和目前新闻出版工作中所存在的问题。新闻系的教学工作，应该以马克思列宁主义的立场、观点和方法来总结我国有着悠久历史传统的新闻出版工作经验，认真研究中国和外国的新闻出版事业的现状，并通过科学研究来逐步解决目前在工作中存在的实际问题。

新闻系的学生在学习中，有两点应当注意：首先，要培养老老实实、实事求是的学习态度，反对骄傲自大、自以为是的作风。毛泽东同志最近教导说："虚心使人进步，骄傲使人落后，我们应当永远记住这个真理。"我们中国有句古话，说"谦受益，满遭损"，是很有道理的。可以说，我们的学习方法就是我们的思想方法。为了使我们的学习获得预期的效果，就必须改造那些自以为是、华而不实的思想方法和作风。最近中央要求我们重新学习毛泽东同志所写的《改造我们的学习》、《整顿党的作风》、《反对党八股》和中共中央《关于若干历史问题的决议》以及中央政治局《关于无产阶级专政的历史经验》等五个文件，其目的就是要改造我们的思想方法。这就是说，要使我们的主观和客观相一致，使我们的思想完全适合于我们所处的环境。大家在学习中，还要贯彻独立思考的精神。我国古话说，"学而不思则罔"，韩愈也说，"行成于思毁于随"，这都告诉我们要善于独立思考。独立思考，是每个同学在学习过程中应当培养起来的良好习惯。要独立思考，就必须艰苦地、顽强地进行学习，要虚心向教员向同学求教。要刻苦自修，使自己所学到的东西通过自己的独立思考加以融会贯通，从而提高自己的思想水平。其次，要经常磨炼自己的武器——笔。应当通过学习，全面地掌握新闻工作者必须掌握的那些写作形式。新闻系同学思想水平的提高应当集中地表现在写作上面，因为新闻工作的基本形式就是写作。写作能力，是要靠自己在学习过程中进行艰苦锻炼，求得不断提高的。大家应当努力把学到的马克思列宁主义、文学语言等知识用来为提高自己的政治修养和写作能力服务。只有这样，才能胜任日益复杂的新闻工作任务。

在社会主义学院开学典礼大会上的讲话 *

（1956 年 10 月 16 日）

同志们：

根据中国人民政治协商会议全国委员会关于组织各界民主人士和工商业者进行政治学习和理论学习的决定，委托中国人民大学创办社会主义学院。在中共中央正确的领导和中国人民政治协商会议全国委员会的深切关怀以及各有关部门的大力帮助和支持下，经过了几个月的筹备工作，今天正式开学了。我特代表全院的同志们表示深深的感谢。由于校舍尚待建设，今年只能采取走读的办法，而且只能招收在京的和虽住外地但能够在京解决房子问题的部分学员，也只能在临时的地址开课。又由于筹备工作仓促，各种条件的限制，同学们的学习条件和工作人员的工作条件还不是很好的，也希望同志们原谅。

大家知道，当前我国已经取得了社会主义革命的决定性胜利。我国人民现时的任务，就是要争取世界持久和平，动员和团结国内外一切可能动员和团结的力量，尽可能迅速地把我国建设成为一个伟大的社会主义国家。社会主义学院，正是为了适应我国社会主义建设和社会主义改造新的政治形势的需要，适应各界民主人士对政治学习和理论学习的要求而成立的。

---

* 录自《光明日报》1956 年 10 月 16 日，第 2 版。

社会主义学院开设三门政治理论课，即哲学也就是辩证唯物主义与历史唯物主义、政治经济学和中国革命史，此外，还组织一些重要时事政策学习，并适当的组织一些参观。它所招收的学员，多是高级干部。它的目的，是帮助各民主党派和无党派以及各方面民主人士中的高级干部提高政治理论水平，以便更好地为社会主义建设服务。它的学习方法，是采取自由、自愿、自觉的原则。

我们社会主义学院，顾名思义就是要学习社会主义，也就是要学习马克思列宁主义。

我们学习马克思列宁主义的目的，是要使我们学会能够用马克思列宁主义的立场、观点和方法，来正确地处理中国革命的实际问题，同时使我们能够正确地有批判地吸取古代优秀的文化遗产。我们不要求死读马克思列宁主义条文，而是要求精通它，然后应用它，精通的目的全在于应用。所以我们要提倡独立思考，联系实际，重视学习质量。为了提高学习质量，我们采取"宁可少些，但要好些"的精神来安排我们的学习。因为少了就能够学得熟学得透。熟能生巧，贪多了消化不了就不会运用，倒不如学得少一点学得好一点，在已学好了的基础上再争取增多。

现在我院的 149 名学员中，大多是年龄较大的同志，其中很多是参加过辛亥革命、五四运动的老前辈，现在又是在各个部门中担任负责工作的高级干部，他们对于一般学术已经有了修养，又有丰富的社会知识和实际工作经验，有较高的理解能力和独立钻研的能力，对于马克思列宁主义也曾看过一些书籍。但是马克思列宁主义是一种完整的、正确的学说，必须有系统的学习，才会得到它的全貌。理论联系实际，是共产党传统的行之有效的方法，必须大力提倡。只有把马克思列宁主义的普遍真理和中国革命的实践结合起来，才不致犯教条主义的错误。我们在学习中，不仅要联系中国的实际，而且要联系外国的实际；不仅要联系现在的实际，而且要联系过去的实际。我党中央，特别是毛泽东同志，是善于以理论联系实际的，因而能够领导我国革命获得一次又一次的伟大胜利。例如，我国的人民民主统一战线，不仅在长期革命斗争中要继续下去，而且在人民民主专政时期中也要长期继续下去。这是创造性地以理论联系实际的例子。又如，革命在全国获得胜利后，毛主席就用"全盘包下来"的办法，使人人有饭吃、人人有事做，这就是古书上所说"民吾同胞，物吾同与""一视同仁"的气魄。他又说，"不让饿死一个人"，这比"一夫不获，时余之辜""使人人各得其所"等古代胸怀更加伟大，因而能团结群众为实现社会主义而奋斗。这也是合乎曾子答孔子门人问所说"忠恕"二字的道理。忠是尽自己的责任，恕是推己及人，也正如孔子所说，"己所不欲，勿施于人"，"己欲立而立人，己欲达而达人"。毛泽东同志善于以社会主义的内容用民族的形式表达出来，善于用民族的成语表达出来，使人感到熟悉而亲切。如"惩前毖后，治病救人""以其人之道还治其人之身""实事求是""推陈出新""百花齐放""百家争鸣"等等都是很好的例子。我们应当用这种方法来学习马克思列宁主义。

几千年来中国的文化遗产是很丰富的，有很多杰出的著作，也有很多伟大的发明创造，如指南针、天文、数学、医药学、印刷术、造纸等等，尤其在思想方面有许多伟大的人物，我们大家所熟悉的要算孔子，他是我国古代最伟大的思想家之一，他和希腊伟大的思想家亚理士多德差不多同时代。现在我把上面所讲忠恕二字的关于曾子答孔子门人问的一段故事全部写出来，加上我不成熟的解释意见，以供大家参考研究。《论语》上说："子曰：参乎！吾道一以贯之。曾子曰：唯！子出。门人问曰：何谓也？曾子曰：夫子之道忠恕而已矣。"旧时的解释说："尽己之谓忠，推己及人之谓恕。"这固然很好，但是他们两人讲话中的内在联系没有明白说出来，就使人难于了解。假如用现在通俗的话来说就是：孔子叫曾子的名字说："参啊！我的'道'用一个'一'字就可以贯通了。"曾子立刻答复说："是！"这是表现曾子有深刻的了解。等到孔子出去后，学生们问曾子说："先生讲的什么？"曾子答复说："先生的'道'就是'忠、恕'两字罢了。""道"是中国古代哲学家的通用语，它的意义就是"道路"或"道理"，可作"法则"或"规律"解释。孔子和曾子的谈话还可以从许氏《说文》上得到解答，《说文》解释"一"字说："'一'唯初太始，道立于一，造分天地，化成万物。"注解说："太始就是太极"，《易经》上说："易有太极，是生两仪"，又说："一阴一阳之谓'道'"。这就是说，一个统一（整体）的东西中间包含有两个不同（矛盾）的部分，就是有一阴一阳在其中的所谓"道"的本质。现在我们画的太极图是一个圆圈内画两个相等而不同颜色的鱼的形状，这就是表明在一个东西内包含有两个相反相成的东西。这两个东西在《易经》上叫作两仪，又叫作"阴、阳"。又可以叫作"天、地"。如老子说："有物浑成，先'天、地'生。"因此我们可以说，孔子所说的"一"，就是所谓"太极"的一个统一（整体）物，而曾子所说的"忠、恕"就是一个统一（整体）物内在的相反相成的两部分"己、人"（矛盾）。这和辩证法"对立的统一"的特征相合。列宁说："'统一'（整体）物之分而为二以及我们对其各'矛盾'部分的认识，是辩证法的本质"。（见列宁《关于辩证法问题》）请看列宁著《黑格尔〈逻辑学〉一书摘要》的附录，就可以更清楚地了解这个真理。

　　由此看来，我们如果以马克思列宁主义的理论来整理我国古代学说合理的部分，是可以得到一些收获并且能发扬光大它们。当然不能庸俗地、歪曲地、牵强附会地来证明说马克思列宁主义的辩证唯物主义我国早已有了。因为马克思的辩证唯物主义是在19世纪40年代，资本主义更发达了，发生周期性的经济危机，而无产阶级已经强大起来和资产阶级斗争的尖锐化，而且得到了一些胜利。这就表明无产阶级是资产阶级的掘墓人，资本主义必定归于灭亡，社会必向共产主义前进。马克思用革命的方法批判地吸收并改造和发展了几千年来人类思想所积累的全部先进成果，才创造性地得出了辩证唯物主义这一伟大的真理。这是时代的产物，是社会发展到资本主义时代阶级斗争更加明显、更加剧烈的时代产物。虽然古代大思想家多少都了解一部分辩证法，但不能说他们已经了解了整个辩证法，更不能说他们已经有了辩证唯物主义。因为他们受了时代的限制，不可能有马克思这样的辩证唯物主义。因此，不能把原始的朴素的辩证法的一些表现与马克思主义的辩证唯物主义混为一谈。这是必须说明的。各位同志马上就开始学习了，对此一定会感到很大的兴趣。我希望同志们在学习中不仅要和现在的实际联系，而且也联系到古代的历史学说。因为我们这些老同志大半都有丰富的旧学研究，是容易作到的。我所说的如有错误或不妥当的地方，还望给予批评纠正。

另外，我还想说明两点，这就是我们的学习方法采取自由、自愿、自觉的原则，是不是连必要的制度也不要了呢？不是的，一些必要的制度，如上课时除特殊情况外不能迟到早退等等，还是应该要的。因为只有这样，才能够保证学习质量。其次就是我们的教师虽然比较有系统地学过马克思列宁主义，学到了许多东西，但一般说来都比较年轻，教学经验也还不是很多的。我院的学员，一般的对旧学有些研究，因此，在学习中，教师和学员应该是互为师生，互相学习，互相取长补短，使"教学相长"，以求共同提高。关于教学方法和教学计划另有规定，我就不讲了。

同志们，学习是一件艰苦的脑力劳动，必须发挥刻苦钻研的精神。掌握并学会运用马克思列宁主义科学，是一个艰巨的任务，必须老老实实地学习，再学习。科学的道路并不是平坦的，但只要我们努力，科学堡垒是能够攻破并占有它的。因此，我希望我们的学员努力地、勤恳地学习，我们的工作人员努力地工作，提高工作效率，用创造性的态度钻研业务，更好地为教学服务。我想只要全院的同志们同心协力，社会主义学院是能够办好的。

最后，预祝同志们学习好，身体健康。

孙中山先生伟大的革命精神 *

（1956 年 11 月 10 日）

中国有句老话："识时务者为俊杰。"所谓"时务"，我们可以把它叫做历史的潮流、客观发展的趋势。作为一个革命者，应该而且也只能根据历史发展的客观规律，才能正确地领导群众，推动历史前进。因此洞察"时务"是一个革命家最重要的才能和最可贵的品质。孙中山先生就是善于洞察"时务"适应着历史发展而不断地进步的一个伟大的革命家。他经常说要以先知觉后知，以先觉觉后觉，这证明他是深深体会到这个道理的。因而他的言论和主张常常走在人民的前面。

近代中国的历史发展是十分急剧的，多少人因为不能正确地认识客观形势而栽了筋斗。1898 年戊戌变法以前，许多爱国的维新志士希望学习俄国彼得大帝的改革和日本明治天皇的维新，要求自上而下的实行变法，这在当时是一种进步的思潮，维新派曾经在当时的进步青年中起过很大的启蒙作用，而被统治阶级看做洪水猛兽。维新派也曾有些人作过英勇的斗争，如谭嗣同等杀身成仁、舍生取义的气概，尤其使人崇敬。但是戊戌变法失败以后，许多维新派起来反对革命，变成了不识时务的人。在 1900 年到 1911 年辛亥革命期间，许多热心的革命派，在推翻清朝和建立民国的号召下，英勇地投入了战斗，作出了许多可歌可泣的英

---

* 录自《光明日报》1956 年 11 月 10 日，第 2 版。

雄事迹。但是辛亥革命以后，不少人离开了革命。结果是某些曾经是维新的、革命的人被历史遗弃了。

孙中山先生的所以伟大，就在于他能够"适乎世界之潮流，合乎人群之需要"，永远站在时代的最前列，不倦地研究国内外情况，总结过去的经验教训，根据历史的发展的特点而一步一步引导群众前进。孙中山先生光辉的不断前进的一生是每个革命家应当效法的榜样。

孙中山先生生在太平天国农民革命高潮刚刚过去的时代。当时，反动逆流在增长，外国侵略势力深入到中国的经济、政治、军事、文化各个领域。先进的爱国志士们忧虑着、思索着，他们希望在不推翻清朝政权的条件下把积弱受侮、民穷财困的中国改造为富强的中国。他们发起一个要求政治改革的运动，这个运动叫做"维新"。维新运动在揭露封建制度的黑暗腐败和传布西方民主主义思想方面起了很大的作用。孙中山先生早年曾经参加过这个进步的运动。

但是1894年的中日战争立即惊醒了这个目光敏锐的青年志士，战争的失败更加暴露了清朝的昏聩胡涂、腐朽无能。在这样的政权下，任何改革计划都是梦幻泡影，孙中山先生是最早认识到这一点的。他相信：前进着的历史巨轮一定会无情地辗碎清朝统治，于是他抛弃了当时流行的请愿上书的方式，在中日《马关条约》订立的几个月后，便在广州积极发动武装起义。起义虽然失败，但是从一般的要求改革发展到举行武装起义，敢于"造反"，这是孙中山先生适应历史发展而不断前进的第一步重要阶梯。虽然在广州起义失败以后，孙中山先生受尽了统治阶级的迫害和咒骂，但是历史进程证明：孙中山先生的道路是正确的，如果不推翻清朝统治，中国的改革是无望的。经过1898年的戊戌变法和1900年的义和团运动，清朝的反对任何改革的顽固态度和丧权辱国，激起了人民的极大愤怒。同情孙中山先生的革命主张的人越来越多了。

1898年，菲律宾人民起义反对美帝国主义的殖民统治。因军械缺乏而求助于日本志士，中山先生适在日本也大力给以支持。虽然菲律宾人民革命没有成功，而中山先生帮助弱小民族求得解放的精神由此得到表现。

20世纪初国内形势的变化给孙中山先生提出了新的课题。群众广泛地革命化了，但是有组织的革命力量还很弱小、还很分散，君主立宪派在群众中，特别是在知识分子中，仍旧有相当大的影响。为要推翻清朝统治就必须把这些分散的力量集中起来、组织起来，必须把立宪派影响下的群众争取过来。1905年孙中山先生从欧洲到了日本东京，及时地解决了这个任务，他以兴中会、华兴会、光复会作为基础，组成了中国同盟会，把具备各种反满思想的团体和个人容纳在这个组织里。同盟会的纲领是"驱除鞑虏，恢复中华，建立民国，平均地权"，这个纲领在中国历史上具有非常重要的意义。因为反对清朝统治是中国人民在明朝灭亡以后二百多年没有忘记过的要求，但是那时主张推翻清朝统治的人都没有也不可能提出民主共和国的纲领，19世纪末的维新运动者又不主张推翻清朝统治。中山先生用民主共和国的纲领来号召推翻清朝统治，不但符合于新兴民族资产阶级的要求，而且符合一切有反清传统和当时其他对政治不满的人们的要求。这个纲领反映了中国民族的觉醒，并把人民群众大量地吸引到革命的旗帜下来。

从孙中山先生的纲领中可以看到：他并没有停留在反清和建立共和国上，因为建立共和国，在东方是理想，在西方早已是事实。西方的事实表明共和国并不是一个完善无缺的制度，相反，由于当时世界资本主义已经进入帝国主义阶段，内部矛盾的深刻化，社会主义革命潮流的高涨，已使西方的共和国面临着危机，世界历史发展的这个趋势引起了孙中山先生的警惕。他认识到：要挽救中国，仅仅政治革命是不够的，还需要社会革命，所以提出要避免贫富不均的"平均地权"口号。虽然只有"平均地权"并不能真正避免贫富不均，恰恰相反，这个口号正是"最纯粹的、高度彻底的、理想上完满的资本主义"。因为平均地权的办法只能是铲除农业中的封建落后关系而使资本主义更加迅速地发展起来，这个口号并没有超过资产阶级革命的范围。可是，这个口号的提出，表明了在世界历史潮流的影响下，孙中山先生主观上对资本主义的不满和对社会主义的同情。他常常把《礼记》里面《礼运篇》的大同思想和社会主义、共产主义联系起来，作为他的民生主义的根据。明确的资产阶级革命纲领的提出，这是孙中山先生适应历史发展而不断前进的第二步重要阶梯。而他对于社会主义的同情是后来孙中山陷入困难的时候，推动他转向社会主义国家去寻找支援力量，并和中国共产党合作的一个重要的思想准备。

辛亥革命是一个伟大的有历史意义的胜利。在这次革命中倒下去的，是中国人民长期没有能够把它推倒的王朝，随着它倒下去的还有中国的君主专制制度，而代替它的是共和制度，所以当时人们特别感到解放的欢欣。但是也正是这个胜利，这使发动这个革命的同盟会发生了剧烈的分化。有的人认为革命已经大功告成，或出国留学，或回到书斋里去了；有的人醉心于议会政治，以为今后只要控制住议会，就万事大吉，总统给袁世凯做也无关重要；有的人被君主立宪派同化，干脆充当袁世凯的走狗去了。革命派在组织上和思想上陷入一片混乱。只有孙中山先生屹立在反动的逆流中，坚定不移，继续和恶势力战斗。1913年的赣宁之役，1916年的倒袁战争，1917年的护法战争，孙中山先生一次又一次的奋斗着，在黑暗中摸索前进。但是全国人民虽然不断地英勇奋斗，并没有找到光明的出路，恰恰相反，南北军阀互相混战，时局日甚一日的更加混乱了。

1917年俄国发生了伟大的十月社会主义革命，马克思列宁主义传入中国，中国先进的知识分子热诚地欢迎这个科学的社会主义。1919年爆发了"五四"爱国运动，中国工人阶级迅速地登上政治舞台。1921年伟大的中国共产党诞生了，随之而掀起了汹涌澎湃的工人运动的高潮。这一连串事件，标志着革命新阶段的到来。在这些事实面前，一切反动政客憎恶着、诅咒着，害怕得发抖。但是伟大的孙中山先生根据新时期历史的特点，重新审查了革命的过去，在中国这样一个半殖民地半封建的社会里，怎样才能取得革命的胜利？这是蕴藏在孙中山先生心里最主要的问题。苏联社会主义革命的辉煌成就，中国工农运动的日益发展，给予孙中山先生以重要的信念。他从四十年的革命失败经验中深深体会到工农群众在中国革命中的重要性，中国共产党生气勃勃的革命精神，苏联对中国人民真诚无私的友谊。他认识了这些新的社会力量，欢迎这些力量的成长，确定了联俄、联共、扶助农工的政策，重新改组了国民党，把国民党改造成为一个能够包容工农群众、共产党员和资产阶级、小资产阶级的统一战线组织，并且把三民主义作了适合时势要求的新解释：民族主义对外以反对帝国主义求得与各国平等和对内以求得各民族平等为中心；民权主义以建立为一般平民所共有非少数人所得而私的民主制度为中心；民生主义以耕者有其田和节制资本为中心。新三民主义所解释的基本原则和中国共产党在民主革命阶段的政治纲领即最低纲领的若干基本原则，是互相一致的。这是孙中山先生适应历史发展而不断前进的第三步重要阶梯，也是孙中山先生一生不断前进的一个最重要的阶梯。这个伟大的进步，促成了国民党和共产党的革命统一战线，使孙中山先生摆脱了自辛亥革命失败以来的困难境地，使革命运动有了1924—1927年的胜利发展。

　　这就是孙中山先生一生不断地进步的几个重要阶梯。可惜他在1925

年革命达到一个最重要的发展的时候就与世长辞了。在孙中山先生逝世之后，中国人民在中国共产党领导下继承并大大发展了孙中山先生的理想。到今天，我们已经取得了社会主义革命的决定性的胜利。

也许有人会问：为什么孙中山先生一生始终能够站在时代的最前列？为什么他的言行始终能和历史的进程保持一致？这可以从阶级的根源上和个人认识的根源上找到解释，也就是说，可以从孙中山先生所代表的中国民族资产阶级的特性、这个阶级所处的地位以及孙中山先生个人的努力上来找到解释。

中国民族资产阶级一方面由于所处的剥削者的地位和经济力量的薄弱而害怕群众，不能把革命坚持到底，这是它的落后的一面，另一方面它为了本身的发展而要求摆脱帝国主义、封建主义的束缚，这是它的进步的一面。中国民族资产阶级反帝反封建这一方面的进步性符合于历史的要求，符合于广大人民的意愿。既然这样，那么中国民族资产阶级中的进步分子在特定条件下就可以而且也必然会跟工农群众携手合作，形成一种历史的友谊，在反帝反封建的实际斗争中接受工人阶级政党的领导和帮助，在这个斗争结束以后，继续和工农群众合作下去而走上一条新的光明道路。这是和欧美国家的资产阶级不同的，欧美国家的资产阶级在革命后得到了很大的发展，国家大大富强起来，社会大大繁荣起来，但是当资本主义发展到帝国主义时代，由银行垄断和工业垄断混合生长起来的财政资本控制了一切经济命脉，国内的劳动群众受着垄断资本家们敲骨榨髓的剥削，国外则以武力压迫和奴役弱小民族，把他们变成为自己的殖民地和半殖民地。这时候的欧美先进资本主义已经由上升的时代而变成腐朽的、寄生的、垂死的资本主义。帝国主义国家的资产阶级不仅完全丧失了以前的革命性、进步性，而且成为最凶恶的反革命力量了。可是在中国却还能找到"代表真实的、战斗的、彻底的民主主义的资产阶级"。孙中山先生一生坚持反帝反封建的斗争正是反映着中国民族资产阶级光明的进步的一面，所以列宁称赞他"是充满着这样一个阶级所固有的高尚精神与英雄气概"。

中国民族资产阶级的进步性所以能够集中地表现在孙中山先生身上，又是和中山先生个人广博的学识、丰富的经验以及实事求是的精神分不开的。孙中山先生不仅深入地调查研究中国的历史和中国的现实生活，而且还通晓外国的语言文字，遍游过世界各国。他孜孜不倦地研究古今中外的各种著作，调查各国经济、政治的发展状况，从其中吸取合理的思想因素，构成一个他的救中国的理论——三民主义，并把这个理论去指导革命运动，经过无数次的斗争和失败，孙中山先生毫不灰心地从失败中总结经验教训，从实践中修改和补充自己的理论，努力使自己的主观认识紧紧跟上客观形势的发展，最后终于形成了新三民主义的主张。孙中山先生的认识发展过程在他临终的遗嘱中表述得很清楚，就是："积四十年之经验，深知欲达到此目的，必须唤起民众，及联合世界上以平等待我之民族，共同奋斗。"新三民主义——孙中山先生政治思想的这个最高结晶品正是从四十年革命实践中产生的。

今年是孙中山先生诞生的九十周年，重温中山先生的遗教，继承和发扬中山先生不断进步的革命精神，永远像中山先生那样始终不懈的热心干革命事业，这是纪念这位历史巨人的最好的办法。

对孙中山先生的一段回忆 *

——为《文汇报》而作

（1956年11月11日）

正值祖国已取得社会主义革命决定性胜利的时候，我们大家一起来纪念孙中山先生诞生九十周年。抚今思昔，感到无限兴奋，尤其作为中山先生所创建的革命同盟会一员的我，更为欢欣。趁这个时候，我愿谈谈中山先生忍辱负重为革命艰苦奋斗的一段事实。

1917年6月北洋军阀各省督军叛变，强迫总统黎元洪下令解散国会。代理内阁总理伍廷芳坚决不肯签署，后由阁员江朝宗副署而解散了国会。7月1日又发生了张勋复辟的事件。这一出滑稽戏本是段祺瑞一手导演的，他利用张勋打倒黎元洪，然后又赶走张勋，自任内阁总理，而美其名为再造共和。段上台后，继续撕毁民初约法，不肯恢复国会。中山先生从国会解散时起就竭力主张护法，这时他在上海就同北方归来的伍廷芳和海军总长程璧光率海军同赴广州进行护法运动。同时又邀请国会南迁。8月下旬，一百三十多个护法议员在广州开了一个国会非常会议，恢复了民初约法，组织了军政府，并选举了中山先生为大元帅。南方各省也都赞成护法，这时整个中国形成了南北对峙的局面。尽管南方各省赞成护法，但西南军阀陆荣廷、唐继尧掌管了两广和云、贵的军政

---

* 录自《文汇报》1956年11月11日，第3版。

大权，他们只是口头上赞成护法，实际上企图借南方各省反北洋军阀的势力与北洋军阀妥协争取权位。中山先生坚持革命路线就成了他们的眼中钉。他们用各种办法孤立和排挤中山先生，企图组织各省联合会抵制军政府，或将元帅制改为总裁制来削弱中山先生的职权。在这种情况下，中山先生深感"南与北如一丘之貉"，痛恨自己"无拳无勇"，就气愤地于1918年5月4日辞去大元帅之职，回到了上海。军政府接着改组为总裁制，选出了七个总裁，中山先生也被选为七总裁之一。我当时是四川省的代表，参加了改组军政府会议。他们认为我和中山先生一同革命多年，遂推举我去上海劝中山先生就职。

  不久，我到了上海，在环龙路中山先生寓所会见了他。中山先生忧伤后生病睡在床上。我就坐在他的床边同他谈话，我说明了来意，又简单地谈到了国会非常会议选举七总裁的经过，最后请他就职，以反对北洋军阀政府。中山先生当时气愤得很，坚决不干。他说那些人还革命？！他们根本不革命！他们想拿军政府同北方议和以保个人权位，我决不与他们同流合污！我就劝他，我说时局这样混乱，南方各省当局虽然还不很好，但他们还打着护法的旗帜反对北洋军阀，这点是好的。现在南方北方都很混乱，南方各省有势力的当局虽然同床异梦，各有野心，但他们还想利用革命招牌以壮声势。我们必须保持一些革命势力以图发展，革命道路是曲折的，我们不能脱离革命战线。南方的势力派虽然排斥先生，但又不敢完全丢掉先生，他们还想利用先生的威望，所以还给先生安一个位置。先生如果不同他们合作，而离开了他们想自己搞革命，这是不容易的。因为这会受到两面夹攻，一方面是南方军政府打击先生，另一方面北方军阀更要打击先生。南方各派所以还要给先生一个总裁是怕舆论攻击。先生不去，他们就有话可说了。拥护先生的革命力量还是有的，如广东有陈炯明的队伍，陕西有于右任的队伍，湖南有程潜的队伍，湖北还有一些革命力量，尤其是老同盟会员熊克武已经统一了四川，有很大的力量。这些力量都希望先生来维系他们，团结他们。南方势力派想出卖军政府与北方议和，如果先生在其中团结真正的革命力量，也能制止他们的出卖，以保存革命势力。先生不要看岑春煊现在煊赫一时，如果他不好自为之，将来他的失败会比先生更凄凉得多。希望先生委屈求全保持革命的联合战线，先生如果不愿亲自前去，派一代表去也可以。我说这番话后，他不胜感慨地流下了热泪，随着说：我听你的话决定派汪精卫去。

事实证明，中山先生没有放弃这一革命阵地是对的。南方势力派竭力想打击中山先生，首先是企图消灭陈炯明的队伍，由于军政府政务会议中和国会议员中有维护中山先生的革命力量的一些成员坚决反对，使他们的企图没有得逞。1919年2月南北政府在上海进行和议，但也毫无结果，南北相持的局面仍然保持着。1920年北方发生了直、皖两系军阀的大混战，南方也发生了粤、桂、滇三系军阀的相互矛盾，岑春煊无法解决陷于困境，广东局势非常混乱，人民生活十分痛苦。这时，中山先生派遣廖仲恺去助陈炯明自福建漳州率领军队返回广东。岑春煊已无人理睬他，迫不得已，于10月23日宣言引退，凄凉地下台了。粤、桂、滇三系互相斗争势力削弱，陈炯明队伍收复广州，逐渐平定了广东，保存了革命的势力，使后来中山先生能够利用广东作为根据地来实现他改组国民党和与中国共产党合作的政策，从而发展成1924—1927年的推翻北洋军阀的大革命。

这件事虽离开现在已经三十八年了，但使我不能忘怀。中山先生那种忍辱负重坚持革命的精神，使他在屡次革命失败时不灰心、不气馁，相反地常常引古话所说"失败者成功之母"作为教训，不屈不挠，再接再厉。中山先生这种高贵的品质是值得我们好好学习的。

和外国友人谈中国文字改革问题*

（1956年11月25日）

同志们！朋友们！

我能够有机会和你们谈一谈中国文字改革的问题，感到十分高兴。

我要说的文字改革，是指我国汉民族许多年来用以书写汉语的那种方块汉字的改革。

汉字的历史很悠久，早在三千四五百年以前，它已经是相当发达的文字了。

几千年来，汉字一直是记录和保存中国历代丰富的文献典籍的重要工具。在中国共产党所领导的伟大的人民革命事业中，汉字曾经为革命事业服务，并且被用来作为向中国人民进行马克思列宁主义教育的一项重要工具。在今后一个相当长的时间内，汉字依然要在中国的社会主义建设事业中继续发挥它的作用。不仅如此，就是中国近邻的一些国家如朝鲜、越南和日本，也曾经用过或者还在部分地使用着汉字。因此，可以说，汉字对中国文化和亚洲东部地区文化的发展，都是有贡献的，它有着不可磨灭的历史功绩。

几千年来，汉字的形体也经过多次的变化，由大篆而小篆，而隶书，而楷书。但是变来变去，始终没有改变方块汉字所具有的独特体系。

---

* 录自《吴玉章文集》上，重庆出版社1987年版，第693～700页。

我们习惯上把汉字称为表意文字，它跟拼音文字大不相同。拼音文字用代表一定声音的符号组成，全部符号只需要二三十个，多则不过三四十个。汉字是用不代表一定声音的笔画组成的。由形式、数目都不相同的笔画所组成的。方块字的声音意义固然各不相同；就是笔画数目、形式相同的方块字，由于它们的搭配方式稍有不同，读音和意义也就完全不同了，"人"和"入"，"土"和"士"就是这样的例子。对于汉字的这个特点，今天在座的同志们和朋友们，如果曾经学习过汉字的话，印象一定是更为深刻的，比我们长久以来习惯于学习和使用方块汉字的人的感觉要锐敏得多。

汉字的字数多到四五万；就是比较常用的字，也有六七千个。汉字的数目是这样多，为了使每个汉字都能有自己独特的形体，彼此不互相雷同或混淆，所以有些字的形体就不得不弄得极端复杂："开凿"的"鑿"字，没有简化以前有 28 画；"呼吁"的"籲"字，没有简化以前有 32 画。这两个字都是比较常用的字。个别不常用的古字，有一个字多到 52 画的（如"鱻"）。最常用的 2 000 个汉字，在没有简化以前，平均每个字也有 11 画之多。

这样复杂而又繁多的汉字，学习起来当然是十分困难的。我国中小学普通教育需要十二年才能毕业，而现在许多采用拼音文字的国家的普通教育，一般只需要十年。这就是说，每一个中国的学生，都要因为汉字多花费两年的时间。拿扫除文盲来说，我国大量文盲之所以还不能在短时期内完全扫除，汉字的难学的确也是一项主要的原因。汉字在使用上也是很不方便的，书写起来既费时间，又很困难。特别在使用打字、印刷和电报等机械上，更有着不可克服的困难。如果汉字不加以改革，它就将成为我们向科学和文化进军的一种障碍，这对于我国的社会主义建设事业是不利的。

中国人民很早就要求把自己的文字改成易认、易记、易写、易读的文字。很久以来，人民群众就创造出许多简笔字。近六十年以来，中国各阶级各阶层的爱国人士，为了提高我国人民的文化水平，曾经提出过很多改革汉字的主张。清朝末年，卢戆章、王照、劳乃宣等都作过改革汉字的尝试。辛亥革命以后，产生了读音统一，注音字母和国语运动，汉字简化运动，国语罗马字运动，一直到拉丁化新文字运动。

中国共产党和毛泽东主席是一向关心中国文字改革工作的。毛主席早在1940年写的《新民主主义论》中就指示我们说："文字必须在一定条件下加以改革。"中华人民共和国成立以后，1949年10月，在北京成立了中国文字改革协会。1952年2月，在当时的政务院文化教育委员会下面设立了中国文字改革研究委员会。1954年，中国文字改革研究委员会改组为中国文字改革委员会，成为国务院的直属机构之一。

我们改革汉字的方针和步骤是：汉字必须改革，汉字改革要走世界文字共同的拼音方向；在实现拼音化以前，必须简化汉字，以利目前的应用，同时积极进行拼音化的各项准备工作。根据这种方针步骤，近两三年来，文字改革工作已经有了初步的成就。

关于汉字的简化和整理工作

简化和整理汉字是要精减汉字的字数和笔画。1955年1月，中国文字改革委员会提出了一个《汉字简化方案（草案）》，在全国广泛征求意见。据不完全统计，全国参加讨论的共约20万人。根据各方面意见对《汉字简化方案（草案）》进行了修改，经1955年10月全国文字改革会议修正通过，并由国务院汉字简化方案审订委员会审订后，在1956年1月28日由国务院公布了《汉字简化方案》。这个方案包括三个表：第一表、第二表是个别加以简化的字，共有简化汉字515个，简化了544个繁体字（因为有些简化字代替了两个或三个繁体字）；第三表是偏旁简化表，简化了 54 个偏旁，由于这些偏旁简化而得到简化的字数，估计约在一千以上。第一表、第二表中的 515 个简化字共有 4 206 画，而被它们所代替的 544 个繁体字的笔画总数是 8 731 画，前后相差 4 525 画。目前，全国出版物已经正式使用了第一表中的 230 个简化字，另外还试用了 125 个第一表以外的简化字。简化字在印刷物上使用，受到广大人民群众的欢迎。这里应该附带说明的是，我们把某个繁体字简化成某一个简化字，并不是随便的和任意的；简化的根据是广大人民群众长时期以来的书写习惯。

中国文字改革委员会还拟了一个《第一批异体字整理表》。拟这个表的主要目的在于精减汉字的数目。汉字在长期的发展过程中，产生了许多音同、义同、用法相同而形体不同的字，我们称之为"异体字"。比如"磚、甎、塼"就是异体字，三个字的声符都是"專"，只是义符有"石、瓦、土"的差别。再如异体字"略"和"畧"、"峰"和"峯"等，只是字中成份的位置略有不同。异体字完全是文字中的累赘。《第一批异体字整理表》一共整理了 810 组异体字，在每组异体字中选择一个笔画少或者为群众最习惯使用的作为法定的字，剩下的取消它。这样一来，共精简了 1 054 个字。这个表已经由中华人民共和国文化部和中国文字改革委员会发布给全国新闻出版单位于 1956 年 2 月 1 日开始实行。

精简汉字笔画和整理异体字工作，在今后还要继续进行。此外，中国文字改革委员会还正在进行选定通用汉字工作，以便把一般通用的字数限定在五千到六千这个数目内。查字法的改进工作，也正在研究。我们所以要很仔细认真地来整理和简化汉字，是因为汉字在今天和今后一定时期内还是我们的重要的交际工具。

关于拼音化的准备工作

把使用了三四千年的汉字改革成为拼音文字，是牵涉到我国人民生活各个方面的极其艰巨的工作。其中的困难之一就是汉语方言分歧的问题。汉族人民很久以来就有了统一的书面语言，但是在口头上，绝大多数人还是习惯于使用自己的方言。比如汉族学校教科书中所用的语言是统一的，但是在教学时有些地方是用方言进行的。这种情况给拼音化工作造成了一个很大的困难。明确规定现代汉语的规范，特别是语音的规范，不仅是为实现拼音化创造条件，而且也是加强我国政治、经济、文化的统一的必要步骤。1955年10月全国文字改革会议的主要议程之一，就是大力推广以北方话为基础方言、以北京语音为标准音、以典范的现代白话文著作为语法规范的普通话——汉民族共同语。这种普通话是已经存在的，是很久以来汉语发展的趋势，现在是要有意识地、大力地加以推广，扩大它的使用范围。1956年2月，国务院发布了关于推广普通话的指示。根据这一指示，推广普通话的工作已经首先在各级学校中开始，并且取得了一些成绩。

中国文字改革委员会近年来经过多方面的和系统的研究，终于放弃了创造汉字笔画式字母的打算，用拉丁字母拟订了一个《汉语拼音方案（草案）》。为什么要采用拉丁字母呢？第一，拉丁字母是现代大多数的民族语言中所公用的字母，采用它，便于国际上文化交流。第二，拉丁字母在中国已经有相当长久的历史传统：350年前就有人用来为汉字注音，100年前就被用来拼写各地方言，近50年来又被中国的学者用来拟订各种拼音文字方案。它是我国知识界已经熟悉的一种字母。第三，拉丁字母是现代科学里不能不用的字母。《汉语拼音方案（草案）》曾经于1956年2月12日在报上发表，向全国人士征求意见。中国人民政治协商会议全国委员会和各省、市委员会讨论了这个草案。此外，到7月1日为止，中国文字改革委员会又收到集体和个人对草案表示意见的来信 4 002 件，其中也有不少国际友人的意见。征求意见的结果表明，绝大多数人在原则上都是赞同《汉语拼音方案（草案）》的，但是对于草案中少数字母的形式、读音，个别音节的拼写方式等，还有不少不同的意见。中国文字改革委员会责成拼音方案委员会对各方面提出的意见进行整理和研究。拼音方案委员会把各方面提出的意见归纳成为十几个主要问题，逐个进行讨论研究，结果提出了两个修正意见，即汉语拼音方案修正第一式和汉语拼音方案修正第二式。另外，还有三位拼音方案委员会委员提出了个人的修正意见。关于修正《汉语拼音方案（草案）》的详细情况，来不及详细叙述，如果同志们有兴趣，可以参阅《拼音》月刊创刊号。

1956 年 10 月 10 日，国务院第 38 次会议上决定成立汉语拼音方案审订委员会，审订中国文字改革委员会提出的《关于修正〈汉语拼音方案（草案）〉的初步意见》。汉语拼音方案审订委员会的主任是中国科学院郭沫若院长。汉语拼音方案审订委员会从 10 月 17 日到 11 月 21 日，先后举行了四次会议。在会议期间，曾经邀请在北京的语言学界、教育界、科学技术界、文艺界、新闻界、出版界、翻译界以及人民团体和部队的人士组织了多次座谈会，并用通信方式向各地语言学界征集了对汉语拼音方案的意见。在参加座谈和用通信方式表示意见的 234 人中，有 163 人赞成汉语拼音方案修正第一式。11 月 21 日汉语拼音方案审订委员会第四次会议上，通过了以汉语拼音修正第一式作为《汉语拼音方案（修正草案）》。汉语拼音方案公布后，将首先用来作为给汉字注音和推广普通话的工具，同时用来进行拼音文字的研究试验工作。

有了正式的汉语拼音方案，还不就等于有了完善的拼音文字。要把汉字改成拼音文字，一定要解决正字法上的许多问题，如词的连写规则、同音词如何区别的问题、词的定型化问题、汉语中间的文言成分和外来语如何拼写的问题等等。这些问题的解决，需要十分复杂的细致的研究和试验工作，要集中全国语言科学者的力量才能做好。中国的文字改革跟其他国家的文字改革有所不同：其他国家的文字改革是采用一种拼音字母来代替旧的拼音字母，而中国的文字改革是用拼音文字来代替表意文字。这是文字制度的根本改变。因此，在中国的文字改革上需要有一个过渡时期。在过渡时期中，拼音文字和汉字将平行使用：各种书刊可以单独使用汉字，也可以用汉字和拼音文字对照，或者分别印成两种文字的版本。即使拼音文字在全国推行之后，为了研究我国古代典籍，汉字仍然要在中等学校或者高等学校内继续教学，社会上仍然会有一部分人阅读和书写汉字。因此，汉字要不要废除的问题是不存在的。也还有一部分人，学会了拼音文字之后还要进一步学习汉字，而且精通汉字，好来整理我国古代的文化遗产，并把古代的优秀的作品翻译成为拼音文字，使广大人民能够阅读古典作品，真正继承和发扬我国的优秀的文化遗产。至于汉字所特有的书法艺术，自然也将永远保存下来并继续发扬。愿意作我国旧诗的人，也照样可以作我国的旧诗。研究汉学的人，照样可以研究汉学，出版汉学著作。

总之，采用拼音文字不是消灭汉字，更不会中断我国的历史文化传统，而会更加发扬我国的历史文化传统，更加便于我国文化与其他各国文化的交流。

视察京包沿线的大同等地的情况反映 *

（1956年12月5日）

今年5月16日至6月9日，我到京包沿线的官厅、大同、张家口、呼和浩特以及包头等地视察工作。各地建设工作呈现了欣欣向荣蓬勃发展的气象，令人感到欣慰。但每到一地，当地负责同志都谈到工业用水的困难。虽有丰富的地下水，但还不能满足今后工业发展的需要；同时运输方面也有困难，仅仅依靠京包铁路是不能胜任日益繁重的运输任务的；再次，阴山山系，东起平地泉（丰镇），西至包头以上黄河边的乌梁素海，长四百余公里，横卧于蒙古高原的南缘，其南面是一片广大的平原，土地肥沃，如果水利充足，开垦出来不亚于华北广大的良田。因此，我想到修建一条从乌梁素海经包头、呼和浩特、大同、张家口、官厅水库、北京到天津的运河问题。经过考察和研究后，认为实属必要，也有可能。我把这一问题提出后，各地负责同志都很高兴。

返京后，我曾和李富春同志以及水利部傅作义部长、李葆华副部长等谈过。他们表示赞同，随即于七月间派我校经济地理教研室李华庭、李德长两同志前往实地调查，他们经过了50天的调查，写出了一个包头至天津运河可能引水路线的调查报告，现印出分送□□水利建设的同志和有关部门作为研究的参考。我希望在经过进一步调查研究后认为可行

---

* 录自荣县吴玉章故居陈列展档案，原文为手稿。

时，能够列入国家的长远计划中去。

此外，北方内蒙古广大地区雨量既少、水源缺乏，分引黄河水量过多可能影响根治黄河和利用黄河水利发电的长远计划。因此，我想在阴山横亘的山脉上相隔十里八里在适当的弯曲或洞穴中开辟许多蓄水池库，使夏季雨水多时的水能保存在山腰间，一面可免山洪爆发之害，又能使山上逐渐能保持水土，蓄植林木改变气候，雨量增多，一面又能在运河缺水时放水，并能为灌溉农田之用。这是要有长远的、大规模的计划，并有新式的科学技术才能作到，但是开始时可利用当地农民的冬闲时间逐步进行，政府只助以规划及指导是不难办到的。现在世界各国为寻新领土不惜花费巨大的人力物力到南极去探险，我们内蒙古有很大的沙漠及许多荒地，如果我们能把水的问题加以解决，则沙漠可以变为良田。我这种想法或许是一种幻想，但是以现在的科学进步来看，只要我们有改造宇宙和愚公移山的精神，幻想也许可以变为现实。

欢迎苏联最高苏维埃主席团主席克·叶·伏罗希洛夫同志[*]

（1957年4月）

正当列宁的《四月提纲》发表四十周年和伟大的十月革命第四十周年的时候，我国人民欢迎列宁的忠实学生和亲密战友、苏联最高苏维埃主席团主席——伏罗希洛夫同志，我们感到无限欢欣和异常兴奋。

伏罗希洛夫同志是苏联共产党和苏维埃国家杰出的活动家。他在建立布尔什维克党、争取十月社会主义革命胜利、保卫和建设社会主义国家的斗争中，特别是在增强苏联国防力量方面，作出了卓越的贡献。他不仅是苏联人民热爱的领袖之一，而且在我国人民中和全世界劳动人民中享有崇高的威望。

伏罗希洛夫同志是俄国最早的布尔什维克之一，他从青年时代起，就把整个生命贡献给共产主义事业。他在自己革命活动的各个历史阶段中，一直是坚定地拥护和执行列宁路线的。1917年4月，当资产阶级、孟什维克和社会革命党人以及布尔什维克党内少数不坚定的分子，都反对列宁所制定的从资产阶级民主革命过渡到社会主义革命的天才计划——《四月提纲》的时候，伏罗希洛夫同志和其他坚定的布尔什维克积极拥护并努力争取通过和实现了列宁的《四月提纲》所规定的路线，

---

[*] 录自《大公报》1957年4月15日。

使十月社会主义革命取得了胜利。

十月革命胜利后，为了巩固苏维埃政权和无产阶级专政，就必须有工人阶级的武装力量。列宁就以伏罗希洛夫等同志开始着手建立工农红军。伏罗希洛夫同志是苏联红军的创始人之一，是一位杰出的无产阶级军事家。他在建立苏联武装力量、粉碎外国武装干涉和国内反革命武装叛乱的斗争中以及伟大的反法西斯战争中，都建立了丰功伟绩。

现在苏联是更加强大了，以苏联为首的社会主义各国的友好合作关系进一步巩固和加强了。过去的历史证明，苏联是保卫社会主义各国的独立和安全以及保卫世界和平和人类进步事业的坚强堡垒，而中苏两国的团结又是社会主义各国团结的重要因素。因此，加强中苏团结是中国人民最高的国际主义责任。

苏联是世界上第一个取得社会主义革命胜利的国家，又是首先建成社会主义并已开始向着共产主义过渡的国家，是革命经验和建设经验最丰富的国家。因此，中国人民应该继续正确地和坚定不移地学习苏联，学习他们先进的建设经验。

在我国社会主义建设事业中，苏联人民给予我国人民巨大的、无私的和全面的援助，中国人民将永志不忘。伏罗希洛夫同志这次访问我国，标志着中苏两国八亿人民友谊的进一步巩固和发展。我们中国人民谨向伏罗希洛夫同志表示热烈的欢迎，同时向伟大的苏联人民表示衷心的感谢。

在新学年开学典礼会上的讲话[*]

（1957年9月19日）

同志们、同学们：

今天我们举行开学典礼，首先我代表学校向今年入校的845名新生表示热烈的欢迎，并预祝全校师生员工在新的学年里，工作和学习取得新的成就。

我还想趁这个机会向在我生病期间给我写慰问信和通过校长办公室向我转达口头问候的同志们、同学们表示感谢，感谢他们对我的关怀。

今年是不平凡的一年。在夏初开始的整风运动中，资产阶级右派分子乘机向我党和人民政府及社会主义发起的猖狂的进攻，企图使资本主义、封建主义复辟阴谋，激起了全国广大人民的愤怒，并与之展开了坚决的斗争。这场反右派的斗争是思想战线和政治战线上的伟大的社会主义革命，现在已经取得了辉煌的胜利。目前，整风和反右派斗争，已经扩展成为一个全民性的整风运动。除了中央和省市一级的机关团体、民主党派、文教艺术界、工商界、科学技术界等方面，已经展开并且已经继续深入开展整风运动和反对资产阶级右派分子的斗争以外，全国各地从工厂到农村，也都正在或者将要有计划有秩序地用摆事实和讲道理的方法，对于有关我国社会主义革命和社会主义建设的许多根本问题，展

---

[*] 录自《人民大学周报》1957年9月19日，第1、3版。

开全民性的大辩论。

整风和反击右派分子的斗争，是一个政治战线上和思想战线上伟大的社会主义革命，是社会主义思想和资本主义思想、是社会主义道路和资本主义道路的斗争。因此，它是关系到国家发展前途和国家民族生死存亡的斗争。

1956年在经济战线上改变生产资料所有制的社会主义革命，已经为我们建设社会主义打下了经济基础；但是，仅仅有这个革命，社会主义还不能巩固，还必须在政治战线上和思想战线上有一个彻底的社会主义革命，才能使社会主义得到巩固。

事实已经证明，凡是与右派分子展开了斗争的地方，不仅粉碎了右派分子的进攻，捍卫了社会主义革命成果，同时也使广大人民群众受到了一次深刻的阶级教育和锻炼，社会主义觉悟大大地提高了一步，从而更加巩固了社会主义革命成果和促进了社会主义建设事业的发展。和右派分子的愿望相反，这场斗争证明：广大人民是拥护社会主义和共产党的，因而胜败的局势是：人民和共产党的彻底胜利，右派分子的彻底失败。

和全国情况一样，我们中国人民大学，一整个夏天是在整风、反右派斗争中度过的。就全校的情况来说，这场斗争我们是进行得很好的。我们全体师生员工在这场斗争中经受了考验，也得到了锻炼。斗争的考验表明，我们中国人民大学在这场激烈的政治斗争、思想斗争中是有战斗力的，而在战斗中又不断地提高了。经过这场斗争，大家的思想水平和政治觉悟也大大地提高了，我们的工作也将呈现出新的面貌。

由于全校广大师生员工的艰苦奋斗，不仅揭露出了一批右派分子，彻底打垮了右派分子的进攻，使右派分子陷于完全孤立，巩固和加强了党的领导，而且教育了广大群众，提高了群众的阶级觉悟和阶级警惕性，认识了右派分子的丑恶面目，与右派分子划清了思想界线，还涌现出了大批积极分子，考验了党团员，纯洁和巩固了党的组织。在这一基础上，给进一步加强社会主义思想教育，改造思想、改进工作，加强师生员工的团结，提高教育质量和进一步办好我们的学校，开辟了广阔的道路，这就会使我们学校大踏步地前进。

资产阶级右派分子为什么猖狂地向中国人民大学进攻呢？大家知道，高等教育界是资产阶级右派分子和我们搏斗的十分激烈的战场之一。他们满以为高等学校有他们的"社会基础"和"阶级基础"，是共产党的"薄弱"环节，在这里可以找到大批"急先锋"和"后备军"。因此，右派分子就选择了高等学校这个阵地，首先在这条战线上向党、向人民、向社会主义展开了猛烈地进攻。而由党中央直接领导下创办的专门宣传马克思列宁主义、培养马克思列宁主义社会科学专业干部和政治理论师资的中国人民大学，就必然成为右派分子向高等学校进攻的重点之一。

我校右派分子与社会上的右派分子互相呼应，对我校极尽诬蔑之能事，说什么"人民大学是教条主义大蜂窝"，"人民大学教条主义根深蒂固"，"人民大学是失业收容所"，"四不像——大学招牌、中学内容、小学教学方法"，"像官府，不像学府"，"成绩是次要的，缺点是主要的"，反对所谓"以党代政"的党委制等等。他们妄想把中国人民大学搞垮，篡夺党对学校的领导权。

但是，得意忘形的资产阶级右派分子失算了，他们过高的估计了自己的力量，过低的估计了党和群众的力量。与我们较量的结果，失败的不是我们，而是右派分子自己。他们不仅没有也没有可能消灭人民大学，人民大学却在斗争中显得更健壮，而且要更健壮地存在和成长！

事实无情地粉碎了右派分子的谰言，那就是人民大学七年来的成绩是主要的，缺点是次要的。这是客观存在的事实，是任何人不能诋毁得了的。

大家知道，中国人民大学的前身，是远在抗日战争时期在革命圣地延安的陕北公学与以后的解放区华北联合大学、北方大学、华北大学几经沿革而来的。它是在中华人民共和国成立后，党和国家为了适应祖国的社会主义建设，于1950年9月创办的一所完全新型的、社会主义的社会科学性质的综合性大学。它是中国人民长期革命斗争的产物，也是人民革命胜利的产物。它具有革命教育的优良传统，在这个基础上学习了苏联的先进经验，取得了许多成绩。虽然，我们工作中还有很多缺点，但是我们学校的根本路线是正确的，我们是一直坚持着：

1. 教育为我国社会主义建设服务的原则。
2. 马克思列宁主义的理论与中国革命的实践相结合的方针。
3. 学习苏联的经验和中国的情况相结合的方针。
4. 为工农开门的方针。

我校成立后，也一直贯彻了党中央"勤俭办学"的方针，发扬了解放区艰苦朴素的作风，在校舍异常分散、设备简陋的状况下，培养了大批干部，支援了国家建设。目前随着国家社会主义建设的需要和反对资产阶级右派分子的斗争，将在开展全国性的社会主义思想教育方面，发挥它巨大的作用。

应该肯定，我校七年来的成绩是不小的。它培养了大批的社会科学、财经、政法干部和政治理论师资，毕业的各科学生已有16 000名。学生质量基本上合乎国家要求，绝大多数毕业生对工作是胜任的，有些还有显著成绩，成了先进工作者。全国各高等学校的政治理论教师有百分之八十是人民大学培养出来的。

我们还编写了大量教材和讲义，截至1956年7月的统计，就铅印出版2 287种，1 011万册，不仅基本上满足了我校的需要，而且还供应了各兄弟学校使用。《教学与研究》不仅行销全国，而且也行销国外。这些教材讲义和出版物，有不少获得好评。对传播苏联先进经验、宣传马克思列宁主义、批判资产阶级唯心主义起了很大作用。

我之所以再叙述一下中国人民大学成长的经过和取得的成绩，一方面是为了帮助新生了解人民大学，另方面也是为了驳斥企图否定人民大学成绩的右派分子。

当然，我校是有缺点的，也存在着主观主义、官僚主义和宗派主义。教学内容和教学方法以及科学研究工作中还有相当严重的教条主义。但是，必须分清，我们对于学校成绩和缺点的估计和右派分子的污蔑是有着根本差别的。我们是以实事求是的科学态度肯定成绩，揭露缺点，改进工作，以便更好地前进。而右派分子却是以他们反动的立场，要根本否定成绩，夸大缺点，以便实现其篡夺领导权的野心。我们有不少教师、干部和同学在对待学校问题上，由于立场不稳，思想方法片面，因而受了右派分子的欺骗。这是应该引为惨痛教训的。我们必须接受这次的教训，认真地学习毛主席《关于正确处理人民内部矛盾的问题》，学会以马克思列宁主义的立场、观点和方法，分清大是大非，善于识别香花和毒草。只有这样，才不至在大风浪中迷失方向。

当然，我们也有一部分同志存在着相当严重的教条主义，肯定一切，忽视缺点错误的检查，因而，妨害了工作的改进，这也是必须改变的。但这是属于人民内部的矛盾问题，和反右派斗争有着根本不同的性质。

所有以上这些缺点，我们必须正视，通过今后更深入的整风，必须大力改正。

经过反右派斗争，我们已经积累了比较丰富的经验。同时，从反右派斗争中暴露出来的问题看，除了揭露出一批右派分子以外，还有不少人在右派分子猖狂地向党、向社会主义猖狂进攻的时候，受了右派分子的迷惑，一时表现了动摇，而且也暴露了存在不同程度的资产阶级个人主义、自由主义、极端民主思想、绝对平均主义、无政府主义、大民族主义和地方民族主义等非无产阶级思想。这是什么原因呢？我想这是有其社会根源、阶级根源和思想根源的。

我校师生员工的政治情况，总的说来是好的。但是从我校一部分教师即高级知识分子的出身成分看，多半是出身于剥削阶级家庭，其中极少数人原来就是历史上的反革命分子，或者是与自己家庭以及社会上各种复杂的关系有联系，或者是受到资产阶级影响或受过资产阶级教育，他们有浓厚的私有观念和自私自利损人利己、损公利私的传统习惯。我校的一部分工作人员的情况大体也是这样。从我校学生的情况来看，虽然我校注重招收革命干部和工农成分及革命中和革命后成长起来的青年一代，他们思想比较纯洁，不少人经过革命斗争和受过艰难困苦，也就比较易于接受马克思列宁主义，但是，由于也有一部分出身于剥削阶级，受到家庭的影响，又由于社会上还有阶级存在，而且他们一般的都没有经过严格的革命考验和锻炼，也或多或少的沾染了一些非无产阶级思想意识。从我校一部分师生员工的违法乱纪的情况看，问题也是严重的。……类似这样的事件还有许多，而且近来还有增长的趋势。这说明什么问题？这说明右派分子不仅思想立场和言论行动是反动的，而且在生活上也是极端腐化，在道德上是非常堕落的。同时还说明，那些出身于剥削阶级或染有浓厚的旧社会思想意识的人，在解放后还没有得到彻底地改造，过去我们的思想改造工作，做得还不深不透，对于坏分子的打击不够。所有这些情况，都要求我们在今后必须加强政治思想教育和共产主义道德的教育。同时，对于那些扰乱社会治安、损害国家和人民利益、严重违法乱纪的坏分子，必须实行专政。

党的教育和改造知识分子的政策，是社会主义革命不可分割的部分。

由于过去思想改造运动的结果，许多知识分子已经渡过了民主革命这一关，但是，过社会主义这一关，问题则很多。能不能过好这一关，关键问题在于社会主义思想改造。因此，知识分子必须下决心改造自己，以便比较顺利的渡过社会主义这一关。

在目前我国社会大变动时代，在思想战线上尖锐的阶级斗争形势下，在反右派斗争胜利的基础上，党中央指示在全国范围内开展全民性的社会主义思想教育，是适时的和必要的，意义是非常重大的。

社会主义思想教育，是全民性大辩论的一部分，也是反右派斗争的继续和深入，是"破资本主义，立社会主义"思想上两条路线的斗争。

社会主义思想教育的目的，是要通过全民性的大辩论，在人民内部培养社会主义立场观点，用社会主义立场观点来对待祖国的一切措施，来进行自我教育。在高等学校进行社会主义思想教育，是为了帮助高等学校的师生员工逐步的树立共产主义的世界观和人生观，以便逐步的完成培养和建立工人阶级知识分子队伍这一历史性的任务。

社会主义思想教育，必须坚持党的"理论联系实际""理论学习要联系思想改造"的方针，坚决反对"空谈理论，鄙视实际，提高个人，反对改造"的错误方针，反对那种把学习理论当作简单知识或当作装饰品或者是当作将来可以出卖的"商品"性的东西来学习，以及政治教员不管学生思想的错误态度。过去我校在理论联系实际和理论学习联系改造思想方面，虽也有一些成绩，但是由于某些人存在着抵触情绪和教条主义倾向，没有取得应有的成绩。今后我们必须坚决地贯彻这一正确的方针。

社会主义思想教育的精神，不仅要贯彻到哲学、政治经济学、马列主义基础、中国革命史等政治理论课中去，而且还要贯彻到其他各门社会科学如新闻学、法律学及其他财经方面的各门业务课中去。因为它们都是阶级斗争的科学，都是为了建设社会主义和共产主义的科学。这样，才能加强业务课的思想性，克服学工人员中存在着的"单纯业务观点"和不问政治的倾向。

进行社会主义思想教育，要以今年毛主席《关于正确处理人民内部矛盾的问题》作为我们进行社会主义思想教育的中心文件，我们应该很好地学习它，掌握它，运用它。再结合学习一些中央政策文件和《人民日报》的社论，并选一些马恩列斯的著作。我们还可以从实际生活中，例如从我国社会主义革命和社会主义建设中，从反右派斗争中，从学工人员的思想实际中，取得用之不尽的材料。

为了加强我校师生员工的社会主义思想教育，党委已经决定把进行社会主义思想教育当作中心任务，并且已经决定在新学年里暂停四门政治理论课，开设"社会主义思想教育"这样一门课程，作为课程改革和改变教学中指导思想的起点。党委还组织了大批具有政治思想教育工作经验的领导骨干和教师，来负责进行社会主义思想教育工作。

为了把社会主义思想教育作好，担任社会主义思想教育的教员，必须根据"教育者应该首先受教育"的精神，首先加强马克思列宁主义的学习，加强思想改造，成为学生的榜样。只有这样，才能为人师表，才能担负起这一艰巨而光荣的任务。

为了把社会主义思想教育作好，要继续贯彻"百家争鸣"的方针和大鸣大放的精神，展开争辩。我希望全校师生员工在进行社会主义思想教育过程中要联系思想进行检查，大胆地暴露思想。通过争辩弄清是非，得出真理，提高认识。就是那些成了资产阶级右派的人也希望他们彻底悔悟，重新作人，接受社会主义改造。顽抗抵赖，不愿低头交代或企图隐瞒一时蒙混过关的任何想法和作法，都是没有前途的，而且是危险的。现在还是时候，没有交代或交代不彻底的，都应该在社会主义思想教育中大胆地站出来，彻底交代，清算自己。

　　为了把社会主义思想教育作好，全校师生员工还必须受到劳动锻炼，参加体力劳动。今后将定期和分批地组织大家参加工农业生产，真正与工农群众相结合。只有这样，才能把自己逐渐锻炼成为既懂阶级斗争知识又懂生产斗争知识的完全新型的工人阶级知识分子。

　　同志们！我们是处在一个伟大的深刻的社会主义革命时代，同时也是社会主义和全世界和平民主阵营与帝国主义战争集团尖锐斗争的时代，我们必须从政治上思想上击败国内外的敌人。我希望全校师生员工，在已有的基础上，戒骄戒躁，再接再厉，努力学习，加强思想改造，继续胜利地前进，把我们的学校办得更好，培养更多的德才兼备的人才，完成党和国家交给我们的任务。

接受批评，改正缺点，改进工作*

（1957年10月26日）

……有的同学给我提了一些意见，这些意见主要是：我与同学们见面太少，很少给同学们作报告，并希望我与同学们多见面。我认为这些意见是正确的。感谢同学们对我的诚恳批评。

应该承认，官僚主义、宗派主义和主观主义，在我本身也是存在着的。我愿意在整改阶段，深入检查，力求改正，并愿与大家一道，通过社会主义思想教育，进一步改造思想，提高认识，改正缺点，提高工作质量。

近几年来，我除了我党中央的一些会议，人代常委会议以及其它一些活动外，主要是在作中国文字改革委员会的工作，对于学校的工作管的很少。从今年四月起我又病了，不得不停止工作、住院治疗和休养，直到今年九月中旬才基本恢复健康，并开始了工作。这是与同学们见面少的一个客观原因，我也愿意告诉大家。

现在《汉语拼音方案》已经文字改革委员会和汉语拼音方案审订委员会一致通过，也已提请国务院审定通过，不久即可公布。至此文字改革的紧张工作将告一段落。

今后我决定多抽出一些时间深入下层，与同学们多见面，多管一管学校的工作。我希望全校师生员工……，在校党委的统一领导下，再接再厉，开展批评与自我批评，团结一致，共同把我们的学校办得更好。

---

* 录自荣县吴玉章故居陈列展档案。

为维护世界和平而奋斗的四十年[*]

（1957年11月1日）

伟大的十月社会主义革命以来的四十年，苏联经历了极其光荣伟大的途程。四十年来的历史，是苏联努力维护世界和平民主的历史，是建设本国社会主义、共产主义的历史。

十月革命的胜利，第一次在世界帝国主义体系中打开了一个缺口，出现了人类历史上从来未曾有过的国家——社会主义国家。社会主义国家与帝国主义国家相反，是坚决反对侵略和战争的，因为摆脱了剥削和压迫的人民对外不需要剥削别人和侵略别的国家，它所需要的是在和平环境中发展生产，以便不断满足日益增长的物质和文化的需要，并建设社会主义达到共产主义社会。正是因为这样，列宁在十月革命后曾指出："在这种环境之下，苏维埃国家的出发点应该是，胜利的无产阶级专政国家与资本主义国家在相当长的时期内有和平共处的必要。"（1919年9月列宁写给美国工人的信）

苏联从建国一开始，就一贯为维护世界和平和支持民族独立解放运动进行着不屈不挠的斗争，因为无产阶级懂得，只有一切被压迫被剥削的人民都得到解放，才能最终解放自己。远在十月革命胜利以后的第二天，全俄工兵苏维埃第二次代表大会就发布了具有历史意义的《和平法

---

[*] 录自《光明日报》1957年11月1日，第2版。

令》，呼吁立即停止帝国主义战争，缔结公平的民主的和约。在一个星期后，人民委员会又公布了《俄国各族人民权利宣言》，提出各国间建立真正友好平等关系的纲领。这些文件，为苏维埃国家的和平外交政策奠定了基础。

但是帝国主义者是不愿意和平的。他们在1918年至1920年间举行了十四个帝国主义国家的武装干涉，妄想把年青的苏维埃国家"扼死在摇篮里"。帝国主义者永远也不愿意懂得这样一个简单的真理：觉悟起来的人民力量是不可侮的。武装干涉的结果恰恰同帝国主义者的愿望相反，想要攻击人民力量的人们，却被人民的力量所击败。武装干涉者所得到的是一个不光彩的下场。

帝国主义武装干涉和国内战争结束后，苏维埃国家进入了国民经济恢复时期和社会主义建设时期，在这些年代里，苏维埃一方面继续为争取和平、防止新的世界大战进行着不懈的斗争，另一方面则积极地从事于国内社会主义建设事业。经过第一、二个五年计划，苏联逐步地实现了社会主义工业化和农业集体化的历史任务，基本上确立了社会主义的经济基础。这样，苏联在这些年月中，一方面充分利用了争取到的和平环境把自己从一个经济落后的国家建设成为一个强大的社会主义的工业国家；另一方面这种经济上的成就又为以后在卫国战争中打击法西斯侵略者、争取新的世界和平提供了强大的物质基础。

当第二次世界大战前国际局势日益紧张时，苏联政府曾不止一次地倡议建立各国间的集体安全制度，以防止希特勒德国燃起世界的战火。但是苏联的这种努力并未得到结果，因为当时美、英、法等国的反动集团所关心的并不是和平和安全，而是企图借刀杀人——把希特勒匪徒的枪口引向苏联。

苏联政府对于任何和平的机会也是不肯轻易放过的。甚至在1939年局势极端恶化的情况下,还同法西斯德国签订了互不侵犯条约,但是法西斯德国背信弃义,于1941年6月向苏联发动了突然的袭击。于是,苏联人民被迫地拿起武器,进入了伟大卫国战争的年代。

这个年代是对苏维埃国家的一个严重考验。但是苏联人民经受住了这个考验。在四年零三个月的艰苦战斗中,苏联军队不仅光荣地完成了解放自己国土的使命,并且把许多国家的人民从法西斯的奴役下拯救出来。远在苏联卫国战争开始以前,我国人民就进行着反抗日本侵略的抗日战争。感谢苏联红军,在击败德国法西斯不久,就帮助我国人民打败了日本侵略者,取得了抗日战争的伟大胜利。

第二次世界大战以后,在欧亚两洲出现了一系列的社会主义国家,组成了以苏联为首的社会主义阵营。但是,美帝国主义并没有放弃扼杀社会主义国家的野心。它企图代替希特勒霸占全世界。于是在国际舞台上展开了以苏联为首的社会主义和平民主阵营同以美帝国主义为首的帝国主义阵营之间的剧烈的斗争。这是和平与战争两条道路的斗争。

美帝国主义为了实现其霸占全世界的野心,执行着扩军备战的"实力"政策,到处扶植反动势力,建立军事基地和排他性的军事集团,制造战争和世界紧张局势。美帝国主义发动侵朝战争并干涉印度支那战争,订立《北大西洋公约》和《马尼拉条约》,纵容英、法和以色列侵略埃及,参加《巴格达条约》,支持匈牙利反革命叛乱等,都是为了实现这一政策的重要步骤。

以苏联为首的社会主义和平民主阵营始终坚持和平外交政策。苏联战后在维护世界和平、制止战争危机、缓和国际紧张局势和支持民族独立解放斗争方面,作出了巨大的贡献。苏联同我国以及其他社会主义国家和爱好和平的国家对于促成朝鲜停战和停止印度支那战争作了重要的努力。苏联在帮助匈牙利人民镇压反革命的复辟叛乱和制止英法侵略埃及的战争方面，也作出重大的贡献。

但是帝国主义不愿意正视现实，还在妄想消灭社会主义，还在镇压反殖民主义运动，还没有从过去的失败中取得教训，还不甘心他们的失败，还在进行垂死的挣扎。继英法侵略埃及失败以后，美帝国主义企图奴役中东，代替英法的殖民地位，声言要填补"真空"，"艾森豪威尔主义"就是美国这一政策的体现。但是事情和帝国主义者打的如意算盘相反，"艾森豪威尔主义"却遭到了阿拉伯人民的坚决反对。于是美帝国主义又在中东挑拨不和和扶植反动势力，进行分裂和颠覆活动，企图实现其"阿拉伯人打阿拉伯人"的阴谋，最近美帝国主义唆使土耳其发动侵略叙利亚的武装进攻，就是实现美国这一阴谋的一个重大步骤。但是，觉醒了的阿拉伯人民是吓不倒的。阿拉伯人民和全世界人民，都站在叙利亚一边，坚决支持叙利亚反对侵略保卫民族独立的斗争。中华人民共和国的声明，代表了中国六亿人民的意志。苏联政府已向土耳其提出最严重的警告，并且声明，一旦发生战争，将派军队帮助叙利亚镇压侵略者。苏联的这一声明，受到全世界爱好和平人民的热烈拥护和支持。如果帝国主义不接受全世界人民的警告，立即悬崖勒马，胆敢发动对叙利亚的武装侵略，必定和过去一样，遭到可耻的失败。

生活的进程表明，苏联和整个社会主义国家的和平外交政策，已成为阻止帝国主义侵略，捍卫各国人民自由独立和推动国际局势缓和的决定性因素。各国人民反对殖民主义、维护独立主权的斗争，是保卫和平的一支巨大力量。全世界人民的和平运动是愈来愈波澜壮阔了。

苏联始终坚持着具有不同社会制度的国家可以和平共处的原则，主张与资本主义国家和平竞赛。战后苏联的和平建设，已经取得了辉煌的胜利，苏联人民在建成了社会主义的基础上，正在向共产主义迈进。苏联在国民经济各部门的发展速度和许多发展指标上都居于世界领先的地位。现在苏联人民正在执行共产主义建设的宏伟纲领——第六个五年计划和争取在最短期间内在按人口平均计算的产量上全面赶上和超过主要的资本主义国家而奋斗。苏联的科学技术也取得了巨大的成就,居于世界的首位。继第一个原子能发电站建成和洲际导弹试验成功后,最近又成功地发射了第一个人造地球卫星,给人类科学开辟了一个新纪元。与此同时,中国和所有社会主义国家,在社会主义建设方面也取得了巨大的成就。这些事实,雄辩地证明了社会主义制度比资本主义制度具有无比的优越性,社会主义在与资本主义的和平竞赛中必然取得全面的胜利。

苏联经济实力和国防威力的巨大增长和其他社会主义国家社会主义建设的巨大成就,对于制止战争保卫和平提供了更加雄厚的物质基础。以苏联为首的社会主义阵营是保卫世界和平的坚强堡垒。

当此庆祝伟大的十月革命四十周年之际,中国人民热烈地祝贺苏联人民在维护世界和平和社会主义、共产主义建设中取得更大的成就。

学习苏联，改造思想，全心全意为建设社会主义服务＊

（1957年11月1日）

四十年前十月革命一声炮响，俄国的工人和农民，取得了政权，人类历史上第一次社会主义革命在全世界六分之一的土地上胜利了。十月革命实现了劳动人民世世代代的愿望，宣告了人对人剥削的结束，宣告了一切社会压迫和民族压迫的结束，宣告了新的社会主义社会建立时代的开始。十月革命以后，苏联工人阶级在共产党领导下，紧密地团结着农民和其他劳动人民，在革命初期，战胜了国内反革命势力及十四个帝国主义国家的武装干涉；在第二次世界大战期间，又粉碎了法西斯侵略者；四十年来，苏联人民，英勇地保卫着社会主义，辛勤地建设着社会主义。今天苏联人民已经排除万难，建成了社会主义社会，正在建设共产主义社会的旅程上大踏步迈进。

列宁的预言实现了："我们苏维埃社会主义共和国，将作为国际社会主义的火炬，作为各国劳动群众的范例而稳固地站立着"。苏联自从他立国的第一天起就以国际主义的精神，支援其他国家的人民革命。在这些国家革命成功之后，他又无私地、慷慨地以他的经验、技术和物资支援他们的建设。今天以苏联为首的社会主义阵营已经占全世界领土的26%、人口的35%、工业生产的三分之一。社会主义已成长为不可战胜的世界

＊录自《工人日报》1957年11月1日，第2版。

体系，并胜利地同腐朽的资本主义体系竞赛。社会主义体系的存在和发展鼓舞着全世界的工人运动和民族解放运动。

今天，亚非两洲亿万人民，已挣脱了殖民主义的锁链，建立了许多爱好和平的大国。这标志着列宁所预见的世界历史的新时期的到来，东方各民族复兴起来，独立自主地决定自己的命运，积极地参与解决全人类命运的事业。

资本主义国家的共产党和工人党正在日益壮大。他们正在领导着无产阶级，团结一切劳苦大众，为改善自己的生活，为争取民主、和平和社会主义而进行英勇的斗争并获得了巨大成就。毫无疑问，他们将要战胜资本主义而获得最后胜利。

这一切都说明：伟大的十月社会主义革命的四十周年，是苏联各族人民、各社会主义国家、整个国际工人阶级、全世界劳动人民的光辉的节日。

中国人民一贯把中国革命看作是伟大的十月社会主义革命的继续。几十年来中国人民在中国共产党的领导下英勇地、坚决地沿着十月革命所开辟的马克思列宁主义革命大道前进，终于在1949年推翻了帝国主义、封建主义、官僚资本主义的反动统治，建立了中华人民共和国。建国以后短短的八年中，在党和人民政府的英明领导下，在全国人民一致努力和苏联的无私的大力援助下，我们在经济建设和文化建设方面都有了迅速的发展。我国第一个五年计划即将顺利地完成并超额完成。

开国之初，我们的党和政府即确立了在教育事业上学习苏联的方针，这是完全正确的和必要的。应我们政府的请求，苏联派遣了一批优秀的具有高度学术水平和国际主义精神的教育专家来帮助我们发展教育事业，使我们全国教育工作者有更好的机会通过他们学习苏联教师们四十年来积累起来的教育业务方面的先进经验。学习苏联社会主义教育经验，对于我们这样一个比较年轻的社会主义国家的教师来说，是十分重要的。我们全体教师必须坚定不移地遵循党的既定方针，学习苏联。过去几年我们学习苏联已经有了很大的成绩。

我国在教育事业上，在共产党的领导下，确定了以马克思列宁主义为教育事业的指导思想，确定了在一切学校都要重视社会主义思想教育。

我们还确定了教育为社会主义经济服务的原则，因而我们各级各类学校教育都是按照需要与可能，有计划地、按比例地得到了最合理的和最大限度的发展。

我们在高等学校进行了院系调整和专业设置。我们制定了各级学校的教学计划和教学大纲并编出了教科书。我们采取了理论与实际联系、苏联经验与中国情况相结合的教学方针。我们在教育制度和教学组织方面也进行了改革。

这一切使得我国的为封建主义、官僚资本主义、帝国主义服务的旧教育改变成为社会主义服务的新教育。这是一个根本的变革，是一个伟大的成绩。这些成绩是右派分子所敌视的。他们污蔑学习苏联是教条主义。他们要我们放弃学习苏联。我们万万不能上右派的当。我们要肯定学习苏联所已经取得的成绩。但是我们不能满足于已有的成绩，更不能忽视缺点和错误。我们还要更加努力，结合我国的实际情况，继续学习苏联的教学经验，改正我们的缺点和错误。

根据我国现在的政治形势，根据我国教师队伍的政治思想的实际情况，我们单学习苏联教育业务经验是不够的；我们还必须学习苏联教师的全心全意为社会主义服务的精神。

在苏维埃政权初期改组国民教育时，资产阶级知识分子中的反动派是十分仇视的。他们采用各种形式的怠工来阻止教育事业的发展。广大教师群众是在苏联共产党领导下和全俄总工会的帮助下才组织了自己的工会，对反动派进行斗争，取得胜利，把教育事业推向社会主义的轨道，并在工作和斗争中锻炼自己、改造自己。这一经验对于我国今天的教师来说是十分宝贵的。

最近几个月来，在我国各级学校里，资产阶级右派分子和社会上其他右派分子互相呼应，发起了向共产党、向社会主义的进攻。他们选择了党提出"百家争鸣，百花齐放"的政策，宣传正确处理人民内部矛盾，党的整风等作为他们进攻的"时机"。他们认为教师和学生中的大多数会跟随他们。他们的进攻是极为猖狂、极为狠毒的。

右派分子在学校内的主要目的就是反对社会主义教育，使资本主义教育复辟。他们第一着就是进攻党对学校的领导。他们说党对教育事业是外行，外行不能领导内行。那末，谁才能领导呢？不言而喻，右派分子认为只有他们才是"内行"，也只有他们才能领导。的确，对于资本主义教育，他们是有些"内行"。但是如果这些"内行"的阴谋真正得逞，他们就必然会把我国的教育引向他们梦寐以求的目的地——资本主义教育。

右派分子对于党所提出的社会主义教育方针和政策肆意攻击。他们反对教育向工农开门。他们反对以马克思主义教育青年。他们要求资产阶级的社会学、经济学、历史学、教育学、哲学复辟。他们反对教学大纲而主张自由选材、自由讲课，以遂其向青年一代自由散布资本主义毒素的阴谋。还必须指出右派分子反对党的领导，必然就会反对党对学校工会组织的领导。事实证明右派分子在少数学校中曾经一度篡夺了工会的领导，把工会变成反党、反社会主义的阵地。这是值得我们十分警惕的。

右派分子当初满以为他们的阴谋可以得逞，但是他们估计错了。广大教师和学生并不跟随他们而是跟随共产党走社会主义的道路，使得教育界的右派分子和社会上其他右派分子一样陷于完全孤立。

现在，反右派斗争在高等学校，一般已取得了决定性的胜利，但还没有结束。在中小学一般才开始战斗。当前的任务是把反右派斗争进行到底，争取彻底胜利，决不半途而废。

学校里这个两条道路的斗争是关系到每一个人的切身利害的。不把右派反掉，社会主义教育事业是不可能顺利发展的。每个教师都应该在共产党的领导下，以誓不两立的决心，参加战斗，并在斗争中得到锻炼，改造自己的思想。

参加突击式的、运动式的反右派斗争，在斗争中锻炼自己，是教师思想改造的一个重要部分。但还不是思想改造的全部。在现阶段，教师必须积极参加反右派斗争，参加社会主义大辩论。在此以后，教师们还必须在党的领导下进行经常的思想改造。这种经常的思想改造将要通过政治理论学习，通过社会生活实践和体力劳动，通过专业研究来进行。这两种方式都很重要，缺一不可。教师们只有积极参加这两种方式的学习和锻炼，才能更好地提高思想觉悟，确立社会主义立场，真正成为名副其实的人民教师。

我国现在有二百多万教师，其中大多数都是好人，只有极少数是右派。但是和苏联教师相比，我们大部分教师还不能说已经成为工人阶级的知识分子。苏联有了四十年的无产阶级专政，现在苏联教师的绝大多数是十月革命以后成长的，他们是在苏联共产党领导下，在实际工作和斗争中锻炼出来的。他们出身于工人和农民，他们同人民有密切的联系，他们深刻理解人民的利益，并忠实地为人民服务。社会主义阵营内有这样一支出色的教师队伍，我们感到自豪并且一定要向他们学习。

我国教师和其他知识分子一样，"过去经过几次运动，多数人都有了不同程度的进步，有一小部分人已经成为左派。多数人现在可以接受或者并不反对社会主义，但是他们中间的许多人浸透了资产阶级世界观，真正变为工人阶级的知识分子还需要一段相当长的时间"（邓小平：《关于整风运动的报告》）。

这种情况是远不能适应新社会的需要的。毛主席说："我们的教育方针，应该使受教育者在德育、智育、体育几方面都得到发展，成为有社会主义觉悟的有文化的劳动者"。这就要求教师把自己改造成为工人阶级的知识分子。目前教师的中心问题就在这里。教师必须进行思想改造，必须逐步地抛弃资产阶级的世界观，树立工人阶级的、共产主义的世界观。

资产阶级思想就是自私自利。个人主义、本位主义、绝对平均主义、自由主义、无政府主义、民族主义都是资产阶级思想的表现。教师们必须抛弃这种污秽的东西。

工人阶级思想与此相反，那就是全心全意为人民服务的思想。集体主义，高度的纪律性和组织性，大公无私、爱国主义、国际主义都是工人阶级的思想。教师们必须树立这种新思想。

教师们要想改造自己的思想，坚决地走社会主义的道路，最必要的就是接受党的领导、党的监督、党的教育；就是永远保持和工农的密切联系，养成勤俭朴素的作风，在生活上和工农群众打成一片。

思想改造是长期的，要逐步进行，但必须进行到底。思想改造对教师来说尤其重要。教师是直接教育青年的人，他教出来的人将成为什么样子，这与教师是怎样的人有十分密切的关系。按照苏联教育家的说法，教师是灵魂工程师，如果他不首先铸造自己的灵魂，要把青年的灵魂铸造好，就等于缘木求鱼。古人所谓"以身作则"也就是这个道理。所以我们必须依照毛主席的指示"继续前进，在自己的工作和学习的过程中，逐步地树立共产主义的世界观，逐步地学好马克思列宁主义，逐步地同工人农民打成一片，而不要中途停顿，更不要向后倒退，倒退是没有出路的"。

还应该指出，学校工会组织，无论是在突击运动中或是经常学习中，都应该在党的领导下，发挥共产主义学校作用，是用各种群众工作方法，帮助广大教师群众，进行思想改造。

教师们！让我们高举十月革命的旗帜，坚持不懈地学习苏联，反对右派，改造思想，提高业务，以实际行动来庆祝伟大的十月社会主义革命四十周年，为在中国实现社会主义教育而奋斗！

工会对教师和科学工作者的工作 *

——中国教育工会全国委员会主席吴玉章代表的发言

（1957年12月5日）

各位代表、各位同志：

我完全同意赖若愚同志《团结全国人民，勤劳节俭，建设社会主义的新中国》的报告，并在今后的工作中坚决贯彻执行。现在我想把中国教育工会的工作情况和对于今后工作的意见，向同志们作一个简单的汇报。不当之处，希望同志们提出意见和批评。

中国教育工会的工作在党中央和全国总工会的领导下，根据中国工会第七次全国代表大会规定的工会在国家过渡时期的方针任务，随着我国教育、科学事业的迅速发展，四年多来有了很大的发展和提高。

首先是我们的组织扩大了。会员人数已由1953年的767 800人，增加到现在的2 012 212人，增长了一倍半以上，占教育、科学工作者总人数的80％。基层组织数由21 999个增加到42 694个（缺云南数字）。

为了进一步提高广大教育、科学工作者的政治觉悟，各地教育工会组织，不论在思想改造运动中或在反对胡风反革命集团的运动中，特别是在目前正在进行的整风和反右派运动中，都曾在各地党委的领导下发动和组织群众，积极地参加了斗争，把群众团结在党的周围，取得了历

---

* 录自《光明日报》1957年12月5日，第2版。

次斗争特别是这次反右派斗争的伟大胜利。并且在日常的思想政治教育工作方面，也做了一些工作，如协助党委动员和组织群众参加理论学习和时事政策学习等，对于贯彻党的团结、教育、改造知识分子的政策都起了一定的积极作用。为了提高教师的教学业务水平以保证教育质量，为了改进学校管理，各地教育工会组织根据群众需要与可能，通过新老互助、业务讲座、生产会议（或业务座谈会）、合理化建议等形式，广泛开展了群众性的业务活动。为了改善教育、科学工作者的物质、文化生活，教育工会组织开展了多方面的生活福利工作和丰富多彩的文化体育活动。根据运用群众自己的力量解决自己的困难问题的精神组织起来的互助储金会，已发展到 23 610 个，参加人数达 875 556 人，基金总额已增至 6 979 502 元。其他在帮助行政改善教工的工作条件、生活条件，用好福利费，举办托儿所等方面也做了一些工作。各地教工俱乐部近二年来在不断增建着。各种业余艺术活动小组也有了很大发展。在部分地区的 4 243 个图书馆（站）里，藏书已达 2 675 498 册。中国钟声体育协会的会员已发展到 376 520 人，各种群众性的体育活动日益开展。为了在农村分散情况下开展教师的文化体育活动和交流经验，我们学习了苏联的先进经验，推广了"教师日"活动。这一活动已在 21 个省（市）、自治区展开，受到了教工群众的普遍欢迎。根据教育工作者的生活特点开展的暑期活动，几年来有了很大发展。到 1956 年规模更大、范围更广了，据部分材料统计，参加各种活动的教工人数达 50 万人次。所有这些工作与活动，在一定程度上提高了教育工作者和科学工作者的觉悟程度和业务水平，从而鼓舞他们积极地有效地完成了国家第一个五年计划规定的教育建设和科学研究的任务。因而，广大教育、科学工作者对于他们自己的组织——教育工会是热爱的。事实证明那种认为"工会可有可无""工会根本不起作用"的说法，那种对于建设时期工会工作的方针怀疑、动摇的思想显然都是错误的。

但是，在我们贯彻执行工会"七大"规定的方针任务的时候，在我们的工作中却存在着某种程度的盲目性。

教育工会，是一个以教师和科学研究工作者为主体的知识分子的工会。它和其它以产业工人为主要成员的工会有着很大的不同。这种不同，除了教育工会的主要成员——教师和科学研究工作者是脑力劳动者这一特点外，还在于他们虽然也是以工资收入为生活资料来源的人，应该属于工人阶级，但由于他们的家庭出身和过去所受教育的影响，他们的大多数在意识形态上还是资产阶级和小资产阶级知识分子。这一特点，在过去我们是认识不够的。因此，在1956年1月中央召开了关于知识分子问题的会议以后，一方面引起了全党、全国对于知识分子工作的重视，因而也对教育工会的工作给予了很大推动；但是另一方面，我们对中央的精神的领会是不全面的，只看到了知识分子作用的重要和他们进步的一面，因而在实际工作中表现了片面强调照顾，处处迁就，只抓住了改善他们的工作条件、生活条件的工作（这当然是应该做而且今后也还必须做的），却放松了对他们的思想政治工作。这就说明我们在执行党的知识分子政策时只强调了团结的一面，而放松了改造的一面。直到这次整风、反右派运动深入展开，问题突出地暴露出来了以后，我们才比较地明确了这一特点，即对于多数科学研究工作者和教师群众来说，他们的立场和为谁服务的问题并未完全解决。近来有人说，过去说知识分子属于小资产阶级，现在又说是属于资产阶级，他们认为不恰当。我们知道，知识分子在旧社会是很尊贵的，旧时把人民分为士、农、工、商，"士"就是知识分子，被称为"四民之首"，他们也自视很高，常说"宰相必用读书人"。今年大鸣大放时，右派分子还说，对待知识分子要有三顾茅庐的精神，俨然以诸葛亮自居，妄想作"王者师"，象西欧的教皇、教主一样，站在一切人的头上。这不仅是资产阶级思想，而且是封建主义思想。在一部分青年知识分子中，也有自高自大的言行，自以为比别人聪明，高人一等，看不起工农劳动大众。这一情况，就表明在教育工会的主要成员的大部分人当中，还应当在政治上和思想上进行社会主义改造。又由于他们是教育人的人，被誉为灵魂工程师，根据"教育者必须受教育"这一原理，对他们的思想政治教育就更加重要了。

根据我们过去工作中的经验和当前新的形势，根据毛主席《关于正确处理人民内部矛盾的问题》讲演的精神，为了充分动员广大教育工作者、科学工作者以更大的热情迎接和实现第二个五年计划，我们认为教育工会今后应特别加强下面三方面的工作：

首先是必须加强思想政治工作，协助党对教育、科学工作者进行思想改造。除了目前必须把整风运动和反右派斗争进行到底外，我们必须在工会工作中全面贯彻党的团结、教育、改造知识分子的政策。这是教育工会在今后相当长的一个时期内的重要任务。知识分子的改造主要应该依靠自我教育，而教育工会正是教育、科学工作者进行自我教育、自我改造的群众组织。工会在这方面的工作除继续加强日常的思想政治工作外，今后应把组织教育、科学工作者参加体力劳动，组织参观、访问，以便使他们通过社会生活的观察和实践获得对于社会主义前途的信心，作为一项重要任务。加强工会的思想政治工作，提高会员的阶级觉悟，特别对于党的力量薄弱或尚未建党的中、小学更为重要。在这里工会要更加善于深入群众、联系群众，提高群众对于党的认识，帮助党在教工群众中发展党的组织。

其次，工会必须在正确处理学校内部矛盾方面充分发挥自己的调节作用。学校中的人民内部矛盾的产生，也和其他方面一样，其原因不外两种，一个是学校领导方面的某些官僚主义，一个是群众中还存在某些落后思想意识。工会就应该一方面发挥群众监督作用，帮助学校领导上有效地克服官僚主义，另一方面对群众的某些不合理的或过高的要求进行说服教育。工会过去也曾经采用会员大会或代表大会、生产会议等形式对行政领导提出批评、建议，也曾经向群众做了一些宣传解释工作，从而起到了一定的调节作用；今后应该在党委领导下，更加有明确目的地和主动地发挥调节作用。

再次，工会必须协助行政办好社会主义教育事业，完成国家教育计划。根据过去的经验，工会不论在扩大教师的知识领域，研究和交流教学经验，改进教学方法、教学组织和教学管理，协调教学部门与辅助部门的关系，提高教学辅助人员的业务水平和改善教学条件方面，在发动群众讨论、修订教学计划、工作计划以及组织群众保证完成计划等方面，都是可以而且应该做许多工作的。过去在这方面也积累了一些好的、行之有效的经验。很多事实证明，群众在业务上遇到的许多实际问题，不是行政领导上所能完全照顾得到或者能完全解决的，工会需要进行许多工作。比如教职员提出许多意见，工会应该帮助他们加以研究并向行政反映，提醒和协助行政改进可能改进的教学条件等。特别在动员、组织群众自己解决自己的问题方面，工会能够做很多工作。如动员老教师传授经验帮助新教师，有些具体经验行政没有力量总结而又为群众所需要的，工会在业余时间组织一些活动加以总结和传播就很起作用。如上海市教育工会，在业余时间组织先进教师顾巧英报告她的教学经验，听讲群众风雨无阻，得到广大教师的拥护；内蒙古呼和浩特市立中学利用业余时间组织古典文学讲座，深受群众欢迎。工会做这些工作时应总结过去积累的好的经验，善于引导教师群众自己解决自己的问题。

教育工会做好了上面这些工作，就有可能鼓舞广大教工群众和科学工作者以极大的信心和勇气来贯彻实行第二个五年计划规定的国家对他们的要求，也就有可能在党建设工人阶级知识分子大军的伟大历史任务中，发挥自己的作用。

最后，我们认为应该特别指出的一点，是今后教育工会各级组织要把工作做好，在必须紧紧依靠党的领导的同时，还必须在省、市地方工会的领导和经常指导下深入群众，依靠群众，改进工作，改善作风，克服缺点，坚持马克思列宁主义的职工运动的正确方针路线，同一切修正主义倾向作不调和的斗争。因此，我们希望各级地方工会加强对教育工会的领导，随时监督和帮助教育工会贯彻执行工会"八大"规定的方针任务，以及教育工会1957年第二次省、市主席联席会议确定的加强思想政治教育工作的任务。

六十年来中国人民创造汉语拼音字母的总结＊

（1957年12月11日）

《汉语拼音方案（草案）》公布了。这是中国人民文化生活中的一件大事。这一套拼音字母的公布和它今后在广大群众中的推行，将在我国文化教育事业的广大领域中产生深远的影响，并且有利于促进我国社会主义建设事业的发展。

我国人民为汉语创造拼音字母，已有六十多年的历史。从甲午战争到辛亥革命，是中国文字改革运动史上的所谓"切音字运动"时期，当时的爱国人士纷纷提倡文字改革，创制拼音方案。其中最主要的有卢戆章的"切音新字"（1892年）、蔡锡勇的"传音快字"（1896年）、沈学的"盛世元音"（1896年）、王炳耀的"拼音字谱"（1896年）、王照的"官话字母"（1900年）、劳乃宣的"合声简字"（1905年）、朱文熊的"江苏新字母"（1906年）、刘孟扬的"中国音标字"（1908年）。清末的切音字从字母的形式上可以大别为两个流派：一派主张采用拉丁字母，一派主张自造新字；后者又可分为"速记系""假名系""篆文系""草书系""象数系"等小系。切音字中，王照和劳乃宣的方案当时曾经在一部分地区得到传播。辛亥革命之后，1913年的读音统一会制定了"注音字母"，至1918年由当时的教育部正式公布。注音字母的产生是汉字标音法的一

＊ 录自《人民日报》1957年12月11日，第7版，与黎锦熙合著。

大进步，它曾经在小学、中学普遍推广（目前的小学语文课本，因拼音方案尚未确定，亦用它给汉字注音），对于帮助识字和"统一国语"有过很大的贡献。1926年产生了由钱玄同、黎锦熙、赵元任等制订的"国语罗马字"，至1928年由当时南京的大学院正式公布。接着，1931年产生了由瞿秋白、吴玉章等制订的"拉丁化新文字"。拉丁化新文字和国语罗马字是中国人自己创制的拉丁字母式汉语拼音方案中比较完善的两个方案，大大超越了它们之前的各种同类方案，包括西洋传教士制订的各种方言罗马字、流行很广的威妥玛式方案、邮政式方案在内。如果说国语罗马字的缺点是标示声调的办法过繁，那末拉丁化新文字的缺点就是过简：完全不标声调。拉丁化新文字曾经在居住苏联远东边疆的华侨中以及抗日战争时期的陕甘宁边区和敌后解放区中推行试用过。

现在由国务院公布的这个《汉语拼音方案（草案）》可以说就是六十年来前人经验的总结。我们之所以采用拉丁字母，没有就沿用注音字母，也没有自创一套新字，是因为拉丁字母是目前国际间使用得最广泛的字母。在全世界范围内，用拉丁字母的人数在六万万以上，因此汉语拼音方案采用拉丁字母，就大大有利于与各国人民之间的文化交流。1906年，"江苏新字母"的创案人朱文熊就说过："与其造世界未有之新字，不如采用世界所通行之字母。"这句话至今还是正确的。至于跟历史上各种拉丁字母式的汉语拼音方案（无论是国语罗马字或者拉丁化新文字）比较起来，现在这个《汉语拼音方案（草案）》确实是后来居上。这个草案继承了以前各种方案的优良传统，同时竭力避免了它们的缺点。草案以b，d，g表示清辅音"玻、得、哥"，正是接受了国语罗马字和拉丁化新文字共同的优良传统。草案也继承了拉丁化新文字的另一个显著优点，即舌尖后音zh，ch，sh（知、蚩、诗）和舌尖前音z，c，s（资、雌、思）两两相对，系统整齐，同时又规定了它们的韵母。在标调办法上，草案避免了国语罗马字的条例过繁的缺点，而接受了注音字母的标调符号。总起来说，这个草案确实比六十年来的任何一个方案都要更加完善。而对于现在社会上还在流行的几种习惯拼法来说，这个草案跟它们也都还比较接近。自从 1956 年 2 月中国文字改革委员会发表汉语拼音方案的第一个草案以来，曾经经过全国各方面人士的广泛讨论，复经国务院汉语拼音方案审订委员会的反复审议和多次修订，最后由国务院通过公布，并且决定提交全国人民代表大会下次会议讨论批准。在近两年来的讨论中，各方面人士从各个角度对拼音方案提出了许多宝贵的意见和不同的要求，中国文字改革委员会和审订委员会根据各方面的意见和要求对原草案作了修改。但是应该承认，要在一个方案里同时满足各方面的所有的不同要求是不可能的，因此这个草案也就不可能使每一个人都感到同样满意。但是目前这个草案确实反映了参加讨论的人们中的大多数人的意见，因此我们认为这个草案是比较妥善可行的。我们希望，全国人民代表大会的下次会议能够予以批准，以满足全国各方面对于拼音方案的迫切需要。

这个草案经全国人民代表大会批准之后，我们认为应该在以下各个方面逐步推行和使用。

第一，在小学、中学和师范学校教学拼音字母。我们希望，1958 年秋季的小学语文课本第一册采用这套拼音字母来给生字注音。估计至 1958 年秋季，全国小学一年级的语文教师还来不及全部学会拼音字母，因此可以有重点地教学，到 1959 年再逐步普及。全国的中学和师范学校一年级，从 1958 年秋季起可以普遍教学拼音字母。

第二，在城市和普通话区域农村成人教育中教学拼音字母，帮助扫盲识字。我们希望，教育部门从明年起即加紧训练骨干，使业余教育和扫盲工作的干部，城市业余学校教师和扫盲教师学会拼音字母，并在少数有条件的工厂和农业生产合作社进行试点。从 1959 年起首先在普通话区域的几个城市和几个县重点试教，逐步做到全国青壮年和中小学生都学会拼音字母。

第三，在出版和翻译方面推行拼音字母。在出版方面应该大量供应拼音字母的各种教学用书、图表和参考用书，并且着手编印注音汉字和汉字拼音对照的出版物。汉字字典应该采用拼音字母注音和检字。通俗读物和连环图画可以逐步推行以拼音字母给汉字注音。为了便于注音，希望出版部门及早刻制注音汉字铜模。在外文出版物、通讯社对外广播、对外邮电和外交文件中所用关于中国人名地名的拉丁字母译音，现在因为沿用旧式拼法，很不合理，应该考虑改用新的拼音方案。

第四，在电报上试用拼音字母。东北铁路电报采用拉丁字母已有多年，过去因为拼音方案尚未定案，所以没有在全国铁路上推广。我们希望邮电部门研究这个问题，及早编制拼音汉字电码，先行试点，待收到成效后逐步推行。

第五，在公共场所推行拼音字母。铁路、公路的站牌，城市街道的路牌，车站、码头、医院、银行、邮局以及其他公共场所用汉字书写的牌子，可以加注拼音字母。报刊的报头和机关团体的牌子，也可以提倡逐步加注拼音。

第六，用拼音字母帮助兄弟民族和外国人学习汉语汉字。兄弟民族和外国人通过拼音字母学习汉语和汉字，有极大的便利。应该用拼音字母编印汉语课本、字典和读物，供他们应用。

第七，汉语拼音方案可以用作兄弟民族创造文字的基础。今后兄弟民族创制或改革自己的民族文字，我们认为原则上应该采用拉丁字母，并且以汉语拼音方案作为共同的基础，在字母的读音和用法上尽量一致，以便于互相学习和沟通。

第八，语文工作者应该对拼音方案作进一步的研究。方案公布后，语文工作者还需要对拼音方案作进一步的研究和实验，使它在实践中更趋完善。例如教学程序和方法、标调方法、词的连写、外来语的译音、方言的注音等等，都需要用这套字母作为工具来进行进一步的研究和实验。

我们以为，这些就是汉语拼音方案确定之后首先应该进行的工作。

关于当前文字改革工作和汉语拼音方案的报告*
——在第一届全国人民代表大会第五次会议上

（1958年2月3日）

各位代表：

《汉语拼音方案（草案）》，经过两年来全国各方面的讨论，经过国务院设立的汉语拼音方案审订委员会的反复审议和修订，一九五七年十月间又经政协全国委员会常务委员会扩大会议的讨论，于一九五七年十一月一日由国务院全体会议第六十次会议通过，现在提请全国人民代表大会讨论和批准。我现在代表中国文字改革委员会就当前文字改革工作和汉语拼音方案问题向大会作报告，请大会审议。

一、当前文字改革的任务和几年来的文字改革工作

当前我国文字改革的任务，在汉民族说来，就是：（1）简化汉字，使它更容易为广大人民掌握和使用，以便在广大人民中更多、更好、更快、更省地扫除文盲，普及和提高文化；（2）推广普通话，以消除方言的隔阂，促进汉语的进一步统一，使我们的语言能够更好地为我国的社会主义建设服务；（3）制定和推行汉语拼音方案，为汉字注音和帮助推广普通话。

这几年来的文字改革工作，就是遵照上述的方针进行的。

---

* 录自《中国青年报》1958年2月14日，第3版。

先说汉字简化工作。

全国解放以后，政府就开始了汉字简化的研究工作。一九五二年中国文字改革研究委员会成立以后，开始草拟汉字简化方案。一九五五年一月，中国文字改革委员会发表《汉字简化方案（草案）》，广泛征求意见。全国各地各界人士参加讨论的在二十万人以上。草案在根据这些意见作了初步修正，并经国务院设立的汉字简化方案审订委员会审订以后，于一九五五年十月提交全国文字改革会议讨论通过。一九五六年一月，国务院公布《汉字简化方案》。这个方案包括三个部分：第一部分即汉字简化第一表，包含二百三十个简化汉字（即把二百四十五个繁体字简化成二百三十个简体字，其中有两个或三个繁体字合并成一个简体字的，所以简化后的字数比简化前少十五字），从方案公布的时候起即已通用；第二部分即汉字简化第二表，包含二百八十五个简化汉字（即把二百九十九个繁体字简化成二百八十五个简体字，由于合并，比简化前少十四字），其中的九十五个字从一九五六年六月起开始试用；第三部分即汉字偏旁简化表，包含五十四个简化偏旁，已有三十个根据这个表类推出来的字从方案公布的时候起开始试用。三项合计，现在各报刊使用的简化汉字，共计三百五十五个。此外，还有属于汉字简化第二表的一百九十个简化汉字和属于第三表的绝大部分简化偏旁类推字还没有使用。但是在少数出版物上使用的简化汉字，也有超过三百五十五字的范围的，例如在小学语文课本和扫盲教材中，《汉字简化方案》的三个表差不多已经全部使用。

汉字远自甲骨文时代就已经有简体，以后各个时代简体字都有发展。我们的工作只是比较系统地来进行简化，并且使简体成为正体。采用简化汉字的利益是十分显著的。汉字简化方案第一表和第二表所简化的繁体字五百四十四个，笔画总数是八千七百四十五画，平均每字十六点零八画；简化之后归并成五百一十五个简化汉字，笔画总数是四千二百零六画，平均每字只有八点一六画。就是说，写简化汉字比写繁体字可以省力一半。在这两个表里，十画以下的字在简化前只有三十四个，简化后增加到四百零九个；十一画的字在简化前和简化后都是三十五个；十二画以上的字，简化前有四百七十五个，简化后减少到七十一个。如果把第一表和第二表中的五百一十五个简化汉字，依照第三表偏旁简化办法继续加以简化，那末每个简化汉字的平均笔画估计可以进一步减少到六点五画，只占原来繁体字平均笔画的百分之四十强。简化汉字的推行，无论在儿童教育、扫除文盲和一般人的书写方面都有很大的利益，因此受到广大群众特别是少年儿童的热烈欢迎。

一些右派分子利用共产党整风的机会，对文字改革进行了恶毒的攻击，说汉字简化搞糟了，要国务院撤回《汉字简化方案》。简化汉字是符合广大人民利益的好事，反人民的右派分子自然要反对，把它说成坏事。我们从广大人民利益的立场出发，应该肯定：汉字简化确实为亿万儿童和文盲办了一件好事，是搞好了而不是搞糟了。

但是在另一方面，必须指出，汉字简化工作中确实还有一些缺点。好些同志向我们提出了合理的建议，希望我们考虑。对于这些提意见的热心人士，我们是很感谢的。两年来的事实证明：《汉字简化方案》中的确有少数汉字的简化办法，特别在同音代替方面，考虑得不够周到，因此在使用上还不够妥善，或者可能发生误解。比方以"只"代"隻"，这本来是早已流行的习惯，在绝大多数场合是恰当的；但是"许多船只通过苏伊士运河"，就有可能被理解为"许多船仅仅通过苏伊士运河"。还有一些字，由于在方案中没有交代清楚，因而被人误用。例如，"徵收""乾净"简化成为"征收""干净"是适当的，但是把"宫商角徵羽""乾隆"写成"宫商角征羽""干隆"，自然就是错误的了。

国务院公布《汉字简化方案》的决议中规定：除了第一表的二百三十个字作为正式推行以外，方案的第二表、第三表还在征求意见，还没有最后确定。就是第一表中的字，如果确实有不适当的，我们也准备考虑修改。现在文字改革委员会正在向各方面征求意见，并根据两年来试用的经验，对《汉字简化方案》进行整理修订。

但是从整个来说，为劳动人民的利益着想，为儿童和后代子孙的利益着想，汉字简化工作必须继续积极推进，使所有比较常用的、笔画较繁的字都能逐步得到简化。现在第二表和第三表中的大部分字还没有使用。还有很多比较常用的字，例如赛、霸、警、爆、整、翻、藏、疆、徽、辩、舞、感、影、鼻、鼠等等，应该简化，但是没有简化。此外，还有一部分地名用字，或者笔画较多，或者生僻难认，或者二者兼而有之，如衢、夔、廊、鄂、歙、闽、亳、鄄、婺、黟、鄌、郴、峄、鳌、厓等等，也必须加以简化，或者用同音而笔画简单的熟字代替。这些字中有些在群众中已有流行的简体，可以考虑采纳；有些还没有通行的简体，也可以在多方征求群众意见的基础上规定它们的简体，经过一定时期的试用，大家认为适当，然后正式推行。总之，汉字简化工作是关系全国人民的大事，一方面应该慎重，不可草率，但是另一方面又必须采取积极的措施，继续推进，才能收到更大的成效。目前广大群众对于简化汉字是热烈欢迎的，但是简化的字数不多，不能满足他们的迫切要求——这是目前群众使用简字方面产生一些纷歧现象的主要原因。为了防止滥用简字以及消除字体的纷歧，决不是消极的办法所能奏效，必须在汉字简化工作上采取积极的态度。简字总是由人民群众创造的，就是繁体字也是人民群众创造的。正因为这样，所以历来文字通过广大群众的使用，总是不断发展和变化的。问题在于如何集中群众的智慧，加以调整整理，纳入统一的规范，以便于应用——这就是我们现在应该努力做好的工作。

再说推广普通话。

我国说汉语的人民将近六亿，说着各种不同的方言，每个方言内部还有许多小方言。使用北方话的人口最多，约占使用汉语的全部人口百分之七十以上。这就说明了：汉语中一方面存在着严重的方言纷歧，最主要的是语音上的纷歧，但是另一方面也存在着逐步统一的有利客观条件。汉语进一步统一的基础就是以北京语音为标准音、以北方话为基础方言的普通话。

普通话是汉民族的共同语言，而且可以说，也是我国各族人民的共同语言。今天我们的国家，在政治、经济、文化上实现了历史上空前的团结和统一，全国人民在党和政府领导之下团结一致，为建设社会主义这个共同目标而奋斗，人民群众迫切需要一种共同的语言。如果没有这种共同语言，就会给我国人民的政治、经济、文化生活带来一定的困难。因此在全国人民中大力推广普通话，就是一项重要的政治任务。

自从一九五五年全国文字改革会议以来，推广普通话的工作已经收到一定的成效。除了中央推广普通话工作委员会之外，在二十二个省市也已经设立了推广的机构。到一九五七年年底为止，全国受过普通话语音训练的中小学和师范学校教师已有七十二万一千六百人。从广播中学习过普通话和拼音字母的人已经有好几百万。从一九五六年秋季起，全国小学一年级开始教学普通话，中学和师范学校学生也在汉语课中学习了普通话。从许多方言区教学的结果看来，成绩是巨大的，困难是完全可以克服的。为了便利教学，全国多数省市进行了方言的初步调查工作，根据调查的结果写成的帮助方言区群众学习普通话的手册已经出版多种。教育部、文字改革委员会和各省市编制的普通话教材、读物，销行约达五百多万册。各种教学普通话用的留声片销行一百多万张。教育部和科学院合办的普通话语音研究班,已经为各省市培养了五百五十多名推广普通话的骨干。

两年来的经验证明,只要领导重视,认真工作,尽管在方言和普通话差别较大的地区,象浙江、江苏、上海、福建、广东等地,推广普通话的工作也能收到显著的成效。

推广普通话并不是消灭方言。方言是会长期存在的,它不能用人为的方法来消灭。方言也是一种有用的交际工具,它是为某一特定地区的人民服务的,但是它有地区的局限性,超过这个限度就丧失交际工具的作用,成为互相了解的障碍。推广普通话并不是禁止方言,而是使说方言的人们在自己的乡音之外,学会说一种全民族共同的语言,以便跟各地区的人互相交际。我们应该在各级学校中,特别是小学、中学和师范学校中,大力推广普通话。应该在干部中,特别是区以上各级地方干部和青年干部中,大力提倡学习普通话。在另一方面,由于方言在地方性活动中仍然起着重要的作用,外来干部还应当积极学习当地的方言,以便密切联系群众,做好工作。

推广普通话不应当,也不会损害我国宪法赋与的各兄弟民族使用和发展本民族语言的权利。普通话自然主要应该在汉族人民中推广。但是目前各兄弟民族中有许多人要求学习汉语,而且可以预料,在汉语拼音方案公布施行之后,借助于拼音方案学习汉语的人会更见增多。因此,在兄弟民族中可以而且应该提倡学习普通话,并且对自愿学习的人应该尽量满足他们的要求,这是有利于各族人民之间的互相团结和互相学习,符合我国各民族的共同利益的。在另一方面,在兄弟民族地区工作的汉族干部,不但应该尊重兄弟民族使用和发展民族语言的权利,而且必须努力学习兄弟民族的语言。

推广普通话是一项长期的群众性的工作,要求不能过高过急。推广以北京语音为标准音的普通话，并不是要求大家把北京语音说得象北京人一样，这样的要求是不合理的，也是不必要的。北京语音是个标准，这是大家努力的方向，但是在具体工作中对于不同的对象应有不同的要求。对于广播员、话剧和电影演员要求要严些；对师范、中、小学校语文教员的要求比一般人应该严些；对于一般人的要求应该宽些。对于儿童、青年的要求，应该不同于对中年人的要求。任何一个人，为了把自己的话说得更加接近普通话一些而作的任何努力，应该得到大家的承认和尊敬，因为他在认真进行一件严肃的工作。各地推广普通话工作委员会和教育部门，应该定期举办普通话演说竞赛或评比，对于普通话学得好和教得好的人给以一定的奖励。只有这样，才能消除顾虑，提高大家学习普通话的信心和兴趣，才能掀起一个群众性的推广普通话运动。目前社会上还有一些不利于推广普通话的风气。比方，学说普通话的人有时得到的不是鼓励，而是讥笑，孩子们回到家里说普通话，受到有些家长的斥责，认为是"撇京腔""忘本"。这些事实说明我们的宣传工作做得很差，在社会上还有不少人对于推广普通话的意义和作用不够了解。为了转移这种社会风气，为推广普通话造成有利条件，我们希望各位代表能够向各方面人士大力进行宣传工作。

　　为了有效地教学普通话，还必须有一套普遍通行的拼音字母。过去由于汉语拼音方案没有确定，这给推广普通话工作带来了一定的困难。现在汉语拼音方案即将确定，而且这套拼音字母，由于采用音素化的拉丁字母，便于方言区的人们对比自己的方音来学习普通话，将大大有利于今后普通话的推广工作。

　　现在再说制定和推行汉语拼音方案。

　　首先应该说明：汉语拼音方案不是汉语拼音文字。汉语拼音方案的主要用途是给汉字注音和拼写普通话，以帮助识字、统一读音和教学普通话，目的在于便利广大人民的学习和使用汉字，以及促进汉语的进一步统一，并非用来代替汉字。至于汉字的前途问题：它是永远不变还是要变呢？它是在汉字固有的形体范围内变化，还是被拼音文字所代替呢？它是为拉丁字母式的拼音文字所代替，还是为别的形式的拼音文字所代替呢？这些问题我们现在还可以不忙去作结论。我们认为：汉字总是要变的，拿汉字过去的变化就可以证明，将来总是要走世界共同的拼音方向。而且可以说，世界各个民族的语言和文字，将来总有一天会逐渐接近和统一。但是这些都不属于当前文字改革的任务的范围，因此我们今天还不必加以讨论。

关于《汉语拼音方案（草案）》的制订经过和它的用处，我们在下面作较为详细的说明。

二、《汉语拼音方案（草案）》的制订经过和它的用处

一九四九年十月，中国文字改革协会在北京成立，就开始进行有关制订汉语拼音方案的工作。一九五二年二月，中国文字改革研究委员会成立，它的主要工作，除了简化汉字之外，就是研究拼音方案。从一九五二年二月到一九五四年年底近三个年头的时间内，主要地进行了民族形式即汉字笔画式拼音方案的研究和拟订工作。一九五四年十二月，中国文字改革研究委员会改组成为中国文字改革委员会以后，在会内设立了拼音方案委员会，对拼音方案进行了更全面的系统的研究工作。到一九五五年十月，拟订出了四个汉字笔画式的，两个国际通用字母式的（其中一个是拉丁字母式的，另一个是俄文字母式的）拼音方案草稿，曾经分发给当时在北京举行的全国文字改革会议的代表们，征求意见。全国文字改革会议以后，根据几年来的比较研究、群众的意见和领导上的指示，决定采用拉丁字母。一九五六年二月，发表汉语拼音方案的第一

个草案，广泛征求意见，除了政协全国委员会常务委员会召开扩大会议进行讨论以外，各地在政协委员会中组织讨论的有二十二个省、三个市、两个自治区、二十六个省辖市、四个县和一个自治州，参加人数在一万以上。与拼音字母关系比较密切的邮电、海军、铁道、盲人教育等部门还对草案进行了不同规模的专门讨论。另外，从一九五六年二月到九月，我们还收到全国各方面人士及海外华侨对草案的书面意见四千三百多件。

根据上述各方面的意见，于一九五六年八月我们提出了对这个草案的修正意见，送请国务院审核。十月，国务院设立汉语拼音方案审订委员会进行审议。至一九五七年十月，审订委员会开过五次会议，多次座谈，并且曾经邀请在北京的语言、教育、文艺、新闻、出版、科技、翻译各界以及部队和人民团体的代表一百七十八人举行座谈，同时向京外三十九个城市的一百位语文工作者书面征求意见。经过反复讨论、磋商和修订，审订委员会于一九五七年十月提出修正草案，经政协全国委员会常务委员会的扩大会议讨论，十一月一日由国务院全体会议第六十次会议作为《汉语拼音方案（草案）》通过，并且决定提交全国人民代表大会讨论和批准。

在这里，我们必须指出，在拟制方案的整个过程中间，我们还得到了一千多位热心拼音字母的同志的协助。从一九四九年文字改革协会的时期起到一九五七年十月止，我们收到了全国各地人士和海外华侨寄来的各式各样的汉语拼音方案共计一千二百多个。尽管其中的大多数，作为完整的方案，还不能说是成熟的，但是其中的一些设计和建议，给了我们不少的启发和帮助。汉语拼音方案的制订完成，是跟这一千多位同志的协助分不开的。

以上就是《汉语拼音方案（草案）》制订的经过。事实证明：这个草案是经过专家长期研究、各方反复讨论和多次修订的，它确实反映了参加讨论的大多数人的意见。应该说，政府对待这项工作的态度是认真负责的，所采取的步骤也是慎重的。右派分子章伯钧说这是几个人关起门来搞的，"只经少数热心分子讨论"，这自然是别有用心的污蔑。

从我国汉字注音的历史发展来看，这个《汉语拼音方案（草案）》是继承我国"直音"、"反切"、注音字母的传统，是在它们的基础上发展起来的。汉字属于表意文字体系，字形上看不出读音，因而产生怎样给汉字注音的问题。历来有两种主要的办法，一个是"直音"，一个是"反切"。直音就是用同音字来注音；这个办法的困难，正如清朝陈澧所说："或无同音之字则其法穷，虽有同音之字而隐僻难识，则其法又穷。"汉末发明了反切，就是用两个字来拼一个音：上字取声，下字取韵。反切的好处是无论什么字音都拼切得出来，它的缺点是拼切起来不方便，一般人不易领会；而且跟直音法一样，都必须先识不少字才行。辛亥革命之后产生了注音字母，只要认识三十七个字母就可以拼出任何北京语音来。这自然是一个很大的进步。但是比起拉丁字母来，注音字母有它难以补救的缺点。首先，它除了注音以外，很少其他用处，因此难以推广。拉丁字母在科学技术上普遍使用，用处多，接触机会多，学了不容易忘记。采用注音字母，一般中学生仍旧要学拉丁字母；采用拉丁字母，却不必再学注音字母。其次，注音字母中一部分韵母不是音素字母，因此对于用作少数民族创造文字的基础，对于音译外来语，也不如拉丁字母灵活。汉语拼音方案采用拉丁字母，就比注音字母又前进了一步。

从采用拉丁字母这个方面来看，汉语拼音方案的历史渊源，可以追溯到三百五十多年以前。远在明朝万历三十三年，即一六零五年，就产生了第一个用拉丁字母拼写汉语的方案。自此以后，曾经陆续出现过各种各样的拉丁字母式的汉语拼音方案。十九世纪末叶以后，当时爱国的知识分子，群起提倡文字改革，创制拼音方案。其中拟订过拉丁字母式拼音方案的有卢戆章、朱文熊、刘孟扬、黄虚白、邢岛、刘继善等人。至一九二六年，产生了由钱玄同、黎锦熙、赵元任等制订的"国语罗马字"，曾由当时南京的大学院于一九二八年正式公布。接着，一九三一年产生了由瞿秋白、吴玉章等制订的"拉丁化新文字"。拉丁化新文字和国语罗马字是拉丁字母式汉语拼音方案中比较完善的两个方案，大大超越了它们之前的各种方案。现在这个汉语拼音方案吸取了以往各种拉丁字母式拼音方案的优点，是在它们的基础上发展下来的。可以说它是三百多年来拼音字母运动的结晶，也是六十年来中国人民创造拼音方案的经验总结。

我们采用拉丁字母，是不是可以说我们的爱国心不够呢？不能这样说。拉丁字母是现在世界上六十多个国家共同使用的字母，而且是全世界任何一个民族中受中等教育的人在代数、几何、化学、物理课上所必须学会的一套共同符号。像阿拉伯数字、公历纪元、公制度量衡、五线谱一样，它不是某一个国家专有的东西，而是全人类共有的公物。正如胡琴（它跟拉丁字母一样，不是汉民族固有的）能够适应我们的民族的需要而成为我们的民族乐器一样，拉丁字母也能够适应汉语的需要而成为我们的民族字母——不仅是能够，而且在我们的方案中已经这样做到了。用这套汉语拼音字母拼写出来的正是地道的汉语——以北京语音为标准音的普通话。它丝毫不会损害我们民族语言的纯洁，因此也就不会跟正当的爱国感情有任何抵触，这是十分明白的道理。

其次，说一说汉语拼音方案的用处。

第一是用来给汉字注音，以提高教学汉字的效率。首先可以用来在小学语文课本和北方话区的扫盲课本上注音。此外，如儿童读物、连环图画、通俗报刊也可以用来注音。这样，初学文字的儿童和文盲，就可以依靠拼音字母来阅读书报，并且进一步认识更多汉字。字典和辞典自然也应该用拼音字母注音。一般报刊书籍上，可以用来给冷僻的字和容易读错的字注音。

第二是用来帮助教学普通话。教学普通话光凭口耳传授，学了容易忘记，必须有一套拼音字母，编印普通话的教材、读物、字表和辞典，供学习的人随时参考，校正发音，才能收到成效。拼音字母是教学普通话所不可缺少的工具，这是在语言教学中已经得到充分证明的。

第三是用来作为我国少数民族创造文字的共同基础。我国许多兄弟民族，至今还没有自己的民族文字，有些虽然已有文字，但是还有缺点，需要改革。兄弟民族创造和改革文字，如果各搞一套字母，打字、排字、电报等设备的供应会发生一定的困难，对于各民族文化教育的发展将发生不利的影响。汉语拼音方案正式确定之后，就可以在各少数民族自愿的条件下，用来作为创造文字的共同基础。这样，各民族文字吸收汉语词汇来发展和丰富自己的语言以及我国各族人民之间的互相学习和交际，都将得到很大的方便。

第四，可以用来解决人名、地名和科学术语的翻译问题。由于我们还没有一个国家规定的汉语拼音方案，中国人名、地名的音译，在对外文件和书刊中至今沿用威妥玛式等拼法，既不正确，也不合理。汉语拼音方案确定之后，这个问题就可以得到解决。另一方面，翻译外国人名、地名和科学技术术语的问题，也有可能利用拼音字母逐渐求得一个合理的解决。

第五，可以帮助外国人学习汉语，以促进国际文化交流。解放以来，由于我国的国际地位日益提高，世界各国愿意学习汉语的人是越来越多了。我们可以用拼音字母来编印各种汉语课本、读物和辞典，帮助他们学习汉语。等他们掌握了汉语之后，拼音字母还可以帮助他们进一步学习汉字汉文。

第六，可以解决编索引的问题。汉字没有严密的排列顺序，因此不论是排一个名单，在字典里查一个字，或者在电话簿里找一个号码都是很费时间的事情。二十六个拉丁字母有固定的排列顺序，按照拉丁字母的顺序来编索引、编字典、编书目、编卡片以及排列档案、资料、病历等等，既简便，又严密，检查起来很方便。检字法可以说是每个机关、团体、学校、工厂，甚至是每个人都要用的，采用这套拼音字母的顺序，可以提高工作效率，好处是很显然的。

第七，语文工作者可以用拼音方案来继续进行有关汉字拼音化的各项研究和实验工作。

除了上述各项比较显著的用处以外，拼音字母在将来还可以用来解决电报、旗语以及工业产品的代号等问题。目前我国使用的所谓"四码电报"，要经过收发两道翻译手续，容易出错，而且在电传打字机上使用也不便利。旗语更无法使用汉字。有了汉语拼音方案，经过一定时期的研究和试验，电报和旗语利用拼音字母的问题都可能得到解决。工业产品种类多，同类产品又有各种不同规格，需要用字母加数码作为代号。过去因为没有正式的拼音字母，代号有用注音字母的，有用俄文字母的，也有用英文字母的，相当混乱。我们有了汉语拼音方案之后，这类问题就容易解决了。

根据以上所说，可以看出：汉语拼音方案在我国是有长远的历史渊源的，是今天广大人民所迫切要求的。无论识字教育、普通话推广工作以及少数民族文字的创造，都在迫切地等待汉语拼音方案及早确定。这个方案经过专家们的长期研究，经过全国各方面人士的广泛讨论，又经过一年的审议和修订，它确实是比以往各种方案更为妥善，而且在今后的实践中，还可以求得进一步完善。为此，我们希望大会经过讨论之后，批准这个方案。

这个方案经过大会批准之后，我们希望它在全国范围内逐步推行。首先今年秋季的小学语文课本和北方话区的扫盲课本中应该就用来注音，好使千万儿童和文盲在识字上减少困难。我们希望各级机关、团体在一般干部中大力提倡利用拼音字母学习普通话，为社会上推广普通话作出榜样。拼音字母容易教，容易学，一般只要二三十小时就可以学会，会说普通话或者有拼音知识的人，学起来就更快。如果我们大力推行，在第二个五年计划期间内，让全国学生和多数青年都学会拼音字母，是完全可以做到的。这对于帮助识字、扫除文盲、统一读音、推广普通话都将起巨大的推进作用，对于提高我国人民文化水平和促进社会主义建设事业有很大的利益。希望各界人士共同加以积极的宣传和提倡！

附注：

直音 直音和反切都是我国古代给汉字注音的方法，现在一部分字典中还在使用。甲字和乙字同音，用甲字来给乙字注音，叫做直音，例如"宫，音弓"。这个方法常常会发生困难：有些字如丢、嫩、耍等就没有同音的字可注；有些字的同音字是些生僻难认的字，注了等于不注，例如"宣，音瑄"。

反切 反切是用两个字来拼切一个字的音，例如"高，古牢切"。其中的"古"字即反切上字，"牢"字是反切下字。上字和下字急速连读，就能拼切出所要的音来。它的原理是这样的："古"字的读音是 gu，g 是声，u 是韵；"牢"的读音是 lao，l 是声，ao 是韵；拼切的时候，"古"字只取它的 g 声（上字取声），"牢"字只取它的 ao 韵（下字取韵），g 和 ao 相拼，就可以拼出"高"（gao）字的音来。以前没有拼音字母，反切的原理一般人不容易领会，因此很难运用。

威妥玛式 威妥玛是英国人，于一八六七年拟订一套汉语拼音方案，以后常为外国人拼写汉语所采用，至今还比较流行。他的方案使用了六个吐气符号，此外还有一些别的符号，很不方便，在实用时这些符号常常省略，以致朱、储、居、瞿四个完全不同的音都拼作chu。我们现在这个方案把这四个音区别得很清楚：朱（zhu）、储（chu）、居（ju）、瞿（qu），比威妥玛式要方便合理得多。

四码电报　汉字不能直接在一般电报机上传递，因此在发报的时候，必须先把每个汉字译成0001，0002……这样的数码，在收报的时候，要把数码再译成汉字。这种电讯传递方法，我国现在还在使用，称为"四码电报"。

永恒的牢不可破的友谊和团结 *

——纪念《中苏友好同盟互助条约》签订八周年

（1958年2月14日）

  八年以前，中苏两国签订了《中苏友好同盟互助条约》。这个条约把中苏两国人民的传统友谊固定了下来，把拥有八亿以上人口的两个大国紧密地、永久地团结起来，它的意义是极其重大的。正如毛泽东同志当时说的，这种团结"不但必然要影响中苏两大国的繁荣，而且必然要影响到人类的将来，影响到全世界和平与正义的胜利"。作为一个伟大事件，时间愈久远，它的影响也愈深广；八年来，中苏两国，按照《中苏友好同盟互助条约》进行了全面合作，兄弟般地互相支援，成就是极为巨大的。中苏友好团结的伟大意义对于人们是愈来愈明显了。

  中苏两国的友好同盟是兄弟国家的同盟。我们两国都是社会主义国家。我们有着建设社会主义和共产主义社会的共同目标，有着马克思列宁主义的共同指导思想。正是因此，我们的友好同盟是十分自然的、合乎历史发展的规律的。这种友好同盟也必然是以无产阶级国际主义的伟大原则为其基础的，因而必然是永恒的、牢不可破的。事实证明，中苏两国的全面合作、互相支援给我们两国人民都带来了巨大的利益。但是作为一个先进的强大的社会主义国家的苏联，给予了中华人民共和国更大得多的支援，这鲜明地、生动地体现了苏联人民的伟大的国际主义的精神。

---

  * 录自《大公报》1958年2月14日。

大家知道，在去年我国人民胜利地超额完成了第一个五年计划。在第一个五年计划期间，工业总产值增长了132.5%；钢的产量已达到了五百二十四万吨，煤的产量达到了一亿二千八百万吨。我国已能制造飞机、汽车、新式机床以及发电、冶金等设备，建立了社会主义工业化的初步基础。中国历来的工业落后的面貌已经开始改变了。这一切成就里都包含着苏联的援助和苏联先进经验的影响。苏联根据两国的协定帮助我国新建和改建的一百五十六项工程（这样的工程根据1956年的协定又增加了五十五项，合共二百一十一项），是中国第一个五年计划建设的骨干。这些工程已经有五十七项完全建成投入生产了，还有十项也已经部分地投入生产。苏联还向我国提供了大量的贷款，供给了许多最新式的设备，其中有一些在苏联也还是尚未广泛采用的。苏联还通过种种方式，如派遣经验丰富的专家，接受留学生、实习生等等，把建设社会主义的知识和经验，无保留地传授给中国兄弟。这样，就使我们建设社会主义的本领迅速提高了。最近，中苏两国又签订了《关于共同进行和苏联帮助中国进行重大科学技术研究的议定书》，规定在最近五年间进行一百二十二项对中国有重大意义的科学技术项目的研究工作。这将帮助我国科学技术的发展在较短的历史时期内赶上国际水平。

中国人民对苏联人民这种慷慨无私的援助表示衷心的感谢。现在，中国人民通过全民整风运动，正在鼓起更加高涨的革命干劲，从事建设工作。中国共产党所提出的要在十五年内在钢铁和其他重要工业产品的产量方面赶上或超过英国的豪迈口号，已经成为广大群众的行动纲领。依靠着中国共产党的领导和全国人民团结一致的努力，依靠着中苏人民的伟大团结和苏联的无私援助，我们完全有信心达到这个目标。

中苏两国的友好同盟是远东与世界和平的坚强支柱。我们热爱和平，因为和平符合于我们建设事业的根本利益。我们两国实行着共同的和平外交政策，这种政策是以列宁的关于两种制度和平共处的伟大学说为基础的。但是，以美帝国主义为首的帝国主义集团却坚持推行其战争政策，威胁着世界和平和人民的安全。《中苏友好同盟互助条约》签订以来的八年，就是中苏两国并肩捍卫和平事业、为缓和国际紧张局势而斗争的八年。在这一场长期的反复的斗争中，帝国主义侵略战争势力遭到了一次又一次的挫败，和平的力量大大地发展了。去年苏联发射人造地球卫星的成功，各国共产党和工人党莫斯科会议所显示的国际共产主义运动的伟大团结，标志着国际局势的发展已进入了一个新的转折点，社会主义阵营的力量已经多方面地超过了帝国主义阵营的力量。这种局势为保卫和平事业展开了更加光明的远景。帝国主义阵营内部的矛盾，随着各国人民要求和平的高涨而更加激烈了。苏联最近提出的裁军和禁止核武器、召开各国首脑会议等一系列缓和紧张局势的建议，受到了全中国人民和全世界人民广泛的支持，对阴谋准备战争的人形成了巨大的压力。

　　事实证明，帝国主义是纸老虎，人民的力量才是无敌的。全世界人民要求和平，这已经成为一股不可抵抗的潮流。某些侵略分子或者还幻想他们可以在战争中取胜。但是，他们应该记得，他们在侵略朝鲜的战争中、侵略印度支那的战争中、在他们所制造的匈牙利反革命暴乱事件中、在侵略埃及的战争中所得到的结果究竟是什么，难道在东风压倒西风的今天，他们还能够指望从战争中捡到便宜吗？只要全世界人民，首先是中苏两国人民坚定地团结一致，提高警惕，帝国主义的一切战争阴谋都注定要破产的。

　　中苏两国的友好团结是这样一个关系人类命运的伟大的事业，所以我国人民像爱护自己的眼珠一样地爱护它。中国人民将更加努力地来进一步加强两国人民间的友好团结。

　　中苏两国永恒的牢不可破的团结万岁！

谈勤工俭学（摘要）*

（1958年3月25日）

勤工俭学办法以前就有，1921年我在四川组织过留法勤工俭学会。那时，中国的学校办得不好，想到外国去求学，经济上有困难，就实行半工半读。现在的勤工俭学和那时完全不同，现在不单是为了解决经济困难，主要是改造我们的学习，一面劳动，一面学习，使我们理论与实际结合，体力劳动与脑力劳动结合。

现在普遍开展了勤工俭学活动，这是非常好的一种新事情，要大家想办法。办法不是先想好了才去做，而是在做的过程中去摸索，慢慢就有了经验。各个学校都要根据不同的情况，作出勤工俭学的规划，发动群众想办法、出主意。只要是想办法，就有办法。人的力量是不可限量的，体力劳动与脑力劳动结合起来，没有事情办不好的。

勤工俭学最大的作用，是使同学们在精神上和体力上发生了很大的变化，认识到劳动对学术研究很有帮助。证明自己光是学习书本知识是不够的，必须理论联系实际。同时，在实际劳动中向工农学习，了解工农群众的朴实生活作风和勤劳勇敢的品质，改造自己的思想，培养自己热爱劳动、热爱劳动成果，树立工农的思想感情，树立社会主义思想。这是基本的。其次，培养集体主义精神，在劳动中才能体会到集体力量的伟大。因为是集体劳动要协作，就要团结。比如在劳动中男同学做重活，女

---

* 录自《光明日报》1958年3月25日，第1版。

同学做轻活，互相帮助，这就培养了同学们的团结友爱精神。第三，现在有些学校已经做出了成绩，为社会增加了财富。同学们一方面做一方面研究，在实际中学习很多生产知识和经验，获得了劳动成果，大家都高兴。

有些同学对勤工俭学的意义认识不够，理解不正确。学习要讲究方法，就是学习差一点的同学，只要勤学苦学，还是可以学好的。一个人越是劳动，越是刻苦学习，人的精神越好。我的体力就不好，但经常劳动，精神就好了，夜晚上床就睡着了。参加劳动是每个人对社会应尽的义务，我们青年学生在社会主义大跃进中开展勤工俭学，参加劳动生产，就是对社会创造财富。劳动本身就是学习，有很多知识，理论就是在劳动中产生的。参加实际劳动，这点才体会深刻。以前在法国勤工俭学的时候，有钱的人看不起勤工俭学的同学，认为一边读书一边到工厂当工人，不如在学校学得好，其实，那些官僚子弟就学习不好，只是学到些坏东西。我们党的很多领导人，如像周恩来、邓小平、陈毅、聂荣臻等同志，都是在法国勤工俭学的，他们今天都是我们党和国家的领导骨干。今天的青年同志们，要领导今后的青少年，都要参加劳动锻炼，努力改造自己的思想，勤劳动、勤学习。如果认为勤工俭学只是为了解决伙食费，只是贫苦学生才勤工俭学，是不对的。

有些学生经济困难是要解决的，劳动收入归学校或自己的问题，要看具体情况。如果有的同学生活好就归集体所有，因为集体中也有自己的一份。有的人提出完全归自己。这不对，是个人主义打算。我认为要分别处理。有困难就帮助，不一定要规定分多少，也不要机械的规定归公、归私。大家认为妥当就对了。

要多学习、多劳动、多出力，树立共产主义的世界观和人生观，坚定无产阶级立场，走社会主义道路。

革命长辈谈勤工俭学 *

（1958年3月）

　　提到勤工俭学，也使我想起过去的留法勤工俭学会的情况。那是在二十世纪初（一九〇二到一九〇三年），当时李石曾在法国留学，学化学，曾对中国的黄豆进行分析，发现黄豆的营养很好，受到了外国人的重视，后来他就在法国开了个豆腐公司。他当时很崇拜俄国的无政府主义，出版了个《新世纪》杂志及《世界》和《世界六十名人传》等，宣传科学和无政府主义。当时在日本东京的同盟会所出版的《民报》就首先和《新世纪》展开辩论，反对无政府主义。到一九一二年，辛亥革命后，南北和议成功，袁世凯做了总统，有一部分同盟会反对袁世凯的人，极为不满。南京总统府秘书处的人要求到外国去留学，得到当时教育部的许可，许多人想留美，我当时也准备到美国去。南京总统府解散，四月间我到了北京，李石曾、蔡元培在倡办留法俭学会，我也参加了，同时我要到四川去进行调和重庆、成都两个政府合并的工作，并宣传留法俭学的好处，想组织一些贫苦有志的知识青年到法国去学习。因此四川也成立了留法俭学会。当时即有一批学生到了法国。

　　到一九一三年，在上海、南京及赣、皖、西南各省反对袁世凯的战争失败后，我就到了法国。一九一四年，第一次世界大战爆发，由于战

---

* 录自《中国青年》1958年第5期，第2～3页。

争，法国很缺乏劳动力，曾到中国来招募"华工"，于是我们就办了一个勤工俭学会，同时和法国人士一起成立了一个"华法教育会"（中国会长为蔡元培），来进行各项教育工作，想用勤工俭学的办法，吸收一批贫苦有志的青年到法国留学。一九一五年冬，袁世凯称帝，云南及西南各省起义讨袁，一九一六年六月袁世凯病殁，南北和议成，组织新政府，任命蔡元培为北京大学校长，我同蔡元培、李石曾等回到北京，同时还在北京办了留法俭学和勤工俭学的预备学校。

到了一九一七年，俄国十月社会主义革命胜利，这时，马克思列宁主义由日本传到了中国，在欧洲，马克思列宁主义也传到了法国，当时，李大钊、毛泽东等同志都在北京大学，李大钊等同志就开始宣传马克思列宁主义。

一九一八年第一次世界大战胜利后，李石曾等人就大宣传"公理战胜强权"，美国威尔逊发表十四条和平提纲，主张民族自决，反对武力压迫，并声言要在和平大会中帮助中国取消日本与袁世凯签订的二十一条亡国条约，当时影响很大。一九一九年世界和平会议在凡尔赛开会，美国总统威尔逊也口头上说要帮助中国，许多人对于和会抱着很大希望，但结果相反，和会不仅没有帮助中国人民取消二十一条卖国条约，反而承认了这个条约。因此，激起了中国人民的愤怒，在法国勤工俭学的进步学生，就包围了参加和会的中国代表团，反对在和约上签字，在国内，同时也掀起了"五四"运动。

当时在法国的勤工俭学的许多革命同志，以四川和湖南去的人最多，尤其是湖南的多。后来并且在巴黎成立了"青年团"。当时勤工俭学会里也有以吴稚晖等为首的反动派，于是勤工俭学会内部就分化了。展开了马克思主义和无政府主义的斗争。吴稚晖、褚民谊等人的无政府主义者，把持"华法教育会"和里昂大学，排斥革命的同志，顽固地反对马克思列宁主义，反对阶级斗争，反对苏联。另一部分是革命的同志，他们和这些无政府主义者进行坚决的斗争。

留法勤工俭学会起初也还是好的，也起了一些作用，培养了不少革命干部，其中许多同志，如周恩来同志、邓小平同志等，都是我们党和国家的领导骨干。但是无政府主义者在勤工俭学会内也为害不浅。因此，谈到那时的留法勤工俭学会，必须批判无政府主义。无政府主义者不承认阶级斗争，并标榜不问政治，实际上他们如吴稚晖、张继、汪精卫、褚民谊等，就成为反动统治者的帮凶或卖国贼。

现在提倡勤工俭学，和那个时候的勤工俭学性质完全不同了。我们现在提倡勤工俭学，并不只是为了经济上的原因，不只是为了省几个钱或先挣几个钱再学习，而主要是为了使脑力劳动和体力劳动相结合。这是社会主义革命的一个组成部分。我们要改变过去那种理论和实际脱节、教育和生产脱节以及知识分子轻视体力劳动的现象，培养既有生产知识又有社会斗争知识、又红又专的知识分子。应该懂得，政治是灵魂，是统帅，任何人不能脱离政治，脱离政治就会失掉方向。因此，把勤工俭学仅仅认为是经济上的原因，像有人说的没有钱的人才需要勤工俭学，有钱的人就可以不去劳动，这是不对的。

科学的发展，要求我们深入地研究科学，提高我国的科学水平，争取在最短时间内赶上世界先进科学水平。有人认为勤工俭学会影响学习，这是不对的。我们提倡勤工俭学，不仅不会削弱学习，知识本来是从劳动中来的，参加劳动更能够丰富知识，发展科学。因此，我们必须鼓起革命干劲，苦干，苦钻，苦学。过去有一些知识分子，虽然也念了不少书，但许多人求知的目的只是为了做官发财，并不求什么真才实学。我们现在就要改变这种风气，培养具有真才实学的社会主义建设人材。

吴玉章感言*

（1958年4月7日）

　　此次我回家把从前所存的照片清理出来，其中：有一些是诚实朴素，表现了我的本来面目，这是好的；另有一些是讲阔气、显漂亮，表现了羡慕西方资产阶级生活的情绪，这是坏的。这两种矛盾思想在我心中是存在着，常常会不自觉地表现出来，从前不容易认识到这是和社会主义思想不能相容的，特别是我几十年来喜欢讲社会主义、共产主义，更不能容许我心中有这种坏思想的存在。尤其是今天我们要在思想上来一个社会主义大革命，绝不能容忍有这种坏思想。因此，我就想把这些坏相片一齐烧掉，但是仔细一想，把它们留着作为我思想转变的历史过程来看还是有用的。于是我就把这些坏相片也留下来，一以暴露我从前的错误思想，一以作今后更深刻的警惕。

---

* 录自荣县吴玉章故居陈列展档案，原文为手稿。

在四川省第一届党代表大会第二次会议上的发言 *

（1958年4月19日）

各位代表同志们：

我这次来到重庆，正值四川省第一届党代表大会第二次会议开会。我有机会与各位代表同志们见面并讲几句话，感到非常高兴。

为了具体贯彻毛泽东同志提出的中央和省市党委委员，除了生病的和年老的以外，一年一定要有四个月的时间到下面调查研究的指示，我来到了四川。我是三月五日来到四川的。回川是我多年的愿望，现在实现了！

来四川以后，我先后到过成都市、自贡市、荣县、内江、重庆市等地。有些地方是走马观花，有些地方是下马观花。看了许多工厂、农业合作社，与各界人士进行了一些接触，并听取了各地党政负责同志的汇报，使我增加了许多感性知识，这对我的思想改造很有益处。

经过观察参观，给我总的印象是：四川的工作作得很好，比我原来预期的情况要好得多。四川也和全国其他地区一样，工农业生产以及其他各个方面，都在大跃进，成绩显著，我特别兴奋。

现在四川省第一届党代表大会第二次会议正在根据新的形势，来讨论和部署今后工作，讨论发展规划。毫无疑问，通过这次会议，四川各

---

* 录自荣县吴玉章故居陈列展档案。

方面的工作将有新的更大的跃进。

我看过省委《为争取五年到七年内，实现〈全国农业发展纲要（修正草案）〉和地方工业总产值超过农业总产值而奋斗》这个文件，其中对于四川的形势作了精辟的分析，规定了奋斗目标，提出了实现各项指标的措施。大家知道，四川是一个农业虽较发达，但工业比较薄弱的省，如果能够在五年到七年内实现《全国农业发展纲要（修正草案）》和地方工业总产值超过农业总产值，四川的面貌将会根本改观，将是走向工业化的一个大跃进、一个根本转折点，任务是艰巨的。但是，我坚信在党中央的正确领导和省委的直接领导下，通过全四川人民的艰苦奋斗，一定能够甚至可以提前实现。

现在我只想讲一些我来四川后的感想和所看到的几个具体问题，提出一些不成熟的意见。

（一）四川是一个矿产丰富的地区。例如，仅荣县一县就蕴藏有煤二千五百至三千万吨，铁矿一千至一千五百万吨，硫磺一千万吨，还有硫酸钾、磷矿等许多矿产资源。又如，自贡市据初步估计有黑卤九十七亿二千四百八十三万吨，盐岩卤二千八百万吨，卤水中有锂、锶、镁、碘等十三种化学元素，还有天然煤气等等，他们将在"努力发展化学工业，成为化工基地"的方针指导下在三年内基本上把自贡市变为化工城市。再如川中石油区，已有个油床构造喷出了石油。其中南充构造的面积达二百五十平方公里，龙女寺构造达五百平方公里，蓬莱镇构造达五十平方公里。我曾看过龙女寺二号井，这口井的喷油情况是：第一天用十二米厘喷嘴二十四小时喷出六十多吨，第二天用五米厘喷嘴二十四小时喷出四十多吨，第三天用九米厘喷嘴二十四小时喷出八十多吨，第四天用七米厘喷嘴二十四小时喷出五十多吨。如果用五至七米厘喷嘴平均可日产五十至六十吨，仅这一口井每年就可产二万多吨，而且它的特点是：压力大、喷油猛、质量好。据说还有二十多个构造尚待钻探，将来的发展远景不是几百万吨的问题，而是上千万甚至是数千万吨的问题。

石油是一大宝，这是实现国家工业化所必需的。我过去曾认为自贡市有石油，但老是搞不出来，大家以为四川没有石油，现在不仅找到了石油，而且找到了大量石油。这证明四川的矿产资源是取之不尽用之不竭的，由此也证明我们的国家是一个矿产资源应有尽有的国家。

（二）四川又是一个农产品丰富的地区。四川是山地和平地相间，有山就有水，水利资源丰富，气候好。它和北方不同，山坡上、石缝里、石板上，只要有一点土都可以生长庄稼。远在秦汉时代以前就以天府之国著称。我看过成都的友谊社，他们采取改良土壤，扩大双季稻面积，大力积肥，在管理上实行包工包产等措施，今年计划亩产粮食二千零二十斤，比去年增长百分之八十。我也看过荣县的莲花社，这个社去年平均亩产一千零七十五斤，今年计划是三千斤，比去年增产将近一点五倍。这真是大的跃进，这证明农业的潜力是很大的。当然这两个社是条件较好的社，但是也说明条件较差的社也同样有潜力可挖。因此，到一九六二年全四川达到平均亩产八百斤，是完全可能而且会超过的。

（三）大力发展地方工业，革新技术，是当前我党所采取的两个重大措施。四川省委已经制订了发展规划，各地也订了规划，并且已经建立了许多工厂和小型水电站。荣县已经规划在第二个五年计划中铁达到五万吨，还要建一个年产二万吨的吹钢厂，荣县不仅有铁厂，并将建钢厂和中、小水电站，我非常高兴我故乡有这样大的进步。

我曾参观过荣县长山炼铁厂，这个厂建立在既有铁矿又有煤炭的长山区，有一座日产十五吨的高炉，建铁厂和开矿山只化了十四万元，一年就可收回，花钱不多解决了大问题。但是它是采取土法炼铁，应该说采取土法加以改进是一大进步，但是从长远看还是要和新技术结合起来，现在该厂的热风炉比较落后，炒铁则是用人工拉风箱，用二人用手工炒，既浪费人力效率又低，需要设法逐步改进。能改良多少算多少，那怕是些微的改进都是好的。农业也同样需要技术革新。

现在技术革新已经出现了许多萌芽，今后将出现更多的发明创造。对于任何细微的发明和创造，都应给予大力支持和鼓励。我也曾参观过荣县的五一农业社，他们发明了一个木牛，构造简单，象个车水架子，下面用两块平板左右浮于水面，中间有一木轮，两头用竹绳拉着，一个人坐在上面踩，一个人扶犁，不仅解决了缺牛困难而且比牛耕田提高效率一倍。我认为这就是个了不起的创造。当然现在还比较原始，但可改进，我想如果安上一个小马达，后边就可多挂一二个犁，效率当会提高数倍。如果试验成功，就可以解决在没有制出大批适于水田的拖拉机以前的困难，我希望省委能够派人去协助他们试验改进。我还参观过自贡市化工厂。据他们口头和书面的报告，他们奋战六昼夜，氯化钡质量超过英国这件事，更是了不起。应该大力宣传，报纸虽也报导过，但仍嫌不够。原来我们的氯化钡，英国曾很傲慢的说只等于他们三级品（英国的含钙量万分之三点五，我们的是万分之十以上）。英国这种傲慢态度激怒了我们的职工。他们奋战六昼夜，试验了四次终于试验成功，含钙量达到了只有万分之三，超过了英国一级品的规格，现在外国已向我们订货二千吨。这些事例说明，中国人民是既勤劳而又多智慧，只要大力提倡，大家努力，技术加上干劲，就可以创造出奇迹来。

为了支援技术革新运动，就需要机械，机械又需要动力。因此，我希望省委除了继续充分利用四川丰富的水利资源大力建立水电站外，还扩建或新建发电机和电动机制造厂。只要能造几个瓩至几十几百瓩的小厂也好，以适应将来全川每个农业社都将会有几个水力发电站的需要。

（四）四川的文化教育工作也随着工农业大跃进在向前跃进，推广汉语拼音方案和普通语，扫盲、勤工俭学的热情都很高，重庆市特别好。但也有一些具体问题需要有专人和专门机构研究解决。例如勤工俭学的收益分配问题，有的主张全部归公，有的主张全部归个人，荣县有的学校实行三、三、四（即百分之三十归学生个人，百分之三十归班上作公益金，百分之四十归学校作经费），重庆市一般是百分之二十交教育局作为开办联合工厂、技术指导站资金，百分之四十交学校作为扩大再生产的费用，百分之四十交班或小组集体所有，究竟怎样好，因为这是一个新问题，还需要摸索，还需要通过群众辩论，领导上专门研究，找出适当解决的途径。我认为这是一个大问题，分配不好就会出问题，分配给学生多了，就会助长学生单纯的经济主义倾向，少了又会影响他们的积极性。当然要制订一个统一的分配办法是行不通的，但是根据几种类型制订几种分配办法供各地学校根据自己具体情况参照执行，则是必须的。

文字改革是社会主义文化建设的一个必要步骤，是一个很大的革命工作。用拼音字母为汉字注音可以使小学教育缩短两年，扫盲工作得到跃进。各种生产方面都要技术革新，利用拼音字母就是文字的技术革新。提高工农文化是技术革命的前提，而推行文字改革，就可以大大促进扫盲、普及和提高文化，促进汉语的进一步统一，使我们的语言、文字更好地为人民所掌握，更好地为社会主义建设服务。

当前文字改革的任务是：继续简化汉字，推广普通话，推行汉语拼音方案。四川各地已经订出了学习普通话和推行拼音方案的规划，这很好。但是社会上还有阻力，对于拼音方案的用处还有怀疑。我们的工作干部也不是都充分了解的，甚至有的负责干部认为各种工作都很忙，又来了一个文字改革，觉得是麻烦是累赘。我想这不怪同志们，要怪我们宣传工作不够。今后除了文字改革委员会要加强工作加强宣传外，还要靠地方上帮助推广。我希望代表大会和各位代表同志们回去后，对于文字改革工作给予应有的注意，使我省在文字改革方面作出一个好模范。

最后，我想谈谈火葬问题。我主张火葬已有两三年了，因为如果不解决这个问题，坟墓已经占去了并还将占去大量土地，实在不是办法，但这是一个移风易俗的大事，群众数千年来的习俗不容易一下改变，不宜大力提倡，我曾计划首先从自身作起，先把我家族的坟墓挖出后加以火化，作一示范，可惜无火葬场。我这次回家就曾建议荣县负责同志在荣县建一火葬场。

现在重庆已经新建了一个火葬场，我非常高兴。我曾去看过，地方很好，设备也不错。据说实行火葬的人还不少，这说明群众的觉悟程度已提高，迷信思想已逐渐消除，提倡火葬的条件已基本成熟。重庆的火葬场很好，但是用煤烧不好又不便，我曾经向当地同志提议将来最好改用电烧（大连有电气化火葬场，可派人去参观）。他们装骨灰的罐子也太大，我提议他们改小些，他们现在对骨灰的处理是：寄存者每年交三元存放费，不寄存者取回。那么取回又怎样处理呢？有的可能放在家里，有的很可能找一个地方埋起来，结果又是一个坟墓，只不过由大化小，根本问题并没有解决。提倡火葬的目的：（1）经济简便、卫生。（2）最主要的是不占用土地。因此，我建议在火葬场旁建立一个火葬公墓地，火葬公墓地可以用砖石砌成象碑塔一样，每见方五六寸有一孔，把骨灰罐放入其中，外面作一可以开闭的门（用瓷、陶、砖作均可），超过一定年限者，在每年的清明，把骨灰倒入公墓地前的净土中，这样就可以解决骨灰罐积多了放不下的困难，也符合人死归土的习俗。

上面我提了一些意见，可能认识不够全面，仅供代表大会参考，不对的，请同志们批评。

我祝代表同志们身体健康，祝代表大会取得伟大胜利。

向《河北日报》发表的书面谈话*

（1958年6月3日）

我来保定看到各方面跃进的情况，特别是看到工农业生产力解放以后，广大劳动人民发挥了最高度的积极性和创造性，我们党所号召的技术革命和文化革命已经在河北省有了良好的开端。全省小学已经基本上实现了普及教育，扫除文盲不久也可以基本完成，大量民办的小学、中学以及大学正在不断地举办中。毛主席早就说过，在经济建设高潮之后，一个文化建设高潮就要到来，现在我们亲眼看到文化建设高潮真正开始来到了。

我现在想说一说，怎样使工农劳动人民很快掌握语文工具，更进一步提高文化和科学技术水平。劳动人民要求文化是没止境的，在一般扫盲结束后，他们就要求继续提高文化知识，特别是要求不断提高语文知识，不断提高写作和阅读能力，这样，才能在工人、农民中间培养大批新的工农知识分子。这一件事在我们的社会主义建设事业中是绝对必要的。因此，我认为在劳动人民以及工农干部中间，推广汉语拼音字母，会有很大实际作用。

全国人民代表大会通过的汉语拼音方案是为了帮助识字和推广普通话，也是为了普及和提高劳动人民的文化知识。这一套拼音字母，学会

---

* 录自《文字改革文集》，中国人民大学出版社1978年版，第164～165页。据《吴玉章年谱》记载：1958年6月3日，为《河北日报》作书面讲话。

只费很短时间，学会了字母以后，就可以查字典，自由阅读拼音小报和拼音读物。现在，河北省教育厅决定立即进行试点教学拼音字母，不久并要在全省普遍推行。这是一件大好事。应该指出，教学拼音字母，并不打乱扫盲计划，它是扫盲和继续提高文化的一个组成部分，学会了拼音字母，可以巩固扫盲的成果和加快提高文化的速度。

推行汉语拼音方案的教师，河北省已有不少人材，还可以集中训练一批。此外，中央机关有不少干部下放到河北省各县、市和乡村，其中不少人学会了拼音字母，应该帮助进行教学。我建议下放干部有这种条件并愿意担任教学工作的，可以向省教育厅报名，以便统一调配，为文化革命贡献一份力量。

在中国人民大学庆祝中国共产党成立三十七周年大会上的讲话*

（1958年6月28日）

同志们！同学们！

党的三十七周年诞生纪念日就要到来了。今天我们开大会，来纪念我们党的诞生日"七一"。

今年纪念"七一"，具有更重大的历史意义。回忆过去，展望将来，使我们感到无比的欢欣和鼓舞。

谈起党的历史来，可以谈很多。我今天只讲一讲中国共产党一开始就具有伟大的共产主义风格，为全国人民设想，为全世界人类设想，以求早日实现共产主义社会这样一个问题。

我们的党自成立时起，就有明确的奋斗目标，即在我国实现社会主义社会和共产主义社会。

我们的党自成立时起，就是根据马克思列宁主义的普遍真理和中国革命的实践相结合的原则来指导中国的革命运动。三十七年来的历史证明，以马克思列宁主义、毛泽东思想武装起来的中国共产党是战无不胜的。

三十七年来，我们党经历了光荣的道路。三十七年，作为一个历史

---

* 录自《教学与研究》1958年第7期，第1～4页。

时期来说并不长，但是就在这短短的历史时期内，我们党不仅领导全国人民取得了新民主主义革命的胜利，而且已经取得了社会主义革命的基本胜利，现在又在领导全国人民进行伟大的社会主义建设。中国共产党领导中国人民进行革命斗争和进行社会主义建设的经验，可以说是伟大的马克思列宁主义创造性的运用和发展。

大家知道，当中国共产党成立的时候，中国工业极其微弱，工人阶级的力量还没有壮大起来，只有约三百万的工人，而且其中很多是刚由农村转入城市的农民。真正的血统的产业工人为数并不多。这种情况，与西方的国家不同，与苏联十月革命的时候情况也不同。沙皇俄国同其它帝国主义国家的经济比较起来虽很落后，但比起中国当时的情况要发达得多。面对着这样一种情况，我们党创造性地运用了马克思列宁主义，认为中国工人阶级的力量虽不十分强大，但他是发展的阶级、最革命的阶级，他能够完成自己的历史使命。因为中国社会的半封建半殖民地性质，就决定了不仅农民阶级是工人阶级巩固的同盟军，而且小资产阶级也是中国革命的同盟军，民族资产阶级在一定时期内也具有一定的革命性。中国共产党根据中国国情，制定了符合中国实际情况的以工人阶级为领导的以工农联盟为基础的联合其他各革命阶级的统一战线，结果完成了新民主主义革命这样一个艰巨的任务。党的历史证明以陈独秀为代表的右倾机会主义者不相信工人阶级的力量，更不相信农民阶级的力量，他们只看到资产阶级的力量，放弃无产阶级的领导权，使中国第一次大革命遭到失败。最后这些机会主义分子投入了以蒋介石为代表的大地主和大资产阶级的怀抱里，成了革命的叛徒。而"左"倾机会主义者则相反，他们只看到工人阶级的力量，不相信农民阶级的力量，而且错误地估计了小资产阶级和民族资产阶级在革命中的地位，结果也使革命事业遭到重大损失。

大家也知道，在第二次国内革命战争初期，革命处于低潮的时候，中国共产党在毛泽东同志正确领导下，继续创造性地运用了马克思列宁主义，并没有采取无产阶级革命一般是首先由城市暴动，然后普及到农村，最后解放全国这样一个步骤，而是根据中国国情，采取了符合中国实际情况的先在农村建立根据地，以农村包围城市，逐渐解放全国的步骤。在右倾机会主义者看来，革命已经失败，应该由资产阶级领导革命，向资产阶级投降。而"左"倾机会主义者则主张在城市组织暴动，在一省或数省胜利后立即夺取全国。这样做的结果都使革命事业受到损失。

仅从以上两个例子就足以说明，中国共产党从建立时候起，就善于创造性地运用马克思列宁主义，并且具有伟大的共产主义风格和气魄，所以他能够在任何情况下坚韧不拔地领导中国人民向新的胜利前进。

纪念"七一"，回忆党的历史，对我们具有很大的意义。今天虽然时代不同了，国际上东风已经压倒了西风，国内正在以冲天的干劲进行社会主义建设。在这个时期，继承和发扬我们党的这种独创精神和共产主义风格，树立敢想、敢干、敢作、敢为的共产主义风格，显得更为重要。这种共产主义风格已开始为广大群众所掌握，并且已经产生了巨大的力量。我今年外出了几个月，亲眼看到了许多动人的事迹，对我鼓舞很大。我曾经参观过自贡市化工厂。他们奋战六昼夜，氯化钡的质量超过了英国。原来我们的氯化钡含钙量在万分之十以上，英国的氯化钡含钙量是万分之三点五，英国来信说，我们的氯化钡只等于他们"大英帝国"的三级品，英国的这种傲慢态度激怒了我们的职工，他们把所谓"大英帝国"并不看在眼下。经过奋战六昼夜，试验了四次，终于成功，含钙量降低到万分之三，超过了英国一级品的规格（五月份该厂职工使含钙量再度降低到万分之二）。当我去参观的时候，外国人已向我们订货两千多吨。这是一件了不起的大事。我也曾参观过荣县五一农业社和金花乡十二农业社发明的两种木牛，两种木牛的构造都很简单。五一农业社的木牛，像个水车架子，下面用一个像南方那种打谷拌桶一样的长方形的小船浮于水面，中间有一木轮，两头用竹绳牵引着，一个人坐在上面踩，一个人扶犁。金花乡十二农业社的木牛是两个木轮，两个人踩，不用竹绳牵引，转动比较方便。前者比牛耕田提高效率一倍，后者提高效率一点五倍。这两种木牛各有优缺点。他们已经开始使用，并在使用中求得进一步改进。这两种木牛虽还比较"原始"，但可改进，如果再加以改进，效率还会提高。木牛的意义在于，不仅解决了缺牛的困难，而且提高了生产效率，更重要的是打开了南方水稻田半机械化和机械化的广阔前景，意义是非常重大的。我还参观过成都友谊农业社的居民点，他们把分散的住户适当的集中起来，这样不仅便于管理，有利于生产，而且可以节约大量土地，拆下的木石砖瓦还可以利用，拆下废墙土还可以做肥料。我也参观过重庆新立农业社，他们用牛粪喂猪，解决了饲料不足的困难。我也参观过荣县炼铁厂，他们已建好一座日产十五吨铁的小高炉，并已开始生产。这个厂还要扩建，计划五年内达到年产五万吨铁，还要建设小型炼钢厂。这是中央提出的中央工业和地方工业、大型企业和中小型企业同时并举方针的一个体现。就是全国各地这些许许多多的中小型钢铁厂，使得我国钢铁产量和钢铁生产能力飞跃地向前发展。可以肯定的说，党中央提出的在十五年或者更短的时间内在钢铁和其他主要工业产品的产量方面赶上和超过英国的战斗号召，将会大大地提前实现。

我这次外出所看到的动人事迹很多，不胜枚举。这些事迹，对我们来说是大喜事，可是我们的敌人则认为是祸根。这里我想引证英国《每日快报》刊登的弗雷德里克·埃利斯所写的《1958年的黄祸》这篇文章，看看他是怎样描写我国大跃进的。他说："每一代人都面临'黄祸'

威胁。在两次世界大战之间……这个威胁来自日本。""这一代人面临最强有力的威胁来自东方：中国的'黄祸'……""世界五大洲工人的工作情形我都看过。但是从来没有见过象红色中国工厂中呈现的那种人类的活力。""选定的目标是英国……，十五年在工业生产方面赶上英国"。"按照目前的速度，……用不了这样久就可以达到这个目的。""几乎是一夜之间，一个农民的国度变成了具有高度技术的工程师和技术人员的国度。这种景象不禁使人感到又敬又畏。"

从以上这几段话可以看出，作者是为帝国主义服务的走狗。我们加速发展生产的目的是建设社会主义，逐步提高人民的物质和文化水平，并不危害人类，而是为人类造福。而过去的日本帝国主义则相反，它发展生产的目的是为了侵略，随着它的生产力的发展，它的侵略野心越来越大，它侵略朝鲜，又侵略我国，还想建立什么"大东亚共荣圈"。这位记者把社会主义的中国和过去的日本帝国主义混为一谈，这是对中国人民的污蔑，同时也暴露了帝国主义对我国社会主义建设速度的恐惧心理。但是他也不能闭着眼睛不看事实，不得不反映一些真实情况。

不管我们的敌人怎样污蔑，如何恐惧，我们将坚决地贯澈社会主义建设总路线，以更快的速度来加快我国伟大的社会主义建设。让帝国主义发抖吧！在和平竞赛中，他们注定是要失败的。

我们学校为了贯澈党的社会主义建设总路线，也制订了学校的一九五八至一九六二年跃进规划纲要（草案）。自从学校公布这个规划后，全校师生个个兴高采烈，充满了大跃进的信心。大家表示一定要在五年内，红透专深，把人民大学建设成为一个马克思列宁主义教育的先进阵地。

许多系和教研室都提出了要在五年内使自己的系、自己的教研室达到国内或者世界先进水平。我们应该有这样的雄心，应该有这样的气魄，因为我们是文化教育战线上的尖兵。党提出我们的科学和技术要在实现十二年科学发展规划的基础上，尽快地赶上世界最先进的水平。作为培养马克思列宁主义建设干部的基地，我们人民大学就应该快马加鞭，来个大跃进，走在前面，真正地做到理论联系实际，教学服务生产、服务政治的要求。为了这样，我们必须贯澈教育与政治、教育与生产相结合的方针。现在我们有许多教研室已经和开始与实际工作部门、工厂和农村挂了钩，他们一方面参加生产劳动，一方面作实际工作。另外，我们还自己动手办工厂，贸易经济系商品学教研室试制成功了人造棉，并且准备大量投入生产。新闻系办了一个印刷厂，帮助工人、农民和北京市东城中共区委会编印五种小报。工业经济系技术学教研室还要在一年内制造十五台机器，并准备建设一座年产一千—三千吨铁的土法炼铁厂。这是一个正确的方向。因为通过劳动生产，一方面能更快地改造我们的思想，另一方面又能更好地提高我们的教学工作。纪念"七一"，我们就要坚持这个方针，发扬这个方针。要使我们学校每个师生都成为既是宣传马克思列宁主义的脑力劳动者，又是进行物质生产的体力劳动者，做一个能文能武的工人阶级知识分子。

　　自从学校跃进规划纲要（草案）公布后，在我们学校里，又掀起了一个自我思想革命的高潮。许多人听了规划后，感到自己的思想还很保守，承认自己的干劲还不足，个个都愿意在向党"交心"基础上继续不断革命，提出要努力加强立场的改造，时时刻刻拔白旗、竖红旗，提出要澈底打垮个人主义思想，树立和巩固集体主义思想，提出要根本扫除自卑感，树立敢想、敢说、敢干的共产主义风格。当许多同学听到被批准下乡的消息后，非常高兴，敲锣打鼓送喜报、下战表，纷纷表示一定要劳动生产好，思想改造好，联系群众好，决心苦干一年，为红透专深打下牢固基础。这很好，知识分子只有通过劳动锻炼，同劳动人民接触，才有可能最可靠地、最迅速地改造自己的资产阶级立场。我们党内的许多负责干部就是通过这条道路锻炼出来的。纪念"七一",我们要学习革命先辈的榜样,坚持这条正确的思想改造的途径,要使我们全校每个师生都成为社会主义建设时期的红军。

还有一个可喜的现象,就是全校掀起了研究毛泽东著作、学习《红旗》杂志的高潮,学习组织像雨后春笋一样成长了起来,系里有系里的,教研室有教研室的,班有班的,命名为各种名称的研究会和学习组织,真是大、中、小同时并举,这样很好,我在前面已经提到学习毛主席思想的重要,现在说来对我们学校更为重要,我们是搞社会科学的,我们要把我们学校建设成马克思列宁主义教育的先进阵地,就更需要把毛主席的著作研究透,并且还要广泛地宣传。纪念"七一",我们要更高地举起马克思列宁主义毛泽东思想的旗帜,粉碎一切机会主义的思潮,尤其对现代修正主义的批判更要深入。我们还必须进一步巩固我们的学习组织,进一步提高我们的学习与科学研究工作质量。

我们的教学改革工作,在学校跃进规划公布后,也大大跃进了一步。原来准备要经过二三年以后才能完成的编写讲义的任务,不少教研室提出提前到一九五八年底或一九五九年内完成,并且要把质量更提高一步。许多教研室开设了国内还没有开设过的课程。各个系普遍地修改了各年级各专业的教学计划,同时,各门课程的内容和教学方法也作了重大的改革。教学改革是我们学校整改工作的中心内容,也就是整改的纲。纪念"七一",我们全体师生们,尤其是教师们,要继续解放思想,破除迷信,依据厚今薄古,教学和生产相结合、理论与实践相结合、脑力劳动与体力劳动相结合、知识分子与工农群众相结合的方针,大力改革我们的教学,多快好省地为国家培养社会主义建设人才。

学校跃进规划公布后,全校的文体工作也出现了一个大跃进的局面。

校内到处唱着红色的歌曲，快板响个不停，跃进的诗歌一串连一串。运动场上男女老少都出动，我们的系主任、教授也参加了。体育运动正在开展，参加锻炼的人很多，情况很踊跃。有的提出要为祖国健康地工作六十年。我虽然八十岁了，我也不甘落后，我也要再为祖国健康地工作几十年。纪念"七一"，我们应该更进一步开展文体活动，要在普及基础上继续提高，要使我们每个人个个都要身体健康，精神抖擞，开朗活泼，心情愉快。

工农速成中学过去对培养工农干部有很大成绩。今后我们要下决心办得更好，根据大跃进的精神，培养数量更多、质量更高的工农干部。

我们学校的新气象，不仅表现在教师、学生当中，行政工作人员、总务工作人员、教学辅助人员以及印厂工人也表现了自己大跃进的行动。他们都改进措施，提高了工作效率，为国家节约了资金，工作比过去做得更多更好了。我们的印厂印刷书籍的水平，已接近《毛泽东选集》的印刷水平，他们提出要在三两年内达到国际水平。伙食科也鼓足了干劲提出了"学又一顺，赶又一顺"，我校城内校址的二大灶花样多，已经做到每餐能有八个菜任同学挑选。纪念"七一"，我们行政工作人员、总务工作人员与印厂工人要进一步挖潜力，改善管理，加强措施，节约资金，提高工作效率，保证教学任务的顺利实现。

学校的跃进规划公布后，大家进行了热烈的讨论，提出了许多宝贵的意见，学校将要进一步研究修改。我们还必须不断地打破保守思想，破除迷信，把我们的跃进规划制订得更实际、更完善、更先进，让它真正成为我们国家社会主义建设总路线的具体体现之一，真正成为我们今后行动的纲领。

为了实现我们学校的跃进规划，我们必须层层有规划。系里有系的，教研室里有教研室的，班里有班的，个人有个人的。要一层套一层，愈到下面愈要具体，要层层相联，一层保证一层的实现。要知道学校规划的完成，是在系、教研室、班、个人规划完成的基础上实现的。最近全校都在制订和修改规划，这很重要，我们一定要把这一工作做好。其次，我们还必须步步有措施，要使我们的工作一步接一步，一个跃进接着一个跃进。我们要有年度计划、学期计划、月的计划、周的计划、日的计划与每小时的计划。因为每一个事物的完成都有一个过程，我们必须以跃进的姿态完成其必需的过程。另外，要完成规划，我们还必须经常进行定期与不定期的评比检查，要使我们的干劲经常鼓足，经过评比、检查，交流经验，互相学习，互相促进，帮助我们修改规划中不合理的部分和补充规划中不完善的部分。最后，学校规划的实现，要靠我们全体学工人员的同心同德、相互配合、互相帮助，尤其是共产党员的模范作用、带头作用。在纪念"七一"的时候，全体党员、团员、工会会员及各种组织的人员要下定决心，在党委的领导下，团结全校人员，苦战五年，保证学校跃进规划的实现，并争取提前实现。

大力宣传文字改革，努力推行拼音字母*
——在中央人民广播电台的广播讲话
（1958年6月）

汉语拼音方案已经第一届全国人民代表大会第五次会议讨论和批准了。这是全国人民的一件大喜事，也是我国社会主义文化建设的一个必要步骤。推行汉语拼音方案，将能更多、更快、更好、更省的扫除文盲，普及和提高文化；更快地推广普通话，进一步统一汉民族的语言，使语言和文字更好地为广大人民所掌握，更好地为社会主义建设服务。

制订和推行汉语拼音方案是当前文字改革工作的主要任务之一。那么，汉语拼音方案批准以后，应该如何推行呢？我想目前主要地应该进行以下的两项工作：

第一，大力宣传当前文字改革的任务。文字改革工作是关系到我国政治、经济、文化等各方面的一件大事，当前文字改革的任务是简化汉字，推广普通话和推行汉语拼音方案。但是由于过去宣传工作做得很不够，许多人对于当前文学改革的目的和任务还不很了解。有些人甚至还有误解。有人认为实行文字改革就是要立即废除汉字，这是极大的误会。汉字要不要改革成为拼音文字的问题，不属于当前文字改革任务的范围，

---

* 录自《文字改革文集》，中国人民大学出版社1978年版，第160～163页。据《吴玉章年谱》第492页记载：1958年6月，在中央人民广播电台发表《大力宣传文字改革，努力推行拼音字母》的广播讲话。

我们不必忙于作出结论。但是，不论那一国的文字，都是不断发展和不断改进的，不是一成不变的，这是事物发展的规律，中国文字也是一样。我想就是到了将来即使我国使用拼音文字，汉字也不会废除，也仍然有人学习，有人研究，以发扬光大我国汉民族数千年来丰富和优秀的文化遗产，决不因为用拼音文字而使民族文化受到损害。还有人对于推广普通话的重要意义认识不足，对于学习普通话的人不是采取鼓励和支持的态度，而是嘲笑他们，甚至斥责他们，说他们"打官腔""忘本"等等。学习以北京语音为标准音的普通话，并不是废除方言，而是在自己的方言之外，再学会普通话，以便于人们之间的思想交流，有利于社会主义建设事业。大家知道，我国汉民族语言存在着严重的方言分歧。这种情况，妨碍了不同地区人们之间的思想交流，对于社会主义建设造成了许多不便。随着国家建设事业的飞跃发展，人们的交往越来越多。为了工作的需要和互相支援，许多人需要调离本土到外地工作，可是由于方言的障碍，大大地影响了人们之间的思想交流、协力合作和相互学习。因此推广普通话是广大人民的迫切要求，是当前全国人民一项重要的政治任务。

　　第二，努力推行汉语拼音方案。首先是用汉语拼音方案给汉字注音，帮助认识汉字。我们首先要在小学、中学、师范学校和北方话区工农扫盲教育中教学拼音字母，并逐步在广大群众中推广。争取在第二个五年计划期间内，使全国学生和大多数人民群众都学会拼音字母。实践证明，学会拼音字母并没有多大困难，一般人有二三十个小时就可以学会。学会了拼音字母以后，还要注意在日常生活中使用它。我们提倡在报纸的报头上，在书籍刊物的封面上，在铁路、公路的站牌上，在机关、学校、医院、银行、商店以及其他公共场所的各种牌子上，在火柴、纸烟、牙膏和其它日常食用品等等的商品包装上，在各种可以应用的地方都加注拼音字母，就可以使学会拼音字母的人随时随地接触它、应用它，以使学会字母的人得到巩固。

其次是用汉语拼音方案来教学普通话，进一步统一汉民族的语言。推广普通话是一个长期的艰巨的任务，不是在一个短时期内就能够完成的。但是，只要坚持"大力提倡，重点推行，逐步普及"的方针，而又有拼音字母为它正音，在一个不太长的时间内，一定能够收到显著的成效。首先我们应该在各级学校中，特别是在小学、中学和师范学校中教学拼音字母和普通话。我们还应在一切干部中，特别是区以上的地方干部和青年干部中，大力推行拼音字母，以便他们依靠这套字母学习普通话。

此外，我们还应该用拼音字母来大量编印教学拼音字母和教学普通话的各种书籍和教材。过去有些课本，往往过于求全，课文繁多，显得有些难学。就是汉语拼音方案，有声母表，有韵母表，有声调符号，有隔音符号，还有若干规则，一般人不易了解。但是拼音方案看起来虽然比较复杂，拼音字母本身却是非常简单的。这并不矛盾。拼音字母好比房子，方案好比建筑工程师所画的蓝图；房子本身并不复杂，但是对一般人来说蓝图就比较不容易看懂。拼音方案的叙述和说明比较全面，要求最低限度的科学性和系统性；至于实际教学拼音字母，就应该由浅入深，不能象方案那样，把所有的声母、韵母和拼法规则一次讲完或都写在一本书内。因此，在编印教材和书籍时，必须力求简单明了、通俗易懂。必须根据不同的对象编印出各种不同的教材，例如：供给儿童和初学文化的成人的教材就应该是浅显的，供给学过文化的人就可以较深一些，对于文化高的人就可以更深一些。我们还要编印出各种从高级到低级的切合实用的字典和词典，印刷各种挂图和教具，包括留声机片、幻灯、电影等等来推行拼音字母和普通话。

以上是目前首先应该努力进行的工作，我希望全国各地的语文工作者和各方面人士共同努力来作好这些工作，以满足广大人民的迫切需要。

汉语拼音方案是经过语文工作者多年的研究和经过全国各界人士广泛的讨论后制订的，它是从群众中来的一个方案。因此，可以说它比历史上任何一个拼音方案都较为完善，但是还需要交给群众，由群众去使用它，通过实践考验它。我想，经过"从群众中来，到群众中去"这样一个过程，将会使它更加趋于完善。

悼念柳亚子先生 *

（1958 年 6 月）

亚子先生作为一个爱国诗人和坚定的民主主义革命者，是敢于坚持革命真理、爱憎分明的。1926 年中山舰事件发生后，蒋介石组织所谓"中山特别委员会"暴露了他背叛革命的阴谋，亚子先生同宋庆龄、何香凝、彭泽民等坚持"三大政策"，坚决加以反对。1937 年，在中国共产党一再号召下，再次促进了国共合作，中国人民发动了全面的抗日战争，亚子先生积极拥护。1945 年，先生到了重庆，目睹蒋介石制造分裂、企图投降的罪行日益显露，更加深了先生的只有共产党才能救中国的信念和对革命圣地延安的向往。在重庆《新华日报》创刊的纪念会上，他公开宣称："世界的光明在莫斯科，中国的光明在延安。"并且吟出了"世界光明两灯塔，延安遥接莫斯科"的诗，寄给毛主席。

抗日战争胜利以后，蒋介石国民党反动派变本加厉地进行卖国独裁的罪恶勾当，在美帝国主义的支持下，公开发动反人民反革命的内战。先生先在重庆同国民党内部的爱国民主分子发起了"三民主义同志联合会"，后来，又在香港参加了中国国民党革命委员会的发起工作，并担任秘书长的职务，积极响应了 1948 年 5 月 1 日中国共产党所提出的召开新的政治协商会议的号召。1949 年，中国人民在共产党领导下取得了人民

---

* 录自《吴玉章文集》下，重庆大学出版社 1987 年版，第 1222～1223 页。

革命的伟大胜利。亚子先生参加了中国人民政治协商会议，并且当选为中央人民政府委员，1954 年当选为全国人民代表大会代表和常务委员会委员。在第一届国庆节的时候，先生在天安门上曾吟诗一首，"联盟领导属工农，百战完成解放功。此是人民新国庆，秧歌声里万旗红"。这首诗表达了这位爱国诗人对人民革命胜利所感到的欢欣鼓舞和热情歌颂。

几年来，亚子先生纵然因健康限制了他的政治活动和诗词创作，然而他仍然奋力参加重要的会议，无保留地拥护共产党的方针政策，一直到他最后一息。

在第一次全国普通话教学成绩观摩会上的讲话*

（1958年7月25日）

我们这次会议是在中央的深切关怀下和各省市的热烈支持下召开的。在这个会议之前，好些省市都开了预备会议选拔代表来参加这个会议。你们都是全国各地选拔出来的优秀教师、学生和行政工作者。你们在推广普通话工作中创造了成绩，作出了榜样。我对你们在推广普通话工作中所取得的成绩感到非常高兴。

这次会议的目的主要是表演成绩，交流经验，以促进和加速推广普通话的工作，使汉语进一步统一，更好地为社会主义建设服务。毫无疑问，通过这次会议，推广普通话的工作将有新的开展。

自从1955年下半年起，三年来，各地推广普通话的工作取得了很大成绩。首先，中央和各省市都训练了大批普通话师资和辅导员。截至去年年底的统计，全国已有七十多万教师学会了普通话。现在虽然缺乏新的统计，但是已经大大超过这个数字，那是可以肯定的。其次，各级学校特别是中小学和师范学校在总路线的光辉照耀下，推广普通话的工作也随着工农业生产的大跃进蓬蓬勃勃地展开了。上海市中等、初等学校全体教育工作者向江苏、浙江两省及广州市中等和初等教师发出了学习和推广普通话的社会主义竞赛倡议书，他们要以愚公移山的顽强精神作

---

* 录自《文字改革文集》，中国人民大学出版社1978年版，第168～170页。据《吴玉章年谱》第493页记载：1958年7月25日，致开幕词。

到"人人学，人人讲；天天学，天天讲；边学边讲，边学边教"，保证半年内学会普通话，一年内学好普通话。青岛市中小学在今年"五一"前夕，全部学会了拼音字母。五月份又继续开展了学习普通话运动。青岛市顺兴路小学，在短短的一个月时间内，全校95%以上的教师在课内外都能用普通话，全校学生有98%在课堂上、在课间、在劳动中、在家庭里都说普通话。广州市文德东路小学五年级和四年级学生现在已经学会比较简单的常用普通话，全体教师勤学苦练，也都用普通话教学了。哈尔滨市中小学和师范学校都相继成立了推广普通话工作委员会，都订了学习计划。全部教师和学生都以大跃进的姿态学习拼音字母和普通话，还开跃进大会，比干劲、比先进。教师提出"三天熟悉五天会，一周拼写真干脆"，南方教师也不示弱，他们表示要努力学习普通话，"十一"（国庆节）向党献礼。学生也提出"我们共青团员、少先队员、祖国的青少年要一马当先向普通话进军"。他们还保证自己学好，教家里人学好，帮助别人学好。湖南师范学院在今年四月间提出"苦战四个月，改变方言面貌"的口号后，全体教师正在鼓足干劲学习普通话，已取得了很大成绩。再其次，社会上推广普通话的工作也有很大开展。福建省大田县吴山乡，在该乡党委领导下，全乡人民以革命的干劲在扫盲基础上提出"苦战五十昼夜，人人能说普通话"的口号。到五月中旬全乡已有85%的青少年、60.5%的壮年能说普通话，总计全乡少、青、壮年中能说普通话的占少、青、壮年总数的77.7%。全乡所有干部都能讲、能听普通话了，一些老年人也能听懂和讲一些普通话了。

　　以上这些情况说明，推广普通话的工作已经日益成为广大群众日常生活中的迫切需要，群众是热烈拥护普通话的。实践证明，只要党委重视，动员群众勤学苦练，就能收到显著的成效。

　　但是，推广普通话的工作在全国范围内发展是不平衡的，社会上也还是有阻力的。推广普通话工作仍然是一个长期的艰巨的政治任务。今后的任务是加强宣传，继续大力推广，特别可以多多采用普通话演说评比，以及各个地区、各个学校之间的竞赛等等办法，使推广普通话工作在现有基础上进一步普及，进一步高涨，争取尽快地完成推广普通话这一光荣任务，以适应我国社会主义建设的需要。

同志们，你们都是推广普通话工作的优秀代表人物，希望你们通过这次观摩会，好好交流经验，互相学习。回去以后，除了加强自己的学习和在本校更好地开展教学普通话以外，要担负起在社会上广泛宣传推动的责任。我想只要我们共同努力，在全国范围内普及普通话这一个重要的政治任务，就一定能够逐步地胜利地实现。

青年们要积极地促进文化革命 *

（1958年7月）

工农业生产的大跃进，广大工农群众迫切地要求摆脱技术落后和文化落后的状态。因此，中国共产党第八届全国代表大会第二次会议提出了技术革命和文化革命的任务。实现上述任务，将会加快我国社会主义建设的速度，把我国尽快地建设成为一个具有现代工业、现代农业、现代科学文化事业的伟大的社会主义国家。

进行技术革命，必须同时进行文化革命。因为只有广大人民的文化水平提高了，才能够更好地完成技术革命的任务。目前进行文化革命的重大任务之一，首先是扫除文盲，然后进一步普及和提高广大人民的文化水平。

现在各地扫盲工作正在紧张地进行，已经形成了全民扫盲高潮。许多地区已经基本上扫除了文盲，出现了许多文化社、文化乡、文化县。根据过去的经验，认字还不算难，认识之后要能巩固就比较困难。因此，扫除文盲后必须有一种办法来巩固扫盲成果，才能避免过去那种夹生和回生的现象。我认为汉语拼音字母就是扫盲的重要工具，它可以帮助文盲认识汉字，帮助他们巩固已识的汉字，还可以帮助他们继续提高认识更多的汉字。这样就可以巩固扫盲成果，并进一步提高广大人民的文化

---

* 录自《文字改革文集》，中国人民大学出版社1978年版，第166～167页。

水平。

　　最近山东和河北都已建立用汉语拼音字母进行扫盲和巩固扫盲成果的试点，我想四川省也可以采用这种办法进行试验，以便创造经验全面推广。在扫除文盲和提高广大人民文化水平的工作中，青年们特别是知识青年们负有重大的责任。因此青年们要首先学会拼音字母。现在各地都有大批青年下放到群众中去劳动和工作，正好利用这个时机，向广大工农群众教学拼音字母。还不识字的人，最好先教他们学会拼音字母，然后依靠拼音字母学习汉字，可以事半功倍。已经认识一二千字的人，也应该教他们学会拼音字母，好帮助巩固已识的字，并且有便于继续提高。例如：教学汉字"牛"时，它的拼音就是"niu"；教学"马"时，它的拼音是"ma"；教学"米"时，它的拼音是"mi"；等等。还可采取一组一组教的办法，例如：教学"青"（qing）字的时候，加"日"字旁就是"晴"，加"言"字旁就是"请"，加"氵"旁就是"清"，等等，这样教学起来收效更快。在学会拼音字母以后，还要注意在日常生活中使用它，例如在机关的门牌上、通俗读物上都可以用拼音字母来拼音。这样，才能熟练地掌握它、应用它。在教学方式上，要打破陈规，机动灵活，不一定要在课堂上或集中许多人才进行学习，可以随时随地的例如在田间劳动休息的时候，或者在吃饭的时候，凑一凑就可以学习。你们在和群众共同生活、共同劳动中向群众学习工农业生产知识，群众又向你们学习文化知识，这样"教学相长"互相学习，可以增进同群众之间的关系。我希望广大青年同志们用实际行动来从各方面促进文化革命的早日实现。

坚决贯彻执行党的教育方针＊
——在新学年开学典礼大会上的讲话
（1958年9月14日）

同志们！同学们！

今天我们举行开学典礼，从明天起，我们新的学年开始了。今年入学新生共 2 844 名，是我校历年来招生最多的一次。这是我校大跃进的标志之一。

今年新生的特点，除了极少数的高中毕业生外，绝大部分都是具有一定实际工作经验的革命干部，一部分领导骨干和产业工人。政治质量是好的，90％以上是共产党员和共青团员。

在这开学典礼的时候，我特代表学校党委和行政向今年新入学的同学们表示热烈地欢迎，并预祝全校教职员工在新的学年里取得新的更大的成就。

在新学年开始的时候，我们是处在一个新的形势下面。目前国际形势的特点是：东风进一步压倒西风，以苏联为首的社会主义阵营更加团结和巩固，民族独立运动新的高涨，形势更加有利于全世界人民为和平、民主和社会主义而斗争。全世界人民最凶恶的敌人美帝国主义为了摆脱严重的经济危机和实现独霸世界的迷梦，在出兵中东、直接侵略黎巴嫩

＊ 录自《教学与研究》1958年第9期，第1～4页。

所制造的紧张局势还未终止的时候，又在台湾海峡地区伸出侵略的魔手，使远东局势又开始紧张起来。大家知道，台湾和彭湖列岛自古以来就是中国的领土，可是美帝国主义不仅支持已经被中国人民唾弃了的蒋介石集团，并且直接用武力侵占我国领土台湾和彭湖列岛。最近，美国为了掩饰他对中东的继续侵略、拖延从黎巴嫩撤兵的阴谋，竟唆使蒋介石集团依靠我国沿海的金门、马祖等岛屿，对我大陆进行疯狂的骚扰和破坏活动。中国人民给予蒋介石残余匪帮以坚决的打击，这本来是中国人民的内政，可是美帝国主义竟公然声明要把台湾地区的侵略范围扩大到我国沿海的金门和马祖等岛屿，公然派遣军舰为蒋军护航，直接侵入我国领海。同时在台湾地区大量集结武装力量，举行大规模的军事演习。这是对六亿中国人民的严重战争挑衅，是对中国内政的露骨干涉，是进一步侵略中国领土完整和主权的行为，是对远东和世界和平的严重威胁。在这种形势下，中国人民的任务就是立即行动起来，反抗美帝国主义的侵略，粉碎美帝国主义的战争挑衅。我们中国人民大学，坚决拥护周总理的声明，以极端愤怒的心情向美帝国主义表示最严重的抗议。为了响应党的全民武装的号召，现在已组织成民兵师，随时准备着祖国的召唤。中国人民是热爱和平的，但也并不惧怕战争。如果美帝国主义不立即悬崖勒马，把战争强加在中国人民头上，中国人民完全有力量打败它。中国人民反抗美帝国主义侵略的斗争并不是孤立的。我们不仅有强大的以苏联为首的社会主义阵营的全力支持，有广大的民族主义国家的支持，还有资本主义国家的人民包括美国进步人民的支持。我们一定要解放金门、马祖，一定要解放台湾！我们的正义斗争一定会胜利！毛主席在分析目前形势时说：目前的形势对全世界争取和平的人民有利。在谈到国际形势时又说：总的趋势是东风压倒西风。我们要好好领会毛主席对于目前形势的分析。我们一方面在战略上蔑视敌人，把美帝国主义看成是纸老虎，但在对付它的具体侵略行动的时候又不要轻视它，要提高警惕，加强战斗戒备，使它的一切阴谋完全失败。

在国内形势方面，我们是处在全民大跃进和再跃进的时期。继工业、农业、文化教育事业以及其它各种建设事业大跃进之后，现在正在兴起一个风起云涌的人民公社化运动。根据毛主席的指示，我们必须一手抓工业，一手抓农业，但在目前领导重点应该放在工业方面。而抓工业的中心是抓钢铁工业和机器制造工业。目前全民正在以钢为帅，为完成今年 1 070 万吨钢的计划而英勇奋斗。在农村则积极领导建立人民公社。人民公社的大量建立，标志着农村社会主义运动又一个新阶段的开始，即共产主义的萌芽开始产生和成长。毫无疑问，我国社会主义建设，在党的领导下，将以更大的速度向前发展。

在这种国际形势对全世界和平人民有利和国内形势对社会主义建设有利的形势下，我们中国人民大学的中心任务，是要鼓足干劲，力争上游，坚决地贯彻执行党的教育方针，实现学校五年跃进规划，苦战三年，红透专深，把人民大学建设成为一个坚强的马克思列宁主义教育和科学研究的先进阵地，为给国家培养更多的具有社会主义和共产主义觉悟的、有文化的劳动者而奋斗。

为了贯彻执行党的教育方针，实现理论指导实际，教学服务生产、服务政治的要求，我校已经采取了一系列的具体措施，并且已经取得了显著的成绩。这些成绩主要是：

第一，在整风和反右派伟大胜利的思想基础上，开展了大办工厂的运动。我校各系和教研室除了已经和正在与实际工作部门、工厂和农业社挂钩以外，还自己兴办了大批工厂。全体师生员工以冲天的干劲，本着苦干、穷干、白手起家，自力更生和因陋就简的精神，亲自搭棚建厂房，和泥、砌砖、安装设备，到处奔走寻找办工厂的门路，学习办工厂的技术。许多同学原来准备暑假回家的不回家了，有的把路费拿来投资办工厂。在广大师生员工的艰苦努力下，新的工厂不断出现，犹如雨后春笋。在短短的时间内，就建立了大小工厂130个。现在除了试验性工厂和已经带到乡下的以外，还有29个。其中有机床制造厂、滚珠轴承厂、印刷厂、造纸厂等等，各种各样，大小俱备。此外，农业经济系还建立了农场，贸易经济系办了两个实习商店。

但是在办工厂这个问题上，在我校少数人中间并不是没有问题的，有的人甚至持反对意见。他们认为学校办起工厂来就不能好好念书了，办工厂就学不好。显然这是一种资产阶级思想的反映。我们知道，资产阶级的教育是为教育而教育，理论与实际脱节，脑力劳动与体力劳动分家。他们培养出来的学生是满脑子教条、毫无实际知识的书呆子。他们认为只有书本知识才算是真正知识，生产实践和阶级斗争的知识不是真正知识。他们认为教育就是读书，读了书有了书本知识就高人一等，至于生产劳动，则是那些所谓"下贱"的人干的。我们党的教育方针则与此相反，我们的教育的目的是培养有社会主义和共产主义觉悟的、有文化的劳动者。为了培养有社会主义和共产主义觉悟的、有文化的劳动者，就必须教育为工人阶级的政治服务，就必须教育与生产劳动相结合。不走这条道路，就要走资产阶级的道路，第三条道路是没有的。学校办工厂是教育与生产劳动相结合的重要措施之一。铁的事实证明，学校办工厂不仅没有降低教学和学习质量，反而使教学质量和学习质量提高了。教师和学生通过办工厂参加生产，大大地丰富了实际知识，从而丰富和提高了理论知识。我想，反对学校办工厂的人，应该醒悟了！有人还认为理科和工科学校办工厂还可以和所学的专业结合起来，但是社会科学性质的学校，例如象我们这样的学校，是否可以办工厂，则存在着怀疑。我们说这种顾虑是不必要的。学校办工厂的意义不仅仅限于使学生受到劳动锻炼，它可以使学生受到生产的实际知识的教育，培养学生的办事能力，得到全面发展，成为"多面手"，成为既是学生又是工人，既是工人又是厂长，既能文又能武的工人阶级的知识分子。我们所需要的和培养的正是这样的人才。

第二，在大办工厂的同时，我校为了进一步提高教学质量，更好的推进教学改革，提高科学研究水平，开展了科学研究大跃进运动。全体师生员工，热烈地响应了党委的号召，努力争取苦战一个月，选拔千篇论文，向国庆节献礼。自从科学大跃进月以来，我校科学研究工作已推向一个新的高潮。目前各系各部门正在有组织地全面协作地从事科学论文的研究和写作，到目前为止，已经完成科学论文、调查报告、专题报告等四千多篇，其中有些质量比较高的。

第三，随着党的教育方针在我校的具体贯彻执行，随着工厂的建立和科学研究工作的开展，我校在教学计划、教学内容，教学方法等方面，也采取了许多重要的措施，进行了一系列的改革。在教学计划方面：首先，为了加强学生的劳动锻炼和联系实际，基本上采取"一、四、七"制，即每年休假一个月，参加劳动锻炼、生产实习和调查研究等四个月，上课七个月，或者根据不同年级的情况，在一定的时期内下乡下厂，半工半读。其次，加强了政治理论课和政治思想教育。各个专业都开设了社会主义和共产主义思想教育课（马克思列宁主义基础）、政治经济学、中国革命史、哲学四门政治理论课，占总时数23%，同时还增设了党的基本政策课。在专业课方面也增加了关于党的政策和毛泽东思想的研究，例如经济系增设了"毛泽东经济理论研究"课，马克思列宁主义基础系增设了"现代修正主义批判"课。此外，还注意了对学生的经常政治思想教育，并规定每学年用一周时间进行一次思想鉴定，在评定学习成绩时主要看政治思想觉悟程度和对专业课的理解程度。再次，精简合并了一些课程，取消了一些繁琐课程，避免了课程之间的重复，如贸易经济系新生教学计划中的课程，由原来的 22 门精简到 15 门。最后，劳动教育列为教学计划的重要组成部分，占整个时间的三分之一或更多一点，参加劳动生产成为一门必修课。除留校参加劳动生产的以外，今年本科一年级学生基本上到人民公社实行半工半读一年，研究班半年，专修科和特别班二至三个月。一般是上午学习，下午劳动，晚上自习或作群众工作。本科二、三年级没有参加过劳动的高中毕业生，也要下放劳动锻炼或参加实际工作。在教学内容上，我们采取了大鸣大放、大辩论、大字报等群策群力的办法，对所有课程大纲、讲义都进行了讨论和修改，建立了以中国实际问题为中心的指导思想，研究党的方针政策，总结我国革命和建设的经验，使之上升为理论。在教学方法上，特别注意了吸收老解放区的教学经验，理论课坚决打破旧体系的束缚，采取整风方法，密切结合思想改造。业务课和技术课，凡有条件和有可能的都要大胆推行现场教学，结合生产劳动和建设实际。

第四，我校为了积极响应党的文化革命和技术革命的号召，贯彻执行全民办学的方针，采取函授、夜校，与业务部门协作开办讲座、训练班等各种各样形式，大办业余教育。工业经济系已经在河北省开办了一个技术讲座，训练了职工 1 200 人。贸易经济系与北京市合办的贸易经济训练班 4 200 人已经开学。哲学系已经开始在北京筹办逻辑学班，为市工会开办工人学哲学的辅导员训练班，还建立了为工人和农民学习哲学的据点。农业经济系计划在河北省天津专署和唐山专署开办农业社主任训练班。同时，为了支援业务部门开办红专学校，不少系都派教员前去任教。

第五，我校为了促进人民公社化运动，建立教育与生产劳动相结合的基地，已经和附近八个农业生产合作社共同建立四季青人民公社。这是一件具有重大意义的工作，我们大家都要关心公社工作，全力以赴，只准办好，不准办坏，并摸索出一套城市建立人民公社的经验来。我们要到农村中发展起来的人民公社去学习，把学校的教学工作和农村的人民公社建设工作密切结合起来，作出榜样。打掉个人主义、本位主义、狭隘的专业观念，树立城乡协作、大公无私、互相支援的共产主义风格。

第六，我校附设工农中学，今年也来了一个大跃进，学生发展到1 800多人。他们在贯彻执行党的教育方针方面也作出了很大成绩。他们已经和正在建设的大小工厂达60多个，这给进一步贯彻执行党的教育方针和进一步办好这个学校打下了良好的基础。我校其他方面的工作，如行政工作、出版工作、文化体育工作、卫生工作等等，也都随着跃进的形势作出了应有的成绩。

所有这些，都是教育为工人阶级的政治服务，教育和生产劳动相结合的重要措施，是进一步贯彻执行党的教育方针办好我们学校的基础。但是，如何更好地贯彻党的教育方针，我们经验不足，还在逐步摸索的过程。经党委初步研究，新学年总的要求是以提高为主。为进一步提高，大体上应该作以下几件工作：

一、在目前已有成绩的基础上修订学校规划。每个人的红专规划也要好好修改。

二、进一步贯彻教学改革，争取明年的教学出现新的跃进。苦战三年，把教学内容来一个根本性改革。为此，在安排教学计划的时候，除一般的理论、业务和技术课程外，还要考虑到三个方面，即党的政策、生产劳动、军事训练。要根据中央的指示，于今冬明春开展社会主义和共产主义教育运动。同时要具体规划学生下乡后的教学领导和教学组织的问题。这是一个极其细致复杂的工作，必须认真作好。

三、进一步提高科学研究水平。在科学研究工作中要贯彻群众路线，要坚持"百家争鸣"的方针，继续破除迷信，解放思想，树立敢想、敢说、敢作、敢写的共产主义风格，争取在新学年里，把我们的科学研究工作提高到更高的水平。现在就应该组织研究城乡办人民公社的问题，向共产主义过渡的条件等问题。目前的科学跃进运动，要继续努力，争取放出更多的"科学卫星"。

四、办好现有的工厂，在可能的条件下再继续办工厂、农场、商店。这一工作意义非常重大，是逐步消灭体力和脑力劳动差别的基础。现在已经办起的工厂，存在许多问题尚待解决，例如工厂的经营管理问题，学习和劳动时间的安排问题等等，都需要认真加以研究，妥善地加以解决。

五、发扬共产主义的协作精神，大搞协作。不仅与校外搞好协作，校内也要搞好协作。校内协作目前还存在着问题，四门政治理论课要立即改变过去那种互不通气的情况，互相取长补短成为"多面手"。坚决反对个人主义、本位主义和狭隘的、单纯的业务观念，克服不协作的现象。目前有些单位要求我校派人帮助办红专学校，我们应该最大限度的给予支援。

六、加强教师的培养，教育者应该首先受教育。现在最大的问题是教师落后于实际，应努力改变这种状况。为了改变这种状况，我们的教师要随学生一同下乡下厂参加生产劳动或调查研究，还要派一部分教师到各地方参加实际工作。

七、加强军事训练和体育活动，两者要密切结合。我们要培养射击手和一、二、三级运动员和体育健将，争取红旗。继续贯彻除四害讲卫生运动，使之经常化，争取成为"四无校"。这两项任务要当作严肃的政治任务来完成。

八、加强党的领导，贯彻群众路线。这是完成一切任务的关键。领导干部要经常务虚，研究形势和党的政策，坚决贯彻执行党的教育方针，反对任何抵触情绪。党的政治领导首先是抓政治理论课，要书记挂帅，兼政治课。领导者要善于总结工作，交流经验。进一步办好报刊，使它更好地发挥宣传和组织实现党的政策的作用。为了适应形势，采取在党委统一领导下分级管理的方法，加强请示报告制度。教学计划全面下放，校部只掌握方针、规格，各系可根据具体情况灵活处理。为了加强教学工作的领导，校部成立政治研究室，系成立政治理论课教学小组。

新学年的任务是繁重的，我们必须再接再厉，为坚决贯彻执行党的教学方针而奋斗。

同志们！同学们！我们党一开始办教育就是与生产劳动、实际工作相结合的。以前的苏区和解放区都是这样。那时的学生都是自己开荒种庄稼，纺线织布，帮助老百姓干活，参加实际工作，如打土豪分田地、土地改革、武装斗争等等。他们从做中学，从学中做，真是理论联系实际。所以，训练出来的学生都能学以致用，确有真才实学。可是全国解放后，那些资产阶级的学者们，有意的向我们党进攻，把我们党的优良传统一律讥讽为"农村作风""农民作风""游击习气""不正规""土包子""外行"等等，而我们的某些教育工作者由于受了资产阶级思想和教条主义的影响也盲目的提倡所谓"正规化"。就这样，我们党办教育的优良传统就被资产阶级式的、教条主义式的"正规化"给否定了。我们学校也受了这种影响。现在我们要来一个教育大革命，来一个否定的否定，把资产阶级的一套教育学和教条主义的影响否定掉，恢复和发扬党的优良传统。当然，我们的否定的否定，是在更高阶段上的发展。我们要记住这个教训，高举无产阶级的红旗胜利前进，把我们学校办得更好。

艾森豪威尔的丑相毕露＊

（1958年9月16日）

9月11日，艾森豪威尔就台湾地区的局势向全国发表了一篇电视演说。他的演说胡说八道，神智不清，是非颠倒，不值一驳。为什么艾森豪威尔这时突然向世界进行欺骗和恫吓呢？这是因为全世界人民（包括美国人民），以至帝国主义集团内部的许多人，对美国政府继续进行战争挑衅越来越表示强烈的不满，尽管杜勒斯一连发了几次呓症一样的声明，力图掩盖美国行动的侵略性质，威胁中国人民，但是既没有骗得广大公众，也没有吓倒中国人民。作为美国垄断资本集团代理人的杜勒斯，已经搞臭了，艾森豪威尔不得不出场。

艾森豪威尔是个白面狼。当美帝国主义侵略朝鲜的时候，杜勒斯亲自指挥，战事打败了以后，杜鲁门威信扫地，杜勒斯拉艾森豪威尔入共和党来竞选总统，艾森豪威尔在竞选期间，伪装主张"和平""停战"，争得多数选票。在他就任美国总统时的就职演说中，他一方面用"发展实力"作幌子鼓吹扩军备战，一方面又极端虚伪地装作"憎恶战争"的样子。他上台以后，像演双簧一样，他装得似乎主张和平，他的作法常常由杜勒斯出面，到不能收拾的时候，他才出来。过去扮演得还巧妙一点，艾森豪威尔的丑相还没有全露出来。这次他还想利用他仅有的一点

＊ 录自《人民日报》1958年9月16日，第3版。

本钱，胡说八道，吓唬一下，结果适得其反，彻底暴露了这个伪装和平的好战分子的卑鄙和专横。他咒骂人民中国是"好战的和侵略成性的"，而历史事实证明，"好战的和侵略成性的"正是美国。美帝国主义侵略中东的魔爪还没有收回，又把它的魔爪伸到了我国的内海岛屿金门和马祖。他诬蔑中国人民解放自己的领土是"进行侵略"，中国人民解放台湾是在自己的领土上行使主权，有什么"侵略"可言？中国人民从来没有像美国侵略集团那样主张占领美国的岛屿或领土以至进攻美国大陆。中国人民也从来没有说要对美国使用原子弹。中国也没有派遣自己的海空军到美国的沿海去挑衅。"令人震惊的是，在现在这个时代，竟有人利用赤裸裸的武力来达到这种侵略目的。"艾森豪威尔的这番话正是说的他自己。

艾森豪威尔的讲演，如同他们侵略黎巴嫩、侵略台湾等地一样，并不能表明美国的强大，只是自掘坟墓的表现，它一方面激起了全世界人民和中国人民的极大愤怒，一方面使人民更加认识到美帝国主义的外强中干，满身窟窿，还张牙舞爪。

杜勒斯骗不了人，艾森豪威尔同样也骗不了人；杜勒斯的声明吓不倒中国人民，艾森豪威尔的讲话同样也吓不倒中国人民。他向中国人民发出露骨的战争威胁，只能证明他和杜勒斯只不过是一丘之貉，中国人民是不放在眼中的。如果他竟敢在太岁头上动土，中国人民将和世界人民一起，把他们埋葬。

戊戌变法的历史教训 *

（1958 年 9 月 20 日）

我想在今天纪念戊戌变法六十周年学术讨论会上，谈一谈我们为什么要纪念戊戌变法这样一个问题。

我们纪念戊戌变法，主要是纪念它在历史上的作用。我们研究历史，不要厚古薄今，而要厚今薄古。但历史是人类社会发展的过程，自有阶级以来，又是阶级斗争的过程，同时，也是由低级向高级发展的过程。在这种斗争和发展过程中间，是要经过许多变化和曲折的。凡是对历史的发展起了促进作用的重大历史事件，不论事情的成败利钝，也不论参加这一事变的人后日的是非功罪，只要是在当时的历史条件下有进步作用，只要是对人民来说是一件好事，我们就要纪念它。历史是有连续性和因果性的，因此，我们在观察问题的时候，在评价一个历史事件和历史人物的时候，就不要割断历史。

我们研究历史，就是要用辩证唯物主义和历史唯物主义的观点，对历史发展的过程，进行具体地分析，并从中取得应有的经验教训，以利于当前的社会主义建设和自己的思想改造。对于戊戌变法的纪念和研究，也应当是这样。我很同意范文澜同志的观点，即戊戌变法运动代表着当时中国社会发展的趋势，赋有进步的意义；但这样说决不意味着我们同

---

* 录自《戊戌变法六十周年纪念论文集》，中华书局 1958 年版，第 1～6 页。

意改良主义。

戊戌变法虽然只有一百天，但它确实起了启蒙作用，它要打破陈规旧习，废除八股取士的制度，主张开办新式学校，主张发展资本主义工商业等等。一时除旧布新的政令不断发出，维新变法的学说风行海内。所有这些，在当时都振奋了人心，鼓舞了广大的进步青年。我们在那个时候是很受感动的。但是，变法维新只有一百天就失败了，希望成了泡影，那时的进步青年人对清朝政府的顽固派极为愤恨。意志坚强的人继续奋斗，他们不但没有因为变法失败而灰心丧气，相反地，更加积极要求进一步探求救国救民的真理。我现在已经八十岁了，在座的和我相同年龄的人不少，陈叔老已经八十三岁了，我想与我有同感的人是会有很多的。

那末戊戌变法给了我们一些什么经验教训呢？我认为最重要的经验教训就是：

首先，任何革命运动，要想成功，都必须有正确的革命理论做指导。列宁说过，没有革命的理论，就没有革命的行动。戊戌变法虽然还说不上是革命运动，但它究竟还是要求改革当时的封建专制制度，要求资本主义的发展和国家的富强，所以它也必须要有个理论根据。这个理论根据，就是康有为的孔子改制及春秋三世的学说。以康有为为首的维新派，就是用这个新学说去攻击当时宋明理学，打击守旧的顽固分子的。在我们今天看来，康有为的学说虽然并不全对，有些地方甚至是反动的，但它究竟还是反对当时恶势力的一种武器，所以很影响了一些人，特别是对当时的青年知识分子影响很大，可以说是起了一种打破迷信、解放思想的作用。不过，由于当时侵入中国的外国侵略者已经发展到帝国主义阶段，并且已经与中国的封建势力结合起来，成为中国人民的最凶恶的敌人，维新派由于他们阶级的局限性，提不出革命的理论，仅仅是企图在不从根本上动摇封建制度的基础上求得一些改良，已经不能解决问题，因此，戊戌变法必然要遭到失败，也就不是什么偶然的事情了。

其次，任何革命，要想成功，必须有坚强的革命组织。戊戌变法时期虽然有学会一类的组织，这些组织在变法运动中也起了一些作用，但是它们没有坚强的领导，没有明确的政治纲领和组织原则，没有严格的组织纪律，因此在与封建势力打了几个回合之后，就在封建势力的打击和破坏下瓦解了。戊戌变法失败以后的义和团运动的情形也是这样。当帝国主义的八国联军攻入天津、北京的时候，那拉氏和光绪皇帝逃到西安，可以说清朝已经算亡了，可是帝国主义列强为什么不立即瓜分中国，而还要与清政府议和呢？这一方面固然是因为帝国主义之间的矛盾不能解决，另一方面更主要的还是因为义和团的反帝爱国运动给了帝国主义以沉重的打击，使帝国主义认识了中国人民的力量不可侮，情愿利用代理人为它们统治。义和团是自发的反帝运动，影响大，范围广，但是最后仍然不免于失败，主要的原因也是由于它没有正确的领导，不但没有工人阶级来领导，而且也没有软弱的资产阶级来领导，组织很散漫，只是愤怒的人民起来，鼓起一股干劲，用古老的武器，甚至是赤手空拳来同具有现代武器的外国侵略者搏斗。结果它被反动的清朝统治者欺骗了，最后被帝国主义和封建势力联合镇压下去了。

再次，任何革命，要想成功，必须发动群众，依靠群众。戊戌变法只是少数从封建阶级分化出来的资产阶级知识分子，依靠一个并无实权的光绪皇帝，用发指示、下命令的办法来变法维新，完全脱离了广大的人民群众，结果失败了。义和团虽然是群众性的爱国运动，但它是自发的没有坚强领导和没有理论指导的运动，结果也失败了。这时中国资产阶级的进步知识分子为了救亡图存，开始了资产阶级的民主革命。1905年孙中山到了日本东京，成立了革命同盟会，提出了驱逐鞑虏、恢复中华、创立民国、平均地权的政治纲领，同时孙中山又宣布了他的民族、民权、民生三大主义。当时革命的青年都团结在同盟会的旗帜下。有了革命的理论，又有了革命的组织，许多党员艰苦奋斗，经过许多次的起义失败，不惜流血牺牲，结果在1911年得到了辛亥革命的胜利，结束了数千年的封建专制制度，建立了中华民国。但是辛亥革命是软弱的资产阶级领导的极不彻底的旧民主主义革命，领导这个革命的同盟会，特别是后来改组成立的国民党，又是极不纯洁、极不坚强的松懈团体，他们在反帝反封建问题上动摇，又没有发动群众，因此，结果被袁世凯窃据了政权，并弄成了军阀混战的局面，辛亥革命实际上是失败了。

历次革命，包括辛亥革命在内的资产阶级民主革命都失败了，正在这个时候，世界上发生了一个震动全球的大事件，这就是伟大的十月社会主义革命。十月革命开辟了人类历史的新纪元，也为中国送来了马克思列宁主义，它给正在苦难中挣扎着的中国人民带来了极大的希望，如在暗室中得了明灯，迷途中找到了方向，当时的进步人士，特别是青年，到处打听十月革命的消息，急切地要求知道十月革命的详细情形。由于伟大十月社会主义革命的影响，在1919年发生了有名的"五四"运动，由此，开始了新民主主义革命的新时期。

中国共产党成立以后，才提出了反帝反封建的彻底的新民主主义革命的纲领，把马克思列宁主义的普遍真理与中国革命的具体实践相结合，这就使中国的革命面貌为之一新。我们在中国共产党和毛主席的英明领导下，依靠广大人民群众，进行了三十年英勇卓绝的斗争，终于彻底推翻了帝国主义、封建主义和官僚资本主义的反动统治，于1949年10月1日，成立了中华人民共和国，取得了新民主主义革命的伟大胜利。紧接着党又领导全国人民进行了伟大的社会主义革命和社会主义建设，胜利地完成了三大改造和五大运动，恢复和发展了国民经济，到1956年基本上完成了经济战线上的社会主义革命，1957年开始的全民整风运动和反右派斗争，又在政治战线上和思想战线上取得了社会主义革命决定性的胜利。在整风和反右派斗争胜利的基础上，党制定了社会主义建设的总路线，在这条总路线的光辉照耀下，我们的国家展开了全面的大跃进，以一天等于二十年的速度突飞猛进。现在农村中的人民公社普遍地发展起来，它是从社会主义社会过渡到共产主义社会的最好的形式，是通向共产主义社会的最好的道路。现在，全国人民正在党和毛主席的领导下，满怀信心地为把我国建设成为一个具有高度发展的现代工业、现代农业和现代科学文化的伟大的社会主义国家英勇前进，并且要在建成社会主义社会的斗争中为将来过渡到共产主义社会创造物质条件和精神条件，人类最美好的理想——共产主义——已经不是很遥远的远景了。

今天，来纪念戊戌变法六十周年，我们回忆这六十年来历史的发展，展望将来的无限美好的前途，一方面纪念为寻找救国救民的道路牺牲奋斗的先人，感到他们作了无数可歌可泣的英雄事业，对为国牺牲的革命先烈表示敬佩；另一方面，我们也感到，我们正在做着我们先人所梦想不到的伟大事业，因而无限振奋和高兴。我想我们每个人，都应该从历史发展中得到应有的教训，坚决地随着伟大的时代前进，彻底改造自己的思想，全心全意地为人民服务，真正做一个促进派，而不要落后于这个伟大的时代。

全面深入推广普通话，大力宣传文字改革工作*
——在吉林省普通话跃进誓师大会上的讲话

（1958年10月15日）

同志们！

我这次来长春，适逢吉林省召开普通话跃进誓师大会，我能够在这个大会上讲话，感到非常高兴。

我这次来东北，主要是为了了解些情况，向实际学习，同时也是为了推行一下文字改革工作。我来以后，知道吉林省推广普通话的工作，在党和政府的领导下，已经取得了很大成绩。全省已有80%以上的中小学教师受到了普通话语音训练，为推广普通话培养了一大批骨干。吉林省推广普通话的工作，也随着大跃进的形势，有了新的进展。吉林省的方言调查工作已经接近完成。所有这些工作，给今后全面深入地开展推广普通话的工作打下了良好的基础。

但是，吉林省推广普通话的工作，也和全国其它地区一样，还跟不上大跃进形势发展的需要。现在吉林省召开跃进誓师大会，我认为是非常适时的、必要的。我想通过这个大会，吉林省推广普通话的工作，将进入一个新的阶段。

---

* 录自《文字改革文集》，中国人民大学出版社1978年版，第174～179页。据《吴玉章年谱》第496页记载：1958年10月15日，在吉林省普通话跃进誓师大会上作此讲话。

在这个大会上，我们将通过《吉林省推广普通话的工作规划》。我看了这个规划非常兴奋。这个规划不仅提出了总的任务和要求，而且提出了实现规划的具体措施。规划中规定：力争在八个月内，在全省一万名中小学教师和一百九十万名中小学学生中完成推广普通话的任务；力争在二年内，在全省三百万青壮年中完成推广普通话的任务。这一任务虽然是艰巨的，但是我相信只要依靠党的领导，走群众路线，是完全能够实现的。

解放后，文字改革工作在党中央和国务院的正确领导和深切关怀下，取得了不少成就。但是，从全国范围来说，文字改革工作还落后于形势，还没有广泛深入地开展起来。现在我们是处在"一天等于二十年"的时代，形势逼人，我们必须根据中国共产党第八次全国代表大会所提出的"积极地进行汉字的改革"的指示，以革命的干劲，积极开展文字改革工作，力争赶上形势，以适应大跃进和再大跃进形势的需要。

随着工农业生产的大发展，广大群众迫切地要求学习技术和提高文化。所以我们的党适时地提出了技术革命和文化革命的任务。我们知道，建设社会主义和共产主义没有文化是不行的，技术革命离开文化革命也是不行的，技术革命蓬勃发展，要求文化革命迅速跟上，文化革命又推动了技术革命和生产的发展。两者互相推动，互相发展。而文化革命首先是需要使广大工农群众掌握文化。但是，广大工农群众要掌握文化的时候，却遇上了繁难的汉字，当他们扫盲结业，认识了一千五百个汉字之后，必须要有巩固和进一步提高的措施。这是一个矛盾，解决这个矛盾的方法，就是采用汉语拼音字母作为帮助巩固和提高的工具。因此，文字改革工作是文化革命任务的一个重要组成部分。

文字改革的方向，从理论和发展的前途上说应该走拼音化的道路，这是文字改革的远景。当前文字改革工作的任务，根据周总理在今年1

月10日政协全国委员会的报告中的指示，是简化汉字、推广普通话，制定和推行汉语拼音方案。汉语拼音方案自从今年2月第一届全国人民代表大会第五次会议批准后，制定的工作已经完成了，现在主要是推行汉语拼音方案的问题了。

大家知道，汉语拼音方案的主要用处是给汉字注音，帮助认识汉字；给汉字汉语正音，帮助推广普通话。因此，可以说，汉语拼音字母是帮助提高文化和帮助推广普通话的一个有力的工具。

为什么要推广普通话呢？这是因为我国的方言复杂，语音极不统一，不同地区的人们常常因为语音不同，互相说话听不大懂，甚至根本听不懂，有时候要找翻译。这种情况，给人们的思想交流、互相学习和一同工作，造成了许多困难，给社会主义建设事业造成了许多不便，特别是在大跃进的今天，各个地区需要互相支援，干部调动频繁，这种困难情况显得更加突出，广大群众迫切需要有一种共同的语言。因此，推广以北京语音为标准音的普通话，就成为一项迫切的重要的政治任务。

汉语拼音方案自推行以来，已经显示了它的作用。山东省和河北省曾经进行采用它来扫除文盲和巩固提高扫盲成果的试点，得到了很大成功，拼音字母在山东和河北的工厂和农村中普遍受到群众欢迎，工人农民学会这套字母，一般只要十几个小时。学会之后，对于记忆生字、帮助阅读都能起很大的作用。现在全国扫盲工作已经基本完成，当前主要是在扫盲工作的基础上，进一步巩固和提高扫盲成果。巩固和提高扫盲成果的办法很多，现在一般是转入高小或其他业余学校。但是在学校里学习的时间总是有限的，如果用拼音字母来巩固和提高扫盲成果，效率可以提高。学会了二十六个拼音字母，就可以利用汉字拼音检字和汉语拼音报纸读物，进一步认识更多的生字，哪个字不认识，只要看拼音，就能"无师自通"。用拼音字母学习普通话的例子也很多。长春市长通路小学陈雅珠小朋友在短期内学会了拼音字母并用拼音字母学会了普通话，就是一个生动的例子。福建省大田县吴山乡在五十天内全乡青壮年基本上学会了普通话，又是一个例子。值得提出的是，福建省大田县吴山乡是一个方言非常复杂的偏僻山区。他们为什么能在短期内学会了普通话呢？主要是政治挂帅和发动群众。如果说他们只用了五十天，北方话区例如吉林省这样一个与北京语音基本接近的地区，推广普通话就更是比较容易的了。那么为什么一些北方话地区还落后于一些非北方话地区呢？这里边有一个思想问题，这个思想问题就是：认为北方话和普通话差不多，似乎不必要学习了，其实北方话虽然与北京语音比较接近，但是以北京语音来说还有不小距离。我们是学习以北京语音为标准音的普通话，并不是学习北京土话，不仅北方话区要学习，就是北京本地人也要学习。那么学习拼音字母难不难呢？我说并不难。根据各地实验，至多二三十个小时就可以学会，对于具有拼音知识的知识分子来说就更容易。学会了以后，还要注意在日常生活中使用，只有这样，才能巩固地掌握它，灵活地运用它。

为了适应形势的发展，我想对于吉林省文字改革工作提出以下几点建议：

第一，要加强党的领导，发动群众，动员各方面的力量，大力宣传文字改革工作，作到家喻户晓。在这方面，我特别希望报社、出版社、书店、广播电台、电影制片厂，多作些工作。因为文字改革是与群众切身利益有关的事情，是群众自己的事情，必须发动群众自己来办。只有当广大群众对文字改革和推广普通话的重要意义了解了以后，把文字交给群众，才能够产生伟大的物质力量。同时，文字改革工作必须与当时当地的中心任务密切结合，不可以为不是当务之急就不去抓紧工作，因为文字改革本身就是为社会主义建设和共产主义建设服务的，也是为文化革命和技术革命服务的，放松了这点，就要走弯路。这一点在思想上要弄明确。

第二，要继续大力培养教学普通话的师资，首先是力争全部中小学教师和幼儿园的教养员在最短期间内轮训完毕，然后再训练社会上推广的教师。在中小学推广的同时，应该逐步向大学、工厂、公社和社会上其它各个方面推广。这样既有先后而又同时掀起了一个学习普通话的高潮。还可以逐步试验在幼儿园中用各种玩具和实物、卡片等教学拼音字母。我想要五六岁的儿童学会二十六个字母和简单的拼音，并不会造成过分的负担。拼音文字国家的儿童五岁就能够阅读通俗读物，因为他们只要学会拼音就自然爱好看书了。这个问题，可以先在一二个幼儿园试教。如果成功，然后再推广。

第三，要为学习拼音字母和普通话创造条件。首先要编写各种通俗的拼音读物，出版各种拼音小报，供群众阅读。其次，要造成使广大群众经常接触拼音字母的环境，例如在机关、学校、工厂的门牌上，各种日用品的商标上，在汉字上都注上拼音字母，以便于群众经常接触它、应用它。

第四，为了加强文字改革工作的具体领导，便于发动群众，我建议省、市、县等有条件的地方，可以成立文字改革协会。明年中央要召开第二次全国文字改革会议，那时，将成立全国文字改革协会，各地可以从基层先成立起来。

同志们！根据中央推广普通话工作委员会的工作计划，首先要在全国建立七个推广普通话的据点，这七个据点是河北、山东、河南、北京、辽宁、吉林、黑龙江。同时还计划明年在北京举办一个全国文字改革工作展览会，在这个展览会上希望各省、市、县、乡、社都有好的经验和成绩来丰富它，作为向国庆十周年的献礼。我热切地希望吉林省能够成为全国推广普通话的先进省之一,也希望吉林省能够成为明年全国文字改革展览会中最好的一个部分。我坚信你们一定能够在党的领导下,以冲天的革命干劲,以大跃进的姿态,多快好省地推广普通话,并且取得辉煌的成就。

最后,预祝大会成功,祝各位同志的身体健康!

在群众中普遍推行拼音字母和推广普通话
——在省拼音字母师资训练班开学典礼上的讲话 *
（1958 年 10 月 20 日）

同志们，同学们！

今天我们的训练班开学了，我感到非常高兴。我这次到东北来，为的是推行拼音字母和普通话。我只想简单讲一讲，因为关于这方面的问题，已经有很多人写过不少文章。

我首先要讲一讲，现在全国生产大跃进，工农业都有很大发展，工作非常多，现在来推行拼音字母和普通话，是不是给大家增加一种额外负担呢？不是的。推行拼音字母，正是为了促进工农业生产大跃进，使工农群众迅速地掌握文化革命和技术革命的工具。今年工农业生产大发展，广大劳动人民更加感到掌握文化的迫切需要。汉字在学习和使用上都有不少困难，这是对广大劳动人民学习文化的一种阻碍，所以我们要进行文字改革工作。我们简化汉字的笔划，制定汉语拼音方案用来给汉字注音，目的就是要尽量减少广大群众在学习和使用文字方面的困难。因此文字改革工作是完全符合广大群众的要求的。我们应该积极进行这项工作，以适应多快好省地建设社会主义的需要。

---

* 录自《黑龙江教育》1985 年第 15 期，第 6 页。据《吴玉章年谱》第 249 页记载：1958 年 10 月 20 日，在黑龙江省拼音字母师资训练班开学典礼上作《在群众中普遍推行拼音字母和推广普通话》的讲话。

我们训练班的同学应该成为文字改革运动的骨干，有些人已经学过拼音字母，但还要学习，希望更提高一步。另一方面，技术也很要紧，光有理论，没有教学方法是不够的。我们要学会正确的发音，学会拼音方法，以便到广大群众中去宣传推广。不只是在学生和干部中宣传推广，还要到扫盲结业的工农群众中去大力推广。黑龙江省已扫除文盲，但是，学会了 1 500 字还不够而且容易"回生"，迫切需要有一种办法来巩固和提高扫盲成果。汉语拼音字母就是巩固和提高扫盲成果的最好工具。我们可以用拼音字母来帮助已经脱离文盲状态的人们巩固已识的 1 500 字，并且帮助他们进一步认识更多的字。山东河北试点工作证明，用拼音字母巩固提高扫盲成果效果很好，很受广大工农群众欢迎。

幼儿园的小孩也要教他们学字母。可以教他们认识字母，学会简单拼音。三岁到幼儿园，四五岁就可以学会字母和拼音。苏联的小孩五岁就能看通俗小说，要是我们用拼音文字写通俗小说，我们的小孩也能看，这样我们的学制可缩短两年，现在大学、中学办工厂，有很多改革，对幼儿教育，我们也要试行改革。

推广普通话是为了统一汉语语音，语音不统一，妨碍很大。我国已经成为一个空前统一而强大的国家，方言分歧是和我国的统一不相称的，因此推广普通话就是一项重要的政治任务。推广普通话首先要正音，音发的正确，才可以统一全国语言，以满足发展工农业生产和提高文化的需要。在推广普通话的工作上，黑龙江省已经作了不少工作，是有成绩的。希望我们黑龙江省的同志，在推行拼音字母和推广普通话的工作上继续努力，作出新的成绩。为了做好工作，第一要加强党的领导，党委要管文字改革工作，要抓紧；第二要发动群众，不要靠上面，等命令，要发动群众自己来作。

我们准备组织一个文字改革协会。明年 5、6 月召开第二次全国文字改革会议，准备成立文字改革协会，它是群众的组织，不是政府和机关或少数专家的组织。最好先从地方上着手搞，地方上可以先成立。有了这样一个群众性的组织，就可以团结一批积极分子，就可以在群众中进行广泛的宣传和推广工作。明年建国十周年还准备举办一个大规模的文字改革展览会。今年国庆节开了一个，还不够，最好各省把自己的工作成绩、经验搞成材料送去展览。希望黑龙江的同志从现在起就进行准备。这次来哈尔滨和省委市委的同志也都谈了，他们对文字改革都很热心。我相信，在党委的领导之下，加上广大群众的干劲，黑龙江省推行拼音字母和推广普通话的工作，一定会在全省广大群众中普遍开展，并且作出更大的成绩来。

在庆祝十月革命节大会上的讲话*

（1958年11月5日）

同志们：

今天我们中国人民大学全体师生员工以无限兴奋的心情来纪念伟大的十月社会主义革命四十一周年，这是全世界人民的节日，是新时代、新世界的节日，我们应该欢欣鼓舞地来纪念这个节日。

我昨天在东北视察回来，到东北一个月，看了很多工厂，很多新式的现代化的工厂，这些工厂是苏联支援我们建设起来的，他们从经济上、技术上给我们无私的国际主义的帮助，我看了非常高兴。中国今天的工业、农业和科学文化的欣欣向荣的发展和全国大跃进，这是和苏联共产党、苏联政府、苏联人民无私的帮助分不开的，今天我们应该对苏联共产党、苏联政府、苏联人民和专家同志们表示衷心的感谢和崇高的敬意。

---

* 录自《人民大学》1958年11月7日，第1版。

挤出时间，学会拼音字母和普通话*

——在中国人民大学全校大会上的讲话（摘要）

（1958年11月19日）

我这次到东北走了一趟，主要的是去促进普通话和拼音字母的推广。东北地区各级学校都学习拼音字母和普通话，特别是小学和中学学得较好。哈尔滨新民小学就是较好的一个。但一般是大学不如中学，中学不如小学。

我们学校，过去虽学过几次，但没有学好，没有经常使用它，没有坚持下来，结果忘的差不多了。这种情况使我很难开口批评其他高等学校，因为我管的学校还没有学好，怎能好意思批评人家呢？

为什么高等学校不如中小学呢？这里边有个思想问题。这个思想问题就是：高等学校教职员工大多是高级知识分子，似乎知识分子已经知识很高了，用不着学习拼音字母和普通话了。完全不是！

文字改革工作是党的一项重要政治任务

文字改革工作是社会主义和共产主义教育建设的必要步骤，也是文化革命和技术革命的重要组成部分，是我们全党的一项重要政治任务。少奇同志曾在党的八大二次会议报告中讲过"积极地进行汉字的改革"。周总理曾经讲过：当前文字改革的任务是继续简化汉字，推广普通话，

---

* 录自《人民大学》1958年11月22日，第1版。

制订汉语拼音方案。汉语拼音方案自今年二月全国人民代表大会批准后，制订的工作完成了，现在是推行的时候了。党和政府既已决定推行，我们学校当然不能例外，而且应该走在前面。

为什么要学习拼音字母和普通话呢？大家知道拼音字母的主要用处是给汉字注音，帮助认识汉字，给汉字、汉语正音，帮助推广普通话。

目前拼音字母的主要用处之一是巩固和提高扫盲成果。现在全国扫盲工作已基本结束，但是据调查，在突击认识 1 500 字后，一般都有"回生"，有的"回生"50% 以上，极需有一种巩固和提高的措施。巩固提高的措施当然很多，一般是扫盲后转入业余高小或其它业余学校，但在学校学习的时间总是有限的，如果学了拼音字母，就可以"无师自通"的学习注音读物，随时随地都可以学习。因此，完全可以说它是帮助广大工农群众提高文化的一种有力工具，所以广大工农群众非常欢迎。

或许有人会问，学习拼音字母对工农群众最需要，对知识分子并不太需要。我说对知识分子也同样重要。汉字的繁难，大家是知道的。我们学了几十年汉字的人，还常常碰到一些字不认识，而且常常提笔忘字。知识分子学会拼音字母不仅可以帮助认汉字，而且写东西的时候凡是生僻难写的都可以用拼音字母代替，这在日常生活中不能不算是一个极大的便利。再则，如果广大工农群众学会了拼音字母以后，将会用拼音字母写东西、写信，知识分子如果不学习，就要落后，就有变成文盲的危险。

为什么要学习普通话呢？因为我国方言复杂，语音极不统一，互相听不大懂或根本听不懂，给生活和工作造成很多困难，大家在日常生活中是常常会感觉到的。广大群众迫切需要有一种共同语，社会主义建设也要求有一种统一的语言。所以推广普通话也是一件大事，不仅非北方话区的人要学，北方话区的人也要学习，大家都要学习。

我校在学习普通话和拼音字母方面应走在前面

我们学校怎么学？我想这次一定要学好。我已建议党委来抓这件事。党委决定由聂真同志来管，党委的教育生产部负责教学计划和组织，汉语教研室负责教学。

学习的要求是：年底前普遍学会拼音字母，过年后在学会拼音字母的基础上进一步学习普通话。保育院五六岁的儿童也要学习拼音字母。初到保育院的儿童在玩具和用具上都应逐步教他们认个别字母。工农中学也要学好。在我们学校学好后要负责（分片包干）把四季青公社社员也教会。

大家可以辩论一下，我们学校要不要学？如果大家认为需要学，那么大家就在党委统一领导下行动起来，争取学会学好。

学习了拼音字母以后，各级、班，各单位，各组织人员都要测验，及格者插红旗，不及格者插白旗，要补学补考。班与班之间也可展开评比竞赛。

不能等时间，空时间是没有的，要安排时间，挤时间。

我想大家是会努力学好的，我相信中国人民大学在学习拼音字母和普通话方面也能够走在前面。

当我们学校学好了，树起了红旗的时候，我就可以理直气壮地批评那些不重视这项工作的高等学校。这样互相推动，互相影响，文字改革工作很快就会在全国范围内广泛开展起来。

文字改革工作必须积极地进行 *

——吴玉章同志在省级机关干部大会上的讲话

（1959年1月13日）

同志们！

我能够在这里和大家见见面，讲讲话，感到非常高兴。

我这次来南京，主要是为了推行文字改革工作。我来南京以后，了解到过去一年江苏省在各项工作中都取得了巨大的成绩。我祝贺你们在1959年中取得更加伟大的胜利。

过去的一年，是具有伟大历史意义的一年。在这一年中，全国人民，不分男女老幼，在党的社会主义建设总路线的光辉照耀下，破除迷信，解放思想，以冲天的革命干劲，忘我地劳动，使得我国工业、农业以及其它各种建设事业都取得了史无前例的辉煌成绩。

在过去的一年中，特别具有历史意义的是人民公社运动。人民公社的出现，是我国人民群众的一个伟大创举，它是在我国工农业生产全面大跃进的形势下产生的。因为原来的农业生产合作社已经不再能适应农业大发展的形势，人们为了进一步发展生产力，就创造了能够适应这种要求的组织形式。人民公社是从实践中产生的，它的出现是完全符合我

---

* 录自《江苏教育》1959年第2期，第4～5页。据《吴玉章年谱》第249页记载：1959年1月13日，为江苏省直机关干部作《文字改革工作必须积极地进行》的报告。

国社会发展规律的，是不以人们的意志为转移的。正如《关于人民公社若干问题的决议》中所说：它是我国经济和政治发展的产物，是党的社会主义整风运动、社会主义建设总路线和1958年社会主义建设大跃进的产物。

党的八届六中全会《关于人民公社若干问题的决议》总结了人民公社运动的经验，并且从理论上和政策上就人民公社运动中的若干基本问题作出了规定。这是一个具有历史意义的纲领性文件，它将指导我国社会主义建设胜利前进。

目前国际形势，总的说来，正如毛泽东同志所说的："敌人一天天烂下去，我们一天天好起来。"这种形势对于我们的社会主义建设是很有利的。从国内来讲，经过1958年这一年的情况看来，我们这个国家真是大有希望、大有可为。全国人民那种蓬蓬勃勃、轰轰烈烈的气象，是我国历史上从来没有过的。1958年仅仅是我们各项事业大跃进的第一年。

1959年是我们苦战三年中具有决定意义的一年，在这一年中，我国的工农业生产将实现一个更加宏伟的目标。党所提出的1959年国民经济发展的任务是伟大的、艰巨的，但又是切实可行的。只要我们继续贯彻执行党的社会主义建设总路线，在各项建设事业中继续贯彻"两条腿走路"的方针，以冲天的革命干劲和科学分析相结合的方法，1959年将沿着1958年胜利的道路，丰产再丰产，跃进再跃进。为了确保1959年更大的跃进，我们必须坚持党的政治领导、书记挂帅和群众路线，大搞群众运动。这是一条久经考验的真理，我希望我们大家都牢牢地记住并切实执行。

其次，我要谈谈文字改革工作。

文字改革是我国社会主义建设的一项重要工作。我们的党是一向重视文字改革工作的。远在1940年，毛泽东同志在《新民主主义论》中就指出："文字必须在一定条件下加以改革，言语必须接近民众。"去年党的八大二次会议上，刘少奇同志代表中央委员会所作的工作报告中也曾提出"积极地进行汉字的改革"，作为文化革命的主要任务之一。为什么我们的党这样重视文字改革工作呢？这是因为文字改革的一切措施，目的在于使我国的语言和文字更好地为社会主义建设服务，目的在于更快地提高广大人民的文化水平，以促进我国的文化革命和技术革命。文字改革符合我国社会主义建设和广大人民的需要，因此，这项工作必须积极地进行。

根据周总理去年1月在全国政协召开的报告会上所作的指示，当前文字改革的任务是：简化汉字，推广普通话，制订和推行汉语拼音方案。汉字简化的工作，今后仍将继续进行。估计在第二个五年计划期间，可以使一切笔划较繁而比较常用的汉字都得到简化。关于汉字简化问题，这里不准备多谈。至于汉语拼音方案，已经去年2月第一届全国人民代表大会第五次会议批准。因此，目前文字改革的主要任务就是在广大人民群众中大力推行汉语拼音字母。

周总理在《当前文字改革的任务》这个报告中曾经指出："汉语拼音方案的第一个用处，就是给汉字注音。""我看应该承认：汉字是难读难写的，因而也就难记。不要说初学汉字的儿童，就是学了多年的成人，对于不少的汉字也还是不认识，或者要读错。现在我们一方面简化汉字的笔划，另一方面给它注上拼音，目的在于减少汉字的读和写的困难，让它容易为广大群众掌握。利用拼音可以提高汉字的教学效率，这一点已经为过去的速成识字法以及现在小学的先教注音字母的经验所证明。希望拼音方案经过全国人民代表大会批准之后，小学语文课本和北方话区的扫盲课本上就能用来给汉字注音，小学识字教育和文盲扫除工作将得到极大的便利，这是可以断言的。"

关于汉语拼音方案的第二个用处，总理指出："其次，汉语拼音方案还可以用来拼写普通话，作为教学普通话的有效工具。学习普通话光靠耳朵和嘴巴是不够的，学了容易忘记，必须有一套标音符号，用来编印拼音的读物和注音的字典，供学的人随时查考，不断校正自己的发音，收效才大。过去我们没有一种普遍流行的较为满意的拼音工具，这对于推广普通话的工作是个很大的障碍。""今后我们采用拉丁字母的汉语拼音字母，这套字母是科学、技术等方面广泛使用的。""采用这套字母，对于推广普通话的工作会有很大的好处。"

一年来的事实证明：总理的这些指示是完全正确的。

在过去的一年中，随着工农业生产的大跃进，广大人民迫切要求提高文化、学习技术。一年来的扫盲工作取得了很大成绩，这是应该肯定的。但是由于汉字本身的繁难，以及扫盲后的巩固工作做得不够，各地都有不同程度的"回生"和"复盲"现象，必须及时采取有效的措施。江苏、山东、河北等省注音扫盲（即采用拼音字母给汉字注音的办法来进行扫盲）试点工作的经验证明：拼音字母正是巩固和扩大扫盲成果的有效工具。工农群众只要学会了二十六个字母和拼音方法，就可以依靠拼音字母来阅读汉字和拼音字母对照的注音读物，从而进一步认识更多的汉字，并能提高阅读能力。因此，注音扫盲的经验，值得各地加以推广。这是目前文字改革工作的主要任务之一。

另外一项主要任务，就是运用拼音字母来大力推广普通话。特别在工农业大跃进的今天，全国各地区之间，需要交流经验，需要互相协作、互相支援，人们交往频繁，因此，也就越来越感到有一种共同语言的需要。一年来，在推广普通话的工作方面，也已经取得了很大的成绩。全国已有几十个县，做出了突出的成绩，这些县的大部分青壮年基本上学会了初步的普通话和拼音字母，这些县中有福建省的大田等六个县，江苏省的昆山、新沂、金坛、丰县、江浦等县，山东省的邹平，河北省的河间，河南省的叶县等等。他们的基本经验，大致可以归纳为这样几条：（1）书记挂帅，全党动手，干部带头；（2）深入宣传，全面发动，造成强大声势，大搞群众运动；（3）依靠群众，走群众路线；（4）为政治服务，与生产结合。这些县的经验，值得进一步总结，并加以推广。

这几年来，江苏省在文字改革工作上做了许多工作，成绩很大。现在想对今后工作提出几点意见，供大家参考：

第一，在青壮年中大力推行拼音字母，以巩固扩大扫盲成果和普及普通话。希望江苏省在利用拼音字母巩固扩大扫盲成果和普及普通话方面，进一步作出更为显著的成绩来。可以首先帮助几个县切实作好这项工作，取得经验，然后逐步推广。突击运动应该和经常工作相结合，特别要使群众学好拼音字母，会念、会拼、会写，这样才能充分发挥拼音字母的作用。

第二，必须注意解决读物的供应问题，特别需要编印一套（假定为三册）供脱盲群众用的注音课本，读完这三册课本可以使识字量从一千五百字提高到三千字。此外，还必须出版一份拼音小报。这两种东西应该尽可能保证供应，这是巩固和扩大扫盲成果所不可缺少的物质基础。

第三，小学、中学、师范学校教学拼音字母和普通话的工作必须加以巩固和提高。幼儿园的大班可以试教拼音字母。应该用演说竞赛、成绩观摩、故事会、朗诵、演剧等各种办法来鼓励儿童和青年经常使用普通话。

为了做好上述工作，和其它一切工作一样，必须加强党的领导和充分发动群众。过去江苏省委对文字改革工作是很重视的，今后需要进一步加强领导。我想只要各级党委加强领导，政治挂帅，妥善安排，培养骨干，训练师资，发动群众，组织力量，江苏省的文字改革工作，一定可以取得更大的成绩。为了加强各有关部门之间的协作，并组织各方面热心文字改革的积极分子的力量，在条件具备的时候，可以在省、县直至人民公社建立文字改革的群众性组织——文字改革协会，以便更好地发挥群众的力量，形成一个广泛群众性的文字改革运动。

同志们！最后让我祝江苏省的各项工作，包括文字改革工作，在省委的领导和同志们的努力之下，在1959年取得更加伟大的胜利！

积极地进行汉字的改革

——在山东省和济南市机关干部会上的讲话（节录）*

（1959年1月18日）

　　文字改革工作是我国社会主义建设的一项重要工作，是关系到全国人民的一件大事，在现阶段，它又是文化革命的主要任务之一。文字改革工作的目的，是要使我国的语言和文字更好地为社会主义建设服务，是要使广大人民更快的提高文化水平，以促进我国的文化革命和技术革命。它是符合我国社会主义建设和广大人民的需要的。正因为如此，我们的党一向重视文字改革工作。远在1940年，毛泽东同志在《新民主主义论》中就指出："文字必须在一定条件下加以改革，言语必须接近民众。"去年党的八大二次会议上也曾提出："积极地进行汉字的改革"，作为文化革命的主要任务之一。因此，我们必须积极地进行文字改革工作。

　　那么，当前文字改革的任务是什么呢？根据周总理去年1月在全国政协召开的报告会上所作的指示，当前文字改革的任务是：简化汉字，推广普通话，制订和推行汉语拼音方案。汉字简化的工作，过去已经作了不少工作，今后仍将继续进行，估计在第二个五年计划期间，可以把一切笔划较繁而又是比较常用的字简化完毕。至于汉语拼音方案，自经

---

　　* 录自《文字改革文集》，中国人民大学出版社1978年版，第193～199页。据《吴玉章年谱》第499页记载：1959年1月18日，为山东省和济南市机关干部作此讲话。

去年2月第一届全国人民代表大会第五次会议批准后，主要是推行的问题了。就是说，目前文字改革的主要任务，是在广大人民群众中大力推行汉语拼音字母，一方面用它来给汉字注音，帮助扫盲，巩固和扩大扫盲的成果，提高广大人民的文化水平；另一方面用它来正音，帮助推广普通话，促进汉语进一步的统一。

大家知道，我国在文化上是非常落后的，主要原因除了社会原因以外，汉字难写、难认、难记也是一个原因。解放后，我们的党在扫除文盲工作和提高广大人民文化水平方面，作了艰巨的工作，但是还没有完全改变我国文化落后的面貌。这种情况，与我国的社会主义建设的要求不能适应。这是一个矛盾，这个矛盾，自从去年大跃进以来显得更加突出。一方面，社会主义建设迫切需要提高人民的文化水平，人民也迫切地要求提高文化、掌握技术；另一方面，汉字的艰难使人民掌握文字遇到一定的困难。过去一年的扫盲工作，取得了很大成绩，但是，由于生产任务繁重，巩固工作做得不够，也由于汉字比较难学，各地都有不同程度的"回生""复盲"现象。这是一个严重的问题，必须及时采取巩固和提高扫盲成果的措施。根据几个省试点工作的经验证明，汉语拼音字母可以在一定程度上减少汉字在学习上的困难，正是巩固和提高扫盲成果的一个有效的工具。工农群众只要学会了二十六个字母和拼音方法，然后依靠拼音字母来学习汉字就比较容易，就可以阅读汉字和拼音字母对照的注音读物，从而进一步认识更多的汉字，并提高阅读能力。采取这种办法来学习汉字，质量较好，而且便于进一步提高。那么学习拼音字母难不难呢？并不难，根据各地的经验，一般只用十几个小时就可以学会。这里我举两个例子，一个是江苏省新沂县新安镇理发工人翟兴华，他在去年经过十五天突击达到了扫盲标准后，10月间又学了拼音字母。经过两个月的自学，他依靠字母的帮助又增识了一千五百个字，即从原有的二千字增加到三千五百字。他们全店的十一个扫盲毕业学员每人平均增识六百五十三个字。另一个例子：山东平原县卢王庄王美荣，是一个有四个孩子的家庭妇女。去年春天她用七天时间突击学完一千五百个汉字，人家称她为扫盲中的"女状元"。后来因为生产忙，学习停了，回生44%。去年6月间，她用9小时学会了拼音字母，利用七个中午饭和吃饭前后的时间，阅读用拼音字母注音的课本，不仅把已经回生的六百七十三个字找回来了，还能阅读拼音小报。她自豪地说："凡是注音读物，我都能看，别人也不知道我是多么高的文化程度。"这样的例子可以举出很多。由此看来，拼音字母确实能够帮助扫盲，巩固扩大扫盲成果，这是毫无疑问的。这已经为山东、河北、江苏等地许多事实所证明。山东莘县车贵平说得好，他说："过去一字学不会，找人教给跑折腿，现在遇到字不识，把嘴一张就学会"。群众掌握了拼音字母之后，的确有"无师自通"的好处。用拼音字母巩固和扩大扫盲成果的经验值得好好的总结，并加以推广。

　　再次，要用拼音字母来推广普通话。我国的方言非常复杂，语音极不统一，从大的方面讲，全国有七八个方言区，而每一个方言区内部还有许多不同的土语。不同地区的人们，如果各说各的土话，往往互相听不懂，甚至有时候要找翻译。这种情况，大大地影响了工作效率，而且给人们的思想交流、互相学习和协同工作造成了许多困难，给社会主义建设带来许多不便。特别是在大跃进的今天，各地区需要互相协作、互相支援，各地区之间的交往日益频繁，这种语言分歧所带来的困难显得更加突出。周总理在去年1月间的报告中曾经这样指出："北方的干部有时要调到南方去，南方的大学生有时分配到北方来，沿海城市的工人要支援内地工业建设，如果没有一种共同的语言，我们的建设工作就会遇到一定的困难。常常有这样的事情：一个重要的报告，一门重要的课程，由于方言的作梗，大大妨碍了听讲人的理解。"情况确实是这样。这种语言的分歧，与我们国家的空前统一极不相称，广大人民也迫切地需要一种共同语言。因此，推广普通话，是一项重要的政治任务，而拼音字母又是帮助推广普通话的一个不可缺少的工具。因为学习普通话光靠耳朵和嘴巴是不够的，学了容易忘记，必须有一套拼音符号，用来编印拼音的读物和注音的字典，供学的人随时查考，不断校正自己的发音，收效才大。因此，为了学好普通话，也必须学习拼音字母。

推广普通话的工作，几年来也取得了很大成绩，全国已有不少的县、市在青壮年中基本上普及了普通话。今后的任务一方面要巩固和提高学校系统的教学工作，另一方面要积极向社会推广。

几年来，山东省在推行汉语拼音字母和推广普通话工作方面做了不少工作，特别在用拼音字母帮助扫盲、巩固和提高扫盲成果方面，已经取得很大成绩，今后应该进一步巩固和提高，并加以推广。现在我提出一些意见，供同志们参考。

第一，加强党的领导。这是完成一切工作的关键，文字改革工作也是一样。中共山东省委对于文字改革工作是重视的，希望今后更进一步加强党的领导。希望省委推定一位书记挂帅，各级党委也要有一位书记挂帅，加强对这项工作的领导。

第二，加强宣传工作。要把推行拼音字母和推广普通话的意义向广大人民进行深入地宣传，以便形成学习拼音字母和普通话的热潮和声势。此外，还要创造有利于推广拼音字母和普通话的环境。

第三，要继续训练师资。山东省有一个常设的训练机构，随时从各县市、各系统抽调干部加以训练，再由他们回去推广。这个办法很好。为了在全省推广，必须继续训练更多的师资。

第四，出版工作。课本和基本读物的供应问题，必须设法解决。在各报刊上尽可能辟专栏，刊登一些注音读物。这些都是巩固扩大扫盲成果和推广普通话工作所不可缺少的。

第五，在推广拼音字母和普通话工作方面，学校系统要在现有的基础上进一步巩固和提高，并发动师生向社会上进行宣传和推广。

第六，在应用拼音字母来帮助扫盲方面，山东已经做出不少成绩，取得了一定的经验。今后除在全省逐步推行外，希望省委首先选择几个县、市作为重点，在巩固扩大扫盲成果方面切实做出更大的成绩，创造出一套经验来。

为了做好上述各项工作，还需要各有关部门，在省委统一领导之下，加强联系，分工协作。

青年团的组织应该与学校密切配合，在儿童和青年中大力宣传，让每个儿童和青年都能掌握拼音字母和普通话，鼓励儿童和青年在各项活动和日常生活中随时随地使用普通话，并且向社会上进行宣传和推广。

妇联的组织应该在广大妇女中宣传推广拼音字母和普通话，特别要使保育员和教养员学会普通话，并在幼儿园大班试教拼音字母。

军队应该是推行拼音字母和普通话的一个重要阵地。在军队中教好拼音字母，一方面可以达到巩固扩大扫盲成果的目的，另方面可以用来教学普通话。军人来自全国各个地区，语言的统一在军队中有特别重要的意义。

商业部门应该在工作人员中大力教拼音字母和普通话，百货公司的售货员和各种服务性行业的服务员，首先应该学会普通话，以提高服务质量。

铁路系统应该首先在列车员、旅客服务员、电务工作人员中教学拼音字母和普通话。列车广播员尤其应该学好普通话。济南铁路局一向很重视这项工作，他们做了不少工作，还准备在列车上向旅客进行宣传推广工作。这是很好的，他们的经验值得加以推广。

轻工业部门应该在各种产品上，都用上拼音字母的商标。火柴、纸烟、牙膏、墨水……这些人民日常使用的东西上，都应该加上拼音字母。儿童玩具上，可以做上拼音字母。食品工业部门还可以设计一种拼音字母饼干，把二十六个字母的图案做在饼干上，这样，幼儿园里的小朋友，吃了一年的饼干也就能熟悉拼音字母了。

广播是教学拼音字母和普通话的最有力的工具。过去他们做过不少工作，今后希望和教育部门配合，做出更大的成绩来。电影是推广拼音字母和普通话的另一个有力工具。可以摄制一些宣传文字改革，特别是向农民教学拼音字母和普通话的教育影片。此外，新闻、出版、印刷、发行等系统，应该与整个推行拼音字母和推广普通话的工作密切配合，担负起大力宣传并供应读物的任务来。

这样，在省委的统一领导下，各部门分工协作，一定能做出更多、更好的成绩来。我希望你们在1958年已有成绩的基础上，1959年在文字改革工作上，能取得更多的成绩、更大的胜利，成为全国的模范，为其他各省市作出榜样来。我祝你们努力，并祝你们成功！

积极进行文字改革工作*
——在河北省、天津市直属机关干部大会上的报告
（1959年2月3日）

同志们：

我今天能够跟大家见面，谈谈话，感到非常高兴。

最近四五个月以来，我跑了好些地方，一共有九个省、市（辽宁、吉林、黑龙江、河南、湖北、上海、江苏、山东、河北），走马看花，看到了许多新鲜事物，学到了许多东西，得到了许多启发和鼓舞。我觉得，我们是生活在一个完全新的时代，这样的时代历史上从来不曾有过，也是不可能有的。在我们党的领导下，我们的国家，到处充满了蓬蓬勃勃的气象。全国的人民，在党的社会主义建设总路线的光辉照耀之下，个个都精神奋发，发挥着冲天的干劲。这样，一九五八年，我国国民经济的发展获得了空前伟大的胜利。在一年之间，钢铁、煤炭、粮食、棉花翻了一番，这真是史无前例的辉煌成果。

过去的一年，对于我国来说，是具有伟大历史意义的一年。在过去的一年中，在我国的农村中出现了工农商学兵相结合的、政社合一的人民公社，这就使得一九五八年特别具有伟大的历史意义。

人民公社的产生，是我国人民的一个伟大创举。自从去春开始大跃

---

* 录自《河北教育》1959年第3期，第4～6页。

进以来，原来的农业生产合作社已经不能适应农业大发展的形势，人们为了进一步发展生产力，就创造了能够适应这种新形势和新要求的组织形式——人民公社。而人民公社这种组织形式，一经党提倡，就在全国范围内迅速地、普遍地建立起来。我们从这里可以看出：人民公社的产生是完全符合我国社会发展的规律的，是不以人们的意志为转移的。正如党的八届六中全会《关于人民公社若干问题的决议》中所说，人民公社是我国经济和政治发展的产物，是党的社会主义整风运动、社会主义总路线和一九五八年社会主义建设大跃进的产物。

党的八届六中全会，讨论了人民公社问题，并作出了《关于人民公社若干问题的决议》。这个决议，系统地总结了人民公社运动的经验，从理论上和政策上阐述了有关人民公社的一系列的问题，并且对于其中的若干基本问题作出了规定。这是一个具有历史意义的纲领性文件，我们应该认真地、深入地学习。

人民公社是我国工农业生产大跃进的产物，而人民公社的建立，将回过头来促进我国工农业生产进一步地更大跃进，这是完全可以断言的。

国际形势方面，一年多来，全世界人民争取和平的斗争，各殖民地人民争取民族独立的斗争，有了很大的发展。黎巴嫩人民反对武装侵略的斗争、伊拉克的民族民主革命，以及最近古巴人民的民族民主革命的胜利、刚果人民反对殖民主义的斗争，完全证明了党的八届六中全会公报中这样一个论断，即"亚洲、非洲、拉丁美洲人民反对殖民主义、争取民族独立的斗争，正在继续高涨中"。帝国主义的日子看来是越来越不好过了。另一方面，以苏联为首的社会主义阵营越来越团结，越来越强大。宇宙火箭的发射，博得了全世界人民的欢呼。这件事情表明：在最主要的科学技术方面，苏联又一次把美国远远抛在后面。现在在苏共二十一次代表大会上讨论的苏联发展国民经济的七年计划，向全世界人民展开了一幅共产主义建设的宏伟美丽的图画,这个计划的实现,不仅使苏联在物质条件方面和精神条件方面为过渡到共产主义建立巩固的基础,而且将为全世界建设共产主义提供宝贵的经验,同时苏联七年计划的实现,还将更进一步改变世界力量的对比,更加有利于争取世界和平和人类进步的伟大崇高的事业。

总的说来,目前的国际形势,正如毛泽东同志所说:"敌人一天天烂下去,我们一天天好起来。"

一九五九年是我国苦战三年具有决定意义的一年,一个更大、更好、更全面的跃进任务摆在我们的面前。全国人民正在为一千八百万吨钢、三亿八千万吨煤、一万零五百亿斤粮食、一亿担棉花的任务而奋斗。一九五九年的任务是伟大的、艰巨的,但又是切实可行的。只要我们坚决贯彻执行党的八届六中全会的精神,继续反对保守,破除迷信,在战略上藐视困难,在战术上重视困难,政治挂帅,依靠群众,全党全民一致努力,我们一定能够完成并且超额完成这个光荣的任务。

其次,我谈谈文字改革的工作。我想分做以下几个问题来谈。

第一,为什么要改革文字。

文字改革是社会主义建设事业中的一项重要工作。我们党一向是重视文字改革的。远在一九四零年,毛泽东同志在《新民主主义论》中就曾经说过:"文字必须在一定条件下加以改革,言语必须接近群众。"特别在今天,我们要建设一个具有高度发展的现代工业、现代农业和现代科学文化的社会主义国家,就必须实现文化革命,必须首先在广大工农群众中扫除文盲,提高他们的文化水平。只有广大工农群众掌握了文化,才能进一步掌握科学技术,促进技术革命,才能担负起建成社会主义国家的任务。而文字改革正是文化革命的一个组成部分。去年党的八大二次会议上刘少奇同志代表中央委员会所作的工作报告中提出"积极地进行汉字的改革"，作为文化革命的主要任务之一。因此，为了实现技术革命，建设社会主义，必须积极地进行文字改革。

第二，当前文字改革的任务。

当前文字改革的任务，就是：（一）简化汉字，使它更容易为广大人民掌握和使用；（二）推广普通话，以消除方言的隔阂，促进汉语的进一步统一，使我们的语言能够更好的为我国的社会主义建设服务；（三）推行汉语拼音方案，以巩固和扩大扫盲成果并帮助推广普通话。

汉字简化方面，目前已有四百多个简字在全国报刊书籍上普遍使用，今后还要继续进行，准备在今后五年或者更长一些的时间内把比较常用而又笔画较多的字简化完毕。汉语拼音方案，自从一九五八年二月第一届全国人民代表大会第五次会议批准以后，已在全国开始推行。汉语拼音方案目前主要的用处有两个：一个是用来给汉字注音，帮助认识汉字，提高文化；一个是用来正音，帮助推广普通话。这是目前文字改革的两项主要工作，我想分别说明一下。

用拼音字母扫盲和巩固扩大扫盲成果。解放以来，我们的党在扫除文盲、提高广大工农群众文化水平方面，作了艰巨的工作。特别是去年大跃进以来，扫盲工作取得了很大的成绩，但是因为采取的是突击的方法，扫盲以后由于生产任务紧张，没有能够及时巩固和提高，因此目前各地都有不同程度的"回生"现象，必须及时采取有效措施。根据不少地方的经验，证明拼音字母是巩固和扩大扫盲成果的有效的工具。江苏、山东、河北都作过利用拼音字母帮助扫盲的试点工作。试点结果证明，汉语拼音字母确实能够用来帮助扫盲和巩固扩大扫盲成果。工农群众只要掌握了二十六个字母和拼音方法，就可以利用拼音字母来学习汉字，可以进而阅读汉字和拼音字母对照的读物，从而进一步认识更多的汉字，提高阅读能力。这里我举两个例子：一个是江苏新沂县新安镇理发工人翟兴华，他在掌握了拼音字母后，在一个多月的时间内，通过自学，不仅巩固了已识的二千余个字，而且又增识了一千五百个字。第二个例子：山东平原王美荣，是一个四个孩子的妇女，化了九天时间，突击学会了一千五百字，大家称她"女状元"。过了几个月，回生了六百七十三个（一千五百字的百分之四十四），后来她用八九天时间学会了拼音字母，不仅把"回生"的六百七十三个字"回熟"了，而且还能够看注音读物。工作组要她读一篇五百字的新闻，其中有二十多个生字，即所谓"拦路虎"，她都依靠注音克服了，她自豪地说："只要是注音读物，我都可以念，别人不知道我是什么文化程度。"这两个例子说明，用拼音字母确实能够巩固和扩大扫盲成果。

那么群众学习拼音字母难不难呢？群众欢迎不欢迎拼音字母呢？根据河北、山东以及其他地方的经验，学习拼音字母并不难，一般只要十几个小时就可以学会。当向群众说明拼音字母的用处并以事实证明拼音字母好处的时候，群众是欢迎的。保定市完县区北下叔的党支部组织委员曹洛芬，五十三岁，用拼音字母写了这样一首诗：

我的名叫曹洛芬，扛了长工十八春。

剥削制度真难忍，阶级敌人是狼心。

共产党来了咱翻身，苦命人变幸福人。

农业跃进再跃进，粮棉堆起顶破云。

文化革命高潮起，汉语拼音称我心。

老汉也要学文化，尽忠祖国报党恩。

曹洛芬对于拼音字母的心情，可以代表一般工农群众的心情。

目前文字改革的另一项工作，就是用拼音字母来帮助推广普通话。我们的国家是一个空前统一的国家，但是我国方言分歧，语音极不统一，北方人听不懂南方话，南方人听不懂北方话，有时要找翻译。甚至同一个省里，也有各种不同的方言，不能互相了解，交谈发生困难。这种情况，不仅给人们之间的思想交流造成许多困难，给社会主义建设也带了许多不便。特别是在大跃进的今天，全国各地之间，需要互相协作、互相支援、互相交流经验，人们的交往日益频繁，这种方言分歧所造成的困难显得更加突出，广大人民越来越感到有一种共同语言的需要，积极地要求学习普通话，但是学习普通话光靠耳朵和嘴巴是不够的，学了容易忘记，必须有一套标音符号，用来编印拼音读物和注音字典，供学的人随时查考，不断校正自己的发音，收效才大，而拼音字母就是这样一套标音符号，因此是学习普通话的有效工具。这里有一个问题，即北方话区的人是否需要学习普通话的问题，有人说：我们河北话与北京话差不多，可以不必学习。这种反映不仅河北有，其他地方也有。这是由于对什么是普通话的问题认识不清的缘故，应该说北方话区的语音与北京语音比较接近，学起普通话来比较容易，这是有利的条件，但这个有利条件也往往起副作用，容易使人觉得似乎不太必要另外再学普通话，因而不太积极，这是应该防止的。应该知道，我们所要求的是以北京语音为标准音的普通话，并不是学习北京土话。因此，不仅北方话区的人应该学习，就是北京人也应该学习。

第三，对河北省文字改革工作的几点希望和建议。

我这次到天津后，先后听取了河北省和几个专区和县、市同志的汇报，我觉得河北省的文字改革工作，在省委的领导下，是有很大成绩的。河北省进行了拼音字母巩固扩大扫盲成果的试点工作，在取得经验之后，目前正在全省推广，为了进一步开展工作，我想提出以下几点意见，供大家参考。

（一）要加强党的领导，书记挂帅。这是做好一切工作的关键，文字改革工作也是一样。河间县和保定市的工作开展得好，是由于党委的重视。河北省委对于文字改革工作是很重视的。今后希望进一步加强领导。为了加强对文字改革工作的领导，我建议河北省委书记处推定一位书记来兼管文字改革工作。各专区、县、市、公社也需要有书记挂帅。

（二）深入宣传，发动群众。推行汉语拼音字母和推广普通话是符合广大群众的要求的，但是这毕竟是一项新的工作，因此必须做好深入宣传、发动群众的工作。目前拼音字母的两大作用，即巩固扩大扫盲成果和推广普通话的作用，必须向群众说清楚，这样才能收到应有的效果。

（三）结合生产，统一安排。在教学内容、教学形式、时间安排上，要密切结合生产、结合政治运动、结合中心工作，统一安排，这样就能坚持，而且也贯彻了为生产、为政治、为中心工作服务的方针。山东邹平县用这个办法，在大炼钢铁的时候，推广普通话的工作仍能坚持下去。

（四）大力训练师资。河北省虽然已经训练了一大批师资，但是还不能充分满足需要，还要大力继续训练师资，培养骨干。除了训练工农业余学校的师资以外，还需要在军队、商业、邮电、交通、新闻、出版、印刷等系统训练骨干。建议省教育厅建立一个常设的训练机构——拼音字母师资训练班。

（五）保证供应教材读物。无论是巩固扫盲成果，或者学习普通话，都必须有一定的教材和读物，才能收到成效。因此，基本的教材和读物必须设法保证供应。河北省已有一百多万人学会了或正在学习拼音字母，随着工作的开展将有更多的人学会拼音字母，对于读物的需要将更加迫切。出版社出版的连环画、儿童读物，以及各种通俗读物（包括大众科学刊物），希望尽可能加注拼音。有了读物，还希望新华书店做好发行工作，要设法把读物送到需要者手中，首先是供应最需要的地方。

（六）进一步巩固和提高学校里教学拼音字母和普通话的工作，并发动师生向社会上进行宣传和推广。除了小学的工作应该继续做好之外，今后应该努力做好中学的教学工作，使中学生都能说普通话。

（七）应用拼音字母巩固扫盲成果的工作，已经取得了一定的经验，今后除了在全省逐步推广外，希望选几个县、市作为重点，做出更加显著的成绩，创造出一套更加完整的经验来。

（八）为了做好各项工作，还需要各有关部门在省委统一领导之下，加强联系，分工合作。

各高等学校的语文系和语言文学研究所，应该把它们的科学研究工作跟河北省的文字改革工作的实际密切结合起来，来支援这项工作。

青年团的组织应该与学校密切配合，在儿童和青年中大力宣传，让每个儿童和青年都能掌握拼音字母和普通话，鼓励儿童和青年在各项活动和日常生活中随时随地使用普通话，并向社会上进行宣传和推广。

妇联的组织应该在广大妇女中宣传推广拼音字母和普通话，特别要使保育员和教养员学会普通话，并在幼儿园大班试教拼音字母。

军队应该是推行拼音字母和普通话的一个重要阵地。在军队中教好拼音字母，一方面可以达到巩固扩大扫盲成果的目的，另方面可以用来教学普通话。军人来自全国各个地区，语言的统一在军队中有特别重要的意义。

商业部门应该在工作人员中大力教学拼音字母和普通话，以提高服务质量。

铁路系统应该首先在列车员、旅客服务员、电务工作人员中教学拼音字母和普通话。列车广播员尤其应该学好普通话。

轻工业部门应该在各种产品上，都加上拼音字母的商标。火柴、纸烟、牙膏、墨水……这些人民日常使用的东西上，都应该加上拼音字母。儿童玩具上，可以做上拼音字母。食品工业部门还可以设计一种拼音字母饼干，把二十六个字母的图案做在饼干上，这样，幼儿园里的小朋友，吃了一年的饼干，也就能熟悉拼音字母了。

广播是教学拼音字母和普通话的最有力的工具。过去他们做过不少工作，今后希望和教育部门配合，做出更大的成绩来。

电影是推广拼音字母和普通话的另一个有力工具，可以摄制一些宣传文字改革，特别是向农民教学拼音字母和普通话的教育影片。

此外，新闻、出版、印刷、发行等系统，应该与整个推行拼音字母和推广普通话工作密切配合，担负起大力宣传并供应读物的任务来。

为了加强各系统之间的协作，可以考虑成立文字改革协会，由各有关部门的负责人担任理事，在理事会下面设立一个办公机构，具体负责各项实际工作。在省委的统一领导之下，各有关部门分工协作，我相信一定能够做出更多更好的成绩来。

同志们，我希望你们在一九五八年已有成绩的基础上，一九五九年在推行拼音字母和推广普通话的工作上，能够取得更大的胜利！我祝你们努力，并且祝你们成功！

在社会主义学院第一期学员结业式上的讲话（摘要）*

（1959年2月7日）

经过两年多的学习，大部分学员在政治上、思想上有了不同程度的进步，并且其中一部分进步较快较大，有的并且已成为左派，应该说收获是很大的。不过，多数人的政治立场还未脱离中间状态，也有人进步较小，甚至还停留在原来的状况，自然这只是很少数。

在两年另三个月的时间内，社会主义学院第一期学员的学习，经历了三个阶段：第一阶段学习了三门理论课，即马克思主义哲学、政治经济学、中国革命史；第二阶段进行了整风运动和反右派斗争，以及向党交心运动；第三阶段进行了社会主义和共产主义教育运动，在这个阶段结合当前形势、学员的政治思想情况以及各种社会实践，进一步进行了思想改造。

经过三个阶段的学习，大多数学员在自我认识方面，对自己有了比较正确的看法，承认自己在社会主义革命问题上有两面性，承认自己的资产阶级立场并未完全抛弃，表示愿意接受社会主义改造。许多人已开始能够用阶级观点来分析问题，这是有了觉悟的表现，是改造自己的第一步。其次，在敌我问题上，大多数学员基本上有了比较深刻的认识，不少人且能够与右派分清界线。再次，大多数学员对于人民内部两条道

---

* 录自《光明日报》1959年2月7日，第2版。

路的斗争，也提高了识别能力，并且表示愿意站在正确的一面，加强改造，走社会主义道路。

应该肯定，收获是巨大的，但是这些收获还只是自我改造的第一步。为了进一步加强改造，大家今后要认清形势，提高觉悟，掌握批评和自我批评的武器，继续进行政治思想改造。

同学们结业后，大多要回到原来的工作岗位，希望所有的人在今后通过实践，通过学习，继续抓紧改造自己的任务，以便能够为社会主义建设事业贡献力量。

伟大的友好 伟大的合作[*]

（1959年2月14日）

当着《中苏友好同盟互助条约》签订九周年纪念日来临的时候，我想起了毛泽东同志在四年前说过的一段话：中苏两国的伟大的合作"是为了发展社会主义事业的合作，是为了反对帝国主义的侵略计划的合作，是为了国际和平的合作"。这段话鲜明地指出了中苏友好合作的崇高目的，它不但符合我们两国人民的最高利益，而且和世界各国人民的利益是完全一致的。九年来中苏两国全面合作的不断加强，对于促进我们两国的建设，对于增强以苏联为首的社会主义阵营的威力，对于维护世界和平和人类进步的事业，都作出了巨大的贡献。我们两国人民和世界各国人民都为中苏两国伟大合作的成就而欢欣鼓舞。

在庆祝《中苏友好同盟互助条约》签订九周年的时候，我们非常高兴地看到，我们两国的和平建设事业在飞跃前进，我们的力量在不断壮大。伟大的苏联人民，在以赫鲁晓夫同志为首的苏共中央的正确领导下，沿着共产主义的道路，在经济、文化各个方面都取得了光辉的成就，苏联去年的生产计划又超额完成了。工业总产值增加了10%，谷物收获量增加了30%以上。苏联的经济实力进一步增长了，人民的生活水平进一步提高了。今年年初苏联发射宇宙火箭成功这一史无前例的成就，再一

---

[*] 录自《中国青年报》1959年2月14日。

次显示了苏联科学技术达到了世界的顶峰。而尤其使人振奋的是，最近在莫斯科举行的苏联共产党第 21 次非常代表大会，这是苏联全面展开共产主义建设的誓师大会，它将引导苏联人民，高举马克思列宁主义的旗帜，向共产主义的伟大目标前进。在这次具有重大历史意义的会议上，通过了苏联七年计划的控制数字，伟大的苏联在人类历史上头一个进入了全面展开共产主义建设的时期，七年计划将在物质条件方面和精神条件方面为过渡到共产主义建立巩固的基础。苏联的建设将要有极其宏伟的发展，苏联的基本经济任务——在按人口计算的产品产量方面赶上和超过最发达的资本主义国家，在不远的将来就要胜利完成。现在，连美国官方人士也不得不黯然承认，苏联"最后在总产量方面可能超过美国"了。

中国人民在中国共产党的领导下，也在社会主义革命和社会主义建设中，取得了重大的胜利。在中共中央提出的"鼓足干劲，力争上游，多快好省地建设社会主义"的总路线光辉照耀下，全国人民在经济、文化各个方面掀起了大跃进的高潮。全国农村很快地实现了人民公社化，这是对于加速我国社会主义建设有极大意义的步骤。现在我国人民正在满怀信心地实现更大更好的跃进。我国人民有信心改变我国的面貌，在十五年、二十年或者更多一些时间内把我国建成为具有高度发展的现代工业、现代农业和现代科学文化的社会主义国家。

我们两国的建设成就，是同我们两国以及所有兄弟国家的相互支持和相互援助分不开的。而苏联作为力量最强、经验最丰富的社会主义国家，对于我国一贯给予多方面的兄弟般的援助。苏联供给了我国大批的贷款，大批的工农业建设需要的物资，派遣了人数众多的有丰富经验和精湛科学技术知识的专家，通过各种方式帮助我国培养了许多干部，帮助我国提高科学技术水平，帮助我国建设对工业化有重要作用的一系列大型工程。特别需要指出的是，在过去一年内，由于我国社会主义建设速度的加快，苏联对于我国加强了支援，例如，在供应设备方面，各种机床比 1957 年增加了三倍多，发电设备增加了六倍，载重汽车增加了几十倍。苏联各工厂企业赶制设备和在我国工作的苏联专家忘我劳动，对于我国许多工矿提前建成投入生产有重大的作用。而最近，中苏两国政府又签订了新的扩大经济合作协定，根据这个协定，苏联又援助我国建设七十八个大企业和电站。中国人民对于苏联的伟大的国际主义的援助，永远怀着衷心的感激。

中苏两国永远是团结一致、互相支持的，在国际问题上也是如此。毛泽东同志和赫鲁晓夫同志去年 8 月在北京举行的具有历史意义的会谈，和苏联对于我国反对美国侵略的正义斗争的坚决支持，就是这种伟大的团结一致的鲜明体现。赫鲁晓夫同志说得好："和平政策是与社会主义不可分割的，正如侵略和战争的政策与帝国主义不可分割一样。"中苏两国历来是坚持和平政策的，我们需要和平的环境来实现我们的宏伟的建设计划，而且相信社会主义通过和平竞赛一定会胜过资本主义。中苏两国一贯主张裁减军备、禁止大规模毁灭性武器、建立集体安全体系，为不同社会制度的国家和平共处、缓和国际紧张局势而不懈地奋斗。最近苏联政府提出的关于结束柏林的占领状态，使西柏林成为自由城市以及召开和会缔结对德和约的建议，是苏联对于巩固和平的又一次重大努力，我国政府完全支持苏联的倡议。西方国家仍在坚持其"冷战"政策，但是这只能使它们自己遭受全世界人民越来越大的反对，使它们自己更加孤立。

全世界人民都看得到，中苏两国团结一致对世界和平事业作出了巨大的贡献。中苏两国的亲密合作已被历史证明是帝国主义侵略者的道路上永远无法逾越的障碍。最近国际形势的发展，又进一步明显地显示出，和平力量超过战争力量,进步力量超过反动力量。以苏联为首的社会主义阵营各国都是欣欣向荣,各方面的建设空前高涨。亚洲、非洲、拉丁美洲的民族解放运动正以更大的规模蓬蓬勃勃地发展。资本主义各国人民争取民主和社会进步的斗争也有新的发展。帝国主义者则日益分崩离析,经济危机日益加深,它们内部的各种矛盾日益尖锐。帝国主义战争势力更加孤立了。显然,世界和平的保障更加坚强了。而帝国主义如果不顾一切进行战争冒险,那么就只能加速它的彻底灭亡。

中苏友好合作的伟大力量,甚至连我们的敌人也无法否认。因此,以美国为首的帝国主义者和南斯拉夫现代修正主义者采取了种种卑鄙手段,来破坏中苏两国的团结。但是,它们的一切努力都是徒劳的。中苏两国人民象爱护自己的眼珠一样爱护中苏两国的团结。中苏两国的兄弟友谊和伟大合作必然会进一步地加强。帝国主义者和现代修正主义者妄图挑拨社会主义国家和民族独立国家的关系,将是徒劳的。一切爱好和平、反对侵略、反对战争的力量必然会进一步团结起来。中苏两国的伟大合作一定会得到更加伟大的胜利,给世界和平和人类进步的事业做出更加巨大的贡献!

向全校师生员工作报告（摘要）*

（1959年2月25日）

人民公社问题

过去的一年，是具有伟大历史意义的一年；是农业、工业、人民公社、思想全面大跃进的一年。人民公社是工农商学兵相结合的、政社合一的社会主义社会结构的基层单位，同时，它又是将来由集体所有制过渡到全民所有制的最好形式，也是由社会主义过渡到共产主义的最好形式，还是未来共产主义社会的基层单位。

有人曾经对于人民公社的性质不了解，产生了一些误解。应该明确：由集体所有制过渡到全民所有制，必须有一定的生产力水平和人民思想觉悟水平。由社会主义过渡到共产主义必须具备北戴河会议指出的五个条件，即"社会产品极大地丰富了，全体人民的共产主义思想觉悟和道德品质都极大地提高了，全民教育普及并且提高了，社会主义时期还不得不保存的旧社会遗留下来的工农差别、城乡差别、脑力劳动与体力劳动的差别，都逐步消失了，反映这些差别的不平等的资产阶级法权的残余，也逐步地消失了，国家职能只是为了对付外部敌人的侵略，对内已经不起作用了，在这种时期，我国社会就将进入各尽所能，按需分配的共产主义时代"。我们是马克思列宁主义不断革命论者，决不能在条件还

---

* 录自《人民大学》1959年2月25日，第1、2版。

不成熟的时候，实行过早的过渡。

党的八届六中全会《关于人民公社若干问题的决议》，是一个具有历史意义的纲领性文件，它不仅指导我们进行社会主义建设，还将指导我们向共产主义过渡和建设共产主义。希望大家以后还要经常学习它。

巩固既得成绩争取更大跃进

应该认真总结1958年大跃进的经验，巩固和发展教学、生产劳动和科学研究三结合的经验使我们学校来一个更大的、更全面的跃进。

以往的实践告诉我们，学校如果脱离了劳动生产，脱离了现实生活，教学工作便不会提高，教条主义的束缚便摆脱不掉。1958年我们认清了这点，并且做出了很大的成绩。在整改工作基本告一段落时，我们学校有四千多师生走访了全国18个省、市、自治区，直到县、区、乡、社、工厂和矿山，对2 500个单位进行了调查研究，参加了实际的工作。而去年秋季开学后，又有5 000多师生下放到安国、遵化和京郊的四季青、丰台、昌平、密云、顺义等地实行半工半读。同时在我们学校中又有大批的师生，每天在校内的工厂和实习商店中工作着。在全民大炼钢铁的运动中，全校师生都投入了战斗。去年一年全校这样轰轰烈烈地下厂下乡、大办工厂、接触实际、参加劳动生产，其结果不是我们学习少了，而是学习多了；我们不再是耳目闭塞、思想迟钝，而是见闻广博、善于思考问题了。在我们的教学中开始充实了更多更好的实际内容，我们的科学研究工作也像秋河开冻一样地涌现出来。从去年起，克服教条主义已经不是停留在口头上，而是在实际行动中克服了。今后我们还要这样做，并且还要做得更好，要更有计划地更有目的地去进行生产劳动和接触实际。对生产劳动要认真地参加，像一个劳动者那样自觉地劳动，要掌握生产技术，同时要学习劳动人民的优秀品质。但还必须加强对马克思列宁主义的理论学习和专业知识的学习，加强对党的方针政策的研究。有少数人片面地认为只要好好生产劳动就会成为一个又红又专的马克思列宁主义理论干部和社会主义建设干部，因此他们只注意生产劳动而忽视理论和专业知识的学习。要知道马克思列宁主义的理论是革命导师们累年积月地对自然和社会的发展规律研究的结晶，是对这些规律的反映和阐述，这种伟大的成就是人类的至宝，我们既要参加社会政治斗争，又要参加生产劳动，同时也必须系统地学习理论，并且能够使之很好地结合起来，才能达到又红又专。要提倡学习理论，提倡读书，当然这不是读死书，而是在党的教育方针指导下进行读书，只有这样我们才能培养出合乎国家需要的人材，不然的话，对我们国家的建设事业是不利的。

在巩固和发展我校教学、生产劳动和科学研究三结合的经验上，我们的教师是起着重要的作用的。过去一年内我们的教师在党委的领导下与学生共同合作做了许多工作，也做出了出色的成绩，今后还必须坚持这个原则。但有少数教师还不善于在与学生合作中领导学生，不敢担负教学任务和科学研究工作，这是不好的。应该去掉自卑思想，认真学习理论，积极参加实际斗争，做到澈底改造思想，切实掌握专业。同时也还有极少数学生由于取得一些成绩，而忽视教师的作用，不虚心向教师学习，这也是不对的。这些同学应认识到，自己所取得的成绩是与党的培养与过去教师的教导分不开的。

要完成这个任务，我们还必须继续发扬敢想敢干的风格，但这必须要与实事求是的精神相结合，只有这样，我们的跃进才是踏实的，我们的成就才是真实的，同时应指出，我们搞社会科学的，我们革命者应该有这种品质。

在继续巩固和发展我校那种既有集中又有民主，既有纪律又有自由，既有统一意志又有个人心情舒畅的生动活泼的政治局面方面，我们又应做那些工作呢?

我们必须更进一步地加强党委的领导,党的领导是胜利完成一切任务的关键。党能领导教育事业,能领导一切,这个真理已为去年的大跃进所证实了的。今后的任务是在进一步加强党委领导的同时充分地发扬民主。

再者,我们必须继续反对资产阶级个人主义及其残余的影响,进一步地改造思想,发扬在大跃进中所表现的那种不计较个人得失,全心全意为社会主义建设服务的优秀品质。

最后,我们还要妥善地安排我们的生活,要注意劳逸协调,要加强文体活动,要搞好伙食,搞好环境卫生,使我们每个人生活得都很愉快,使我们每个人都能够以充沛的精力进行社会主义建设。

总之,我们学校在过去一年中,在各方面都获得了很大的成绩,但是我们不应该满足,更不要骄傲自大,应该继续努力,在1958年已有成绩的基础上,争取更大的跃进。同时,应该继续加强与各兄弟学校的联系,虚心向兄弟学校学习。互相取长补短,达到共同的跃进。

进一步学习普通话

在普通话第一阶段(1958年11月19日至12月底止)的学习中,由于党委的正确领导,以及全体教职员工刻苦的学习,使第一阶段的学习达到了预定的要求,即学会了字母、声母、韵母,会读会写,知道了北京语音的四个声调和掌握了拼音字母的拼写规则。

在即将开始的第二阶段的学习应该明确:"学习拼音字母并不是目的,而是掌握学习普通话的工具。因为只有掌握了拼音字母,才能利用它来帮助学习普通话。从这一意义上说,下一阶段的任务是艰巨的。"

希望全校师生员工在下一阶段的学习中仍如第一阶段的学习一样,取得预定的成绩,按照原订计划分别在"五一"节和国庆节向党献礼。

利用拼音字母帮助扫盲和推广普通话 *

（1959年3月20日）

去年5月以来，我跑了好几个地方，走马看花，看到许多新鲜事物，学到许多东西，受到很大鼓舞，我到过辽宁、吉林、黑龙江、河北、山东、河南、湖北、江苏、上海九个省市。每到一个地方，我都找当地文教部门负责同志了解扫盲工作和推广普通话工作的情况，在体力允许的范围之内，还参观了一些学校、工厂、街道和人民公社。

今年1、2月，中国文字改革委员会会同教育部组成了一个工作组，到了广东省的广州、新会、佛山、中山、汕头、惠阳、普宁、揭阳、潮安和福建省的漳州、厦门、泉州、大田、福州，了解了当地推广普通话和推行汉语拼音方案的情况。

根据我们在各地看到的，过去一年来的扫盲工作，成绩是很大的。很多群众经过刻苦努力，脱离了文盲状态，开始掌握文字。这是一件十分可喜的事。但是各地都有不同程度的"回生"现象，有些地区，"回生"现象相当严重，因为扫盲采取的是突击方式，加上生产任务繁重，没有及时加以巩固，自然就"回生"了。各省市负责同志都认为1959年必须继续切实扫盲，并且要努力做好巩固和扩大扫盲成果的工作。

怎样使扫盲的质量提高，"回生"的使它"回熟"，脱盲的使它巩固，

---

* 录自《人民日报》1959年3月20日，第7版。

并且进一步提高，我看是当前教育工作中一个大问题。

去年 1 月 10 日周总理在政协全国委员会举行的报告会上所作《当前文字改革的任务》这个报告中，曾经提出利用拼音字母来提高汉字的教学效率问题。他说："我看应该承认：汉字是难读难写的，因而也就难记。不要说初学汉字的儿童，就是学了多年的成人，对于不少的汉字也还是不认识，或者要读错。现在我们一方面简化汉字的笔画，另一方面给它注上拼音，目的在于减少汉字的读和写的困难，让它容易为广大群众掌握。利用拼音可以提高汉字的教学效率，这一点已经为过去的速成识字法以及现在小学的先教注音字母的经验所证明。希望拼音方案经过全国人民代表大会批准之后，小学语文课本和北方话区扫盲课本上就能用来给汉字注音，小学识字教育和文盲扫除工作将得到极大的便利，这是可以断言的。"

用拼音字母扫盲可以提高效果，巩固成绩

根据我们在各地看到的，用拼音字母帮助儿童认字和正音，成效一般良好。至于用拼音字母给汉字注音的办法来帮助扫盲（为了称说方便起见，这种扫盲的方法可以叫做"注音扫盲"），曾经在山东、河北、江苏三省作过试点，得到成功。

拼音方案采用的是拉丁字母，这种字母对我国工农群众是生疏的，它能不能为群众所接受？我国人民没有拼音的习惯，工农群众要掌握这套字母和拼音方法，究竟有没有困难？扫盲工作中应用拼音字母究竟能不能收到成效？对于这几个问题，过去大家的看法是未必一致的。这三个省的试点，回答了以上三个问题。

第一，拼音字母很受群众欢迎。山东、河北、江苏的群众，普遍认为拼音字母是"识字的法宝"，是"不说话的老师"；掌握字母以后，识

字可以"无师自通"。山东省的群众说:"老师真正好,随身跟我跑,哪字不认得,快把它来找。"但是一开始,群众对拼音字母是有怀疑的,认为是洋文,学了没有用,对于练习发音,也不习惯。南京市栖霞山石埠寨的试点班,第一天上课,教第一个字母 a,大家拼命笑。特别是妇女,怎么也不肯张嘴发音。有的人还说怪话,说象青蛙叫。河北省保定市完县区北下叔支部组织委员曹洛芬,今年五十四岁,他家两代都当长工。去年秋季曹洛芬学会拼音字母之后,因生产紧张,没有来得及进一步依靠字母学汉字。他现在虽然不识汉字,但能用拼音字母写作。他用拼音字母写了一首诗,从这首诗里可以看出一般工农群众对于拼音字母的心情:我的名叫曹洛芬,扛了长工十八春。剥削制度真难忍,阶级敌人是狼心。共产党来了咱翻身,苦命人变成幸福人。农业跃进再跃进,粮棉堆起顶破云。文化革命高潮起,汉语拼音称我心。老汉也要学文化,尽忠祖国报党恩。

　　第二,群众学习拼音字母,并没有什么困难。山东省的经验,一个文盲或半文盲,一般只要十至十二小时可以学会。河北省的经验,一般学员经过七至十二次课(每次一小时至一个半小时)的学习之后,就能基本掌握。江苏省的两个试点班:一个用了十二个晚上,另外一个用了九个晚上(每晚约一个多小时),教会了拼音字母。群众学习拼音字母,一般有三个难点:(一)一部分复韵母特别是鼻韵母要用三个或四个字母组成,觉得长了;(二)两个半母音的用法复杂了一点;(三)有三个韵母,跟声母拼的时候,中间要省去一个字母。上述三点,目前只要求能正确读出来,不要求写得完全准确,因此困难不大。至于拼音字母的字形,虽然对群众是生疏的,但是因为一共只有二十六个,而且只教小楷,大楷和草书都不教,所以并不困难。字母的发音,在北方话区教学,也没有什么困难。现在是用来作识字的工具,某些音一时念不准,可以不必要求完全准确，对于识字并无妨碍。

第三，拼音字母能够提高语文教学效率，巩固和扩大扫盲成果。群众学会拼音字母之后，不仅可以巩固已识的汉字，而且可以增识更多汉字，不断提高。例如江苏省新沂县新安镇理发店的十一个理发员，去年4月扫盲毕业。10月间学了拼音字母之后，每天阅读注音读物；写大字报，创作诗歌，写报告都加注拼音。最近通过逐人逐字检查，全组十一人，已在原有的二千字基础上，平均每人增识六百五十三个字。提高最多的翟兴华，增识了一千五百个字；最少的李学芹，增识了三百五十个字。他们现在都能看《新华日报》，读通俗读物，写信，记笔记。翟兴华在今年1月14日的《新华日报》上发表了他写的一篇文章，题目叫《学习汉语拼音字母帮我增识一千多字》。他写道："学会拼音字母用处大极了，不认识的字，它会教你，不会写的字它能顶替；有一次我读《刘介梅忘本回头》，碰上'褴褛'两字，问很多人都不认识。后来查字典才拼出来是 lanlou，而且知道是衣服破烂的意思。从前听报告，担心记不下来，学过拼音字母以后，胆量就大了。听报告能记就记，写不出汉字时就用拼音字母顶替。听完报告后，再查字典把汉字补出来。这样日子多了，不但巩固了原识的汉字，而且学会了许多生字。"河北省的经验，扫盲毕业的学员，经过一个月的学习，除了学会拼音字母，巩固已识的字之外，平均能增识五百多个汉字。

注音扫盲还有个特点，就是便于群众自学。去年9月以后，由于生产任务紧张，多数地区的群众业余学习陷于停顿。但是仍有一部分学员，利用生产空隙，依靠拼音字母，坚持自学，不仅巩固了已有的成果，而且进一步有所提高。例如山东平原县大邢王庄扫盲毕业学员牛爱香、张秀珍，依靠拼音字母，把一千五百个字巩固住了。她们又利用生产间隙，刻苦自学，读完了注音的业余高小课本第一册。由于学习成绩好，现在牛爱香当上了业余高小班主课民师,张秀珍在业余高小班当辅导员。

山东、河北、江苏三省的注音扫盲工作,尽管中间因生产紧张曾有几个月的中断,但是它的成效已经看得出来。拼音字母对扫盲确实有好处:质量比较好,特别有利于巩固,有利于提高。

注音扫盲有没有什么害处?我想没有什么害处。有些人对注音扫盲有个顾虑,就是觉得既要学字母,又要学汉字,怕增加群众负担,拉长扫盲时间。去年扫盲,大家比速度,越比越快,因此总觉得教拼音字母要耽误事情。现在看来,这种顾虑是没有根据的。山东、河北等省的经验,一个文盲从学字母到扫盲毕业,不过一两个月的时间。速度是重要的,但是必须在保证质量的基础上讲究速度,这才符合多快好省的原则。我想这一条可以算作我们去年扫盲工作的经验。再说,拼音字母除了作为扫盲工具以外,还有许多用处,例如查字典、学普通话,都需要应用拼音字母;代数、几何、物理、化学都离不开拼音字母,即拉丁字母。这套字母是现代世界各国每一个受中等教育的人所必须掌握的。因此结合扫盲教学拼音字母,决不能看作是增加一种额外负担。

推广注音扫盲有没有困难?应该说有困难。这是一项新的工作,不能说完全没有困难。但是这些困难是容易克服的。怎样才能做好这项工作?根据江苏、河北、山东的经验,可以归纳为这样五条:第一,党委领导,书记挂帅。这是做好一切工作的关键,注音扫盲工作也是一样。江苏、山东、河北三省,凡是党委重视,加强领导的地方,都取得了比较显著的成绩。第二,深入宣传,发动群众。因为这是一项新的工作,必须向群众作好深入宣传,把拼音字母的效用和学习的目的说清楚,消除各种误解和怀疑,并大搞群众运动,造成声势。第三,结合生产,统一安排。在教学形式和时间安排上,要密切结合生产,结合政治运动,结合中心工作,统一安排,以贯彻为生产、为政治服务的方针。第四,培养骨干，训练师资。必须抽调一批扫盲干部，加以训练，然后由他们回去训练民师。各省市中小学教员大部分都学过拼音字母，也可以运用他们的力量来训练辅导民师。第五，编印教材，供应读物。要编印拼音字母读本、注音的扫盲课本和业余高小课本，并供应汉字和拼音字母对照的注音读物。

目前山东、河北、江苏三省一共有三百万工农群众已经学过和正在学习拼音字母。河南、辽宁、黑龙江等省也正在大力开展注音扫盲工作。北京市市郊的一个乡也在进行试点。我们认为，除了少数民族语区、江苏的一部分、浙江、福建、江西、湖南、广东、广西的一部分等汉语方言区以外，全国其他各省都属于北方话区，即所谓"官话区"，在语音上跟普通话差别不大，完全可以适用这个办法。福建语音虽然跟普通话距离很远，但是由于某些有利条件，他们的扫盲大部分是用普通话进行的，看来也能适用这个办法。其他方言区扫盲能否适用，可以先行试点，如果证明有效，再行逐渐推广。至于方言区已经脱盲的群众，我以为可以教学拼音字母，这样一方面帮助他们继续提高，另一方面便于他们学习普通话。

推广普通话在某些地区已经逐渐成为社会风气

在过去的一年中，全国好些地区，如福建、广东、江苏、上海等省市和安徽的歙县，山东的邹平、范县，河北的河间、保定，河南的叶县、登封，辽宁的开原、庄河，黑龙江的拜泉、通河，吉林的四平，山西的临猗等市县在推广普通话方面，作了不少工作，成绩很大。福建、广东是我国方言最复杂的地区，过去外省干部到那里工作，必须由懂本地话的人充当翻译。开各种会议，由于语言隔阂，浪费许多时间，往往上午做报告，下午要用各种方言翻译一遍。去年大跃进以后，情况已有很大改变。首先中小学除偏僻地区外，一般都已经开始用普通话教学。更重要的是普通话已经出了学校的大门，开始向社会推广，而且农村比城市积极，劲头很大。特别在福建，学普通话，讲普通话已经逐渐成为社会风气，在许多人民公社里，普通话相当普遍。江苏省在昆山、新沂、金坛、丰县、江浦、溧阳、武进、江阴等县的大部分青壮年中以大搞群众运动的方法，推行了拼音字母和推广了普通话，取得了很大的成功。

特别自大跃进以来，形势发展一日千里，党在每个阶段的方针任务，需要迅速和群众见面，做到党委一声号召，群众风起云涌。在这种情况下，推广普通话的需要就更加迫切。自1958年下半年起，福建、广东、江苏等省的好些县市，结合生产大跃进，采取大搞群众运动的方式，大力推广普通话。现在这些地区的青壮年中，已有很大一部分，开始能讲能听普通话。这是1958年在推广普通话工作方面出现的一个新形势。福建省的群众，认为普通话有十大好处：（一）加强干部团结好（指本地干部和外来干部）；（二）密切干群关系好（指外来干部和当地群众）；（三）提高政治觉悟好（指能听懂报告、广播）；（四）便利交流经验好；（五）转移社会风气好；（六）学习文化方便好；（七）便利日常生活好；（八）加强人民团结好；（九）适应跃进形势好；（十）促进文字改革好。因此，推广普通话已经成为这些地区领导和群众的一致要求。

推广普通话也要结合生产和走群众路线

去年推广普通话工作，所以能够取得这样大的成绩，除了各级党委的支持和群众的要求之外，还由于走了群众路线和密切结合生产。例如，江苏昆山县推广普通话缺乏教材，发动群众之后，群众自编自印课本八万八千八百七十六册，拼音字母表八万四千七百二十张，普通话和昆山话对照表二十三万九千三百四十张，还创造了四十余种教具。

广东揭阳县编印汉语拼音课本二十万册，公社编的会话课本，印发了二十六万四千多册。在结合生产方面，各地创造了许多经验。事实证明，学习普通话完全可以跟生产结合。江苏新沂县棋盘大营的水利工地上，抬土、挖土、打夯时用普通话唱小调，打号子，群众感到很大兴趣。江苏丰县运河工地上，用拼音字母歌代替号子，教员用普通话叫喊鼓动口号。山东邹平县，推广普通话的工作跟赛诗相结合，农民诗人们用普通话来朗诵自己的诗篇。好些地区推广普通话还跟群众的文化学习相结合，用拼音字母来帮助提高群众的文化水平，收到了显著的成效。

从福建、广东、江苏的情况看来，在方言地区，采用书记挂帅，大搞群众运动的办法来大力推广普通话，可以收到很大成效。但在另一方面，使用方言是人民长时期的习惯，普及普通话是一项长期的、艰巨的任务。因此，群众运动必须跟经常工作相结合，必须注意教好拼音字母，来巩固提高普通话的质量。现在有些地区，规定普及普通话的时间太短太急，我看可以适当放长。光靠一个突击运动，在青壮年中实现"普通话化"，这种想法是不现实的。必须建立经常工作，必须采取巩固措施，宁愿步子放慢一点，要把这项工作放在一个确实可靠的基础上。在方言区推广普通话，对不同对象应有不同的要求，在开始的时候，要求必须放低。在工人农民中间只求大体上能听能讲普通话，首先普及，然后逐步提高。推广普通话应该采取多种多样的方式，主要要根据需要和自愿，应该大力提倡，并用观摩、评比、竞赛等各种方法来加以鼓励，不要采取强制的方式。应当指出，推广普通话并不是要废除方言，应当容许在推广普通话的同时，本地区的人们仍然可以使用方言。至于各地小学、中学和师范学校教学拼音字母和普通话的工作，必须注意继续巩固提高，使学生们都能熟练掌握拼音字母和使用纯正的普通话。学校仍然是推广普通话的重要阵地，不可放松。

根据以上的情况，我们有这样的体会：用汉语拼音字母来帮助巩固扫盲成果和推广普通话，已经开始收到成效，并且受到广大工农群众欢迎。希望各省、市、自治区，根据自己的情况和需要，大家都来大力宣传，大力推行拼音字母。在北方话区，即所谓"官话区"，可以主要用来巩固和扩大扫盲成果；在方言区，可以主要作为推广普通话的工具。少奇同志在八大二次会议的工作报告中提出"积极地进行汉字的改革"，作为当前文化革命的主要任务之一。我们要在十五年、二十年或者更多一些的时间内把我国建成为一个具有高度发展的现代工业、现代农业、现代科学文化的伟大的社会主义国家，必须争取在比较短的时间内实现文化革命，提高广大人民群众的文化水平，并实现汉语的规范化——在汉族人民中基本普及普通话。因此，在广大群众中大力推行拼音字母，帮助学习文化和统一语言，正是我国社会主义建设的一个重要组成部分。

回忆"五四"前后我的思想转变 *

（1959年4月3日）

一、流亡法国，接触社会主义思潮

从一九一一年辛亥革命起，到一九一九年五四运动止，这是一段艰难困苦的斗争岁月。当时，辛亥革命的成果被袁世凯所篡夺，革命党的组织陷于土崩瓦解，中国天空上满布着黑暗的阴云。在辛亥革命以前，我们曾经抱着一个美丽的幻想，以为革命后的中国一定是一个民主、独立、统一、富强的国家。但是现实嘲弄了我们，中国人民所碰到的不是民主，而是袁世凯的专制独裁；不是独立，而是帝国主义的侵略和欺凌、蚕食和鲸吞；不是统一、富强，而是军阀们的争权夺利、鱼肉人民。

一九一三年七月，在孙中山先生的领导下，南京、上海、江西、安徽、广东、四川等地的国民党军队发动了反袁起义。我们深悔从前未能坚持建立革命政权，而把政权轻易地让给袁世凯，现在不得不在力量悬殊的情形下起来作斗争。我们还想凭着勇气和热情来挽救流产了的辛亥革命。但是起义各军准备不足、心志不齐，又未及时号召民众起来反对袁氏违法乱纪，只把注意力集中在军事行动上，结果在袁世凯的强大军事压力下，起义好像昙花一现而失败。仅存在南方几省内的一点革命军事力量也被摧折殆尽。

---

* 录自《光明日报》1959年4月30日，第7版。

起义失败后我还留在上海。我并不认为革命从此就完了，我相信袁世凯的统治是不会长久的。所以想隐蔽在上海，继续为革命做一点工作。但是袁世凯并没有放过我，指名说我是四川重庆熊克武反袁起义的策动人，对我下了通缉令。我在上海站不住脚，于一九一三年十一月亡命法国。

我在法国巴黎居住了两年多，思想上非常苦闷。"中华民国"成立了只有一年多，中国的政治局面就弄得那样糟糕，革命爱国之士或死或逃，我也被军阀撵到了外国，革命失败得真是再惨痛不过了。我时时刻刻惦念着中国的情形，希望革命火焰会再一次迅速地燃烧起来，把丑恶的军阀统治烧个干干净净。一九一四年春季我没有入学，痴心指望着很快地能再有一个回国参加斗争的时机。但是过了半年，国内没有一点革命发动的迹象，而且袁世凯还修改了《民元约法》，解散了国民党以及国会，担任了终身大总统，许多北洋派爪牙也纷纷爬上了各省都督的位置。看起来袁世凯气焰嚣张，不可一世，我的归国希望暂时也不能实现，于是决心先埋头读书。辛亥革命以前，一九〇三年我初到日本时，决心要学一门科学，选的是电气工程，由日本成城中学毕业，考入第六高等学校，边学习边作革命工作，一九一一年毕业，未入大学即回国参加辛亥革命。我原来学的是工程技术，但由于国事日非，只得经常从事革命活动，深深感到"所学非所用"，于是进了巴黎法科大学，改学政治经济学。

亡命巴黎的两年多，看到了不少事情，接触了不少人物，长了不少见识。这时正是第一次世界大战爆发的时候，交战的两个帝国主义集团，彼此疯狂地屠杀，整个欧洲沉浸在血泊中，好像一个大屠宰场。世界资本主义制度的危机，已暴露无遗。同时，社会主义思潮风起云涌，各色各样的社会主义思想流派，盛行一时。一九〇三年我在日本东京曾经读过幸德秋水的《社会主义神髓》，感到这种学说很新鲜，不过那时候一面在学校紧张地学习,一面着重做革命的实际活动,对这种学说也没有进行深入的研究,就放过去了。这时,又从新看到这种学说,感到格外亲切。社会主义书籍中所描绘的人人平等、消灭贫富的远大理想大大地鼓舞了我,使我联想起孙中山先生倡导的三民主义和中国古代世界大同的学说。所有这些东西,在我脑子里交织成一幅未来社会的美丽远景。这个远景虽然是美丽的,但是如何能够实现它?我们当前应该做些什么?我仍旧是茫然的。我曾经和无政府主义者李石曾谈起这些问题,李石曾认为:"我们只要搞教育宣传互助、合作,传播这种美丽的理想,努力去感化别人就好了。至于总统、皇帝及其他官职和议员让人家去当没有关系。"我不同意他的意见,我说:"教育、宣传工作固然要做,但是组织工作也要做,没有强有力的组织,团结和培养人才,是干不了革命的,你不去侵犯皇帝、总统,人家就要侵犯你。"李石曾的思想是典型的克鲁巴特金的无政府主义主张,我从以往的革命实践中感到这种不要组织革命团体的主张根本是行不通的。仅仅有一个美丽的理想,而没有一套实现理想的革命方案和革命策略,那又有什么用呢?因此,我在法国虽然接触了一些社会主义的流派,但是它们并没有给我指明一条拯救中国的光明大道。

二、军阀腐朽统治的一个实例

一九一四年以后,中国的政局发生了变化。日本帝国主义趁着欧洲大战的机会出兵山东,并向袁世凯政府提出灭亡中国的二十一条件。袁世凯为了换取日本对他称帝的支持而接受了这些条件,秘密地签了字。一九一五年底袁世凯假弄公民投票、强奸民意,而公然称帝。结果是搬起石头砸了自己的脚,在他逐步地往上爬的时候,反对他的各种社会力量也在逐步地集合起来。一九一五年十二月二十五日云南护国军首先起义，各地纷纷响应，袁世凯的皇冠不久就滚落在尘埃里。一九一六年六月六日，这个窃国大盗在全国人民的反对声中活活地气死了。

袁世凯统治垮台，对我的通缉令自然失效。随后，南北和议达成，蔡元培被任命为北京大学校长，我就和蔡元培一起从法国回国，一九一七年二月我到达北京。我到北京有一个任务，因为欧洲大战开始以后，法国人力不足，需要大招华工，袁世凯政府和法国订立了一个关于招募华工的条约，内容对中国工人非常不利，经手人梁士诒从中捞了很多钱，根本不顾工人的利益。这时候我们已在法国组织了华法教育会，主持人有蔡元培和我，目的是要在到法国去的大批华工中进行教育，并希望国内贫苦学生能出来留学，还组织了勤工俭学会。由于袁世凯政府与法国所订的条约对工人很不利，我们出来力争，费了很大周折，与法国改订条约。规定中国工人和法国工人同工同酬，总算为工人们争回了一些权利，我就携带这个条约草案回国，要求北京政府批准。

回到北京一看，中国的政治局势还像从前一样。袁世凯虽然死了，但是北洋军阀继承着袁氏的衣钵，并分化成大大小小的派系，展开了争权夺利的斗争。政府中贪污腐败风气，依然如故。华工新约送到外交部，足足等了四个月还没有批准的信息。

有一天，一个素不相识的人来访问我，他问我："听说你带回一个招募华工赴法的条约，批准了没有？"我说："还没有批准。"接着我详细地给他解释了这个条约比前一个条约要好的多。他说："你没有在北京住过吗？你是学生吗？真是迂夫子！这里的事，非钱不行。如果有钱，再坏的条约也能批准。如果没有钱，再好的条约也批不准。你这种事至少可以赚几百万，你就是拿一二百万出来也不算什么！"我说："我们就是为了反对赚工人的血汗钱，才辛辛苦苦争回了一些权利。我们没有钱，不但不愿拿钱去运动，就是人家拿钱来运动我也不行！"说着说着两个人就大吵起来。他临走时说:"你执拗得很,让你看看吧!"事后才知道,这个人是北京政府外交部的一位科长派来的。在军阀官僚统治下,什么好事也办不成,不铲除军阀统治和官僚制度,中国决无得救的希望。这是对我的一次严重教训,我立志要和恶势力斗一斗。当时我没有任何其他办法,还幻想通过个人关系去说服外交部长伍廷芳。我想:伍廷芳是一个同盟会员,总不会和贪污官僚一样。他身为外交部长,是会有批准条约的权力的。那里知道:官僚机构,**重重叠叠**,相互牵制,伍廷芳虽然答应批准条约,可是外交部内上上下下的官僚们都想捞一点油水,仍旧拖延不动,事情就这样拖下去,没有得到结果。

我这时一面在交涉条约的事情,一面又进行第二个任务,就是办留法勤工俭学,设立了一个留法预备学校,同时又给四川同事去信请他们也成立留法勤工俭学分会。一九一八年留法勤工俭学的消息传到了湖南以后,四川、湖南等地掀起了留法勤工俭学的高潮。我们希望在这个动乱的环境中能够培养出一些人才。但是这时我目睹国内的混乱和腐败,眼前一片黑暗,不知出路何在。

不久又证明,在军阀统治下,连教育工作也不会让你安定地做下去。这时北洋军阀正在进行争权夺利的斗争,总统黎元洪和国会议员站在一边,背后有美帝国主义的支持;国务总理段祺瑞和大多数省份的督军站在另一边,背后有日本帝国主义的支持;他们之间围绕着对德宣战问题,展开了勾心斗角。段祺瑞嗾使督军团,包围国会,胁迫黎元洪,一定要通过对德参战案,以便借此机会,大借外债,扩充实力;黎元洪为了对抗段祺瑞,勾引顽固派张勋进京。其实张勋和段祺瑞暗中也有勾搭。一九一七年六月张勋进了北京,就搞了一出"宣统复辟"的丑剧。当时,北京城内,兵荒马乱,到处抢掠捉人,凡是与辛亥革命稍有点关系的人都纷纷避难出京,我也只得暂时放下教育工作,避往天津。随后段祺瑞又玩弄手段以"恢复共和"为名，赶走张勋，独揽政权。这时辛亥革命所遗留下来的《民元约法》被军阀完全撕毁了。南方为了护法，在孙中山先生领导下，成立了军政府，于是出现了南北两个政府对立的局面。

三、"南与北一丘之貉"

一九一七年七月，伍廷芳和海军部长程璧光率领海军南下，孙中山先生也到了广州，主张"护法"。在广州组织军政府，非常国会选孙中山为大元帅，联合广东、广西、云南、贵州、四川、湖南等省，对抗北洋军阀段祺瑞政府。一九一七年年底熊克武驱逐了刘存厚统一了四川，要我代表四川省参加军政府，我于一九一八年二月到广州见了中山先生，随即又回北京把所负华法教育会的工作进行了交代，六月才去广州任职。原来军政府初成立，在很大程度上要依靠桂系和滇系军阀的力量，我们当时以为滇桂军阀与北洋军阀有矛盾，可以利用他们来为革命服务，而且他们实力较小，不像北洋军阀那样跋扈难制，有可能团结他们，使他们服从中山先生的领导。不久就证明：这种想法是十分错误的。军政府成立后，野心勃勃的桂系军阀陆荣廷、莫荣新暗中一直在和北洋军阀勾结，并且跟我们大闹幕后磨擦。军政府成立不到一年，中山先生终于被排挤，一九一八年五月由广州回到上海。他在辞职通电中痛斥桂系军阀说："南与北一丘之貉"。中山先生这时真是伤心忿恨到极点了。

当一九一八年六月我再到广州的时候，孙中山先生已经到上海去了。七月间军政府改为七总裁制，中山先生也被列为七总裁之一，我当时曾到上海劝中山先生就职，他未同意，我又劝他可派代表去应付，他答应了。我们当时仍想团结各方面的力量来抵制桂系，以图补救大局于万一。我们所能团结的力量有南下的国会议员和海军，有各省军的代表，有中山先生的嫡系部队——陈炯明所统率的粤军，还有广东的一些地方派军人。桂系特别把陈炯明部视作眼中钉，千方百计想消灭它，陈炯明部被迫退驻在福建的漳州，不能回粤。情形很危险。这时军政府内部展开了激烈的斗争，我们揭露桂系和北洋军阀勾结的事实，反对桂系排挤粤军，极力保全陈炯明部。在会议上，我常常和站在桂系方面的政学系政客争吵起来。桂系军阀恨我入骨，要求四川省撤换我的代表职务，到了一九一九年他们策划成南北和议时，我就不再当代表了。

参加护法，使我十分深刻地体会到中山先生所说"南与北一丘之貉"的名言。而且就是我们当时苦心孤诣所要保全的陈炯明又何尝不是与南北军阀同属"一丘之貉"呢？不久以后，陈炯明利用国民党和中山先生的威信，驱逐桂系，重返广州，并且随后又背叛了中山先生。这个叛徒要知道当时中山先生，如何苦心扶植他，我们又如何竭力保护他，他真应该惭愧而死。在当时军队是私人的财产和工具，军队的活动完全听命于他们的统帅，不知道有国家民族，我们也没有可能去根本改造旧军队，使它成为革命的工具，而只是看到个人的作用，力图争取有实力的统帅。从辛亥革命起，我们为了推翻清朝而迁就袁世凯，后来为了反对北洋军阀而利用西南军阀，再后来为了抵制西南军阀而培植陈炯明。最后陈炯明又叛变了。这样看来从前的一套革命老办法非改变不可，我们要从头做起。但是我们应该依靠什么力量呢？究竟怎样才能挽救国家的危亡？这是藏在我们心中的迫切问题，这些问题时刻搅扰着我，使我十分烦闷和苦恼。

四、十月革命和五四运动，带来了光明和希望

十月革命和五四运动给我们带来了光明和希望。十月革命刚发生的时候，一九一八年我在广州，由于帝国主义和北洋政府封锁消息，我们还不知道俄国已发生了一个开辟人类历史新纪元的伟大革命。但是消息是不可能长期被封锁住的，后来我就读到了约翰·里德写的《震动寰球的十日》，这本书对十月革命的过程描写得很生动。通过这本书，我了解

到我们北方邻国已经建立了一个社会主义国家，建立了一个劳农政府，伟大的俄国人民已经摆脱了剥削制度，获得了真正的自由解放。从前我在法国接触了社会主义各种思想流派，深深为社会主义理想所吸引。今天这个理想居然在一个大国内开始实现了，心中感到无限兴奋和鼓舞。一九一九年，我资助几个学生到苏联去学习，希望他们能为中国带来新的革命理想和革命方法。但是后来联系中断了。直到一九二〇年，我一度去北京，碰到了王维舟同志，他本来在四川军队中工作，由于四川军内部要打仗，他不愿意参与，便交出了所率领的军队，到苏联去工作和学习了一年，一九二〇年八月间，他回到北京，对我比较详细地介绍了苏联的状况，使我对这个新起的伟大社会主义国家有了更全面的了解和更深厚的感情。当时苏联正处在国内革命战争的困难时期，物资非常缺乏。王维舟同志和我就在东安市场召集许多青年学生，开了一个"俄灾救援会"，向各方募捐，一下子就捐募到几万元钱，买了许多面粉和日用品寄往莫斯科。后来王维舟同志又到上海募了几万元。那时候中国人民对十月革命非常同情，人人都希望能出一分力量来支持苏联，所以我们的募捐能够有这样大的成绩。

在十月革命的影响下，一九一九年发生了划时代的五四运动。五四运动前夕，正是第一次世界大战结束、巴黎和会召开的时候，中国以"战胜国"的资格参加和会。大家希望可以通过巴黎和会，收回日本在山东所占夺的权利。美国总统威尔逊也发表了花言巧语的"十四条"，其中也有主张民族自决的词句，伪装同情殖民地人民的悲惨遭遇。当时中国人民对巴黎和会大多抱着幻想。可是和会上帝国主义的弱肉强食、毫无公理和阴谋欺诈等等，再一次地从反面教育了中国人民。日本帝国主义蛮横地坚持要继承德国在山东的一切权利，和我卖国贼订定的一切条件，伪善的美帝国主义不仅帮着日本说话，反怪中国何以在山东问题上有

"欣然同意"的签字，以逃避他的责任。结果，和会决议：德国在山东权利一概让与日本。中国以"战胜国"的资格却得到"战败国"的待遇。

山东问题交涉失败的消息传来，全国愤激。一九一九年五月四日，北京首先发生了爱国示威运动，惩罚了卖国贼，各地纷起响应。雄伟的工人和学生的队伍走上了街头，全国范围内激扬起反帝反封建的伟大浪潮。这是真正激动人心的一页，这是真正伟大的历史转折点。从前我们搞革命虽然也看到过一些群众运动的场面，但是从来没有见到过这种席卷全国的雄壮浩大的声势。在群众运动的冲激震荡下，整个中国从沉睡中复苏了，开始散发出青春的活力，一切反动腐朽的恶势力，都显得那样猥琐渺小摇摇欲坠。以往搞革命的人，眼睛总是看着上层的军官、政客、议员，以为这些人掌握着权力，千方百计运动这些人来赞助革命。如今在五四群众运动的对比下，上层的社会力量显得何等的微不足道。在人民群众中所蕴藏的力量一旦得到解放，那才真正是惊天动地、无坚不摧的。特别是一向被人轻视的工人群众也发出了怒吼，像上海那样的大都市，六月五日开始一声罢工、罢市令下，整个城市的繁华绮丽顿时变成一片死寂，逼得北洋军阀政府不得不于九日免去卖国贼曹汝霖、章宗祥、陆宗舆的官职。工人阶级的奋起，这是一支真正能制一切反动派于死命的伟大生力军。这时中国工人阶级登上了政治舞台，革命的性质完全不同了。

处在十月革命和五四运动的伟大时代，我的思想上不能不发生一种非常激烈的变化。当时我的感觉是：革命有希望，中国不会亡，要改变过去革命的办法。虽然，这时候我对中国革命还不可能立即得出一个系统的完整的新见解，但是通过十月革命和五四运动的教育，必须依靠下层人民，必须走俄国人的道路，这种思想在我头脑中日益强烈、日益明确了。

五、新道路的起脚点

一九一九年,我被西南军阀排挤,退出军政府,十月底回到四川。就在这一年,我读到了一本日文叫《过激派》(日本对布尔什维克的恶意称呼)的书。

人读一本新书,通常总是根据自己过去的思想意识和生活经验来吸收新书中的内容,作出判断和选择。所以同样一本书对于不同环境中不同的个人,往往会发生不同的影响。当时中国革命已走到山穷水尽的地步,革命实践的发展使我日益明确地感觉到旧民主主义道路走不通。十月革命和五四运动的发生给我启示了一个新的方向和新的途径。我渴望了解苏联革命的经验,《过激派》这本书,恰恰满足了我的需要。我反复地阅读它,结合着自己过去的经历,深深地思索,把以往自己的思想和行动作了一次详细的批判和总结。我体会最深刻的有以下四点:

第一,工人和农民是社会财富的创造者,他们用辛勤的劳动哺育了整个社会。但是他们自己却"衣不蔽体,食不果腹",世世代代过着贫困的生活。而地主、资本家、游手好闲不事劳动者,却过着奢侈的生活。如何能使这些人绝迹?布尔什维克主张"不作工,不得食"。我非常拥护这个主张。的确,对于这些社会上的寄生虫,一定要强迫他们去劳动,让他们"自食其力",社会才能够安定和繁荣。

第二,布尔什维克认为:工人阶级是最革命的阶级,工人阶级必须依靠自己的力量才能够得到解放。这个道理在从前我是不可能理解得深刻的。从前虽然对下层劳动人民的痛苦生活寄予极大的同情,搞革命就是为了要解救民众的苦难,但是总以为革命只能依靠少数知识分子职业革命家,没有看到广大人民中所蕴藏的伟大革命潜力。经过十月革命,世界上出现了第一个工人阶级的政权,经过五四运动,中国工人阶级发挥了冲击旧制度的伟大力量。在国际和国内的新形势下,读了这本书,深深感到工人阶级力量的伟大。辛亥革命只在知识分子和军人中进行活动，恰恰是没有把下层民众动员、组织起来。所以革命显得软弱无力，反动派一旦反攻，就陷于土崩瓦解。今后一定要改变办法，革命新办法中最重要的一条就是要依靠工人阶级、依靠下层民众。

第三，我从前读无政府主义的著作，觉得他们不要组织的做法是不可能成功的。一九一五年听到孙中山先生在日本组织中华革命党，党员要有绝对服从的义务，不能自由行动，组织手续很严格，入党时还要按手指印。我觉得他的办法比无政府主义强的多，但是党员入党时要打手指印的做法又太落后，有点旧式会党的气味。究竟怎样才好呢？我始终抱着疑问。布尔什维克主张由工人阶级中的先进分子组成一个坚强的、有纪律的、有战斗力的共产党，作为改造旧社会、建设新社会的革命队伍。这个主张使我多年以来所未能解决的疑团，涣然冰释。

第四，辛亥革命时，我们对掌握政权和改造国家机器太不注意了，当时为了迁就袁世凯而让出了政权。有些人（如宋教仁）还幻想用议会斗争的方式来控制住旧的国家机器，结果反动派就能够利用现成的政权和旧国家机器向我们进攻。布尔什维克认为：革命的根本问题是政权问题，工人阶级在革命中必须粉碎旧的国家机器，代之以新的国家机器，才能够巩固革命的胜利。这正是一个颠扑不破的真理。像中国这样一个几千年相传下来的以官僚制度为核心的旧国家机器，是许多罪恶的根源，其势力根深蒂固，即使经历许多次的革命风暴，但在官僚国家的荫庇下，万恶势力，仍会死灰复燃。以往我也常想这个问题，模模糊糊地想不出一个道理。布尔什维克关于政权和国家的理论，解决了我的问题。

我开始接受马克思主义，主要就是在这些问题上有了一点新的体会。这些体会当然是很笼统肤浅的，但却形成了我的新道路的起脚点。说起来真是可怜，我那时渴望能够看到一本马克思或者列宁的著作，但是我东奔西跑，忙于应付事变，完整的马列主义的书又不易得到。所以只好从一些报刊杂志上零星地看一点关于马克思主义的介绍。那时候，我的马克思主义理论知识还是不多的，阶级观点也不明确，还不能用科学的方法来分析社会各阶级，我当时只是认为：重要的是要把这些知识贯彻到行动中去，身体力行，为革命做一点贡献。

六、利用"自治"讲台，做宣传工作

一九二〇年南方各省掀起的"自治运动"的潮流，给我提供了初步宣传马克思主义的机会。"自治运动"是怎么回事呢？原来当时的政治局势是十分混乱的，在全国范围内，是北洋政府和广州政府南北对峙的局面；在北洋政府内部有皖系、直系、奉系的对立；在广州政府内部有革命派和滇系、桂系军阀的对立；甚至一省之内也有许多小军阀割据称雄。当时北洋派大军阀以"武力统一"为名，攻打南方各省，发生连年混战的局面，社会秩序，十分混乱，人民生活，极为痛苦。特别是湖南省受战祸最惨。段祺瑞的爪牙张敬尧作了督军横行霸道，连小学都封了，因此，湖南群众起来组织了驱张运动，逐走了这个蟊贼，出现了要求"自治"的潮流。所谓"自治"就是由本省人制定省宪，选举省长，管理本省事务。这种主张当然不是挽救中国危亡的根本办法，因为当时人民群众没有发动起来，本省人治理本省，其结果仍不外是本省的上层分子压迫本省的下层人民，但在北洋军阀"武力统一"的叫嚣声中，它却不失为是抵制北洋军阀的一个有效武器。由于当时人民群众对北洋军阀最为痛恨，因此这个反对北洋大军阀的"自治"口号，受到人民群众一定程度的支持。当时各省参加运动的人很复杂，有马克思主义者，有急进的民主主义者，有资产阶级，但也有为保全并扩充自己地盘的地方军阀和政客。

我回到四川以后不久，"自治"潮流就卷进了四川。当时四川情形也十分混乱。一九二〇年二月,属于国民党的四川省长杨庶堪及谢持等为了争夺权力,联合了滇军、黔军,攻打同属于国民党的督军熊克武。熊败退至保宁,下半年熊克武又联合旧川军刘湘、杨森等部进行反攻,驱逐杨庶堪等。胜利后熊发表了解除四川督军职务的通电,经协商后分为三军,以但懋辛、刘湘、刘成勋为一、二、三军军长,协同维持川局,使局面暂时安定下来。刘湘及其所属的杨森各抱野心,随时企图夺得全省政权,主要是反对熊克武,四川全省弄得各军面从心违、四分五裂,动荡不安。北洋军阀的军队这时驻扎在陕南、鄂西,注视着四川的形势,随时准备大举入川。在这种具体形势下,"自治"就变成了人民要求自己作主来统一全省以反对北军入川的政治运动。

我对于四川"自治"的态度是:不同意把"自治"当作解决问题的根本办法,但是在当时具体形势下,应该抱赞助态度,并积极参加这个运动。因为:

第一,"自治,可以抵制北洋军阀,也有利于制止本省的混战,创造一个比较安定的环境。第二,"自治运动"提供了向人民进行宣传教育的机会,不应该拒绝这个机会,应该利用它把群众的觉悟引向更高的水平。第三,假使革命派不参加这个运动,那末,地方军阀就会去控制这个运动,使运动成为他们达到私利的工具,因此在运动中对于地方军阀一定要进行揭露和斗争。

一九二〇年底,我们开始了组织活动,一九二一年四月一日成立了全川自治联合会,一百多个县每县都有一二个代表来参加,我们通过这个组织系统,了解了四川各县的许多情况。我也借着这样一个公开的讲台,开始宣传马克思主义,经常写文章,做讲演。全川自治联合会的宣言和十二条纲领就是由我起草的。其中以"建设平民政治、改造社会经济"为总目标。强调民主政治以反对军阀专制;提出"不作工,不得食"

以反对社会寄生虫；提出"民众武装"以反对军阀武装；提出"合作互助"以改善工农生活。十二条纲领是："全民政治""男女平权""编练民军""保障人权""普及教育""公平负担""发展实业""组织协社（即合作社）""强迫劳动""制定保工法律""设立劳动机关""组织职业团体"等，每一条纲领都详加解释，许多观点开始摆脱了旧的束缚，初步反映了马克思、列宁的一些主张。这个宣言和纲领曾经登载在当时创刊的《新蜀报》上，各县进步青年看了，十分欢迎。我从前许多老朋友看了，也感到我的见解变得更新奇了。

我通过这个自治机构，初步传播了一些进步思想。大会开幕时，全省人心振奋，可容千余人的重庆商会大礼堂，座无虚席，门窗外还有许多人伫立而听，许多人都说从来没有看到过这样的盛会。可是会开不过十多天，刘湘、杨森就企图收买自治联合会，以作为他们的御用民意机关，自治联合会中的成员本来就很复杂，有些卑鄙的人已经被他们收买。我觉察到这种情况后，就把大家发言拥护自治、起草省宪的意见作成决议通过，并宣布"我们联合会的宗旨是促成省宪，不能代替民选的省议会，我们大家已决议实行自治，起草省宪，任务已经完成，至于起草省宪的权力应该交给省议会"。这个意见得到多数人的赞同，于是就把起草省宪之权移交给省议会，而把自治联合会解散了。我当时所以这样做是因为省议会还在国民党多数的控制下，还不至被反动军阀随意操纵。军阀刘湘、杨森费了很多心机，用了许多钱收买代表，结果仍旧是人财两空。他们因此恨我入骨，下令通缉我。

四川"自治运动"本身，并无成效可言，但这个运动却使我有了一个面对广大人民讲话的机会，使我把新近体会到的一些想法得以倾吐于广大人民之前，而且得到了热烈的反响，这不能不说是一个重大的收获。而且通过"自治"的失败，使我又有了两个教训：第一是进一步体会到在军阀统治下毫无民主可言，要拯救中国，必须首先用武装的革命来推翻封建军阀统治。第二是自治联合会那种地域性的临时的组织极容易为敌人破坏，必须要有一个坚强的革命的战斗的组织，来领导革命。这时候我心里非常强烈地要求组织像布尔什维克那样的政党。其实恰恰在这个时候，我们伟大的中国共产党正在上海秘密召开第一次代表大会，不过我远在被封锁的四川，并不知道。

全川自治联合会解散后，我就到成都把制省宪任务交给省议会，然后到南充、绥定等地讲演，一九二二年初我又到了成都。

七、整顿成都高师，组织工人农民

一九二二年夏，成都高等师范学校闹风潮，校长去职，学生和当局请我担任高师校长，我义不容辞地担任了这个职务。我在校内进一步展开了宣传和组织活动。

我费了很大力量来办这个学校，从前学校中纪律非常松弛，课程内容也陈腐不堪。我到校以后，采取革新的措施，聘请了许多具有新思想的人来担任教师，并加强学校纪律，扭转了散漫的风气和革除了落后的封建陋习，对教师和学生的学习、生活尽力关心照顾，经过一番整顿，学校面貌大大改观，师生员工团结得很紧密，树立了一种崭新的学风。同学们有秩序，有朝气，追求知识，孜孜不倦，议论政治，意气焕发，成都高师成了进步势力的大本营。

五四以来，四川省的新文化运动很快地就开展起来。除了成都高师学生创办的《星期日》等刊物进行鼓吹新文化、新思潮以外，许多外地的新书报也纷纷传入，先进的马克思主义者恽代英等都曾到四川进行宣传活动，我对马克思主义的理解也随着形势的推移而逐步深入。

我利用同盟会老会员的身份，尽可能地推进新思潮的扩展，除了在校内工作外，并利用个人与四川上层社会的历史关系，为革命同志作掩护,如一九二二年,恽代英同志在泸州被川军赖心辉部所扣押,我知道后就打电报去泸州,保释代英同志,并请他到成都高师任教将近一年。恽代英同志是最受学生欢迎的教师,他在成都高师期间,把马克思主义的宣传活动推向一个更高的阶段。

在这时,我们还派人深入到工人和农民中去做宣传和组织工作。成都市有一个兵工厂,工人很集中,此外市内还有许多分散的丝织工人,我们派学生去分片联系,组织工会,发动罢工。另外在成都近郊和某些乡村的农民中,也有学生去进行活动,组织农会。当时成都经常发生罢工事件,我的一个老朋友跟我开玩笑地说:"只要把吴玉章捉来杀了,罢工就不会发生了"。的确,当时四川的一些军阀对我很头痛,但是因为我和同盟会、国民党的历史关系,更因为当时群众伟大力量的支持,反动派也奈何我不得。

当宣传和组织工作开展到工人、农民中去以后,成立无产阶级政党的要求也就愈来愈迫切。这时成都高师内已有社会主义青年团的组织,我当时年已四十四岁,当然不能参加,于是与杨闇公同志等二十多人秘密组织了"中国青年共产党",作为领导革命斗争的机构,并发行《赤心评论》,作为机关报。由于四川地处僻远,一直到这时候,我们还不知道中国共产党已经成立,也不知道国共合作的新时期即将开始了。

八、参加中国共产党

一九二三年,刘湘、杨森勾结吴佩孚进攻四川,一九二四年一月杨森攻占成都,派人接收成都高师,我就交卸离校。当时"五一"劳动节快要来到了。我们一些人怀着兴奋的心情筹备一次盛大的纪念会,许多青年人通过工会组织在工人中做了许多宣传鼓动工作,纪念大会一切都已准备就绪。突然,四月二十九日,有人告诉驻在成都的军阀杨森,说"五一"纪念会是吴玉章的"阴谋"要组织工人、农民和学生推翻杨森,夺取政权。第二天，成都市内实行戒严，空气非常紧张，杨森的军队纷纷从各地调回成都，我们预定的会址"少城公园"也被军队看守起来了，并且扬言要捉拿吴玉章。

在这紧张的时刻，成都工人阶级表现了不畏强暴、不屈不挠的英勇斗争精神，他们不顾反动军队的武装威胁，仍在公园内召开了纪念大会。我当日本欲参加大会，由于同志们力阻，未能亲身参加；近郊农民也被反动军队阻止，未能入城会师。

"五一"事件以后，我在成都立不住脚了，随即离成都和刘伯承同志一起离开四川，取道贵州、湖南，到上海。到上海一看，全国工人运动的浪潮汹涌澎湃，国共合作已经开始，广州革命政府日益巩固，革命局面蒸蒸日上，真是感到无比的兴奋鼓舞。当时孙中山先生为召开国民会议的事已赴北京，我也于一九二五年二月赶到北京去。本拟见中山先生，他因病重不能接见，不久他就逝世了。

我到北京后，见到中国共产党北京市委负责人之一赵世炎同志，才了解到中国共产党成立的经过和活动情况，我就在这时正式加入了中国共产党。同时写信去四川，要杨闇公同志等把"中国青年共产党"取消，个别地参加中国共产党。

我入党的那年已经四十六岁，我的前半生一直在一条崎岖不平的道路上摸索行进。从我少年时代听到中日甲午战争失败起，就为国家的忧患而痛苦、而焦虑、而奔走；我们在豺狼遍地的荒野中想寻找一条出路，许多我所敬仰的、熟习的同志为此而献出了生命，但是直到五四运动以前，还没有找到一条光明出路。感谢十月革命，它的万丈光芒照亮了殖民地人民的前途，我们找到了"放之四海而皆准"的马克思列宁主义理论，这个理论武器一经与中国工人运动结合，立即发挥出无坚不摧的伟大力量。在这个新的历史条件下，我才能够通过自己的具体历程完成个人思想上的革命转变，参加了共产党，从一个民主革命者变成了一个共产主义者。

五四运动已经过去了四十年，这四十年国际国内的历史，生动地证明了马克思列宁主义的伟大和生气勃勃。现在国际形势方面，东风已经压倒了西风，以苏联为首的社会主义国家正在大踏步地奔向共产主义的前程；在国内方面，社会主义建设正在一日千里地跃进，伟大的祖国日益强大，日益繁荣了。让我们坚持马克思列宁主义的战斗旗帜吧！它已经引导我们取得了新民主主义革命和社会主义革命的伟大胜利，它正在引导我们建设社会主义，并将引导我们走向建设共产主义的更加伟大的胜利！

编后记

《吴玉章全集》经中国人民大学党委书记张东刚教授和校长林尚立教授的科学决策和精心规划，在中国人民大学重大规划项目"吴玉章全集"（批准号23XNLG07）获准立项的基础上，于2023年由中国人民大学出版社出版发行。回顾《全集》的出版，离不开中国人民大学党委副书记郑水泉教授、副校长王轶教授的科学统筹，离不开中国人民大学信息学院吴本立教授及其家人的全力支持，离不开中国人民大学图书馆、档案馆和校史馆的文献史料收藏和整理，更离不开中国人民大学复校以来历届领导和广大师生的共同期待。

《全集》的面世，使编者想起1984年夏秋，面对迫在眉睫的高校学分制教学改革，许多令人费解的困惑亟待解答。后来我们从当年1月发表的两篇回忆吴玉章老校长的文章中找到了答案。这年的1月14日，《人民日报》刊登了中共中央党校第一副校长、教育部原部长蒋南翔的文章《纪念我国无产阶级教育家吴玉章同志》。文章写道："吴玉章同志既是一位革命家，又是一位教育家"，也是"中国新型高等教育的开拓者"；"他不是'为教育而教育'，也不是抱有'教育救国'的空想"，更不"走旧中国盲目抄袭欧美教育的老路"[1]。不久，《人民日报》刊登中国人民大学名誉校长郭影秋的文章《吴老与中国人民大学——纪念吴玉章同志诞辰

---

[1] 蒋南翔. 纪念我国无产阶级教育家吴玉章同志. 人民日报，1984-01-14（4）.

一百零五周年》。郭影秋回忆:"少奇同志说:中国人民大学'与过去旧大学有本质的不同,是为工农服务,是要教育出为工农服务的干部;只有用马克思列宁主义的基本观点,实事求是的精神,才能把工作做好,学习搞好,学校办好'。"① 正是这两篇文章使我们解开心结,引导我们制定和实施了中国特色的学分制改革办法。我们敢于下这个决心,其中的力量源自吴老与时俱进的办学思想,源自吴老始终坚持党的领导者赋予中国人民大学的办学精神。此后,每当遇到难题我们都会想到吴老,想到从他的办学思想中寻找前行的路径和解疑释惑的方法。

1984年4月4日,《人民日报》刊登中央军委副主席杨尚昆的署名文章《一辈子做好事 一贯的有益于革命——缅怀吴玉章同志》。他说:"吴老从参加辛亥革命起,一生坚持革命,总是站在革命斗争的最前列,不断跟着时代前进。他一生勤奋工作和学习,孜孜不倦,从不松懈。他作风民主,和蔼可亲,十分关心爱护干部。他全心全意为人民服务,一贯有益于革命,是我们的光辉榜样,是建设社会主义精神文明的楷模。他的名字将与人民同在。"② 这段话,使编者时时想到吴老的谆谆教诲,想到怎样从他那里获得面对和解决问题的方式方法。1987年10月15日,邓小平"为建在中国人民大学的吴玉章雕像题字:'我国杰出的无产阶级革命家、教育家、历史学家、语言学家吴玉章'"③。这一崇高的评价,更使编者懂得了怎样完整准确地理解毛泽东那段感人肺腑的话,即:"一个人做点好事并不难,难的是一辈子做好事,不做坏事,一贯的有益于广

---

① 郭影秋. 吴老与中国人民大学:纪念吴玉章同志诞辰一百零五周年. 人民日报,1984-01-23(5).

② 杨尚昆. 一辈子做好事 一贯的有益于革命:缅怀吴玉章同志. 人民日报,1984-04-04(5).

③ 中共中央文献研究室. 邓小平年谱:第5卷. 北京:中央文献出版社,2020:509.

大群众,一贯的有益于青年,一贯的有益于革命,艰苦奋斗几十年如一日,这才是最难最难的啊!"①学习吴老,不仅要学习他时刻以传承中华民族优秀文化律己为人,更要学习他有始有终、追求真理、与时俱进、养成育人、融通中外、依史鉴人、继往开来等精神品格和思想观念。诸如:1917年5月27日,他在《在北京留法俭学预备学校开学典礼上的演说》中谈道:"留法俭学会……其目的约有四端:一曰扩张国民教育,二曰输入世界文明,三曰阐扬儒先哲理,四曰发达国民经济。"1940年1月,他在《六十自述》中说:"俗话说:'作饭不难洗碗才难。'人都喜欢作热闹事不愿作冷背事。我以为前一事的善后作得好,后一事的发展才有望,所谓历史事件有连续性。只看见事的表面,而不考究其根基,是不能了解事之所以荣枯的根源。所以我认为:前事之结束,是后事的开始,特别更要重视。"1942年,他在《吴玉章自传》中写道:"我奋斗不懈,为的是追求人生的真理,人类的解放,常人颇难了解,而我终于得到了人类最宝贵的马列主义,彻底了解了宇宙和人生的究竟,比那些糊涂一生的人快活得多。"1948年8月24日,他在华北大学成立大会上的讲话中说:"世界在不断地进步,不是与日俱进,而是与时俱进"。1955年11月18日,他在《为贯彻执行提高教育质量的方针而斗争》中写道:"我们不但要在政治生活和教学工作中养成勤恳朴实的作风,而且也要在科学研究和学习方面养成勤恳朴实的作风。"1956年5月,他在《为迅速赶上世界科学先进水平而奋斗》中提出:"……使我国的科学技术特别是那些最急需的部门接近或达到世界先进水平!"同年8月,他又在《让青年发挥更多的独立精神》中讲道:"如果青年能懂得中外古今更多的新知识,就会感觉世界的变化无穷,一人的知识有限,那末他也就骄傲不

---

① 吴玉章同志六秩寿诞 中共中央举行祝贺大会 毛泽东同志等亲临致祝词"学习他对于革命的坚持性". 新中华报,1940-01-24(4).

起来了。"1964年1月1日,他在《新年话家常》中说:"把我们的后代培养成经得起风险的、真正可靠的革命事业接班人。"1966年10月底,他在《给青年的话》中谈道:"看问题,就要学会看历史,看历史发展。"

进入新世纪,编者在搜集整理吴老相关文献史料的过程中,时刻注重吴老"一面养成自治,一面接近社会"①的养成育人思想,应用其研究和解决实践党办大学的相关问题,并且有了许多收获,先后形成了《高校学生素质养成研究》《高校学生素质养成实践》《管理理论新探》《西学东渐三十年:关于建设中国特色世界一流大学的观察和思考》等成果。此间,为使吴老的思想观念受益于人,编者与中国人民大学校史馆的领导和同事通力合作编辑整理了《吴玉章论教育》一书,此书于2021年由中国人民大学出版社出版;同年,编者与四川荣县吴玉章故居陈列馆合作印发《吴玉章教育箴言(五十条)》(以下简称《箴言五十条》)。中国人民大学原党委书记程天权教授为《箴言五十条》题词:"真理明白,大道至简。就吴老的五十条语录,一个人能照着实践了,所向无阻,一世无碍。"多年以来,编者收藏整理各类吴老相关文献史料等约300万字。因此,编者期待着能够编纂出版《全集》。万事俱备,只欠东风。

张东刚书记指出:"红色基因是人大的底色、本色和亮色,其内核就是坚持教育为党和人民事业服务的方向,坚守为党育人、为国育才。传承好革命传统和红色基因的核心就在于让听党话、跟党走的信念成为师生的自觉追求。"②正因如此,在弘扬吴老红色教育家精神,努力建设中国特色世界一流大学的今天,《全集》的出版可谓顺势而成。在编纂《全集》的过程中,编者无时不感念延安五老之一的谢觉哉老人于1948年8月写的《走笔答吴玉章老》一诗:"高清不肯染纤尘,垂老犹然日省身。

---

① 吴玉章. 吴玉章教育文集. 成都:四川教育出版社,1989:36.
② 涂铭,魏梦佳. 走新路 创新知 育新人. 瞭望,2023(18):17.

石比坚兮松比直，谷论虚更海论深。童颜谁谓年龄暮，鹤发同迎世界新。况有三千诸弟子，东西南北立功勋。"这首诗不能不使人想起孔子晚年回乡，一面整理典籍、专修《春秋》，一面开展教育事业，收弟子三千人，其中精通六艺的著名弟子有72人的经历。吴老一生不断跟着时代前进，他不仅始终投身于中国的革命和建设事业，更从未离开中国的文化教育事业。为了这个国家，他成功地培养了万千干部人才。回看吴老一生，先后任四川荣县小学教员、北京/四川留法俭学预备学校校长、成都高等师范学校校长、重庆中法大学（中学部）校长、四川嘉陵高中校长、黄埔军校校务委员、苏联科学院远东分院中国部主任及海参崴远东工人列宁主义学校教员、莫斯科东方大学中国部主任和教员、陕北公学筹备委员会委员和董事会成员、延安鲁迅艺术学院院长、延安自然科学研究会主任、延安新文字干部学校校长、延安大学校长、陕甘宁边区政府文化工作委员会主任、华北大学校长、中国人民大学校长兼中央社会主义学院院长、中国教育工会全国委员会主席、中国科学院学术评审委员会委员、中国文字改革委员会主任等职务。吴老坚持始终的自律精神、通古达今的人文智慧、中西合璧的思想结晶，以及他科学总结的经典语录，无不值得后辈学人永远学习、研究、总结和传承。

在《全集》文献史料的准备阶段，中国驻摩尔多瓦共和国大使、中国人民大学校友闫文滨及时提供了相关文献史料及来源信息；与此同时，中国人民大学科研处、北京理工大学校史馆、四川大学档案馆和延安大学校史馆等单位，尤其是四川荣县吴玉章故居陈列馆，均给予了无私的援助。在实现《全集》文献史料电子版转化的阶段，中国人民大学党委宣传部陈卓副部长和杨默副编审等组织师生，以高度自觉和辛勤的工作，确保了《全集》达到编纂出版所需的时间要求和质量标准。在《全集》编辑出版阶段，中国人民大学出版社的编校团队，以严肃认真、加班加点、连续作战的方式，按时保质地实现了《全集》的顺利出版；校史馆王丹馆长和吕鹏军副编审更是自始至终于百忙中仍坚持为保障《全集》的编纂质量竭尽心力。令人难忘的是，每当编者遇到疑难请教专家学者时，他们都以不厌其烦的态度给予科学审慎的回复。他们是：中国人民大学哲学院张立波教授，马克思主义学院王向明教授、邱吉教授，中共党史党建学院刘辉教授、董佳教授和李坤睿副教授；复旦大学马克思主义学院杨德山教授；北京体育大学马克思主义学院李庚全教授；北京联合大学马克思主义学院郜世奇教授；延安大学历史文化学院张雪梅教授；四川荣县吴玉章故居陈列馆吕远红馆长；等等。需要特别感谢的还有那些为《全集》出版默默奉献的亲属、同人和朋友，是他们为《全集》的顺利出版提供了最有力的后援。在此，一并由衷致谢。

最后，需要说明的是，《全集》所收内容，均有鲜明的时代印记，反映了特定时代的思想观念，具有独特的史料研究价值，故在编纂中我们保持文献原貌，以给研究者提供可靠的研究资料。虽然已作诸多努力，但是《全集》编纂尚有不充分之处，待出版补集时进一步完善。

王学军　周石

2023 年 10 月 10 日

图书在版编目（CIP）数据

吴玉章全集.第四卷/王学军，周石主编. -- 北京：中国人民大学出版社，2023.12
（中国人民大学校史文库/张东刚，林尚立总主编）
ISBN 978-7-300-32349-7

Ⅰ.①吴… Ⅱ.①王…②周… Ⅲ.①吴玉章（1878-1966）—全集 Ⅳ.① C52

中国国家版本馆 CIP 数据核字（2023）第 221222 号

中国人民大学校史文库
总主编　张东刚　林尚立
吴玉章全集　第四卷
　主　编　王学军　周　石
Wu Yuzhang Quanji　Di-si Juan

出版发行	中国人民大学出版社
社　　址	北京中关村大街 31 号　　邮政编码　100080
电　　话	010-62511242（总编室）　010-62511770（质管部）
	010-82501766（邮购部）　010-62514148（门市部）
	010-62515195（发行公司）　010-62515275（盗版举报）
网　　址	http://www.crup.com.cn
经　　销	新华书店
印　　刷	北京尚唐印刷包装有限公司
开　　本	720 mm × 1000 mm　1/16　　版　次　2023 年 12 月第 1 版
印　　张	31.25 插页 4　　印　次　2024 年 5 月第 2 次印刷
字　　数	381 000　　定　价　1180.00 元（全 6 卷）

版权所有　侵权必究　印装差错　负责调换